한국 학교조직 질적 연구

오 영 재 저

학지사

머리말

나의 필생의 학문적 목표는 한국 학교조직의 특성을 밝히는 것이다. 이러한 학문적 목표를 갖게 된 데에는 두 가지 이유가 있다. 하나는 한국 교육정책이나 학교행정의 연구와 실천 간의 괴리를 좁혀 줄 수 있는 기초연구가 그 어느 때보다 절실히 필요하다는 문제의식 때문이었고, 다른 하나는 당시 고려대학교 교육학과 교수로 재직하고 계시던 은사이신 왕기항 박사님의 권유 때문이었다.

오랫동안 국내·외 교육행정학계는 주로 이론적 연구와 통계적 방법을 사용하는 실증적 연구가 지배하고 있었으며 그러한 연구 경향은 지금도 크게 변하지 않았다. 물론 논리실증주의에 기초한 과학적 지식은 큰 일반화의 힘과 현실적 유용성을 가지고 있다. 그러나 그러한 연구방법으로 양산된 연구결과들은 학교조직의 역동성과 독특한 성격 그리고 미묘한 작동기제를 독자들이 공감할 수 있는 논리와 언어로 드러내 주지 못하는 한계를 가지고 있다. 즉, 한국 교육행정학이 더욱 발전하기 위해서는 교육행정이 실현되는 최전선인 학교조직에 대한 매우 과학적이고 현실에 적합한 토착적 이론 형성의 기초를 구축하는 일이 매우 중요하다는 인식을 하게 되었으며, 이는 교육행정학자로서 일생을 걸만한 가치 있는 학문적 목표라고 본 것이다.

보리가 푸르른 들녘에 평화롭게 자리 잡은 농촌의 작은 학교나 빌딩 숲에 둘러싸인 도시의 큰 학교를 보면 가슴이 설레고 궁금한 것들이 많았다. 나에게 학교는 콘크리트 건물이 아니라 생명체와 같이 느껴졌다. 학교의 여러 공간이 보이고 아이들의 낭랑한 책 읽는 소리와 즐거운 노래 소리 그리고 뛰노는 함성이 들리는 듯했다. 교사들의 환희에 찬 표정과 아픔에 어린 얼굴이 스쳐 가기도 하고, 꽃이 피고 수목이 정돈된 학교를 둘러보며 흐뭇해하는 학교행정가의 느린 걸음을 보는 것 같았다.

저 학교에서 공부하고 생활하는 사람들의 고유한 삶의 내용과 그 의미 그리고 다양한 행동의 규칙성을 탐구하는 새로운 인식론과 연구방법이 무엇일까? 나는 그것은 해석학적 인식론과 질적 연구방법이라고 생각했다.

또한 학교조직에 대한 지적 호기심을 밝힐 수 있는 연구의 렌즈를 찾던 중 L. G. Bolmanl과 T. E. Deal(1984)이 *Modern approaches to understanding and managing organizations*라는 책에서 제시한 구조, 인간자원, 상징, 정치적 접근 등의 아이디어와 Wayne K. Hoy와 Cecil G. Miskel(2001)이 *Educational Administration: Theory, Research, and Practice*에서 조직생활의 핵심 요소로 제시하고 있는 구조, 개인, 문화, 정치 개념에 착안하게 되었다. 즉, 한국 학교조직의 성격과 작동기제를 밝히기 위해서는 학교조직을 구성하고 작동하는 표준화된 상호작용의 틀과 규칙(구조), 교사들의 직업적 동기, 신념과 기대(인간자원), 학교구성원들이 가슴에 담고 살아가는 여러 빛깔의 애환과 고유한 문화적 특성(문화), 희소자원을 둘러싼 권력과 갈등의 양상(정치) 등을 탐구해야 한다고 보았다. 이 책은 그러한 조직구조, 인간자원, 문화, 정치 등 학교조직 연구의 네 가지 접근을 준용하고, 나아가 질적 연구방법 혹은 질적 자료를 활용하여 지난 8년간 연구한 열네 편의 학술논문을 엮은 것이다. 물론 부족한 이 한 권의 책으로 한국의 학교조직을 충분히 설명할 수 없다는 사실을 잘 알고 있다. 그러나 학교조직을 대상으로 한 질적 연구의 전통이 짧고 그 연구성과가 많지 않은 상황에서, 최소한 한국 학교조직 현상에 관한 질적 연구의 체계적 출발점과 미래 방향에 대한 시사점을 제시함으로써 한국 학교조직의 특성을 밝히는 연구에 일조는 할 수 있을 것이라고 믿는다. 그러한 의미에서 이 책은 하나의 시작에 불과하며, 앞으로 더 많은 연구가 필요함은 재론의 여지가 없다.

한국 학교조직에 대한 탐구의 여정은 결코 쉽지 않았다. 긴 시간에 걸쳐 많은 교사들 및 학교행정가들과의 진정 어린 교분이 있어야 했고, 교육자로서의 삶과 학문적 성취에 대한 식지 않는 열정이 요구되었다. 라일락꽃 향기가 은은한 봄밤에 마시는 막걸리 한 잔이 주는 낭만의 유혹을 이겨내야 하는 날도 있었으며, 하염없이 함박눈이 내리는 긴 겨울밤을 연구실에서 보낸 날도 있었다. 무엇보다 우리 학교조직에 대한 애정과 희망이 있어야 했고, 교육행정이라는 학문과 실천을 어렵고 딱딱하다고 인식하는 경향이 많은 학부 및 대학원 학생들에게 읽혀 학교조직을 좀 더 쉽고 학문적 흥미를 유발하는 방향으로 이해하도록 하는 데 도움을 주려는 교육자적 책임감도 적지 않았다.

책을 세상에 내보내려 하니 그동안 여러 가지로 고마운 사람들이 참 많았음을 다시 한 번 느낀다. 교단에 대한 동지적 연대감으로 오랫동안 교분을 맺어 온 많은 현직 교사들과 학교행정가들, 고려대학교 서창캠퍼스의 교직과정을 이수하는 제자들과 고려대학교 행정대학원 교육정책 전공 및 교육대학원 교육행정 및 고등교육 전공 제자들이 연구에 큰 도움을 주었다. 연구에 전념할 수 있도록 제반 여건을 제공해 준 자랑스러운 모교이자 직장인 고려대학교, 기꺼이 출판을 허락해 주신 김진환 사장을 비롯한 학지사 관계자들에게도 고마움을 전한다. 무엇보다 다음 세상에서도 축복의 인연으로 다시 만나기를 소망하는 내 가족에 대한 한없는 사랑과 존경하는 스승에 대한 깊은 감사의 마음을 이 책 속에 담아 소중하게 간직하고 싶다.

2006. 9.

서창동 연구실에서 오영재

차 례

제 1 부 학교조직 연구의 구조적 접근

제 2 부 학교조직 연구의 인간자원론적 접근

제 3 부 학교조직 연구의 정치적 접근

제 4 부 학교조직 연구의 문화 상징적 접근

제1부

학교조직 연구의 구조적 접근

제 1 장 구조적 접근의 예비적 이해

1 구조적 접근의 전개와 구성 내용

조직구조는 조직의 목표 달성을 위해 구성원들의 역할과 권위가 배분되고 연계되어 있는 조직운용의 상호작용 틀이다. 조직구성원들이 어떤 일을 어떤 방식으로 누구와 함께 수행할 것인지에 대한 청사진이며, 조직을 집에 비유하면 구조는 집의 설계도와 같다고 할 수 있다. 조직의 구조는 여러 형태를 취할 수 있다. 위계적인 계층구조를 가질 수도 있고 혹은 평면적인 구조를 가질 수도 있다. 팀 구조를 생각할 수도 있고, 임시구조를 만들 수도 있으며, 매트릭스 구조를 취할 수도 있다. 조직구조는 조직 운영과정, 조직의 문화, 구성원들의 생활 그리고 조직의 성과에 영향을 미치는 매우 중요한 요인이기 때문에, 조직을 이해하고 성공적인 행정행위가 이루어지기 위해서는 이러한 조직구조에 대한 이론적 안목이 반드시 필요하다.

학교조직은 이중구조라고 부를 수 있는 독특한 조직구조를 가지고 있다. 행정 과업은 위계적인 계층구조 속에서 수행되는 반면, 수업활동에 관련된 과업은 느슨하게 연계된 전문조직 구조를 통해 이루어지기 때문이다. 학교조직 구조에 관한 연구는 주로 이 두 가지 서로 다른 구조를 대상으로 이루어져 왔다. 위계적 구조를 설명하기 위해서는 관료제를 비롯한 고전적 조직구조 이론이 원용되어 왔으며, 전문조직구조를 설명하기 위해서는 이완결합체제와 같은 이론들이 개발되었다. 그러나 오늘날까지도 학교 조직구조 연구에 있어 고전적 접근이 많이 활용되고 있으며, 학교 조직 구조의 고유성을 탐색하는 노력이 이루어지고 있는 상황이다. 이러한 학교 조직구조를 이해하고, 나아가 새로운 교육적 요구에 적합한 새로운 학교 조직구조의 모형을 연구하고 설계하기 위해서는 먼저 조직구조 연구의 역사적 기원을 살펴보는 것이 의미가 있다. 따라서 이 장에서는 학교조직을 연구하는 데 있어 고전적인 구조적 접근이 취한 중핵 가치, 접근 시각, 주요 이론, 교육행정에 미친 영향 등을 개괄적으로 살펴보기로 한다.

고전적인 구조적 접근의 중심 주제는 합리성(Rationality)이며 이는 체제이론가들에 의해서 주도된 것이다. 이들은 조직의 목표와 환경의 요구를 가장 잘 조화시키는 조직구조를 설계하는 방법을 찾으며, 이를 위해 조직의 목표와 역할 그리고 기술을 강조한다. 조직은 그 참여자들에게 책임을 할당하고, 다양한 활동을 조정하기 위해서 규칙, 정책, 그리고 관리 위계(Hierarchies)를 만든다. 조직 문제는 구조가 상황에 적합하지 않을 때 발생하고, 부조화를 제거하기 위해서 어떤 유형의 조직 재구조화가 필요하게 된다고 본다(Bolman & Deal, 1984: 2-5).

조직에 관한 구조적 접근에는 두 개의 분파가 있다. 하나는 최대의 능률성을 창출하기 위하여 조직이 어떻게 구성되어야 할 것인가에 관한 것으로, Frederic Taylor(1911)의 「과학적 관리의 원리」가 가장 널리 알려진 예이다. Taylor는 고용주와 피고용자 이들 양자의 이익을 극대화할 수 있는 고도의 능률성을 강조했다. 이는 조직의 최대 번영은 최대 생산성의 결과로서만 존재할 수 있다는 그의 신념에서 비롯된 것이다. 요컨대, 대부분의 미국 생산 공장에서 발생하는 실제적인 문제를 해결하기 위해 일했던 Taylor는 고용주와 노동자의 공동의 번영을 약속하는 필수적인 조직원리로서 ① 노동자의 작업 요소에 대한 과학의 발전 ② 노동자의 과학적 선발, 훈련, 교수, 개발 ③ 노동자와의 진심 어린 협력 ④ 관리자와 노동자 간의 동등한 분업과 책임 등을 제시했다. Taylor의 과학적 관리는 산업경영자들과 기업지도자들에게 즉각적인 호감을 주었다. 능률에 대한 유혹과는 별도로 이 원리가 성장과 변화의 문제에 둘러싸인 산업계에 질서와 계속성을 약속해 주었기 때문이다. 과학적 관리는 단순히 인간을 기계에 비유하거나 혹은 작업량을 최소한의 구성 요소로 나누는 것 이상의 의미를 포함하고 있었던 것이다(Campbell et al., 1987: 26).

행정과정론을 주장한 Henri Fayol(1919)은 Taylor와는 달리 노동자보다는 관리자에 초점을 맞추었으며, 생산과 같은 조직의 다른 작용과 행정과정을 분리했다. Fayol은 훈련된 관리자가 조직의 생산성을 높이는 데 필수적이라고 믿었다. 이러한 관점에서 Fayol은 행정을 ① 계획(Planning) ② 조직(Organizing) ③ 명령(Commanding) ④ 조정(Coordinating) ⑤ 통제(Controlling) 등과 같은 다섯 가지 기능으로 정의했다(Owens, 1981: 9-10). Lyndall Urwick과 Luther Gulick(1937)도 이 범주에 속한다. 이들의 주된 관심은 관리자를 위한 전문화, 통제의 폭, 권위, 그리고 책임의 위임에 관한 일련의 조직 구조와 그 운용의 원리를 개발하는 것이었다.

조직에 관한 구조적 접근을 취한 두 번째 분파는 독일 사회학자 Max Weber(1947)로부터 시작되었다. 20세기 이래 산업화된 사회와 다양한 조직의 출현은 개인과 조직 간의 새로운 갈등 양상을 보이고 사람들은 새로운 사회 환경 속에서 그다지 행복해 보이지 않았다. 이와 같은 환경에서 독일 사회학자인 Max Weber는 행정체계에 관한 거대이론인 관료제(Bureaucracy)를 제창했다. 그 당시로는 관료제가 대단히 유망하고 불가피한 것으로 증명된 것도 사실이다. Weber의 저서는 한 사람이 절대적인 권력을 가지고 오직 개인적인 변덕에 의해서 보상을 주고, 처벌하며, 승진시키거나 혹은 해고하는 가부장적인 조직을 대체하는 새로운 형태의 공식조직이 출현하는 시기에 저술된 것이다. Weber는 조직이 ① 기능적 전문화에 기초한 분업 ② 잘 규정된 권위체제 ③ 종업원의 권리와 의무를 포괄하는 규칙체계 ④ 작업 상황을 다루는 절차체계 ⑤ 대인관계의 비인정성 ⑥ 오직 기술적 능력에 기초한 선발과 승진 등과 같은 특징을 갖는다면, 이는 고객들에게 보다 전문적이고 공평한 서비스를 제공할 수 있을 것이라고 생각했다. 관료제는 몇 가지 이유 때문에 자주 기계에 비유되곤 했다. 사실 관료제는 효율성이 지배하고 상호관계성이 아주 비인격적인 조직의 기계적인 양상을 나타내고 있다. 그러나 Weber는 이념적 또는 순수한 형태의 측면에서 관료제를 기계에 비유했다는 사실에 주목해야 한다(박성식, 1994: 393). Weber의 관료제 모형은 제2차세계대전 후 Blau와 Scott(1962), Perrow(1972), 그리고 Hall(1963)과 같은 학자들에 의해서 재발견되었다.

지금까지 Taylor, Fayol, Weber를 중심으로, 교육행정 조직 연구의 구조주의 사상 체계의 주류를 형성한 주장과 그 내용을 간단히 정리해 보았다. 이 구조주의적 접근을 우리는 흔히 고전적 조직이론이라고 부르고 있는데, 시기적으로는 대략 1910년부터 1935년 정도까지에 해당한다. 그 후 학교조직에 고유한 구조적 특성을 탐색하기 위한 시도가 이루어졌는데, 그 대표적인 것이 Weick의 느슨하게 결합된 조직체로서의 학교구조 개념이다. 이완결합은 결합요소들이 자체의 정체성을 유지하며, 어느 정도 독립성을 가지고 있다는 것을 의미한다. 일상의 학교생활 속에서 교사들은 극히 적은 시간 동안만 학교행정가와 대면하며, 교사 간에 자신들의 교육활동에 관해 거의 간섭 받지 않고 학생들을 가르친다. 학교행정가는 교사들의 핵심 활동인 교수-학습행위에 대해서는 거의 통제하지 못하며 외부의 요구를 중시하는 반응 기제를 갖는다. 교실은 세포(cell)와 같이 밀폐되어 있고 교사들의 교육내용은 신뢰의 논리(Logic of confidence)로서 설명된다. 이와 같은 느슨한 결합체계는 학교조직만의 고유한 구조적 특성으로 설명될 수 있다고 보는 것이다.

또한 최근에는 상황적합이론을 조직분석에 이용함으로써 복잡한 조직의 구조나 기능을 이해하려는 새로운 시각들이 나타났는데, 그것은 조직구조의 설계와 연구에 있어 환경과 기술요인을 중시한 Lawence와 Lorsch의 연구, 그리고 Burns와 Stalker의 조직구조 형태론 등이다. 조직 구조주의 접근이 취하는 가정을 요약하면 다음과 같다(Bolman & Deal, 1984: 30-33).

첫째, 조직은 일차적으로 확립된 목표를 성취하기 위해서 존재한다.

둘째, 어떤 조직이든 그 목표, 환경, 기술 그리고 참여자에 적합한 구조가 있다.

셋째, 조직은 환경적 요인과 참여자 개인의 선호성과 합리성의 규범에 부응할 때 가장 효과적으로 움직인다.

넷째, 전문화를 통해 개인들은 고도의 전문성을 획득하고 과업수행을 효과적으로 달성한다.

다섯째, 조정과 통제는 권위와 개인적인 감정이 개입되지 않는 규칙을 행사하면 가장 잘 성취된다.

여섯째, 조직 문제는 일반적으로 적절하지 않은 구조를 반영하는 것이며 그 문제는 재구조화와 재조직화를 통해서 해결될 수 있다.

2 교육행정에의 영향

20세기 초 미국 교육은 커다란 변혁의 시기를 맞았다. 변화의 주된 요인은 공교육의 양적 팽창과 진보주의의 영향이었으며 이는 교육행정가들에게 새로운 도전적 과제를 주었다. 진보주의 교육운동은 교육의 민주적 개혁과 교육내용의 재편을 불가피하게 하였고, 구조적 접근이 내포하고 있는 조직에 대한 이해 구조와 과학적 관리의 원리들은 교육의 능률성을 제고하는 요구로 이어졌다. 특히 기업가들과 시민 지도자들은 시대에 뒤떨어지고 비효율적인 학교교육에 대해 불평을 하기 시작했고, 교육행정가들은 공교육을 위해 투입된 막대한 교육재정의 효과를 확인하고자 하는 소위 교육적 책무성(Educational accounability)이라는 새로운 요구에 대응하지 않으면 안 되는 어려움에 직면하게 되었다. 결국 교육 관계자들, 특히 교육행정가들은 사회 전반의 교육개혁 기조에 부응하면서, 한편으로는 교육적 능률성 제고라는 절박한 문제에 직면하게 되었던 것이다.

이러한 문제에 직면한 교육계는 이미 미국 사회 전반에 큰 반향을 일으키고 있던 Taylor의 과학적 원리의 정신과 방법에서 자유로울 수 없었다. Taylor의 과학적 관리의 원리가 교육 영역에서 어떻게 전파되고 있었는지는 Raymond Callahan의 *Education and the cult of efficiency*(1962)에 잘 정리되어 있다. 이 책에서 지적한 교육행정의 변화의 원인은 두 가지인데, 하나는 1929년 이전에 이미 미국 사회를 지배한 기업과 산업사회의 이념이며, 또 다른 하나는 학교 행정가들의 공공의 비난과 압력에 대한 극도의 취약성이다. 이 두 가지 영향으로 교육행정은 기업의 태도, 윤리 및 방법을 채택하고 전통적인 교육적 가치를 포기할 수밖에 없었던 것이다(Campbell et al., 1981: 32-33).

능률에 대한 교육행정가들의 반응을 구체적으로 보면 이러한 경향을 잘 알 수 있다. 예컨대, 1911년 2월 The Department of Superintendence of the National Education Association 연차대회에서 Claxton에 있는 State Normal School의 교장인 Bech가 생활의 공통적 기술을 대체할 보다 과학적인 기초로서 Taylor의 과학적 관리의 원리를 제창한 것을 필두로, 1911년 N.E.A의 연차대회에서 전국교육협의회 의장인 Charles H. Keyes가 저명한 교육가들에게 교육자들은 기업에서 효과적으로 사용되고 있는 과학적 능률의 절차를 적용해야 할 긴박한 요구에 직면해 있다고 주장하면서 학교와 학교체제의 표준화와 측정(Tests and standards of efficiency of schools and school systems)의 의제를 제안했다. 또한 1911년에 과학적 관리의 원리를 학교에 도입하려는 가장 직접적인 노력은 New York시의 고등학교 교사협의회가 능률 전문가인 Emerson에게 「과학적 관리와 고등학교의 능률(Scientific management and high school efficiency)」이라는 주제로 강연하게 한 모임이었다. 이 강연에서 Emerson은 생활의 전반과 모든 학습상황에 적용할 수 있는 12가지의 조직 원리를 주장했다. 그 내용은 주로 표준화된 조건, 기록, 운영, 지시, 일정, 계획, 능률에 대한 보상 등이었으며, 그는 그 원리들을 교사의 능률성 평가나 학과의 운영 등에 적용할 수 있다고 주장하였다(Callahan, 1962: 54-58). 이러한 과학적 원리의 교육과 교육행정에의 적용은 교육적 가치를 화폐가치로 환산하려 한(the dollar as educational criterion) Spaulding과 모든 조직에서의 관리의 본질적 과업을 제시한 Franklin Bobbit에 이르러 절정에 달한다. Spaulding은 교육적 기준이 아니라 재정적 기준에 의해서 무엇을 가르칠지 결정해야 한다는 주장까지 개진한 바 있다. Bobbit는 교육이 산업적인 과업보다 복잡한 과정을 거쳐야 한다는 점을 인정하지만, 본질적으로 공장의 작업과정과 교육이 교육과정의 표준화, 목표의 설정, 능력 있는 교사의 선발과 훈련, 전문성의 제고, 성과급 지급 등의 측면에서 다를 바가 없다는 입장을 취한다.

교육에 대한 구조적 접근은 긍정적인 측면도 있지만, 결국 교육자들로 하여금 기업과 산업의 윤리와 신념, 방법에 얽매이게 하고 교육행정에 있어 교육적 목표와 학습(Learning)에 담긴 보다 높은 인문적 가치보다는 기업의 관리적 효율성을 우선적으로 고려하게 하는 결과를 가져왔다고 볼 수도 있다. Callahan은 이를 '미국교육의 비극'이라고 부르고 있다.

3 조직구조적 접근과 관련하여 본서에 소개된 논문들

제1부는 학교조직 구조에 관한 세 편의 논문을 포함하고 있다. 2장의 '학교행정공간의 기능과 구조에 관한 해석적 연구'에서는 학교행정공간을 중심으로 하여 한국 학교조직의 구조적 특성을 밝히고자 하였다. 선진 외국의 학교들은 도서관, 정보화센터, 체육시설을 중심으로 다양한 형태의 공간구조를 가지고 있는데, 우리나라의 학교 건물은 대체로 왜 지금과 같은 운동장 중심의 일자형 혹은 ㄷ자형 구조를 가지고 있는지에 대한 학문적 호기심에서 비롯된 연구이다. 학교조직 구조에 관한 해석적 연구라 할 수 있다. 3장의 '농촌지역 소규모 중학교의 행정인력 운용구조 개선에 관한 연구'는 학교조직 구조를 변화시키고자 탐색한 일종의 처방적 연구에 해당된다. 도시 혹은 대규모 학교와는 확연하게 다른 교육환경을 가지고 있는 농촌 소규모 중학교의 행정구조 개선에 관한 시론적 접근이기는 하지만, 우리나라 학교조직 구조 변화를 위한 연구에 하나의 시사점을 제시하고 있다고 본다. 무엇보다 우리나라 학교급별 조직구조가 동일한 형태를 유지하고 있는 현실을 당연시하는 고정관념을 흔드는 자극이 될 수 있다. 학교조직 구조는 학교의 교육목적, 전통, 소재 지역, 규모, 구성원들의 특성 등에 따라 다양한 형태로 설계되는 것이 필요하다고 보기 때문이다. 4장의 '고려대학교의 행정구조조정 과정에 관한 사례 연구'는 대학조직을 대상으로 한 연구이기는 하지만, 최근에 우리나라 대학가에 풍미하고 있는 구조조정에 관한 주장과 시도들에 대한 학술적 분석을 하고 있다는 점에서 의미가 있다고 생각된다. 구조조정과 조직변화라는 구호와 깃발 아래 이루어지는 대학사회의 여러 개혁정책들이 수립되고 시행되는 과정과 그 속에서 조직구조가 갖는 의미, 파생하는 대립과 갈등 및 타협의 정치적 과정을 질적 연구방법을 통해 드러내 주고 있다.

제 2 장 학교행정공간의 기능과 구조에 관한 해석적 연구

1 문제의 제기

학교조직의 주요 기능들은 공간에 따라 상이하게 배분되어 있다. 또한 각 단위공간은 고유한 기능에 따라 독립된 듯이 보이지만 질서를 가지고 밀접하게 연결되어 있다(임승빈, 1986). 전통적 조직관리의 관점에서 보면, 조직공간은 과업의 표준화, 분업, 계획과 의사결정 활동의 분리, 노동력의 위계화 등의 요인에 따라 상이한 기술과 배경을 가진 사람들을 물리적으로 분리한 것이며, 이는 기능에 의한 조직의 물리적 공간 분리라는 Taylor주의에 따른 것이다(Stewart, 1982: 309-310).

그러나 이러한 조직공간을 사회・문화적 관점에서 보면, 조직공간은 분업과 통제 그리고 효율성을 축으로 한 합리적 구조와 전문적 기능보다는 지식과 권력관계에 의해 인간에 대한 지리배치와 역할부여가 드러나는 장(場)으로 해석될 수 있다(박준형, 1998: 45). 공간에는 중심이 있고 방향성이 있으며 공간은 사회적인 지위를 나타내 주는 사회・문화적인 장소이기 때문에(박은혜 외, 2002: 319), 조직공간의 물리적 배치양식인 외현적 양상을 넘어 상징적・문화적 의미에 주목할 필요가 있다. 실제 조직공간의 위치, 크기, 상호 연계형식은 조직구성원들의 접촉기회의 빈도와 형식, 직무수행의 위계와 절차, 각 공간이 갖는 조직 내 권력을 상징적으로 드러내고 있기

* 이 논문은 한국교육학회(2002). 교육학연구 40권 5호에 게재된 것임.

때문이다.

이는 특정 시점에서 학교조직 공간의 물리적 배치 형식, 각 공간 속에서 생활하는 구성원들의 활동 및 자신이 속한 공간에 대하여 형성하는 해석적 이미지와 그에 따른 사고와 행위, 그리고 공간 간의 연계형태에 대한 학교 구성원들의 심리적 인식양상 등은 학교조직의 특징을 이해하는 데 적지 않은 시사점을 줄 수 있는 연구문제라는 것을 의미한다.

그렇지만 기존의 학교교육시설에 대한 연구들은 교육시설이 학생들의 학습을 지원하고 자극하며 강화시킬 수 있도록 설계되어야 한다(Castaldi, 1982: 19; Brooks et al., 1980: 4)는 교육심리학적 · 건축학적 관점에 국한되어 있을 뿐만 아니라, 무엇보다 학교조직 공간에 대한 연구는 서구 근대시대의 등장과 함께 나타난 학교공간과 그 공간 분할의 사회적 의미를 논의한 이진경의 사회-역사적 연구(1997), 한국 일제시대의 학교공간의 성격에 대한 김진균 · 정근식의 연구(1997), 영화라는 문화 텍스트를 통해 학생들의 시각에서 학교공간을 해석하고자 한 이건만 · 오희진의 연구(1997), 조혜정의 학업중퇴학생들의 삶과 관련한 학교 공간 연구(1997), 다양한 학교공간의 사회학적 의미에 대한 손준종의 탐색적 연구(2001) 및 박은혜 외(2002)의 레지오 에밀리아 접근법에서의 시간과 공간의 의미 등 아직 소수에 그치고 있다.

본 연구에서 초점이 되는 공간은 학교행정공간이다. 일반적으로 학교행정공간이라 하면, 교장실, 교무실, 각종 회의실, 행정실, 양호실, 교과 협의실, 교직원 휴게실, 학부모 접견실, 숙직실 등이 포함되는 광의의 개념이지만, 본 연구에서는 교장실, 교무실 및 행정실을 의미하는 협의적 행정공간에 관심을 둔다. 이러한 연구문제를 갖게 된 주된 이유는, 우리나라 초 · 중등학교 교육시설 형태가 해방 이래 표준설계지침서 및 표준설계도에 의해 획일적인 편 복도형의 기본형을 유지하여(박재윤, 1994: 86; 류호섭, 1997: 6; 박윤금 · 조성기, 1998: 6) 최근까지 외견상으로는 특기할 만한 변화가 없었기 때문에, 이 행정공간이 갖는 사회 · 문화적 의미에 대한 해석을 통해 한국 초 · 중등 학교조직의 특징의 일면을 밝힐 수 있을 것이라는 연구가정 때문이다. 무엇보다 학교행정공간은 학교교육을 지원 · 통제 · 조정하기 위한 구조와 절차가 확립되고 그 공간에 대한 사회 · 문화적 의미가 교환되는 학교의 핵심공간이기 때문에 학교공간의 기능과 구조를 해석하는 연구는 우리나라 학교조직의 성격과 특징을 이해하는 데 있어서 중요한 연구문제가 되지만, 그와 관련된 연구를 찾기 어렵다는 점에 주목한다.

이와 같은 문제의식에 기초하여, 본 연구에서는 학교행정공간의 기능과 구조를 문화적으로 해석하는 데 연구의 목적을 두며, 구체적인 연구문제는 다음과 같다.

첫째, 학교행정공간의 위치와 근접공간은 어떠하며 학교급별로 차이가 있는가?
둘째, 교직원들의 인식을 통하여 본 학교행정공간이 갖는 각각의 기능은 무엇이며 학교급별에 따라 차이가 있는가?
셋째, 교직원들의 인식을 통하여 본 학교행정공간 구조의 양상은 어떠하며 학교급별에 따라 차이가 있는가?

2 선행연구 검토

조직연구의 해석적 패러다임에서는 주관적 경험수준에서의 사회적 세계에 대한 본질을 이해하려고 하며, 조직 참여자들의 준거 틀 내에서 조직현상을 설명하려고 한다(Burrell & Morgan, 1979; Bolman & Deal, 1984). 또한 조직현상을 사람들의 상호작용에 의해서 사회적으로 구성되는 것으로 파악하고 있으며, 인간과 사회의 관계는 변증법적으로 이루어지는 본질적으로 역동적인 관계라고 본다. 인간의 상호작용 속에서 이루어지는 해석과 의미 부여에 관심을 두며 상호작용을 하나의 해석적 과정으로 이해한다(정우현, 1990: 254). 따라서 조직의 목표나 정책보다는 공유된 가치와 문화가 중시된다.

이와 같은 해석적 패러다임에서 보면, 학교조직의 공간배치는 이미 그 자체가 사회적으로 형성되는 사회적 현상이며, 사회적 변화가 사람들에게 영향을 미치는 통로이며, 좀 더 정확하게는 그 변화에 의해 야기되는 집합적인 삶의 양상 자체의 변화다(이진경, 1997: 26). 실제 학교를 구성하고 있는 구성원들은 자신들에게 주어진 물리적 공간 내에서 수동적으로 일하고 생활하는 것이 아니라, 자신이 속한 공간과 자신이 속하지 않은 공간 및 각 공간 간의 관계의 의미를 해석하고 그에 따라 행동한다고 볼 수 있다. 즉, 모든 조직구성원들은 각자 나름대로의 독특한 공간문화를 형성하고 그 문화적 원리에 따라 행동한다는 주장이 가능하지만, 이와 관련한 연구가 아직 활발하게 이루어지지 않고 있는 것으로 보인다.

학교공간에 대한 선행연구들이 희소하고 아직 시사적인 문제제기 수준에 머물고 있으며, 무엇보다 학교공간에 대한 연구는 우선 그 양에 있어 아주 적고 체계적인 탐구방법에 의해서 이루어진 연구도 찾기 어렵다. 예컨대, 이진경(1997: 124-143)은 근대적 시・공간의 탄생 과정을 탐구한 연구에서, 학교는 기존에 없던 새로운 공간-기계의 한 유형이며, 16세기에 접어들어 학교는 독자적 공간을 확보해 가지만 그 공간은 내부에 고유한 장소와 지형적 배치를 갖는 공간으로 구획화된다고 하였다. 또한 학생들을 통제하려는 요소들이 점차 체계적으로 도입되었으며, 17세기 이래 학교 공간 분할과 교실 등장의 목표는 일차적으로 늘어나는 학생들을 효율적으로 감독・훈육・통제하기 위한 것이었다고 보고 있다. 이는 공간의 '구성-지배' 전략의 일차적인 기획은 공간분할이고, 이차적 기획은 기능배치 및 전환이며, 최종적인 기획은 공간 수행일 뿐 아니라 공간 사이의 지배와 종속 그리고 상호 공존에 따른 기능전환이 이루어졌다는 설명(현실문화연구, 1995: 91)과 맥을 같이 하는 것이다.

학교공간에 대한 이와 같은 논의는 우리나라에서 일제 식민지 체제가 만들어 내려고 하였던 인간형과 그것을 위해 작동했던 근대적 규율을 탐구하려고 한 김진균・정근식(1997)의 연구에도 적용되고 있다. 김진균・정근식의 연구에 따르면, 훈육과 연성(錬成)의 시각에서 이루어진 일제하 보통교육은 노동자형 인간과 병사형 인간 만들기에 적합한 학교조직 구조와 규율을 확립했으며 그러한 성격은 학교의 공간적 배치에 표현되었다. 야외에 있는 운동장은 각종 체조와 신체훈련뿐 아니라 동시에 전체 학생을 위한 행사와 사열을 하는 일종의 연병장이었으며, 교장실은 교실에 대한 통제와 학교 내 각 공간에 대한 전망을 확보하기 위해 건물 중앙에 배치되어, 전반적으로 학교의 건물 배치는 권위적 질서의 표현이었다. 이러한 권위적 질서는 교사를 교실의 전면 중앙에 배치하고 학생들을 열과 오를 지어 전면을 향하도록 하여, 학생들의 의사소통을 억제하고 하나의 중심점에 의해 통제되도록 하는 교실구조에서도 예외 없이 나타난다고 하였다.

또한 이건만과 오희진(1997: 78-79)도 같은 맥락에서, 학교공간은 일반적으로 교장실을 위시한 관리통제 기능을 행하는 부분이 건물의 중앙에 있고, 교실과 교실을 일자로 연결해 주는 복도와 계단으로 연결된 각 층의 이음 형세 등 학교의 전체적 공간구조는 위계질서에 대한 권위를 표현하고 있다고 설명하고 있다. 교실 내부의 배치도 학생들에 대한 관리와 통제를 극대화하는 쪽으로 구성되어 있다고 보고 있다. 뿐만 아니라 교실의 출입문, 교실 안의 물품과 비품의 배치와 게시형태, 책상들의 질서정연한 전면 배치, 건물들의 획일적인 흰색 도장 등 모든 학교공간이 학교의 권위적 질서를 드러내고 있다. 즉, 〈여고괴담〉이라는 영화 속에 등장한 장면 분석을 통해 드러난 학교의 공간은 밀폐되고, 위계화되어 있으며, 지배자의 도덕률이 지배하는 감시의 그물망이라는 것이다.

조혜정(1997: 170)은 청소년들이 살아가는 가정, 학교, 대중매체와 유흥공간 등과 같은 삶의 공간들 사이의 균열을 설명하면서, 학교를 학생들이 복종하며 순응하는 군대 같기도 하고 감옥 같기도 하며 봉건적인 성(城)에 비유될 수 있는 보호관리소와 같은 곳으로 묘사하고 있으며, Nespor(1997: 120-123)와 손준종의 연구(2001: 313-314)도 동일한 시각에서 학교공간을 설명하고 있다. Nespor와 손준종의 주장에 따르면, 학교 내부 공간은 성인들에 의한 학생들의 통제와 제한의 공간이며 외부 공간은 표현과 움직임의 공간이다. 교실은 학급 구성원들이 평등하게 만나는 곳이 아니라 권력과 통제 그리고 복종의 성격을 갖는 공간이며, 학생들에게 있어 교무실은 은밀하고 신비스러운 공간이다. 또한 운동장은 개방적이고 권력의 소재가 명확하게 드러나지 않으며 비교적 쉽게 권력의 감시의 눈초리로부터 탈출할 수 있는 공간이다. 즉, 교실, 교무실, 운동장, 화장실의 배치구조와 사용 형식이 교사와 학생들 간에 형성·유지되고 있는 권력과 질서의 사회성을 갖는다고 본 것이다. 이는 학교공간조직이 아동을 성인들의 종속물로 보는 사회적·법적 규칙을 반영한다고 한 Shilling의 주장(1991: 32)과도 일맥상통하는 관점이다.

그 외 박윤금과 조성기(1998)는 실내의 여유 공간인 중앙 홀의 사용 실태는 통행과 전시공간으로서 다소 상징적인 중심성과 권위적인 성격이 강하게 나타난다고 하여 학교공간의 문화적 의미를 시사하고 있으며, 김수인 외(1995)도 계단과 복도 등과 같이 학교에서의 내・외부자가 지나는 통행 공간 중 복도는 학교생활에서 통행, 쉬는 곳, 노는 곳, 수납하는 곳, 미끄럼 타기, 만나는 곳, 청소하는 곳, 이야기하는 곳, 벌 서는 곳 등 다채로운 행위가 이루어지는 곳이며, 학생들은 계단을 통행, 휴식, 놀이, 담소 등의 행위가 이루어지는 장으로 인식되고 있음을 밝히고 있다.

또한 최근에 박은혜 외(2002)는 이탈리아 레지오 에밀리아 시에서 운영하는 13개의 영・유아센터와 22개의 유치원에서 공통적으로 사용하는 레지오 에밀리아 접근에서의 시간과 공간의 의미를 논하는 연구를 수행하여 레지오 에밀리아 유아교육기관의 공간은 관계를 촉진하는 공간, 개방성을 강조하는 공간, 학습을 최적화하는 공간, 역사의 언어가 있는 공간임을 논하고 있다. 또한 이 연구에서는 각 교실이 개별적으로 독립되어 있고 복도와 교실 등 공간의 기능이 확실히 구분되어 있으며, 교실과 교무실 등의 성인과 유아들의 공간이 분리되어 있는 우리의 공간이 어떤 교육적 의미를 함축하고 있고 나아가 어떠한 사회・문화적 가치를 반영하고 있는지를 밝히는 연구가 필요한 시점이라는 문제를 제기하고 있다.

이러한 선행연구들은 각각 학교공간에 대한 지적 관심과 문제의식을 높이는 데 있어 적지 않은 학문적 공헌을 하고 있지만, 일정한 한계를 가지고 있는 것도 사실이다. 무엇보다 대부분의 선행연구들이 체계적인 연구 논리와 탐구방법에 의해서 이루어진 연구로 보기 어렵다는 점을 지적하지 않을 수 없다. 예컨대, 이건만과 오희진의 연구는 영화라는 문화 텍스트를 통해 교육현상을 분석하려 한 착상이 참신하고, 많은 학생들의 인터뷰를 통하여 학교의 현실을 그리기에 성공했다고 할 수 있다 하더라도, 카메라의 의도로부터 자유로울 수 없다는 학문적 한계를 가지고 있다.

또한 조혜정의 연구는 학교공간의 문제를 정면으로 다룬 연구가 아닐 뿐만 아니라 학업중퇴 학생들의 학교에 대한 부정적 시각을 일방적으로 반영하고 있는 문제점을 내포하고 있으며, 손준종의 연구도 학교공간에 관련한 연구를 위해 중요한 문제 제기를 하고 있기는 하지만 아직 시사적인 성격에 그치고 있다고 보는 것이 타당할 것이다. 뿐만 아니라 선행연구들(이건만 · 오희진, 1997; 조혜정, 1997)은 학교공간에 대한 문화적 의미를 학생들의 시각을 중심으로 해석하고 있어 학교교육을 주관하는 주요 행위자들인 교사들의 인식을 반영하지 못하고 있으며, 이진경(1997)과 김진균 · 정근식의 연구(1997)에서 얻어진 학교공간의 현재적 의미에 대한 후속 연구가 아쉽다 하겠다.

마지막으로 선행연구들은 하나의 조직으로서의 학교나 교실과 같은 단일 공간에 대한 이미지나 공간구성의 문화적 의미를 설명하고 있어 연구대상이 산발적이고 학교 내 공간의 기능이나 각 공간 간의 구조에 대한 설명을 하지 못하는 한계를 드러내고 있다는 점도 지적되어야 한다.

3 연구의 방법과 내용

1) 연구의 단계와 시기

본 연구는 다섯 단계를 거쳐 이루어졌다. 첫 번째 단계는 문헌연구이며, 두 번째 단계는 질문지 구성 단계이다.

두 번째 단계에서는 학교행정공간의 기능과 구조를 해석하기 위해 필요한 내용을 중심으로 17개 문항으로 구성된 반 구조화된 서술형 질문지를 구성하였으며, 그 타당성 검증을 위해 2002년 5월 9일부터 동년 5월 13일까지 초 · 중 · 고등학교 교사 각 2명과 행정직원 1명 등 총 7명을 대상으로 예비검사를 실시하였다. 예비검사에서는 질문지에 대한 응답자의 응답 경향이 본 연구에서 의도한 것과 일치하는지를 판단하고자 하였다. 이 예비검사에서 나타난 문제는, 일부 교사의 반응 내용이 매우 형식적이어서 행정공간의 의미를 해석하기에 부족하다는 것이었다. 이러한 문제를 해결하기 위하여 본 연구자는 예비검사에 참여한 교사 6명과 그 외 본 조사에 협조하기로 한 6명의 교사 등 총 12명의 초 · 중 · 고등학교 교사들에게 본 연구의 목적과 의도를 자세히 설명하기 위하여 2002년 5월 15~16일 양일간에 걸쳐 간담회를 가졌다. 이 간담회에서 예비문항의 타당성과 수정・보완이 필요한 문항에 대하여 논의하고, 그 결과를 토대로 18개 문항으로 구성된 최종 질문지를 제작하였다. 최종 질문지의 문항 내용은 각 공간의 위치와 근접 공간, 각 공간 내에서 이루어지고 있는 실제 활동에 대한 기술과 이미지 그리고 다른 공간과의 관계양상에 대한 인식 등을 포함하였다.

세 번째 단계는 조사연구 단계이다. 본 질문지를 2002년 5월 20일부터 동년 6월 3일까지 대전광역시에 소재한 초・중・고등학교 각각 4개 학교씩 총 12개 학교에서 각 5명씩 무선표집한 60명의 교사들과 36명의 행정직원을 대상으로 배포하였으며, 회수율은 교사가 98.3%, 행정직원이 80.5%이었다.

네 번째 단계는 내용분석 단계이다. 행정공간이 갖는 각각의 기능과 공간 간의 구조를 해석하기 위하여 2002년 6월 10일부터 동년 6월 24일까지 본 연구자가 질문지의 응답 내용을 반복하여 읽고 해석해서 의미 있는 문장 속에 포함된 핵심 단어의 빈도를 추출하였으며, 이에 기초하여 학교행정공간의 기능 범주화와 이미지 및 공간 간의 관계 유형을 도출하였다.

다섯 번째 단계는 삼각검증단계(Tri-angulation)로, 2002년 7월 2일부터 동년 7월 11일까지 본 연구를 도와준 초・중등학교 교사 2명과 함께 네 번째 단계에서 추출된 기능범주화와 이미지 및 공간 간의 관계유형의 타당성을 확인하였다.

2) 연구대상의 선정과 배경적 특성

본 연구의 조사대상은 초・중・고등학교 각 4개 학교씩 총 12개 학교 59명의 교사와 29명의 행정직원들이다. 연구 참여자들의 인적 배경은 〈표 2-1〉과 같다. 연구 참여 대상자를 선정하는 데 있어 학교급별과 현 직위를 주요 변인으로 고려하였다. 그것은 학교급별에 따라 학교행정공간이 서로 다르게 배치되어 있는 현실을 반영하고자 한 것이며, 현 직위에 따라 각 행정공간 내에서의 역할수행 내용과 공간 간의 왕래 빈도 등에 차이가 있을 것이라는 가정 때문이다.

〈표 2-1〉 조사대상의 배경적 특성

배경변인	구분		교사		행정실 직원	
			사례 수	비율(%)	사례 수	비율(%)
학교 급별 및 현 직위	초등학교	평교사	14	23.7	10	34.5
		보직교사	6	10.2		
		소계	20	33.9		
	중학교	평교사	16	27.1	10	34.5
		보직교사	3	5.0		
		소계	19	32.2		
	고등학교	평교사	17	28.8	9	31.0
		보직교사	3	5.0		
		소계	20	33.9		
	총계		59	100	29	100

3) 자료분석

본 연구에서 사용된 자료분석 방법은 내용분석이다. 내용분석(Content analysis)은 텍스트의 많은 단어를 더 적은 내용의 범주로 분류하는 것이 핵심이다. 또한 내용분석의 기본적인 절차는 연구의 목적에 맞는 범주를 설정하고 나서 모든 기록의 단위를 이 범주에 맞게 선정하고 각 범주의 빈도를 계산하여 어떤 결론을 도출하는 것이기 때문에(서울대 교육연구소, 1998: 2536), 본 연구에서는 주로 교사와 행정직원들의 인식을 통해 먼저 학교 행정공간 각각의 기능을 파악하고 나아가 각 공간 간의 보편적인 관계양상을 해석하고자 하였다.

이를 위해 먼저 학교행정공간에 대한 교사와 행정직원들의 인식이 표현된 핵심단어와 문장의 빈도를 파악하고, 응답한 단어와 문장 중 뉘앙스가 있는 내용은 가능한 한 원 자료 상태에서 기술하고자 하였다. 아주 유사한 의미를 담고 있는 단어나 문장은 동일한 빈도로 처리하였다. 또한 행정공간에 대한 이미지는 그 공간에 대하여 마음속에 그려지는 감각적 영상 혹은 심상(이기문, 1997)을 표현한 단어나 문장에 국한하였다. 구체적인 분석대상은 〈표 2-2〉에 제시된 바와 같다.

〈표 2-2〉 본 연구의 분석 틀

구분	교무실	행정실	교장실
위치와 근접 공간	건물 내 위치와 근접공간의 유형	건물 내 위치와 근접공간의 유형	건물 내 위치와 근접공간의 유형
기능	공간의 기능에 대한 교사들의 인식과 이미지	공간의 기능에 대한 행정직원들의 인식과 이미지	공간기능에 대한 교사와 행정직원들의 인식과 이미지
구조	교장실, 행정실과의 관계 양상에 대한 교사들의 인식	교장실, 교무실과의 관계 양상에 대한 행정직원들의 인식	교무실, 행정실과의 관계 양상에 대한 교사와 행정직원들의 인식

4 연구의 결과 및 해석

1) 행정공간의 위치와 근접공간

교무실은 초등학교의 경우 1개 혹은 2분의 1인 학교가 대부분이었으며, 중학교는 1개인 학교가 3개교, 7개인 학교가 1개교였다. 또한 고등학교의 경우에는 교무실의 수가 7개인 학교, 3개인 학교, 4개인 학교 등 학교마다 다양하게 나타났다. 교무실이 7개인 학교의 경우에는 교무실이 주 교무실 1개와 6개의 교과교무실로 구성되어 있었다. 고등학교 교무실의 구성은 대체로 본 교무실 1개와 특별실 혹은 교과연구실로 되어 있으며, 교과연구실은 층마다 분산 배치되어 있었다.

교무실의 위치는 초등학교의 경우 행정실 옆에 있는 경우가 1개교이었으며, 그 외 보건실, 정보화실, 방송실 및 교재연구실 옆에 있었다. 또한 1층에 위치한 학교가 3개교, 2층에 위치한 학교가 1개 학교였다. 중학교의 경우에는 중앙 현관과 자료실 혹은 행정실 옆에 있었다. 1층에 위치한 학교가 3개교, 2층에 위치한 학교가 1개교였다. 고등학교의 복수의 교무실은 주로 교실 사이에 위치하고 있는 것으로 나타났으며, 본 교무실은 주로 1층에 있었다.

교장실은 학교급별에 관계 없이 모두 건물 중앙에 위치하고 있는 것으로 나타났다. 초등학교의 경우에는 1층에 있는 학교가 1개교, 2층에 있는 학교가 3개교였다. 1층에 있는 경우에는 교무실 옆에, 2층에 위치하고 있는 경우에는 교실 사이 혹은 보건실이나 컴퓨터실 옆에 있는 것으로 나타났다. 중학교는 교장실이 2층에 있는 학교가 3개, 1층에 있는 학교가 1개였으며 주로 일반교실과 행정실 사이에 위치하고 있었다. 고등학교는 2층에 있는 학교가 3개교, 1층에 있는 학교가 1개교였으며 일반교실 옆에 위치하고 있는 것으로 밝혀졌다.

행정실의 경우도 교장실의 경우와 같이 학교급별에 관계 없이 모두 건물 중앙에 위치하고 있었으며, 초등학교의 경우에는 주로 1층 중앙 현관 혹은 보건실이나 방송실 옆에 위치하고 있었다. 중학교는 행정실이 2층에 있는 학교가 3개교, 1층에 있는 학교가 1개교였으며 교장실에 옆에 있는 것으로 나타났다. 고등학교 행정실은 모두 1층에 위치하고 있었으며, 교실이나 중앙 현관 옆에 위치하고 있었다.

위와 같은 학교급별 각 행정공간의 대체적인 배치양상 경향을 그림으로 나타내면 [그림 1-1]과 같다.

초등학교	층					
	2층	교실		교장실	교실, 컴퓨터실 혹은 보건실	
	1층	정보실, 방송실	교무실	중앙현관	행정실	방송실, 보건실

중학교	층					
	2층	교실		교장실	행정실	교실
	1층	자료실	교무실	중앙현관		

고등학교	층					
	2층	교실		교장실	교실	
	1층	교실	본 교무실	중앙현관	행정실	교실, 기타

[그림 1-1] 학교급별 행정공간의 배치양상

[그림 1-1]에서 보는 바와 같이 행정공간의 배치양상은 학교급별에 따라 상이하게 나타나고 있다. 초등학교의 경우는 건물 중앙 2층에 교장실이 있으며 교장실 옆에는 교실과 컴퓨터실 및 보건실 등의 공간들이 있다. 또한 1층 중앙 현관을 중심으로 하여 양편에 교무실과 행정실이 배치되어 있는 모습을 보이고 있다. 중학교의 경우는 2층 정 중앙에 교장실이 있고 같은 층 바로 옆에 행정실이 있다. 고등학교의 경우에는 2층 중앙에 교장실이 있고 1층 중앙 현관 옆에 본 교무실과 행정실이 있으며, 학년 혹은 교과교무실은 분산되어 있다.

이러한 학교급별 행정공간의 배치양상을 보면, 초등학교에서는 학교장이 2층 중앙에 위치하면서 1층의 교무실과 행정실을 아래 층 근접거리에 두는 한편 양쪽에 교실과 기타 행정지원 공간을 두고 있어, 공간적으로 보아 학교장이 수업과 행정을 비롯한 학교의 모든 활동의 중심에 위치하고 있음을 알 수 있다. 중학교의 경우는 대부분의 경우 교장실과 행정실이 건물 2층 중앙에 근접하여 배치되어 있으며, 교무실은 1층에 떨어져 있는 경우가 많다. 이는 학교장이 교실수업보다는 상대적으로 행정의 중심을 이루고 있다는 판단을 하게 한다. 고등학교는 교장실이 학교건물의 중심에 위치하고 있지만, 행정실과 본 교무실만이 1층 가까운 곳에 있을 뿐 학년 혹은 교과교무실은 분산되어 있다. 이는 고등학교 학교장이 행정실 및 주요 보직교사와의 긴밀한 연계하에 업무를 수행하면서 평교사들과는 비교적 느슨한 업무 연계구조를 가지고 있다는 추론을 가능하게 한다.

2) 행정공간의 기능

행정공간의 기능에 대한 교사들과 행정직원들의 응답 내용을 검토해 보면, 크게 행정업무, 수업활동, 학생지도, 대외업무 및 개인적 업무 등 다섯 가지 범주로 나눌 수 있다. 행정업무는 회의, 결재, 학적 업무, 인쇄와 복사, 출결 기재, 기타 잡무 처리 등의 활동을 말하며, 수업활동은 교실수업을 위한 준비와 연구, 장학 및 독서 등이 포함된다. 또한 학생지도는 학생면담과 학생지도활동을 뜻하며, 대외업무는 외부 손님 접대에 관련된 업무를 의미한다. 마지막으로 개인적 업무에는 휴식, 개인적 전화 등이 포함된다. 또한 공간에 대한 이미지는 넓이, 색깔, 움직임, 접근 선호도 등 네 가지 범주로 나눌 수 있었다.

(1) 교무실

교무실의 기능과 이미지에 관한 교사들의 반응 내용들이 〈표 2-3〉에, 〈표 2-3〉에 제시된 교무실의 기능에 대한 반응빈도와 이미지를 의미별로 유목화하여 정리한 내용이 〈표 2-4〉에 제시되어 있다. 이때 고등학교의 교무실은 주 교무실을 지칭한다.

〈표 2-3〉 교무실의 기능과 이미지에 관한 진술

(빈도)

구분		응답 내용	
		기능	이미지
초등학교	평교사	부장회의, 교감선생님 업무 하는 곳(6), 공문결재(7), 학교업무 및 행사 진행하는 곳(3), 교사회의 및 전달(8), 전입·전출 등 학적 등 사무 보는 곳(3), 학교의 모든 일들을 생각하고 고민하는 장소(1), 복사하기(1), 갈 곳이 없을 때 있는 장소(1), 학교방문자와 대화하는 장소(1), 컴퓨터 인쇄 및 복사하는 곳(5), 전화하는 곳(1), 출결사항 기재하는 곳(1)	교감선생님이 업무 보고 계신 장면(2), 다소 경직되고 조심스러운 곳(1), 교감선생님과 잦은 전화(1), 단순히 교감선생님이 계신 곳(3), 약간 경직되어 있으나 자유로운 토론의 장이 되기도 하는 화기애애한 장소(1), 학교장 전달 장소(1), 조용하고 평상시에는 잘 안 가게 되는 곳(3), 딱딱한 직원회의 장소(1), 권위적인 곳(1), 한가함(2)
	보직교사	직원협의회, 공지사항 게시 등 교사들의 사무처리 공간(3), 연수(2), 휴식공간(1), 직원회의 참석하는 곳(2), 결재(3)	교사들의 정보교환 장소(2), 교감선생님의 공간, 딱딱한 직원회의 장소(1), 교사들이 사무 보는 곳(1), 한산함(3), 비어 있는 곳(1), 하향식 회의(1)
중학교	평교사	직원회의(5), 연수(1), 지시사항 전달(2), 정보 교환(3), 공문서 처리(13), 직원 간의 대화(1), 교감의 업무공간(1), 휴식(1), 교재 및 수업연구(11), 학생지도 및 상담(5), 잡무처리(1)	회의(2), 형식적이고 딱딱하다(1), 생활장소(2), 정겹고 에너지가 충만한 곳(1), 심란하고 복잡하고 소란스러운 곳(2), 연구하는 조용한 곳(1), 사무 보는 곳(2), 바쁘고 정신없는 곳(1)
	보직교사	행정업무 처리(3), 회의(1), 자기연수(1), 교재연구(2)	사람이 많이 모여 있다(1), 약간 무겁고 침체된 듯한 분위기(1), 조용한 분위기의 연구(1)

고등학교	평교사	수업준비 및 교재연구(16), 행정잡무 · 사무처리(14), 학생면담(7), 독서(1), 학년회의(2), 휴식(5), 교사들과의 대화 등 인간관계(3)	무겁고 어두운 이미지(1), 학생의 얼굴(1), 지시사항 전달(1), 좁고 답답한 곳(2), 혼잡(1), 보수적(1), 회의와 휴식(1), 편안하고 할 일이 있는 자리(2), 조용하고 엄격한 분위기(1), 소통의 단절(1), 엄숙(1), 행정업무(1), 비좁고 공개된 곳(1), 경직되어 있고 다소 중압감을 느끼는 곳(1)
	보직교사	행정업무처리(2), 교과연구(1), 학생상담(1), 교무지원업무(1)	사무실(1), 교무업무와 연구(1)

〈표 2-4〉에서 보는 바와 같이 초등학교 교사들의 교무실 업무 중에서 약 92%가 행정업무이고, 초등학교 교사들에게 있어 교무실은 다소 경직되고 조용하며 조심하여 잘 안 가게 되는 권위적인 곳으로 이해될 수 있으며, 이러한 경향은 직위에 따라 유사하게 나타나고 있다.

중학교 교무실의 기능은 평교사인 경우 행정업무 52.3%, 수업활동 26.2%, 학생지도 11.9%, 개인 업무 9.5%이었으며, 보직교사인 경우에는 행정업무와 수업활동을 주로 하고 있다. 교무실의 이미지는 딱딱하거나 바쁘며 소란한 경우가 많으며 편안하거나 정겹게 느끼는 경우는 아주 적은 것으로 보인다.

고등학교 교무실의 기능은 수업활동 37.8%, 행정업무 35.6%, 개인 업무 17.8%, 학생지도 15.6% 순으로 나타나 고등학교 평교사들은 교무실에서 다양한 영역의 활동을 수행하고 있는 것으로 보인다. 이에 비해 보직교사들은 행정업무를 주로 하고 수업활동과 학생지도 업무를 비슷하게 하고 있다. 또한 고등학교 교무실의 이미지는 비좁음, 어두움, 무거움, 답답함, 혼잡함, 경직됨, 엄숙함, 중압감, 보수적 등으로 형상화되어 있는 것으로 판단된다.

〈표 2-4〉 학교급별 교무실의 기능 범주와 내용 그리고 이미지

(빈도)

<table>
<tr><th colspan="2" rowspan="2">구분</th><th rowspan="2">범주</th><th rowspan="2">내용</th><th rowspan="2">비율(%)</th><th colspan="4">이미지</th></tr>
<tr><th>넓이</th><th>색깔</th><th>움직임</th><th>접근 선호도</th></tr>
<tr><td rowspan="5">초등학교</td><td rowspan="3">평교사</td><td>행정업무</td><td>회의(9), 결재(7), 복사 및 인쇄(6), 교감선생님이 있는 곳(6), 학적 업무(4), 학교업무 및 행사(3)</td><td>92.1</td><td rowspan="3"></td><td rowspan="3"></td><td rowspan="3">다소 경직(2), 조용(1), 딱딱함(1), 한가함(1)</td><td rowspan="3">조심(1), 잘 안가는 곳(1), 권위적(1)</td></tr>
<tr><td>대외업무</td><td>외부 손님 면담(1)</td><td>2.6</td></tr>
<tr><td>개인업무</td><td>전화(1), 휴식(1)</td><td>5.3</td></tr>
<tr><td rowspan="2">보직교사</td><td>행정업무</td><td>회의와 사무 처리(5), 결재(3), 연수(2)</td><td>90.9</td><td rowspan="2"></td><td rowspan="2"></td><td rowspan="2">딱딱함(1), 한산함(3), 비어있음(1)</td><td rowspan="2"></td></tr>
<tr><td>개인업무</td><td>휴식(1)</td><td>9.0</td></tr>
<tr><td rowspan="6">중학교</td><td rowspan="4">평교사</td><td>행정업무</td><td>회의(7), 공문서 처리(14), 교감 업무공간(1)</td><td>52.3</td><td rowspan="4"></td><td rowspan="4"></td><td rowspan="4">딱딱함(1), 조용함(1), 바쁨(1), 심란하고 소란함(1)</td><td rowspan="4">정겨움(1)</td></tr>
<tr><td>수업활동</td><td>수업준비 및 교재연구(11)</td><td>26.2</td></tr>
<tr><td>학생지도</td><td>학생지도와 상담(5)</td><td>11.9</td></tr>
<tr><td>개인업무</td><td>대화(1), 정보교환(3)</td><td>9.5</td></tr>
<tr><td rowspan="2">보직교사</td><td>행정업무</td><td>행정업무(3), 회의(1)</td><td>57.1</td><td rowspan="2"></td><td rowspan="2"></td><td rowspan="2">조용함(1), 무겁고 침체됨(1)</td><td rowspan="2"></td></tr>
<tr><td>수업활동</td><td>교재연구와 자기연수(3)</td><td>42.9</td></tr>
<tr><td rowspan="7">고등학교</td><td rowspan="4">평교사</td><td>행정업무</td><td>회의(2), 행정처리(14)</td><td>35.6</td><td rowspan="4">비좁음(2)</td><td rowspan="4">어두움(1)</td><td rowspan="4">무거움(1), 답답함(1), 혼잡(1), 조용함(1), 경직(1), 엄숙(1), 중압감(1)</td><td rowspan="4">보수적(1), 편안함(1)</td></tr>
<tr><td>수업활동</td><td>수업준비와 교재연구(16), 독서(1)</td><td>37.8</td></tr>
<tr><td>학생지도</td><td>학생면담(7)</td><td>15.6</td></tr>
<tr><td>개인업무</td><td>대화(3), 휴식(5)</td><td>17.8</td></tr>
<tr><td rowspan="3">보직교사</td><td>행정업무</td><td>행정업무 처리(3)</td><td>60.0</td><td colspan="4" rowspan="3">특별한 이미지 설명 없음</td></tr>
<tr><td>수업활동</td><td>교과연구(1)</td><td>20.0</td></tr>
<tr><td>학생지도</td><td>학생상담(1)</td><td>20.0</td></tr>
</table>

전체적으로 학교급이 높을수록 교무실의 수업활동 기능이 많아지고, 학교급이 낮을수록 행정업무 기능이 많아짐을 볼 수 있다. 수업과 행정업무 이외에 중학교가 고등학교보다 학생지도 기능이 많은 것을 알 수 있고, 고등학교 교사들이 중학교 교사보다 교무실에서 개인 업무를 보는 시간이 많다. 교무실에 대한 이미지는 학교급별로 큰 차이 없이 딱딱하고 경직되어 있으며 답답한 분위기를 느끼게 하는 좁은 공간으로 인식되고 있음을 알 수 있다.

(2) 교장실

〈표 2-5〉에는 교사들이 인식하는 교장실의 기능과 이미지에 대한 진술이, 〈표 2-6〉에는 〈표 2-5〉에서 도출한 교장실의 기능 범주와 내용 그리고 이미지가 제시되어 있다.

〈표 2-5〉 교장실의 기능과 이미지에 관한 진술

(빈도)

구분		응답 내용	
		기능	이미지
초등학교	평교사	학운위 회의(5), 부장회의 등 회의(6) , 손님 접대하는 곳(8), 교장선생님께서 업무 보시고(5), 신문, 야구나 축구 보는 곳(4), 결재하시는 곳(11), 학교장이 있는 곳(1), 학교의 중요한 일이 결정되는 곳(1), 교장과 교사가 학교의 업무 전반을 회의하는 곳(3), 간부회의 장소(1), 잘 모름(2), 전화(2)	난초 꽃이 핀 깨끗한 바닥(2), 따분함(1), 교장선생님만의 사적이고 은밀한 공간(1), 무섭고 어렵다(1), 경직된 분위기, 감히 들어가기 어려운 곳(3), 상하수직적 관계(1), 학교경영에 관한 숙의 장소(2), 온종일 바쁨(1), 넓고 한적한 곳(2), 환담하는 곳(1), 절대적 권위(1), 교사들이 가고 싶어 하는 곳(1), 휴식(1),
	보직교사	결재(1), 일일 업무협의(1), 교장선생님의 사무처리 장소(2), 손님 접대하는 곳(2), 교사들과의 대화 상담(2), 학교행정의 산실(1)	어려워서 드나들기 부담스러운 공간(1), 학교의 최고책임자(1), 권위, 위엄(1), 온종일 바쁨(1), 상담실(1),

중학교	평교사	손님 접대(8), 학교경영계획 수립(2), 공문서 결재(10), 교내장학(1), 교장선생님만의 생활 공간(4), 대외업무(1), 상담(1), 간부 및 각종 회의(4), 사적 전화(1), 독서 및 신문 구독(2), 학교관리(3), 교사들의 관리감독(1)	선뜻 들어가기에는 불편한 조심스러운 장소(2), 일종의 시어머니와 며느리 사이(1), 폐쇄적이고 권위적이다(2), 결재(2), 편안하고 교사의 의견을 표출할 수 있는 곳(1), 권위(4), 들어가기 부담스럽고 가급적 가고 싶지 않은 곳(1), 접근하기 어려운 공간(1)
	보직교사	최종 결재(3), 외부인사 접대(3)	권위(2), 엄격함(1)
고등학교	평교사	공문서 결재(7), 업무 처리 등 학사행정(5), 부장회의(6), 손님 접대(7), 교직원의 애로사항과 갈등 해소 상담(4), 외부 상담전화(1), 교사들을 괴롭히는 일을 꾸미는 곳(1), 잘 모르겠음(2), 개인업무 공간(2), 학교행정에 대한 일반적인 업무 계획 및 전달(2), 교사동향 파악(1)	교사의 얼굴(1), 교장선생님의 방(1), 폐쇄적임(1), 권위적이다(3), 매우 보수적(1), 엄숙하다(1), 나와는 상관없음(1), 조용하고 엄격한 분위기(1), 멀고 어렵다(1), 권위적, 감시와 통제, 지시 위주의 일방적 의사소통구조(1), 근엄(1), 어렵고 부담스러운 곳(1), 거리감을 느낀다(1), 단정하고 절제된 행동을 요구하는 것(1), 딱딱하고 답답함이 느껴지는 곳(1)
	보직교사	행정업무 결재(1), 학교행정 전반에 관한 일(1), 장학(1)	가기 싫은 곳(1)

〈표 2-6〉에서 보는 바와 같이 교장실에서는 주로 행정업무가 이루어지고 있으며, 그 비율은 초등학교 69.6%, 중학교 55.2%, 고등학교 71.4%이었다. 그 다음으로는 대외업무이며, 그 비율은 초등학교 17.4%, 중학교 23.6%, 고등학교 20% 순이었다. 또한 개인적 업무가 초등학교 13.0%, 중학교 18.4%, 고등학교 8.5%로 나타났다.

특이한 점은 학교급에 관계 없이 교장실에서는 수업에 관계된 활동이 거의 이루어지고 있지 않다는 점이다. 보직교사들의 교장실의 기능에 대한 인식은 주로 행정업무와 대외업무로 나타났다. 또한 교장실에 대한 이미지는 초등학교의 경우는 따분하고 한적하며, 바쁘고 들어가기 어려울 뿐만 아니라, 사적이며 권위적인 넓은 공간이었다. 중학교의 경우는 불편하고 조심스러운 권위적인 공간으로, 고등학교 교장실은 조용하고 엄숙하며 멀고 어렵게 느껴지는 권위적인 공간인 것으로 나타났다.

〈표 2-6〉 교장실의 기능 범주와 내용 그리고 이미지

(빈도)

구분		범주	내용	비율(%)	이미지			
					넓이	색깔	움직임	접근 선호도
초등학교	평교사	행정업무	학운위 혹은 간부회의(15), 결재(11), 교장이 업무 보는 곳(6)	69.6	넓음(1)	깨끗함(1)	따분함(1), 한적함(1), 온종일 바쁨(1)	사적이고 은밀한 공간(1), 무섭고 어려움(1), 들어가기 어려움(1), 권위(1)
		대외업무	외부 손님 면담(8)	17.4				
		개인업무	전화(2), 휴식(4)	13.0				
	보직교사	행정업무	회의 및 사무 처리(6), 결재(1)	85.7			바쁨(1)	어려워 부담스러운 곳(1), 권위와 위험(1), 상담실(1)
		대외업무	손님 면담(1)	14,3				
중학교	평교사	행정업무	회의(4), 결재(10), 학교경영계획 수립(2), 학교관리(3), 상담(1), 교사관리감독(1)	55.2				불편하고 조심(5), 권위(5), 편안한 곳(1)
		수업활동	장학(1)	2.6				
		대외업무	손님 접대(9)	23.6				
		개인업무	사적 전화(1), 독서 및 신문 구독(2), 교장만의 생활공간(4)	18.4				
	보직교사	행정업무	결재(3)	50.0				권위(2), 엄격(1)
		대외업무	손님 접대(3)	50.0				
고등학교	평교사	행정업무	결재(7), 회의(7), 업무처리 등 학사행정(5), 업무상담(4), 교사 동향 파악(2)	71.4			조용하고 엄숙(2), 단정하고 절제된 행동(1)	권위적(4), 멀고 어려움(2), 거리감(1), 딱딱하고 답답함(1), 근엄(1)
		대외업무	손님 접대(7)	20.0				
		개인업무	전화(1), 개인업무(2)	8.5				
	보직교사	행정업무	결재 및 행정업무(2)	66.6				가기 싫은 곳(1)
		수업활동	장학(1)	33.3				

(3) 행정실

행정실의 기능에 대한 행정직원과 교사들의 반응 내용이 〈표 2-7〉에, 행정실에 대한 교사들의 이미지가 〈표 2-8〉에 제시되어 있다. 행정실의 기능범주는 크게 학교회계, 물품 구입, 건물과 시설 및 비품 관리, 공문 처리와 같은 학교의 전반적인 행정업무와 교사들의 교수-학습활동 보조 업무로 대별된다. 그렇지만 대부분의 행정직원과 교사들은 행정실이 주로 물품구입, 공문서 수발, 학교회계업무, 외부 손님 응대, 학교건물 및 시설의 조성·관리 등과 같은 학교 전반의 행정적인 업무를 수행하고 있는 것으로 인식하고 있다. 이는 행정실이 다른 행정공간에 비하여 상대적으로 명확한 공간기능을 가지고 있기 때문인 것으로 판단된다.

다만, 행정실에 대하여 교사들과 행정직원이 가지고 있는 이미지가 상이하고, 특히 교사들의 행정실에 대한 이미지가 다양하게 나타나고 있기 때문에 좀 더 분석할 필요가 있다. 행정직원들이 자신들이 일하는 공간인 행정실에 대해서 학교 일을 협의하기도 하지만, 대체로 잡다한 일을 하는 바쁘고 소외된 공간으로 인식하고 있는 반면, 초등학교 교사들에게 행정실은 바쁜 곳이며 이질감, 냉랭함, 불편함을 느끼고, 딱딱하고 어려운 사무적인 곳이다.

중학교의 경우에는 교무실과는 이질적인 곳이며 실제 이상으로 권한을 행사하는 군림하는 곳으로 나타났다. 또한, 고등학교 행정실은 바쁜 곳이며 별개의 조직으로 느껴지는 권위적이고 마찰이 많으며 불편하고 비협조적인 공간으로 밝혀졌으며, 행정실에 대한 이미지는 평교사보다 보직교사들이 더 우호적인 것으로 보인다.

〈표 2-7〉 행정실의 기능과 이미지에 관한 진술

(빈도)

구분		응답 내용	
		기능	이미지
초등학교	행정직원	공문수발(4), 공과금 독촉 및 수납(1), 차와 다과 준비, 손님 응대(2), 교사 심부름(1), 민원인 응대(1), 교직원 봉급 출장비 등 세입	늘 웃고 화기애애한 곳(1), 바쁘다(2), 고충처리센터처럼 해결사 노릇을 해야 하는 곳(1)

	행정직원	업무(3), 급식 혹은 행·재정업무 지원, 시설 조성관리(3), 행정업무 총괄(2)	
초등학교	평교사	행정업무(2), 학습에 필요한 자료 보조(1), 물품 구입(3), 공과금 수납, 급식 등 학교회계 담당(11), 공문처리(1), 각종 실내외 정비(4), 학교의 모든 살림(3), 잘 모름(1)	업무 보는 모습(1), 이질감이 있고 냉랭하고 불편한 곳(2), 매우 바쁜 곳(2), 딱딱하고 어렵다(1), 학교를 도와주는 곳(1), 돈(3), 문서를 작성하거나 읽고 있음(2)
	보직교사	물품 구입 및 문서수발 등 학교의 행정적인 일 추진(3), 예산집행 처리(3), 학교의 모든 살림(1), 교육과정 운영의 원활한 보조와 지원(2), 교사복무에 관한 사항(1)	학교를 위하고 교사를 돕는 일을 추진하는 곳(1), 학교를 도와주는 곳(1), 서류, 보수, 개선(1), 분주함(1), 교사들과 약간 거리가 있는 곳(1)
중학교	행정직원	맡은 바 소임을 다 하고 있다(2), 건물관리 및 은행업무(4), 숙직업무 및 모든 잡무처리(1), 각종 양식 인쇄 및 복사(1) 저축 등 학생 관련 업무(1), 공문 및 손님 접대(3)	가정의 안살림(1), 잡다한 업무(1), 학교에서 소외된 곳(2), 항상 바쁘고 분주함(1)
	평교사	교육지원(1), 공문수발 등 행정 일(5), 학생과 교사 및 학교의 살림살이를 하는 곳(2), 건물 및 시설관리(3), 경리와 서무(4), 학교의 모든 업무보조(6)	행정사무를 하는 곳(3), 교무실과는 다른 이질적인 분위기(1), 경리(2), 선생님들의 업무보조(2), 실제 업무 이상으로 권한 행사함(1), 물품구매(1), 군림하고 있는 곳(1)
	보직교사	재단과 학교장 보조역할(1), 행·재정 업무(2), 교무 보조(2)	재무담당과 월급(1), 교사들 지원(1)
고등학교	행정직원	급여, 수납, 각종 보험 및 공제 사항(4), 문서 및 전산업무(1), 법인 업무 추진(1), 건전한 재정운영과 협조(1), 예산, 시설, 물품, 재산 관리 등(3), 직원후생복지(2), 소모품 담당(1)	교사와 학교 일을 협의하는 곳(3), 일이 많고 바쁘다(2), 학교관리자(1), 일반공무원 사무실(1)
	평교사	교수-학습 조력(2), 서무행정(1), 시설물 관리·보수 점검(7), 재단 눈치를 보는 곳(1), 돈 관리(7), 학교의 종합적인 학교행정 업무(7), 비품관리 등(1), 교사들을 위한 행정업무 지원(1)	밀실에서 원만한 행정하는 것으로 변화(1), 재단의 얼굴(1), 돈 관리하는 곳(1), 바쁜 곳(1), 부산스러움(1), 인색함, 열등감(1), 별개의 조직(1), 권위적이다(1), 물과 기름(1), 돈에 관련된 것이기 때문에 복잡하다(1), 마찰이 있고 불편한 곳(2), 비협조적(1), 규칙에 얽매이고 딱딱함이 느껴지는 곳(1)
	보직교사	수납과 지출 등 행정업무(2), 교무지원업무(1)	학교자금 관리(1), 좋은 이미지(1)

〈표 2-8〉 행정실에 대한 교사들의 이미지

(빈도)

구분		이미지	
		움직임	접근선호도
초등학교	평교사	매우 바쁜 곳(2)	이질감, 냉랭함, 불편함(1), 딱딱하고 어려움(1), 사무적인 곳(1)
	보직교사	분주함(1)	교사들과 약간의 거리감(1)
중학교	평교사		교무실과 이질적(1), 실제 이상으로 권한 행사(1), 군림하는 곳(1)
	보직교사		특별한 이미지 없음
고등학교	평교사	바쁜 곳(2)	재단의 얼굴(1), 별개의 조직(2), 권위적(1), 마찰이 많고 블편함(1), 비협조적(1), 딱딱함(1)
	보직교사		좋은 이미지(1)

3) 행정공간의 구조

각 행정공간 간의 상호관계에 대한 교사 및 행정직원들의 응답 내용들을 검토해 본 결과, 공간 간의 관계양상은 상하 위계 관계, 상호 협조 관계, 갈등 관계 및 별 관계없음 등 크게 네 가지 유형으로 나눌 수 있었다.

상하 위계 관계는 지시, 감독, 통제 혹은 통솔, 지휘, 독단, 복종, 권위, 확인, 허락 등의 단어나 이러한 단어를 주된 표현으로 하여 공간 간의 관계를 설명한 경우이다. 상호 협조 관계는 공간 간의 관계를 상호보완, 협조, 연관, 자문, 자율, 유대, 문제해결, 일체, 의논, 보조 등의 단어나 이러한 단어를 주된 표현으로 설명한 유형이다. 또한 갈등 관계는 갈등, 소원, 불신 등의 단어를 사용한 경우이며, 별 관계없음은 말 그대로 관계없음을 표현한 경우이다.

(1) 교장실과 교무실의 관계양상

교장실과 교무실의 관계양상에 대한 교사들의 응답 내용이 〈표 2-9〉에, 〈표 2-10〉은 〈표 2-9〉에서 도출한 두 공간 간의 관계에 대한 범주분류이다. 초등학교 평교사들의 50%, 중학교 평교사들의 약 64%, 고등학교 평교사들의 88% 정도가 교장실과 주 교무실의 관계를 상하 위계관계라고 인식하고 있었다. 학교급이 높아질수록 교장실과 교무실의 관계를 더욱 상하 위계적인 관계라고 인식하고 있음을 알 수 있다. 또한 초등학교 평교사들의 40%, 중학교 평교사들의 약 36%, 고등학교 평교사들의 6% 정도가 교장실과 주 교무실의 관계를 상호 협조관계로 인식하고 있으며, 이는 학교급이 낮아질수록 교장실과 교무실의 관계를 상호 협조적인 관계로 인식하는 경향이 높음을 보여 주는 것이다.

또한 초·중학교 보직교사들은 교장실과 교무실과의 관계를 대체로 상하 위계적인 것으로 인식하는 경향이 약간 높게 나타나고 있지만, 평교사들과 비슷한 수준이라고 판단하여도 무리가 없을 것으로 보인다. 다만, 고등학교 보직교사들은 상하 위계적인 관계와 상호 협조적인 관계가 동일하게 나타났지만 사례수가 적어 의미 있는 경향으로 보기는 어려웠다.

〈표 2-9〉 교장실과 교무실의 관계양상에 대한 교사들의 응답 내용

(빈도)

구 분		응답 내용
초등학교	평교사	별 관계없다(3), 상호 보완(1), 어른과 아랫사람의 관계 즉, 모셔야 하는 관계(1), 상하 위계질서를 확립해야 하는 곳, 관료조직 체제(3), 긴밀한 유대가 있는 곳(3), 협조적임(1), 교무실에서 결정된 사항을 허락 받는 관계(1), 교사들의 문제를 해결하는 곳(1)
	보직교사	교사의 활동 영역이 다른 공간(1), 교사는 상사를 잘 모시고 학교장은 교사들을 잘 이해해 주어야 함(1), 교장의 명에 따른 업무처리(1), 직위를 확실하게 구분하여 보여 주는 곳(1)
중학교	평교사	서로 긴밀하고 보완적인 관계(1), 상호 연관되어 자문 협조하는 관계(4), 교사들의 의견이 반영되지 않고 학교장의 독단과 지시와 복종이 주를 이루는 관계(1), 관리자와 실무자 관계(2), 들어가기 불편하고 왠지 어색한 곳(1), 상하관계(1), 상명하복(1), 교무실을 감독하는 곳(1), 지휘 감독과 통솔(2), 대화가 필요한 관계(1)
	보직교사	거리감 있는 장소(1), 어렵고 부담스러운 관계(1), 교사의 의견을 수용할 수 있었으면 함(1)

고등 학교	평교사	교무실 의견이 조율되고 학교정책으로 입안되는 상호보완적인 곳(1), 재단 쪽에 더 신경을 씀(1), 위계질서, 상하관계 혹은 상명하달의 관계(7), 권위주의의 상징(3), 교사가 하는 일을 확인하고 체크함(1), 업무 지시와 수행의 관계(1), 조금 먼 동떨어진 장소(1), 교장이 잘 오지 않기 때문에 별 영향 관계를 느끼지 못한다(1), 권위(1), 명령과 복종(1)
	보직 교사	관료적인 상하 관계(1), 관료제적 관계에서 탈피하려는 움직임(1)

〈표 2-10〉 교장실과 교무실의 관계유형 분류

구분		상하 위계관계	비율(%)	상호 협조관계	비율(%)	별 관계 없음	비율(%)
초등학교	평교사	5	50.0	4	40.0	1	10.0
	보직교사	3	75.0	1	25.0		
중학교	평교사	9	64.3	5	35.7		
	보직교사	2	66.7	1	33.3		
고등학교	평교사	15	88.2	1	5.9	1	5.9
	보직교사	1	50.0	1	50.0		

(2) 교장실과 행정실의 관계양상

교장실과 행정실의 관계양상에 대한 행정직원과 교사들의 응답 내용이 〈표 2-11〉에, 〈표 2-12〉는 〈표 2-11〉에서 도출한 두 공간 간의 관계에 대한 범주분류이다. 교장실과 행정실의 관계양상에서 특이한 현상은 두 공간 간의 관계에 대해 행정직원과 교사들 그리고 학교급과 교사들의 보직 여부에 따라 다르게 나타나고 있다는 사실이다. 예컨대, 행정직원의 경우, 초등학교 83.3%, 중학교 69.2%, 고등학교 80.0%가 교장실과 행정실의 관계가 상하 위계적인 것이라고 응답한 반면 그 관계가 상호 협조적인 것이라고 응답한 비율은 초등학교 16.7%, 중학교 30.8%, 고등학교 20.0%에 그치고 있다. 그러나 초등학교 평교사들의 약 85%, 중학교 평교사들의

32%, 고등학교 평교사들의 약 84%가 교장실과 행정실의 관계를 상호 협조적인 관계로 인식하고 있다.

〈표 2-11〉 교장실과 행정실의 관계양상에 대한 행정직원 및 교사들의 응답 내용

(빈도)

구 분		응답 내용
초등학교	행정직원	사장과 비서의 관계(1), 어떤 지시사항에 따르는 상하관계(3), 교장의 결정을 작업하고 실행하는 곳(1), 결재 맡고 업무상 상부상조하는 곳(1)
	평교사	잘 모르겠다(1), 상호 대등(1), 상호 협조하고 있는 관계(4), 행정실은 학교장의 보조업무를 하는 곳(2), 비공개적으로 상호 간에 커넥션이 있지 않을까 생각한다(1), 일체가 되어야 한다(2), 잘 모름(1), 의논하고 서로 돕는 관계(2)
	보직교사	지시-수행 관계(1), 삼위일체가 되어야 함(1), 행정적인 요구로 어려움이 있어 보임(1), 교장의 명에 따른 업무처리(2)
중학교	행정직원	교장의 명령 및 지시를 받아 실천이 이루어지는 곳(2), 학교 운영을 협의하는 관계(2), 학교장의 결재에 따라 집행하고 실행에 옮기는 실무적인 자리(2), 관리 관계(1), 상하 관계이나 교무실보다는 원활한 관계(1), 사장과 비서실(3), 좋은 관계 혹은 밀착 관계(2)
	평교사	교장의 명령 및 지시를 받아 실천이 이루어지는 곳(2), 학교 운영을 협의하는 관계(3), 학교장의 결재에 따라 집행하고 실행에 옮기는 실무적인 자리(2), 관리 관계(1), 상하관계이나 교무실보다는 원활한 관계(1), 사장과 비서실(2), 좋은 관계(1), 상호동반 협조 관계(2), 잘 모름 혹은 무응답(5)
	보직교사	학교장 비서실(1), 밀착 관계(1), 상호협조(1)
고등학교	행정직원	상하 관계(4), 상호보완적(1)
	평교사	학교행정을 위하여 상호보완적인 밀접한 관계(4), 학교장을 뒷바라지하는 곳 혹은 그릇된 행정을 눈감아 주는 곳(1), 지시 · 감독하는 관계(2), 공존 관계(1), 상호 긴밀하지만 교육에 도움을 주지 않음(1), 협조 관계(2), 밀접한 관계(1), 때론 세력관계를 느끼게 한다(1), 친밀하고 다소 비밀스러운 관계(1)
	보직교사	유기적 관계(1), 상호협조 관계(1)

또한 중학교 평교사들의 약 42%, 고등학교 평교사들의 약 17%가 교장실과 행정실의 관계를 상하 위계 관계라고 생각하고 있는데 반해 초등학교 평교사들 중 교장

실과 행정실의 관계를 상하 위계 관계라고 응답한 사례는 없었다. 이는 초등학교와 고등학교에 비하여 중학교 평교사들이 교장실과 행정실의 관계를 더욱 상하 위계적인 것으로 인식하는 경향이 높다는 것을 의미한다. 보직교사들의 경우에는, 중·고등학교 보직교사들이 교장실과 행정실의 관계를 상호 협조적인 관계로, 초등학교 보직교사들은 위계적인 관계로 인식하는 경향이 높게 나타났다.

이러한 보직교사들의 반응 경향은 초·중학교의 경우에는 평교사들의 반응과 상이한 것임을 알 수 있다. 즉, 초등학교 평교사들이 교장실과 행정실의 관계를 상호 협조적인 관계로 인식하는데 반해 보직교사들은 상하 위계적인 관계로 생각하는 경향이 높으며, 중학교 평교사들이 교장실과 행정실의 관계를 상하 위계적인 것으로 보는데 반해 보직교사들은 그 관계를 상호 협조적인 관계로 보고 있는 것이 그것이다.

〈표 2-12〉 교장실과 행정실의 관계 유형 분류

구분		상하 위계 관계	비율(%)	상호 협조 관계	비율(%)	잘 모름	비율(%)
초등학교	행정직원	5	83.3	1	16.7		
	평교사			11	84.6	2	15.4
	보직교사	3	75.0	1	25.0		
중학교	행정직원	9	69.2	4	30.8		
	평교사	8	42.1	6	31.6	5	26.3
	보직교사	1	33.3	2	66.7		
고등학교	행정직원	4	80.0	1	20.0		
	평교사	2	16.7	10	83.3		
	보직교사			2	100		

(3) 교무실과 행정실의 관계양상

교무실과 행정실의 관계양상에 대한 교사와 행정직원들의 응답 내용이 〈표 2-13〉에, 〈표 2-13〉에서 도출한 두 공간 간의 관계에 대한 범주 분류 내용이 〈표 2-

14〉에 있다. 초등학교와 고등학교 평교사들의 약 50%, 중학교 평교사들의 약 86%가 교무실과 행정실의 관계를 상호 협조적인 관계로 인식하고 있어 초·고등학교에 비하여 중학교 평교사들이 교무실과 행정실의 관계를 더욱 우호적인 관계로 인식하고 있음을 보여 주고 있다. 특히 고등학교 평교사들이 교무실과 행정실의 관계를 갈등적인 것으로 인식하는 경향이 높은 것으로 나타났다. 평교사들의 반응이 학교급에 따라 약간의 차이를 보이고 있는 것에 비해, 보직교사들의 경우에는 교무실과 행정실의 관계를 대체로 우호적인 것으로 인식하는 경향이 높게 나타났다.

그러나 행정직원들의 반응을 보면, 교무실과 행정실의 관계를 초등학교와 고등학교 행정직원들의 약 67~75%가 상호 협조적인 것으로 인식하고 있는 반면, 중학교 행정직원의 약 78%가 갈등적인 관계라고 응답하고 있어 교사들과는 사뭇 다른 반응을 보여 주고 있다.

〈표 2-13〉 교무실과 행정실의 관계양상에 대한 교사들의 응답 내용

(빈도)

구분		응답 내용
초등학교	평교사	상호협력과 도움(4), 교무 보조(1), 교무실에서 행정실을 지시한다고 생각한다(1), 교사가 늘 부탁해야만 하는 어려운 관계(1), 밀접하다(1), 잘 모름(3)
	보직교사	이해·협조관계(1), 사무적인 업무는 행정실에서 주로 해야 한다(1), 교장실과 교무실의 관계에 따라 변하는 곳(1)
	행정직원	업무를 원활히 하는 경우는 드물고 명령에 의한 지시를 많이 함(1), 교사가 중심이 된 주인과 일꾼(1), 서로 보완적이고 협력하는 사이(3), 협조사항이 많은 관계(1)
중학교	평교사	서로 협조하는 곳(2), 딱 잘라 업무를 구분할 수 없이 고리처럼 엮어져 있음(1), 상호 분리됨으로써 소원한 인간관계(1), 교무업무에 대한 행정적 지원과 보조(3), 군림하려는 듯한 관계(1), 상호보완적인 관계(6)
	보직교사	재단을 업고서 군림하려 든다(1), 꼭 필요한 업무 외에는 별개로 움직이는 단위(1), 협조가 잘되고 있음(1)
	행정직원	원만한 관계 같지만 실제 그렇지 못함(2), 물과 기름 혹은 높은 담이 있는 관계(1), 상호협력(2), 교육활동이 아닌 교사를 지원하는 곳으로 인식함(1), 하기 싫은 일을 시키는 곳(1), 일을 서로 미루는 관계(1), 마찰이 있는 관계(1)

고등 학교	평교사	교사들을 지원하는 곳(5), 재단에서 내린 결정을 교사에게 강요하는 곳(1), 교사들의 보조역할을 충분히 해내지 못하는 곳(1), 대립이나 갈등 관계(1), 상호간에 불신이 존재(1), 수업 진행보다는 수당에 관련된 업무만 진행함(1), 부탁해야 하는 경우가 많음(1), 협조적이지 못한 관계(1), 아주 협조적도 격리된 곳도 아님(1), 상보적 관계(1)
	보직교사	경비 지원 관계(1), 교무지원 등 상호 협조 관계(1)
	행정직원	경비 지원 및 통제 관계(1), 보완·협력 관계(5), 이질감(1)

〈표 2-14〉 교무실과 행정실의 관계 유형 분류

구분		상하 위계 관계	비율 (%)	상호 협조 관계	비율 (%)	갈등 관계	비율 (%)	잘 모름	비율 (%)
초등 학교	평교사			5	50.0	2	20.0	3	30.0
	보직교사			2	100				
	행정직원	2	33.3	4	66.7				
중학교	평교사			12	85.7	2	14.3		
	보직교사			2	66.7	1	33.3		
	행정직원			2	22.2	7	77.8		
고등 학교	평교사			7	50.0	7	50.0		
	보직교사			2	100				
	행정직원	1	12.5	6	75.0	1	12.5		

3) 연구결과 요약 모형

학교행정공간의 기능과 구조에 관한 본 연구의 결과를 요약하여 모형으로 도식화하면 [그림 2-2]와 같다. 이와 같은 연구결과를 요약한 모형을 제시하는 이유는, 개별 행정공간의 기능과 각 행정공간 간의 관계양상을 통해 학교행정공간의 전체적 구조를 시각적으로 조망할 필요가 있기 때문이다.

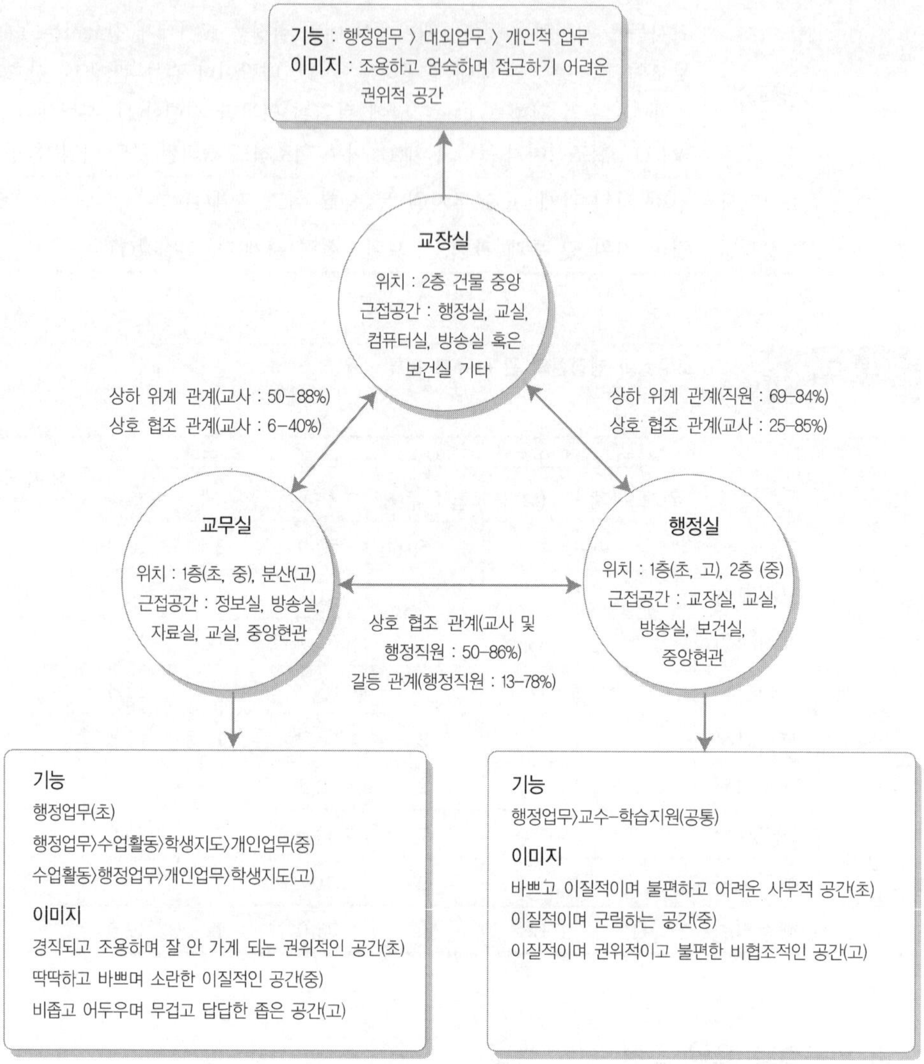

[그림 2-2] 학교행정공간의 기능과 구조에 관한 연구결과 요약모형

5 결론 및 제언

공간은 인간의 삶이 이루어지는 역동적인 장이다. 분할된 공간에서 상이한 역할을 수행하는 사람들은 그 조직의 핵심과업 수행과 인간관계에 있어 독특한 공간문화를 형성하고, 그 문화적 표준에 따라 행동한다. 이러한 공간 인식에 기초하여, 본 연구에서는 대전 시내 초・중등학교 교사와 행정직원들의 인식을 통하여 학교행정공간의 기능과 구조의 사회・문화적 의미를 해석함으로써 우리나라 학교조직이 갖는 특징의 일면을 밝히고자 하였다.

연구결과, 교장실은 주로 행정업무와 대외업무 및 개인적 업무들이 수행되는 곳으로 조용하고 엄숙하며 접근하기 어려운 권위적 공간이었으며 이러한 교장실의 기능과 이미지는 학교급에 따라 큰 차이가 없었다. 교무실은 학교급이 높아질수록 수업활동이 많아지고 학교급이 낮아질수록 행정업무 기능이 많아져 학교급에 따라 차이를 보였지만, 그 이미지는 학교급에 관계없이 대체로 딱딱하고 경직되어 있으며 답답한 분위기를 느끼게 하는 바쁜 공간으로 밝혀졌다. 행정실은 초・중등학교 공히 바쁘고 이질적이며 불편한 사무공간으로 인식되고 있었다. 또한 교장실과 교무실 및 행정실의 관계를 상하 위계 관계로 인식하는 교직원이 많아 감시와 감독, 권위, 지배, 복종, 통제 등과 같은 부정적인 이미지가 적지 않은 것으로 보인다. 교무실과 행정실의 관계를 상호 협조적인 것으로 인식하는 교직원들이 많았지만 일부 교직원들은 갈등적인 관계로 인식하고 있었다.

이와 같은 본 연구결과에 비추어 보면, 우리나라 학교조직의 행정공간 구조가 건물 중앙에 위치한 교장실을 중심으로 하여 상당 부분 권위적인 상하 위계관계로 이루어져 있음을 알 수 있고, 이는 조직의 위계적 구조를 축으로 하여 능률과 통제를 중시하는 근대 산업사회의 가치를 반영하고 있는 것으로 해석된다. 학교공간에 대한 선행연구들의 연구결과와 맥을 같이 하는 부분이다. 그러나 오늘날 학교행정공간의 구조가 근대 산업사회에 적합했던 조직관리의 가치를 획일적으로 투영하고 있지 않다는 점에도 유의할 필요가 있다. 학교행정공간에 대한 교사들과 행정직원들의 다양한 인식 경향은 학교 구성원들의 역할 및 권력 관계의 변화를 반영하고 있다고 볼 수 있기 때문이다.

21세기의 학교경영은 전문성, 자율, 공동체의식 및 책무성에 기초한 상호존중을 중시하며, 이는 학교행정에 대한 새로운 패러다임을 요구한다. 따라서 이러한 변화를 이루어 내기 위한 일환으로 단위학교 행정의 핵심공간인 교장실, 교무실 및 행정실의 기능과 구조에 대한 반성적 접근이 요구된다고 하겠다. 본 연구가 대전광역시라는 특정 지역에 국한된 점, 상대적으로 많지 않은 사례 수, 연구결과 해석상의 주관성의 개입 가능성, 학교의 분위기가 다른 학교 설립 특성이 고려되지 못한 점 등과 같은 제한점을 가지고 있음은 부인할 수 없지만, 본 연구의 핵심 연구문제인 학교행정공간의 기능과 구조에 관한 연구결과를 중심으로 단위학교 행정의 발전을 위해 제언을 한다면 다음과 같다.

첫째, 학교행정공간의 기능적 측면이다. 우선 학교행정의 중심공간인 교장실이 권위적이고 접근하기 불편한 폐쇄적 공간에서 민주적이고 편안한 개방적 공간으로 변화되어야 한다. 교장실에 대한 학교 구성원들의 이미지와 그 기능을 변화시키는 출발점을 학교장의 전문적 권위의 제고에 따른 수업지도성의 강화, 사회·문화적 변화를 선도하는 유연한 행정행위에서 찾는 것이 바람직하다고 본다. 또한 초등학교 교사들이 대부분의 시간을 교실에서 보내는 것과는 달리 중등학교 교무실은 교사들이 수업 외 시간을 보내는 연구와 휴식공간이기 때문에, 중등학교 교무실의 수업연구기능을 강화하고 편안한 개인적 업무를 위한 공간 배치와 미려한 디자인에 대한 세심한 배려가 필요하다. 이에 중등학교 교무실의 연구 및 휴식기능을 극대화할 수 있는 설계·실내디자인에 관한 후속연구가 요망된다.

둘째, 학교행정공간의 구조적 측면이다. 교장실과 교무실 및 행정실 간의 권위적인 상하 위계적 관계는 우리나라 학교조직풍토의 일면을 반영하는 것으로 해석된다. 이는 전문성과 자율성을 중시하는 상호 협조적인 참여적 행정으로의 변화가 요구되는 부분이다. 또한 교무실과 행정실의 관계는 상호협조관계가 많은 반면 일부 갈등적인 관계도 형성되고 있다. 교실수업과 행정지원 활동 간의 유기적 관계는 효과적인 학교교육을 위한 필요조건이다. 따라서 교무실과 행정실 간의 이질적이고 갈등적인 불편한 정서를 해소하고 상호 존중하는 의식을 제고하기 위해 관련 정보를 공유하기 위한 단위학교차원의 지속적인 노력이 강화되어야 할 것으로 판단된다.

제3장 농촌 소규모 중학교의 행정인력 운용구조 개선에 관한 연구

1 문제의 제기

단위학교의 인적·물적 자원은 학교 차원에서 이루어지는 모든 교육활동을 지원하기 위한 행정적 기반이다. 그러나 이들 자원들이 충분히 주어진 상황은 현실적으로 매우 드물기 때문에, 학교경영에 대한 권한과 책임을 가진 학교행정가들에게 있어 주어진 인적·물적 자원을 효율적으로 운영하는 안목과 능력은 매우 중요할 수밖에 없다. 학교경영의 요체는 주어진 인적·물적 자원 등을 효율적으로 운영하여 학교조직의 효과성을 극대화하는 데 있기 때문이다.

특히 우리나라 중등학교의 인적·물적 자원의 확보와 운영의 측면에서 볼 때, 학교규모는 주목할 만한 정책적 영향요소로 보인다. 그 이유는 두 가지이다. 하나는 학교규모에 따라 배치되는 교사의 수와 교육재정 지원 정도가 결정된다는 사실이며, 다른 하나는 학교규모의 크고 작음에 관계 없이 중·고등학교별로 학교조직 구조가 아주 유사할 뿐 아니라 수행해야 할 행정업무가 특기할 정도로 달라지지 않는다는 점이다. 학교규모에 따른 획일적 학교자원 배분정책은 학교규모라는 한 가지 요인 때문에 단위학교의 가용 인적 자원이 크게 차이가 나게 하는 문제를 가지고 있으며,[1] 학교조직 구조와 행정업무의 표준성은 소규모 학교에 재직하고 있는 교사

* 이 논문은 안암교육학회(2005). 한국교육학연구 11권 1호에 게재된 것임(공동연구자 박행모).

들의 일상의 삶과 직무수행에 바람직하지 못한 영향을 미치게 될 가능성이 크다. 수행해야 할 단위학교 행정업무의 양이 줄지 않는데 반해, 학교규모가 작으면 교사가 적어 자연스럽게 교사들은 아이들을 가르치는 일 이외에 번잡하고 피곤한 다중의 행정업무를 맡아 수행해야 하기 때문이다. 실제로 초등학교 교사들의 경우 이러한 연유로 인하여 전보 시 대규모학교를 절대적으로 선호하고 있기도 하다(오영재, 2004).

이러한 상황은 교사들의 교직만족도 감소, 수업의 질 저하, 전보욕구의 강화, 아이들 지도에 소홀하게 되는 등의 부정적 요인으로 작용할 가능성이 크다. 특히 지리적・부모의 사회경제적 요인 등으로 인하여 다양한 교육적 경험을 접할 기회가 극히 제한되어 있는 농촌 소규모 학교에 재학하는 학생들에게 있어 학교교육은 그 아이들이 받을 수 있는 교육의 거의 전부라는 점에서, 교사들의 교육활동과 생활지도가 각별한 의미를 갖게 된다. 따라서 농촌 소규모 학교에 재직하고 있는 교사들이 아이들의 교육 및 생활지도를 위해 진력할 수 있도록 교사들의 근무여건을 개선하고 지원체제를 정비할 필요가 있다고 본다.

그러나 지금까지 이루어진 농촌지역 소규모 학교에 대한 선행연구들은 도・농간의 교육 격차(정명채・진동섭, 2002), 혹은 이들 지역에 근무하는 교사들의 문화 연구(고형일 외, 1995; 신경우, 1995; 고형일・이두휴, 1997; 이옥자, 2000; 윤병용, 2001; 이두휴, 2004) 등 주로 교육사회학적 연구들이 주류를 이루어 왔으며, 단위학교 경영이나 학교 조직론적 시각에서 접근한 사례는 찾기 어렵다. 또한 연구대상에 있어서도 주로 초등학교를 그 대상으로 하고 있는 점에도 주목할 필요가 있다.

이러한 문제의식에 기초하여, 본 연구에서는 농촌 지역에 소재한 소규모 중학교

1) 예컨대, 우리나라 초・중등교육법 시행령 제34조 4항의 중학교 교원의 배치기준에 의하면, 3학급 이상 8학급 이하의 학교에는 1인, 9학급 이상 11학급 이하의 학교에는 2인의 보직교사를 둘 수 있도록 하고 있는 반면 12학급 이상의 학교인 경우에는 8인의 보직교사를 두도록 되어 있다. 11학급과 12학급의 경우 한 학급의 차이에 따라 둘 수 있는 보직교사가 6명씩이나 차이가 나고 있어 학교 규모에 따라 행정운용의 양상과 관련 업무 부담이 크게 달라질 수밖에 없는 실정인 것이다. 이러한 법규적 조건에 기초하여, 본 연구에서는 11학급 이하의 학교를 소규모학교로 규정한다.

의 행정인력 운영 실태를 분석하고 나아가 그 개선방안을 찾는 데 연구의 목적을 두며, 구체적인 연구문제는 다음과 같다.

첫째, 농촌소재 소규모 중학교의 행정운용 실태를 분석한다.

둘째, 농촌소재 소규모 중학교의 행정인력 운용 개편방안을 제시한다.

2 농촌 소규모 중학교의 현실

농촌 소규모 중학교의 현실은 연구자의 관심 주제에 따라 다양한 주제와 시각에서의 논의가 가능하다고 본다. 본 연구에서는 주로 본 연구대상 학교가 소재한 충남 지역 중학생들의 인구통계학적 변화 상황과 학교규모가 작아짐으로써 발생하고 있는 현실적 교육문제에 국한하여 설명하기로 한다.

1) 연구대상 지역의 인구학적 변화

통계청(2004a: 39) 시・도 및 성별 인구이동 자료에 의하면, 2003년 충청남도 전입 인구수는 312,739명, 전출 인구수는 310,057명으로 각각 충청남도 전체 인구수의 16.4%와 16.2%에 달하고 있다. 또한 이들 이동 인구 중 시・도 내 이동 인구수는 173,068명, 시・도 간 이동 인구수는 109,890명으로 각각 전체 이동 인구수의 9.1%와 5.6%로 시・도 내 이동이 훨씬 더 많지만, 전체적으로 보아 충청남도 전체 인구수는 거의 변동이 없음을 알 수 있다.

한편 중학생에 해당되는 10~14세 연령 이동인구 현황을 보면, 전입 18,597명과 전출 19,005명으로 별 차이가 없다. 이 중 시・도 내 이동이 12,375명이며 시・도 간 이동은 12,852명으로 충청남도 전체 중학교 재학 가능 연령 학생은 총수에 있어 일정한 수준을 유지하고 있다. 그러나 본 연구대상 학교가 소재한 군(이하 Y군이라고 한다)의 중학생 인구수의 변화를 보면 1990년 7,661명, 1995년 6,123명, 1996년 5,824

명, 1997년 5,65명, 1998년 4,651명, 1999년 4,169명, 2000년 3,943명, 2001년 3,675명(통계청, 2002: 943)으로 학령인구 감소 현상을 뚜렷이 보여 주고 있다. 실제, Y군에는 2004년 현재 11개 중학교의 111개 학급에 3,196명의 학생이 재학하고 있다(통계청, 2004b: 705). 한 학교당 평균 290명 정도의 학생이 재학하고 있는 상황이다.

2) 학교규모의 변화와 교육문제

우리나라 중학교의 경우, 1~10학급의 소규모 학교가 1,074개로서 전체 중학교의 약 38.3%를 차지하고 있다. 1~5학급의 아주 작은 학교도 2001년과 2002년에 각각 606개와 581개로써 약간 감소하는 경향이 있지만(문화관광부, 2003: 75), 우리의 중학교 교육여건 면에서 볼 때 소규모 학교가 결코 적지 않은 비율을 차지하고 있음을 알 수 있다. 보다 구체적으로, 지난 5년 동안 도 단위 군 지역 중학교 교육여건의 변화는 다음 〈표 3-1〉에 제시된 바와 같다.

〈표 3-1〉 교육여건 변화(중학교-도 단위 군 지역)

변수	지역교육청 수	평균	표준편차	최소 값	최대 값
2003년 학생 수	87	2480.80	3696.70	309	25947
학생 수 차이(2003~1999)	87	-374.83	540.35	-1374	2516
학급 규모 차이(2003~1999)	87	-5,74	1.92	-10.80	-2.06
2003년 학급 규모	87	26.53	4.41	14.71	39.70
학급 수 차이(2003~1999)	87	1.74	27.18	-36	170
2003년 학급 수	87	84.12	97.15	21	668
교사당 학생 수 차이(2003~1999)	87	-1.71	0.80	-3.58	-0.01
2003년 교사당 학생 수	87	10.11	3.16	4.97	20.21
임시교사 수 차이(2003~1999)	87	-8,70	45.05	-108	227
학교규모(학생 수) 차이(2003~1999)	87	-42.39	33.92	-189.45	117.3
2003년도 학교규모(학생 수)	87	216.70	174.73	59.2	1128.13
학생 수 증가율	87	-20.72%	12.50%	-40.38%	33.20%

교사 증가율	87	-6.91%	11.97%	-31.41%	33.27%
학급 수 증가율	64	-3.37%	14.60%	-28.57%	53.26%
학교 증가율	64	-1.38%	8.20%	-33.33%	28.57%

출처: 장수명(2003). 학급규모의 교육재정·경제적 분석. p. 62.

〈표 3-1〉에서 보는 바와 같이, 군 지역 중학교 학생 수는 평균적으로 374.8명 정도 감소했으며, 학급 수는 평균 1.7개 증가하였고, 평균적인 학급규모는 32.2명에서 26.5명으로 5.7명 감소했다. 학생 수와 교사의 증가율을 살펴보면, 학생은 평균 20.7%의 큰 감소율을 보이는 반면, 교사는 6.91%, 학급은 3.37%, 학교는 1.38%의 상대적으로 낮은 감소율을 보인 것으로 나타났다(장수명, 2003: 62). 이는 군 단위 소재 중학교의 교사와 학교의 감소율은 낮은 반면 학생 수가 크게 감소하고 있음을 보여 주는 것이다.

특히, 1992~2001년에 걸쳐 농어촌 지역 중학생 인구수는 70.16%나 감소하여 농어촌 교육의 공동화 현상이 심각함을 드러내 주고 있다(이두휴, 2004: 74). 농어촌 교육의 공동화 현상이 심각해진 것은 산업화와 도시화로 인하여 농어촌 인구가 급격히 도시로 이동해 자연스럽게 취학아동이 감소한 데 그 일차적 원인이 있다. 특히 우리나라의 경우, 자녀 교육에 대한 학부모들의 남다른 열망, 농어촌 지역의 낙후된 교육환경 및 도시와 농어촌 학생들 간의 학업성취 격차 등과 같은 복합적인 사회·문화적 원인들에 의하여 이러한 현상이 더욱 가속화되었다고 볼 수 있다. 농어촌의 학교에 재학하고 있는 학생들 중에 소위 공부에 대한 가능성이 있고 가정형편이 나은 아이들은 도시로 떠나고, 학업능력이 떨어지거나 여건상 도시로 갈 수 없는 소위 '마음 아픈 쭉정이들'[2)]만 남고 있는 것이다.

또한 농어촌 인구가 도시로 급격히 이동해감에 따라 학생 수는 감소하였고, 나아가 교원의 감소와 재정의 축소 등으로 이어지면서 교원의 업무를 배가시키고 정상

2) 보리중학교 교사들을 면담하는 과정에서, 교사들은 이 지역 초등학교 6학년에 재학하는 상당한 아이들이 도시 중학교에 입학하기 위해 인근 도시로 전학을 가고 있고, 중학교 입학 후에도 도시로 전학 가는 아이들이 적지 않다고 하면서, 도시로 떠나지 못하고 농촌에 남아 있는 아이들을 이렇게 비유하곤 하였다.

적인 교육활동을 어렵게 만드는 요인이 되고 있는 것이다. 그리고 이는 다시 학생들의 사기 저하, 학습력의 하향화를 초래하여 농어촌 학교를 떠나게 하는 요인으로 작용하고 있을 뿐 아니라(이두휴, 2004: 72-73), 이러한 과정은 [그림 3-1]과 같은 악순환 구조를 이루게 되는 것이다.

농어촌 학생 수 감소	•절대인구수의 감소 •농촌인구의 고령화 •인구의 도시이동
학교의 과소화: 통폐합 등	•분교장의 증가 •소규모 학교 통폐합 •학교규모의 영세화
교육 및 근무여건의 악화	•배치 교사 수의 감소 •교과 상치교원의 증가 •교육적 투입의 악화 •교원의 업무량 증가
농어촌학교 기피 현상	•우수학생의 도시 이주 •교원의 근무 기피 •신규발령자 수의 증가 •점수 획득 방편으로 전락
학업성취도 저하	•우수학생 유출 •절대빈곤층의 비중 증가
학교에 대한 불신의 심화와 빈곤의 악순환	•맹목적 도시학교 선호성 증가 •빈곤의 악순환

[그림 3-1] 농어촌 교육문제 악순환의 구조

출처 : 이두휴(2004). 농어촌지역 학교의 교직문화연구, p. 73.

3 연구의 방법

1) 연구대상 학교의 기술

본 연구대상 학교는 충남 면 단위 농촌지역에 소재한 중학교이다(이하 보리중학교라 한다). 보리중학교는 읍 시가지에서 서북 방향으로 11㎞ 정도 거리에 위치해 있으며 전 가구 중 농가 비율이 90% 정도인 전형적인 농촌 마을에 있다. 지역적 특성상 구릉지에 학교가 위치하고 있어 교통 환경이 열악하며, 등·하교에 다소 불편하고 학교 인근에 유해환경은 없으나 문화시설, 교육환경 면에서 읍 소재지 학교보다 불리한 입장에 있다.

학생들의 학력이 군내 평균에 약간 미치지 못해 전체적인 학력수준이 낮은 편이며 95% 이상의 학생이 군내의 일반계고와 실업계고로 진학하고 있다. 또한 학부모들의 약 70% 정도가 고졸 이상의 학력 수준이지만 각 가정 간의 편차가 심한 편이다. 15% 내외의 결손 가정 학생이 있고 가정환경이 열악한 학생이 비교적 많다. 부모들 대부분이 농업에 종사하고 있으며, 학교교육에 대한 신뢰도는 낮으면서도 학교 의존 성향은 강한 편이다.

보리중학교는 1969년에 9학급으로 개교하여, 1980년대에는 재학생 900명 수준까지 유지한 적이 있으나, 2004년 현재는 1학년 2학급, 2학년 1학급, 3학년 2학급 등 모두 5학급에 재학생 120명의 소규모 중학교이다. 시설 면을 보면, 일반교실 5개를 비롯하여 과학실, 음악실, 미술실, 기술실, 가사실, 영어방, 컴퓨터실, 상담실, 보건실이 각각 1실이며, 도서실이 2개 있다. 학생 수가 감소하는 농촌지역 대부분의 학교들이 남는 교실을 특별교실로 전환하는 상황을 반영하듯 시설 자원은 비교적 넉넉한 편이다.

보리중학교의 교직원 현황은 〈표 3-2〉에 제시된 바와 같다. 〈표 3-2〉에서 보는 바와 같이, 교원은 교장, 교감을 비롯하여 부장 1명, 교사 10명 등 총 13명으로 구성되어 있으며 교원의 남녀 비율은 50대 50이다. 행정실에는 실장 1명, 기능직 2명, 보조 2명 등 모두 5명이 근무하고 있다. 교원들의 연령 비율은 50대 3명, 40대 2명, 30대 3명, 20대 4명으로 고른 분포를 보이고 있으며, 20대 4명의 교사들은 모두 보리중학교가 초임 학교이다.

학교장은 점점 많은 초등학교 졸업생들이 도시 중학교로 진학하는 추세에 대응하기 위해 특화된 교육프로그램 개발에 노력하고 있다. 교감은 '교직사회는 계급사회가 아니기 때문에 가장 중요한 것은 인화'라는 신념을 가지고 있으며 동아리 활동이나 체육대회 등을 통해 그러한 신념을 구현하고자 신경을 쓰고 있는 분위기이다. 최근 이 지역에 거주하는 교사들이 늘어나고 있으며, 특히 보리중학교 교사들은 순수하지만 결손가정이 많고 학력이 낮은 '자식 같은 제자들'을 위해 무엇인가 하고자 하는 의욕을 가지고 있다.

〈표 3-2〉 보리중학교 교직원 직무현황 2004. 6. 현재

직위	성명	성별	연령	직무	교과	담임	부임 일
교장	○○○	남	58	통할			03. 3.
교감	○○○	남	59	교무관리			03. 9.
교무부장	○○○	남	41	교육과정부장	기술가정		01. 3.
교사	○○○	남	51	학생지도 주무	체육		02. 3.
교사	○○○	여	42	연수	사회		04. 3.
교사	○○○	남	39	학생지도 기획	과학	2-1	04. 3.
교사	○○○	여	36	학적, 평가	영어	3-1	03. 3.
교사	○○○	남	35	교육과정 기획	수학		01. 3.
교사	○○○	여	28	도서	국어		00. 9.
교사	○○○	남	27	교육정보	영어	1-1	03. 3.
교사	○○○	여	25	진로인성	도덕	3-2	01. 3.
교사	○○○	여	24	일과	국어		02. 3.
교사	○○○	여	23	환경보건	미술	1-2	04. 3.
행정실장	○○○	여	34	서무총괄			04. 1.
지방사무원	○○○	남	57	세입징수			01. 7.
지방조무원	○○○	남	50	시설관리			01. 7.
사무보조원	○○○	여	29	문서수발			93. 12.
전산보조원	○○○	여	23	전산보조			03. 3.

2) 연구 시기 및 자료수집 방법

본 연구자는 2004. 6. 21일부터 동년 동월 26일까지 총 6일간 충청남도 도교육청이 주관한 중학교 맞춤평가 사업의 평가위원으로 참여하여 이 연구를 위한 자료를

수집하였다. 짧은 기간이었지만, 본 연구자가 보리중학교에서 1주일 전에 보내 온 보리중학교 관련 다양한 자료를 통해 보리중학교에 관한 정보를 비교적 충분히 숙지하고 있었을 뿐 아니라, 도교육청 평가사업의 일환으로 추진된 각종 면담들이 신속하고도 효율적으로 이루어졌기 때문에 본 연구를 수행하는 데 필요한 자료수집에 큰 어려움이 없었다.

본 연구자는 이 기간 동안에 학교장 2회, 교감 1회, 교사 3명 각 1회, 행정실장 2회, 행정보조원 1회 등 총 9회에 걸쳐 다양한 학교구성원들을 심층면접하여 보리중학교의 행정인력 운용실태를 파악하고자 하였다. 또한 점심과 저녁식사를 같이 하는 시간 혹은 쉬는 시간에 수시로 본 연구주제에 관련하여 질의응답을 함으로써 짧은 면담시간을 보충하고자 하였다. 뿐만 아니라 평가위원들 간의 간담회 시간을 이용하여 본 연구자가 미처 파악하지 못한 측면을 중심으로 다각적인 내용을 협의함으로써 연구내용의 타당도를 높이고자 하였다. 심층면접한 내용은 즉시 대학노트에 기록하였으며, 가능한 한 최대로 피면담자의 진술내용을 있는 그대로 기록하여 자료수집의 객관성을 제고하고자 노력하였다.

아울러 본 연구를 위해 필요한 기타 자료는 보리중학교에서 발행한 학교교육과정 운영계획서, 학교요람, 맞춤평가 사업을 대비해 학교가 자체 분석하여 제출한 학교의 사회・문화적 특성, 경영상의 애로점, 2004학년도 세입・세출예산서 등과 같은 다양한 문서자료들을 참고하였다.

4 농촌 소규모 중학교의 행정인력 운용실태

단위학교의 행정인력은 크게 학교장과 교감을 통칭하는 학교행정가, 행정업무 수행을 위한 교사조직, 행정실 등 세 부류로 대별할 수 있다. 이 장에서는 이들 세 부류의 행정인력 운용구조에 초점을 맞추어 보리중학교에서 실시한 각종 면담내용과 문서자료를 토대로 각각에 관한 실태 분석 결과를 제시하기로 한다.

1) 학교장과 교감의 직무수행 내용

소규모 중학교에서 학교장과 교감이 수행하는 직무내용에 대한 분석이 요구되었다. 전체적인 인적 자원이 상대적으로 적은 소규모 학교이기 때문에 학교장과 교감의 역할에 대한 조정 가능성을 탐색해볼 필요가 있기 때문이다. 실제 보리중학교 학교장과 교감의 직무수행의 내용이 중복되고 그 경계가 모호한 것으로 파악되었다. 〈표 3-3〉은 보리중학교 학교장이 수행하는 하루 일과를 시간대별로 정리한 것이다.

시간대별로 보았을 때, 학교장의 하루 일과는 회의 주재, 공문 결재, 학교 순회, 필요한 각종 정보 수집, 개인 시간 등으로 구성되어 있음을 알 수 있다. 학교장의 하루 직무수행 내용 중 특히 많은 시간을 차지하는 내용은 공문 결재 2시간 40분과 학교 순회 2시간으로써 이들 두 가지 직무내용이 하루 일과의 절반을 차지하고 있다. 이러한 학교장의 직무수행 내용과 변화 방향에 대한 학교장의 개인적 의견은, 학교장은 학교업무의 대부분을 교감에게 위임하고 비전 제시와 상징적 리더십을 행사하는 방향으로 학교장의 역할이 변화해야 한다는 견해를 가지고 있었다. 그러한 학교장의 견해가 드러나는 면담 내용을 제시하면 다음과 같다.

> ■■■ 교무에 관계되는 행정은 교감에게 주어져야 한다고 생각합니다. 학사행정, 교사들의 복무관리, 인사권, 교육과정 운영 등에 관한 원한을 교감에게 위임하는 것이 좋다고 생각해요. 현재는 교장에게 집중되어 있어요. 학교 분위기가 교장 한 사람에 의해 바뀌는 것은 좋지 않아요. 모든 권한을 교장이 행사하는 것은 기관 전체로 보아 잡음이 생길 가능성이 많죠. 밑으로 갈수록 일은 많고 권한은 없고, 위로 갈수록 일은 없고 권한만 있어요. 실질적으로 학교 일의 70%는 교감에게 넘겨야 해요. 학교장은 비전을 제시하고, 교육방향을 잡아 주는 상징적 의미 혹은 학교를 대표하는 사람으로 가야 합니다.

〈표 3-3〉 보리중학교 학교장의 하루 일과 내용

시간	주요 활동 내용
08:30	출근
08:50	간부회의(월, 목요일)

09:00	직원회의(월, 목요일)
09:00- 10:00	공문 결재
10:00 -11:00	오전 학교 순회
11:00 -12:30	개인적 업무(전화통화, 정보수집, 학부모 면담 등)
12:30 -13:20	점심시간
13:20- 14:30	오후 공문 결재
14:30 -15:30	오후 학교 순회
15:30 -16:30	신문 보기, 인터넷 탐색 등 개인 시간 (비교적 한가한 시간)
16:30 -17:00	학교 둘러보며 퇴근

또한 〈표 3-4〉는 보리중학교 교감이 보내는 하루 일과의 시간대별 내용이다. 〈표 3-4〉에서 보는 바와 같이 교감의 하루 일과 내용은 학교 순회, 등교 지도, 공무 처리, 개인시간, 교사들과의 대화 등으로 이루어지고 있음을 알 수 있다. 학교장의 직무수행 내용과 상당히 중복되고 있다. 교감의 경우 특기할 점은 학교교무 통괄 등 애매한 직무규정보다는 수업장학과 같은 교수-학습 활동에 관련된 직무에 더 많은 관심을 보이고 있다는 점이다. 이와 같은 교감의 직무수행 내용에 대한 보리중학교 교감의 견해는 다음과 같다.

■■■ 사실 교실 가서 수업도 보고 싶습니다. 모든 것이 다 교실수업을 위해서 아닙니까? 수업 쪽에 적극 관여하고 싶어 수업장학을 시도해 보니 거부감을 느껴요. 장학사들도 장학하기가 어려워요. 교사들의 거부 분위기가 강하고, 심지어 어떤 경우 교사들이 장학사에게 백묵 주면서 "그럼, 장학사님이 좋은 수업 한번 보여 주시죠."라고까지 하며 대듭니다. 교사들의 사무가 여러 가지 많고, 여러 교과목을 가르쳐야 하니 고생이 많습니다. 이렇게 고생하니 편하게 근무할 수 있도록 배려하는 차원에서 편하게 해 줍니다.

〈표 3-4〉 보리중학교 교감의 하루 일과 내용

시간	주요 활동 내용
07:50 -08:05	학교 도착
08:05 -08:30	전 교실 순회하며 교무실 환기, 책걸상 정리, 먼저 등교한 아이들 공부하는 습관 지도, 후문으로 등교하는 학생들 교통지도 등(아침에 2회 반복)
08:35 -08:50	간부회의(교장실), 간부회의 결과를 교사들에게 전달하거나 칠판에 적어 놓기, 급한 공문 처리
09:00 - 10:00	교사들이 수업 들어가면 NEIS로 교사 출장 등 공무 처리, 교장에게 보고
10:00 -10:30	인터넷으로 뉴스 보기(작은 학교라 신문은 교장실에만 봄)
10:30 -12:20	교실 복도 순회(교감은 이 자체가 생활지도라고 하고 있음)
12:20 -13:30	점심 시간
13:30 -16:00	개인 시간, 출장, 공문 처리 등
16:05 -16:40	청소 상태 등을 보기 위해 교실을 다시 둘러보는 시간
16:40 -18:00	오후에 남아 있는 교사들과 대화, 정기적인 개인 운동(농구를 특히 좋아함)
18:00	퇴근

2) 교사들의 행정업무 내용과 그에 대한 인식

면담 결과, 보리중학교에서 1년 동안 처리한 행정공문은 약 2,900여 건 수준이었다. 1년 중 행정공문이 가장 많이 오는 달이 3월인데, 보리중학교가 2003년 3월에 접수한 행정공문과 발송공문을 분석한 결과는 다음과 같다.

우선 보리중학교가 3월에 접수한 행정공문은 약 350여 건이었으며, 그중 충청남도 도 교육청 공문 2건, 인근 학교 간 업무연락 및 협조공문 8건, 교원연구 관련 공문 4건, 전국교직원노동조합공문 7건, 교원연합회 공문 9건, 학생교육(보건 및 심리검사 등) 관련 공문 9건, 대한적십자사 공문 2건, 청소년 행사 관련 공문 11건, 행정실 업무 공문 14건, 행정기관 협조공문 8건 등 총 74건으로 나타났다. 그 외의 보리중학교가 접수한 전체 행정공문의 약 78%인 276건의 행정공문은 모두 지역교육청에서 발송한 것이었다. 즉, 보리중학교가 접수한 행정공문 중 행정실 업무에 직접 관련된 공문 14건을 제외하면, 전체 96% 정도인 336건의 행정공문은 교무실의 협조 혹은 교사들이 수행해야 하는 내용들이었다. 또한 보리중학교가 발송한 행정공문 내용을 보면, 내부결재용이 31건, 지역교육청 회신 공문이 57건으로 나타났다. 바꾸어 말하면, 보리중학교가 접수한 행정공문 중 약 25%인 88건에 대해서만 보고 혹은 회신 공문이 작성되었으며, 지역교육청의 행정공문에 대한 회신 공문 작성 비율은 20% 수준에 머물고 있는 것이다. 행정보조 인력이 배치된 행정실에서 처리해야 할 행정공문은 상대적으로 적으며, 접수된 수에 비하여 회신을 해야 하는 행정공문 비율이 아주 낮아 단순한 연락 혹은 협조 등을 공지하는 불필요한 행정공문이 많다는 것을 알 수 있게 하는 부분이다.

한편, 소규모 중학교 교사들의 직무분장은 외형상으로는 교무부장을 중심으로 학생기획과 교무기획 담당 교사를 중심으로 한 삼각체제로 이루어져 있다. 이 외의 교사들은 담임으로 야기되는 업무가 많고 생활지도에 집중하기 때문이다. 그러나 실제에 있어서 전 교사들이 행정업무에 매달려야 하며, 그로 인한 수업준비 시간의 부족 등으로 인하여 불편과 불만이 아주 많은 것으로 나타났다. 행정업무 및 교실수업에 대한 교사들의 직무내용 및 인식은 다음과 같다.

■■■ 불필요한 공문이 너무 많아요. 심지어 '해당 없음'까지 회신해야 하는 쓸데없는 일로 스트레스를 너무 많이 받죠. 심지어 실적이 없는 경우에, 왜 실적이 없는지에 대해 회신해야 하는 일까지 있어요. NEIS로 인하여 행정업무가 가중되는 느낌입니다. 작은 학교의 경우 큰 학교에서 셋 내지 다섯 사람의 교사가 할 일을 한 사람이 담당해야 하거든요. 더구나 수업시수가 부족한 겸임교사는 순회 수업을 해야 하기 때문에 행정업무를 보기 어렵습니다. 모든 교사들이 행정업무 부담을 느낀다고 보아야 합니다. 하루에 2시간 정도는 행정업무를 해야 하니까요. 업무가 많은 교사의 경우에는 하루 종일 매달리는 때도 있어요.

■■■ 더구나 이 학교처럼 작은 학교에 근무하는 교사들의 수업부담이 크다는 것을 알아야 해요. 큰 학교에서는 전공에 따라 여러 명의 교사들이 있기 때문에 한 교사가 한 과목을 여러 교실에서 가르치면 되는데, 작은 학교 교사들은 한 교과당 한 명의 교사밖에 없기 때문에 그 교사는 여러 과목을 가르쳐야 하는 수업부담을 갖게 되는 거죠. 예를 들면, 사회과 교사는 정치 경제, 지리, 세계사 등을 학년에 따라 가르쳐야 하거든요. 행정

업무까지 큰 학교보다 더 부담이 많으니 작은 학교 교사들은 이중으로 어렵습니다.

이러한 행정업무 및 수업여건의 시각에서 농촌 지역의 소규모 학교 현실을 보면, 소위 '작은 학교가 좋다'는 구호는 소규모 학교의 현실을 제대로 이해하지 못한 데서 비롯되는 오해라는 판단을 하게 되기도 한다.

3) 행정실 인력구조

행정실은 행정실장, 지방사무원 1명, 지방조무원 1명, 사무보조원 1명, 전산보조원 1명으로 구성되어 있다. 이들 중 행정실장과 지방사무원 및 지방조무원은 공무원 임용령 제3조에서 정하고 있는 행정직군의 교육행정 직렬에 해당하는 공무원들이다. 일반직 공무원으로서 교육행정직은 행정단위에 따라 중앙교육행정수준에서 교육인적자원부 본부와 그 소속기관, 지방교육행정수준인 시・도교육청 및 그 소속기관과 지역교육청, 그리고 단위학교 수준에 배치되어 있다. 교육행정직 규모는 2001년 현재 국가직 4,466명, 지방직 24,805명 등 총 27,271명에 이른다. 지방교육행정인력 활용 면에서 1990년부터 1998년까지 나타난 특기할 점은 1990년 지방교육청의 교육전문직 정원 및 구성을 기준점 100으로 하였을 때, 1998년 교육전문직은 101.1인 반면 일반직은 135.0으로 교육전문직은 큰 변동이 없는 반면 일반직은 꾸준히 증가하여 왔음을 알 수 있다는 점이다(정태범, 1998: 18-19). 국가직의 경우 국・공립학교에 근무하고 있는 인원이 90.4%로서 대다수를 차지하고, 지방직 역시 국・공립학교에 근무하는 인원이 67.1%로서 약 2/3, 지역교육청 16.2%, 시・도교육청과 그 소속기관에 15.7%가 근무하고 있다(임연기, 2003: 281).

한편 학교에 배치된 교육행정직으로서 행정실장의 업무는 서무 총괄이며, 그 외 지방사무원은 세입 징수를 담당하고 있다. 지방조무원은 조경, 문단속, 편의시설 관리 등의 시설관리를 하고 있으며, 사무보조원은 문서수발을 하는 것으로 되어 있다. 전산보조원은 도교육청의 지원으로 배치되며 주로 서버 관리 및 PC 관련 업무를 수행하고 있다. 보리중학교 행정실장은 행정실의 주요 업무 흐름을 다음과 같이 설명하고 있다.

행정실 주 임무가 회계업무입니다. 행정실 소관 공문을 처리하기도 하구요. 행정실 일은 특정한 시간에 하는 것이 아니고, 급한 일로 판단되는 순서에 따라 합니다. 계획성 있게 일을 하는 것이 아니라, 그때그때 합니다. 꼭 일의 흐름을 설명하자면, 오전에는 지출업무에 치중합니다. 회계업무는 교무실의 교과운영에 따른 경비 처리하는 일이 약 50%, 공과금 수납이나 구매 등과 같은 통상적인 업무가 약 50% 정도 됩니다. 금년부터 회계업무가 전산화되고 있어 전자정부 구현에 기여하고 있는 것 같습니다. 1월에 예산작업을 약 5일 정도 집중하여 작업하는데 그때는 많이 바쁩니다. 3월 이후에는 집행업무를 하기 때문에 조금 수월합니다.

오후에는 공문서를 처리합니다. 예컨대, 학비지원 학생 보고, 운영위원회 연구 공문, 문서처리 기록물관리 보고, 기타 보고공문 등을 처리합니다. 또한 행정지시 공문을 처리하기도 합니다. 자체계획 보관공문도 있고 결과보고를 해야 하는 공문도 있습니다. 행정실로 내려오는 공문이 하루에 적게는 1건, 많게는 5건 정도 될 것입니다.

교무실과의 관계는 좋은 편입니다. 가끔 다투는 경우도 생기는데 그것은 아주 사소한 일로 비롯되는 경우가 많습니다. 예를 들면, 선생님들이 행정실 업무를 가볍게 생각하는 태도를 보이거나, 물건을 미리 사고 행정실에는 돈만 지불하라고 하거나, 예산요구서를 내지도 않고 물건을 사거나 하는 경우들입니다. 또한 물건을 제 때에 사주지 않거나, 교무실이 원하는 물건을 사주지 않을 때 갈등이 일어나곤 합니다. 그러나 그것들은 사소한 경우들입니다.

이들 가운데 소위 행정업무로 인하여 교무실과 가장 밀접한 관계를 맺고 있는 사람은 사무보조원이다. 사무보조원은 학교운영비로 배치되며, 학교로 오는 모든 공문서를 분류하고 해당되는 공문을 교무실로 배포하고, 교무실에서 작성된 공문을 발송한다. 가끔 교무실 행정업무를 지원해 주기도 하지만, 대부분의 시간을 행정실 업무수행에 쓰고 있다. 그런데 문제는 이 사무보조원 임금 총액에 해당되는 약 2,300여만 원이 보리중학교 학부모들이 납부하는 학교운영지원비로 지원되고 있으며, 사무보조원의 인건비를 제하고 난 보리중학교의 예산구조에는 단위학교 차원에서 재량을 가지고 창의적 교육활동을 위해 운용할 수 있는 여유 재원이 거의 없다는 점이다.

5 행정인력 운용구조 개선 방안

본 연구의 사례분석 대상학교인 보리중학교 교장과 교감의 직무수행 내용, 교사들의 행정조직 편제와 업무 및 행정실의 행정인력 운영구조 분석 결과에 기초하여 농촌 소규모 중학교 행정인력 운용구조 개선을 위한 방안을 제시하면 다음과 같다.

1) 교감 직무명세서 개발의 필요성

초·중등교육법 제20조에 따르면, '교장은 교무 또는 원무를 통할하고 소속 직원을 지도·감독하며, 학생을 교육한다.'고 규정하여 학교장의 권한과 책임이 교무통할권, 소속직원 감독권, 학생교육권에 있음을 명시하고 있다. 학교장의 직무와 그 권한 및 책임을 포괄적으로 규정하고 있는 것이다. 또한 동법 동조 제2항에는 교감 또는 원감은 교장 또는 원장을 보좌하여 교무 또는 원무를 관리하고 학생 또는 원아를 교육하며, 교장 또는 원장이 부득이한 사유로 직무를 수행할 수 없는 때에는 그 직무를 대행한다고 되어 있다.

우선 이러한 법규적인 측면에서 보아, 학교장의 직무가 포괄적이기는 하지만 관리권과 감독권 위임사항으로 비교적 명료하게 분류되고 있는데 비하여(한국교육행정학회, 2003: 46-47) 교감의 직무는 학교장 보좌 및 학생교육으로 되어 있어 학교장과 중복되거나 매우 모호하게 규정되고 있음을 알 수 있다. 이는 본 연구의 연구대상 학교인 보리중학교 교감의 직무수행 내용과 소규모 고등학교 교감의 직무수행 내용을 분석한 홍성희(2000)의 연구에서 나타난 바와 같이 교감의 실제 직무수행 내용에 있어서도 상당히 일치하는 부분이다. 따라서 교감의 직무수행 내용은 재직 학교의 상황에 따라, 혹은 학교장의 성향에 따라 결정될 수밖에 없는 종속적인 위치에 있음을 알 수 있다.

또한 단위학교 실제에 있어서도 교사복무 전반에 관한 사항과 학급편성 및 담임배정, 교사 전보내신, 교사 업무분장, 인사내신 등의 인사업무, 학교회계의 예·결산, 예산 집행, 세입세출 외 현금 관리, 보수 지급 등에 관한 사항은 모두 학교장에게 권한이 집중되어 있다. 즉, 단위학교 행정의 요체라 할 수 있는 교직원 복무, 인사, 재정에 관한 권한이 학교장에게 지나치게 집중되어 있으며, 상대적으로 교감에게는 단위학교 행정에 관련된 주요 의사결정권이 거의 없는 실정이다. 교감은 학교 조직에 있어 명목상의 2인자인 셈이다. 직무수행에 있어 위로는 학교장의 눈치를 보고 아래로는 교사들에게는 치받칠 수 있는, 일종의 역할 갈등과 인간적 소외의 개연성이 상존하는 불안전하고 가변적인 위상인 것이다.

따라서 교감의 역할을 명료하게 규정하는 법제화된 「교감직무명세서」가 필요하다고 본다. 즉, 교감의 직무를 법규를 통해 분명히 규정하고 그에 따르는 권한과 책임체계를 확립할 필요가 있는 것이다. 학교의 주요 의사결정에 대한 권한은 거의 없고, 각종 업무에 대한 책임만이 요구되는 기형화된 교감의 직무는 조정되어야 한다.

본 연구에서는 우선 소규모 중학교 교감의 직무를 교수-학습지원 전문가로서의 역할이나 행정업무 지원가로서의 역할 중 단위학교의 상황에 따라 선택적으로 규정할 수 있도록 법제화할 것을 제안한다. 교수-학습전문가로서의 교감의 직무는 교사들의 수업연구협의회 운영, 교과협의회 운영, 교원 연구계획 수립, 연수자료 작성, 연수대상자 선정 및 추천 등과 같은 교과연수 및 교원연구에 관련된다. 사실 농촌지역 소규모 중학교는 교사들의 수업개선을 위한 장학활동이 거의 없는 상황이다. 1년에 한 번 하는 공개수업이나 교육청에 배치된 장학컨설팅요원과 함께하는 수업 컨설팅이 전부이다. 더구나 교사 수가 적기 때문에 여러 교과를 가르쳐야 하는 등 수업 부담이 크다. 따라서 교사들의 수업 개선과 연구를 위해 필요한 자료와 정보를 수집·보급하고, 정기적인 수업개선 활동을 지속적으로 수행해 나가는 일이 필요한데, 이를 교감의 주요 직무로 하는 방안이다. 이는 수업전문가가 우대 받는 학교인사 풍토에도 일정한 기여를 할 수 있을 것으로 판단된다.

또 다른 교감의 직무는 소규모 중학교 교사들이 어려움을 겪고 있는 행정업무를 지원하며 조정하는 일이다. 교무실의 행정업무를 교감이 실제적으로 총괄하여 지원하며 필요한 경우 직접 해당 업무를 수행하는 방안이다. 학생 상벌, 학적관리, 특별활동, 도서 관리, 학교 보안 업무, 기록물 관리, 물품 관리, 민원, 시설 관리, 타 기관

협조 업무에 관련된 행정업무는 교감이 직접 수행할 수 있는 내용들로 보인다. 또한 이러한 업무에 대해서는 도교육청 차원에서 마련된 표준화된 위임전결규정을 통해 그 권한과 책임이 교감에게 있음을 분명히 해야 할 것이다. 보리중학교 교감의 직무 수행 내용에서 본 바와 같이, 교감의 직무수행 내용이 규정되어 있지 않은 경우 교감은 학교 순회 혹은 행정업무 등 학교장이 하는 일을 반복하여 하거나, 교직원 간의 인화와 같이 매우 추상적인 직무인식을 할 가능성이 높기 때문이다.

2) 불필요한 행정공문의 획기적 감축과 교원조직의 순환 팀제 운영

학교는 아이들의 다면적 성장을 위해 존재하는 교육조직이다. 국가의 교육행정 위계상 하급조직이지만, 고도의 전문성과 창의성을 요하는 그 중핵활동이 지시・감독 중심의 관료적 행정행태에 의해 이루어져서는 안 되는 지식조직이다. 따라서 불필요한 단위학교 행정업무는 기본적으로 최대한 신속하게 감소시켜야 한다. 단위학교 행정의 문제점으로 나타난 '학교현실과 동떨어진 이상적인 내용', '업무내용의 과다', '같은 내용의 반복적인 보고 요구', '불필요한 잡다한 것의 요구', '일방적 지시' 등은 모두 상위 교육행정 기관으로부터 시달리는 교육행정업무의 가장 큰 문제점들이다(노종희・송광용・신현석, 2003: 204).

학교행정 업무 과다현상은 학교를 운영하는 과정에서 본질적으로 요구되는 각종 공부와 공문서 처리가 수량적으로 많다는 것 이외에 교원의 수업 관련 업무에 지장을 초래할 정도로 많은 시간이 소요된다는 데에 문제가 있고, 교사들이 이러한 잡무에 시달리는 과정에서 스트레스를 받게 되고 이것의 부정적인 영향은 사기의 저하와 정신건강의 약화 그리고 소진(burnout) 등의 증상으로 나타나 결국 조직 건강을 해칠 수 있다는 문제의 심각성이 제기될 수 있기 때문이다(신현석, 1999: 55). 실제 보리중학교의 행정업무 관련 공문 분석에서 드러난 바와 같이, 교사들에게 불필요한 부담과 스트레스를 주는 공문들이 많이 있는 것이 사실이다.

보리중학교의 경우를 보면, 일선 단위학교 행정업무에 가장 많은 부담을 주는 기관은 지역교육청이다. 실제 교사들의 80% 이상이 수업 외의 업무가 많고, 그 공문서들은 행정편의주의에 따라 남발되고 있다고 생각하고 있다. 특히, 소규모 농촌학교에 근무하는 교사들은 교육기관의 공문축소 노력이 오히려 공문을 증대시키고 있으며, 최근의 문서 전자화로 오히려 전보다 훨씬 많은 공문들이 단위학교로 전송되고 있다고 한다(임연기, 2004: 25-35). 물론, 지역교육청에서 보낸 공문들 중에는 교육행정업무 수행을 위해 필요한 공문들도 많이 있다. 그러나 공지공문이나 회신이 요구되지 않는 협조공문도 적지 않다. 그러한 의미에서 지역교육청의 일종의 책임이첩용 혹은 단순한 기관 존재 확인용 공문을 최소화해야 한다.

또한 농촌 소규모 학교의 행정업무 수행을 위해 교원조직을 탄력적으로 운영할 필요도 있다. 제한된 교원 인력으로 인하여 묘안을 찾기가 쉽지 않지만, 우선 두 개의 직무순환 팀을 구성할 수 있다고 본다. 교사들을 가칭 「담임-행정 팀」과 「수업개선연구팀」으로 나누는 방안이다. 일종의 Two-Team 교사인력 활용 체제이다. 보리중학교의 상황을 적용한다면, 담임-행정 팀은 교무부장과 담임을 맡고 있는 5명의 교사들이 학교 행정업무의 대부분을 담당하고, 이 교사들 중에서 보리중학교 교원행정업무의 축을 이루고 있는 교육과정 기획 및 학생지도 기획을 맡는다. 이 팀에서 행정실에 배치된 사무보조원을 적극 활용한다. 또한 나머지 5명의 비담임 교사들은 교감을 중심으로 수업개선연구 팀을 운영하며 교과교재연구, 공개수업 계획・추진, 수업개선 정보의 수집과 공유를 위해 노력하는 방안이다.

Two-Team 교사인력 활용 체제를 운영하는 경우 1년 주기로 순환하는 것이 바람직하지만, 최소한 한 교사가 2년 이상 한 팀에 배치되지 않도록 한다. 교사로서의 가르치고 배우는 기본 활동에서 오랜 기간 동안 멀어져 있어서는 안 되기 때문이다.

3) 사무보조원의 직무 재조정

사무보조원은 1980년대 학교규모가 아주 컸을 당시에 과중한 행정실의 업무를 지원하기 위하여 행정실에 배치된 이래 학교규모가 작아진 오늘날까지 이어져 오고 있다. 일종의 관행으로 내려오고 있는 형국이다. 처음 시작하는 사무보조원은 월 70~90만 원 보수수준의 계약직이며, 준교사자격증이나 워드자격증을 가지고 있다. 주당 5일을 근무하며, 주로 하는 일은 등사, 복사, 워드작업, 교사들의 성적표 정리 지원 등이다. 간혹 외부 손님이 왔을 때 차 대접도 한다. 도교육청의 지원에 의존하거나 학교운영지원비에서 경비를 지원하고 있다.

그러나 세월이 흘러 이 사무보조원의 근속기간이 길어짐에 따라 그에 따른 인건비 부담이 커지고 있다. 실제 보리중학교 사무보조원의 경우를 보면, 연간 인건비가 2,300여만 원에 이르고 있으며, 기본급 외에 기말수당, 정근수당, 가계지원비, 명절휴가비, 가족수당, 초과근무수당, 교통비, 직급보조비, 연가보상비 등이 모두 지급되고 있다. 급여 체계에 있어 정규 교직원과 다를 바 없는 것이다. 문제의 핵심은 그 인건비 전액이 학부모들이 아이들의 교육활동을 지원하기 위해 지급하고 있는 학교운영비로 충당되고 있다는 데 있다. 이러한 타당하지 않은 문제 상황은 개선되어야 한다.

세 가지 정도의 개선방안이 검토될 수 있다. 하나는 학교운영비로 배치되는 사무보조원 직을 폐지하는 방안이다. 즉, 일차적으로 단위학교 학교운영비 중 사무보조원을 위해 지출되는 연간 약 2,000~3,000만 원에 이르는 재원을 아이들의 창의적 교육활동을 위해 지출해야 한다. 학교운영비는 단위학교 교육활동을 지원하기 위하여 학부모들이 부담하는 경비이며, 이를 행정실 업무를 담당하는 사무보조원에게 지출하는 것은 타당한 재원 운용방법이 아니다. 외견상 사무보조원의 존속 여부에 관한 의사결정은 단위학교 운영위원회와 학교장이 내릴 수 있는 사안으로 볼 수 있다. 그러나 농촌 지역의 사무보조원은 지역의 인간관계가 작용하는 자리이기 때문에 도교육청에서 하나의 교육정책 지침으로 공지하는 것이 현실적이라고 본다.

또 다른 방안은 첫 번째 안에서 언급한 단위학교 사무보조원의 위치를 교무실로 변경하여 그 역할을 조정하는 방안이다. 학부모들에게서 징수한 재원을 아이들의 교육성취 향상을 위한 직접경비로 지출하는 것이 가장 타당한 접근이겠지만, 학교의 현실을 고려하여 최소한 행정실에 배치된 사무보조원을 교무실로 재배치하고 그 역할을 교사들의 행정업무 전문보조로 분명히 규정하는 방안이다. 행정실의 인력배치 상황이나 노동 강도로 보아 충분히 가능한 방안이라고 본다.

마지막으로 제시할 수 있는 방안은 도교육청에서 교사들의 행정업무지원을 위해 일종의 교무행정 보조인력을 양성·배치하는 방안이다. 즉, 도교육청 차원에서 가칭 「초·중등학교교무행정사」를 양성·배치함으로써 단위학교 차원의 행정업무

경감에 기여하는 방안이 그것이다. 이는 현실적으로 교사들의 행정업무 부담이 줄지 않고 있기 때문에 교무실 행정업무를 보조해 줄 전문 인력이 있어야 한다는 현실적 판단에 따른 것이다. 교무실 행정업무를 보조해 주기 위해서는 교사들의 업무내용과 교무실 운영체제 및 학교문화에 대한 체계적 연수를 실시해야 하며, 재원 확보에 따른 제약을 단계적으로 극복하기 위해 학교규모가 작은 학교부터 점차적으로 배치할 수 있다고 본다. 이 경우, 현재 도교육청 지원으로 학교에 배치되어 있는 교무보조원과 전산보조원을 폐지하여 「초·중등학교교무행정사」 확보를 위한 일부 재원으로 하고, 현재의 사무보조원을 「초·중등학교교무행정사」로 우선 임용할 수 있다고 본다.

6 요약 및 결론

본 연구의 목적은 농촌 소규모 중학교의 행정인력 운용 실태를 분석하고, 그 분석에 기초하여 가능한 개선방안을 제시하는 데 있었다. 이러한 연구목적을 달성하기 위하여 2004년 6월 하순에 충남의 면 소재지에 있는 한 농촌 소규모 중학교를 방문하여 학교장, 교감, 보직교사, 평교사, 행정실장, 사무보조원 등 다양한 학교구성원을 심층면담하고 관련 문서자료를 검토하였다. 그 결과, 농촌 소규모 중학교의 행정인력 운용 실태 면에서 나타난 특기할 점은 학교장과 교감의 직무수행 내용의 중복과 교감의 직무 조정 필요성, 과도한 행정업무 부담과 수업준비 시간의 부족으로 인한 교사들의 불만, 행정실의 교무실 지원 활동 미흡 등으로 나타났다. 이러한 분석에 기초하여 본 연구에서는 농촌 소규모 중학교의 효율적 인력운영을 위하여 교감의 역할 명료화를 위한 교감 직무명세서 개발의 필요성, 불필요한 행정공문의 획기적 감축과 교원행정조직의 순환 팀제 운영, 사무보조원의 직무 재조정 등 세 가지 개선방안을 제시하고 있다.

그러나 이러한 연구결과는 심층면담내용 해석과정에서 연구자의 주관적 관점이 개입했을 가능성이 있고, 또한 농촌지역에 있는 한 소규모 중학교의 사례를 중심으로 한 것이기 때문에 모든 중학교로 일반화하는 데는 한계가 있다. 그럼에도 불구하고, 소규모 중학교의 행정인력 운영에 대한 선행연구가 거의 없었다는 학문적 희소성과 학교현장의 행정운용 실상과 그 작동기제에 기초한 단위학교 행정인력 운용구조의 개선을 위한 학교현장 친화적 제언을 하고 있다는 점에서 그 의미를 찾을 수 있다고 본다.

농촌에 소재하고 있는 소규모 중학교들은 소위 작은 학교가 가질 수 있는 이상적 장점을 찾기 어려운 상황에 있다. 지속적으로 학생 수가 줄고, 그에 따른 교육 여건 및 교사들의 근무여건이 악화되고 있으며, 그 결과로 인하여 도 · 농 간 학력 격차가 심화되어 농촌지역 학교들을 기피하는 악순환 속에서 고전하고 있는 것이다. 특히 행정적인 측면에서 볼 때, 소규모 학교에서 근무하는 적은 수의 교사들은 과중한 행정업무 부담과 수업 준비시간의 부족으로 힘들어하고 있지만, 학교행정가나 행정실 직원들은 학교규모의 차이에서 비롯되는 상이한 인적 여건과 별 상관없는 구태의연한 형태로 주어진 직무를 수행하고 있는 것으로 판단된다.

순수하지만 결손가정이 많고 학력이 낮은 '마음 아픈 쭉정이 같은 아이들'을 위해 무엇인가 하고자 하는 의욕을 가진 교사들이 좀 더 교사 본연의 역할에 충실할 수 있도록 하기 위해서는 새로운 행정인력 운영구조가 필요하다고 보았으며, 본 연구를 시도하게 된 주된 이유 중의 하나가 바로 여기에 있기도 하다.

도시지역에 비해 불리한 농촌지역의 교육여건 속에서 학교를 다녀야 하는 아이들이 겪는 방황과 좌절 그리고 학부모들의 불만과 체념은 상상을 넘어서는 것이다. 그러한 의미에서, 도시로 떠나기를 감행하지 못하고 농촌지역의 작은 학교에서 공부하는, 5월의 들녘에 팬 보리의 푸르름을 닮은 해맑은 아이들과 그 아이들을 위해 애쓰고자 노력하는 교사들을 위한 더 많은 정책적 배려와 행 · 재정적 지원이 요청된다. 그것은 사회 · 경제적 요인 등 주로 후천적인 요인들에 의하여 불평등한 교육기회를 가질 수밖에 없는 소외된 지역의 아이들에 대한 차별적 평등을 실현하는 하나의 교육정의 구현의 길이며, 나아가 선진 교육복지국가를 지향하는 국가의 책임이라고 보기 때문이다.

제 4 장 고려대학교 행정구조조정 과정에 관한 사례 연구

1 서 론

개방과 경쟁을 축으로 하는 지식기반사회에 접어들면서 이제 우리나라의 대학에도 많은 변화가 필요하다. 무엇보다 대학교육의 수요자를 존중하는 학사제도의 도입과 대학진학 학령인구의 지속적인 감소 그리고 정부의 다양하고 개혁적인 고등교육 정책들은, 모든 대학들이 대학 운영의 내실화를 통한 양질의 교육 서비스를 제공하지 않는 경우 그 존립과 발전이 위협받는, 변화와 도전의 무한 경쟁적 환경을 제공하고 있는 것이다. 이러한 대학교육 환경 속에서 많은 대학들이 교육의 특성화와 자율화 그리고 행정의 효율화를 통한 대학의 경쟁력을 강화하기 위해 다각적인 방안들을 모색하고 있다. 또한 교육이념의 재확립, 학과의 특성화와 교육내용의 현대화, 교육방법의 과학화, 교육환경의 정비 등에 관한 자체 종합발전계획을 마련하고 그 구현전략 수립에 부심하고 있는 것도 새로운 시대적 환경에 대처하려는 각 대학들의 자구적 노력의 일환일 것이다.

이처럼 최근의 많은 대학들이 급변하는 학내・외 환경에 대응하기 위해 나름의 보기 좋은 장밋빛 발전계획을 마련하고 있지만, 그러한 발전계획들이 체계적이고 효율적인 행정행위로 뒷받침되지 않는다면 그것은 말 그대로 하나의 청사진에 그칠

* 이 논문은 한국교육행정학회(2001). 교육행정학연구 19권 2호에 게재된 것임.

가능성이 크다는 데 문제가 있다. 뿐만 아니라, 우리나라 대학행정의 구조와 기능이 구태의연하고 그 구성원들의 자질이 전문화되어 있지 않은 점을 생각할 때, 대학행정요원의 전문화와 사무관리 행정의 개선을 위한 체계적 대학조직 진단과 표준 업무 절차의 과학화 그리고 행정기술상의 개선방안 강구(윤형원, 1994) 등은 피할 수 없는 행정 개혁적 과제가 될 것으로 보인다. 특히 비교적 평온한 교육환경 속에서 대학규모의 확대를 통한 양적 성장에 주력해 온 경향이 강한 우리나라의 대학들은 행정개혁을 시도하는 과정에서 필요 이상으로 비대해진 행정조직 규모와 비효율적인 행정구조가 부담스러울 수밖에 없을 것으로 예상할 수 있고, 이는 자연스럽게 행정구조조정에 대한 문제로 이어질 가능성이 많다.

그러나 기존의 행정구조를 조정하고 건강한 기능 상태를 유지하여 대학의 교육・연구・사회봉사 기능이 더 효율적으로 이루어지도록 지원하는 일은 결코 간단한 일이 아니다. 행정구조의 재구조화는 인적・물적 자원의 조정을 목표로 하며 나아가 대학을 둘러싼 권력 관계의 재편을 의미하기 때문이기도 하고, 경우에 따라서는 조직의 생존을 위해 개인이 희생해야 하기 때문에 누가 어떤 의도로 재구조화를 추진하느냐에 따라 반목과 갈등, 사기 저하, 불안, 파괴적인 내적 경쟁이 나타날 수 있기 때문이다. 따라서 대학의 행정구조를 조정해야 하는 경우에 그 조정과정에 수반될 수 있는 대립과 갈등을 효과적으로 조정하고 구성원들의 긍정적인 참여를 통하여 소기의 목표를 달성할 수 있기 위해서는, 대학 행정구조조정에 관한 이론적인 검토와 기초연구가 필요함에도 그러한 연구를 찾기 어렵다.

예컨대, 우리나라 대학의 행정구조 개혁에 관한 선행연구들은 행정구조 개혁의 필요성과 정당성을 주장하는 원론적인 논의(김재범, 1984; 윤성식, 1996; 정영수, 1996; 윤형원, 1999) 혹은 실무적 사례를 개괄적으로 소개하거나(김병수, 1999) 대학이념・학문 전문직・학문영역・대학조직의 측면에서 대학 재구조화의 내용과 의미 및 그 한계에 관한 이론적 논의(손준종, 1998)에 국한되어 있는 것으로 보이며, 외국의 경우에도 대학의 행정구조조정에 대한 연구는 아주 드물다. 무엇보다 우리나라 대학의 경우에 실제로 대학의 행정구조를 전면적으로 조정한 사례가 거의 없기 때문에, 대학 행정구조조정의 목표와 진행 양상 그리고 특정집단의 요구에 대한 조정과 절충

과정을 보다 객관적으로 기술・분석한 연구를 찾아보기 힘들다.

이러한 문제의식에 기초하여, 본 연구에서는 1998년 7월부터 시작되어 1999년 7월에 끝난 고려대학교의 1단계 행정구조조정 과정을 기술・분석함으로써, 대학 행정구조조정 과정의 특징적 양상을 밝혀 행정구조조정에 관한 이론화의 기초자료를 제공하고, 나아가 향후 타 대학 행정구조조정에 하나의 실천적 시사점을 제공하는 데 연구의 목적을 둔다. 구체적인 연구문제는 다음과 같다.

첫째, 고려대학교 행정구조조정에서 드러난 중심적인 가치는 무엇인가?

둘째, 행정구조조정의 과정에서 나타난 조직 세력 간의 협상과정은 어떤 특징적 양상으로 전개되었는가?

연구의 방법은 참여관찰과 면접 그리고 문서자료분석을 병행하였다. 참여관찰과 면접은 고려대학교 행정구조조정이 이루어진 과정과 그 과정에서 파생된 긴장과 대립 및 타협의 정치적 과정을 기술하기 위하여 이루어졌다. 참여관찰 기간은 1999년 2월부터 동년 7월까지이다. 면접은 대학의 관계 실무자와 직원 노동조합 임원을 대상으로 1999년 6~7월 중에 각 2회씩 학교 앞의 음식점과 교정의 벤치에서 비공식적인 형식으로 이루어졌다. 아울러 연구과정에서 행정구조조정 과정에 직접적으로는 개입되지 않았지만 학교구성원으로서 가지고 있을 수 있는 견해를 파악하기 위해 1999년 8월 방학기간을 이용해 2명씩의 행정직원 및 교수들과 3회의 면접을 실시하였다. 직원인 경우는 평소 본 연구자와 친분관계가 좋은 직원과 차를 마시며 면접을 실시하였고, 교수인 경우는 연구실을 방문하여 본 연구목적을 설명하고 그에 관한 견해를 청취하였다. 또한, 학교 당국의 행정구조조정에 관한 공식 방침 및 직원노동조합의 대응양상을 객관적으로 드러내기 위하여 학교의 공문서와 직원노동조합에서 배포한 유인물 등과 같은 문서자료분석을 병행하였다.

2 대학 행정구조조정 현상의 이해 모형

오늘날 대학행정의 개혁에 관심을 가지고 있는 사람들이 사용하고 있는 대학 구조조정이라는 용어의 의미가 명확하게 정의된 채 사용되고 있는 것도 아닐 뿐 아니라, 이론적인 관점에서 대학 구조조정을 정면에서 논한 연구도 찾기 어렵다. 사실 전통적인 조직연구에 있어 조직구조는 조직현상의 연구와 실무에 중심적인 개념으로 인식되어 왔으나, 조직구조의 생성 원인과 개념 그리고 그 기능에 대해서는 지속적인 논란이 있어 왔다. 그럼에도 불구하고, 조직구조란 조직이 그 노동을 분명한 과업으로 나누고 그 과업들 간의 조정을 이루어 내는 방법들의 총합(Mintzberg, 1979: 2)으로 단순하게 정의될 수도 있고, 보다 구체적으로는 조직의 목표를 달성하는 데 필요한 전문화된 활동들을 결정하고 이 활동들을 어떤 논리적인 유형에 따라 집단화시키고 이런 집단화된 활동을 어떤 직위나 개인의 책임하에 할당하는 것을 포함하기 때문에, 조직구조는 조직구성원의 유형화된 상호작용을 의미하는 것으로서 비교적 안정적이고 지속적인 형태를 가지는 것(신유근, 1991: 23)으로 이해되고 있다. 이러한 조직구조의 개념정의에는 개인과 부서들에 대한 과업과 책임의 배분, 공식적 보고관계의 명시, 조직 내 집단화 방법, 수직적 수평적 방향에서 조직구성원들의 노력을 효과적으로 교류 · 조정 · 통합하기 위한 체제의 설계라는 핵심 요소가 전제되어 있다(Daft, 1986: 211-212). 이러한 전통적인 조직구조에 관한 논의에서는 조직의 목표와 역할 그리고 기술이 강조되며, 조직의 목표와 환경의 요구를 가장 잘 조화시키는 조직구조의 발전을 모색하고 있는 것이 일반적이다. 따라서 조직문제는 조직구조가 상황에 적합하지 않을 때 발생한다고 보고, 그 부조화를 제거하기 위하여 어떤 유형의 조직재구조화가 필요하게 된다고 보는 것이다(Bolman & Deal, 1984: 2-5).

이러한 관점에서 학교조직 구조조정은 교육조직 연구에서 사용되어 온 조직구조의 개념에 따라 학교의 구조와 공식적 역할을 바꾸는 것, 즉 학교 내의 규칙과 규정 그리고 관계의 틀을 의도적으로 바꾸는 것이라고 볼 수 있다. 그러나 학교조직 구조조정은 1970년대 말과 1980년 초기의 학교변화운동에서 사용되어 왔던 개념과 근본적으로 다르게 사용되고 있다. 즉, 학교변화운동은 효과적인 학교운동에 의해서 추진되었지만, 학교조직 구조조정의 경우는 21세기의 시대적 요구에 부응하기 위한 학교의 창조와 같이 그 목적이 매우 추상적이고, 주로 교수활동의 전문성을 제고하기 위한 학교 교육개혁에 많이 사용되어 온 용어다(Leithwood, 1994: 498-518). 따라서 학교조직의 구조조정은 학교조직의 핵심적 기술의 변화, 전문성과 책무성을 제고하는 방향으로의 직업적 교수조건의 변화, 학교의 권위 및 의사결정구조와 과정의 변화, 학교직원과 고객 및 지역사회와의 관계 변화와 같은 의미를 담고 있는 복잡하고 다면적이며 때로는 상충적인 현상을 일컫는 용어(Goldman et al., 1993: 69-92)와 같아서 마치 부페처럼 여러 측면을 담고 있는 복합적인 현상으로 이해되기도 한다(Shouse, 1998: 677-699).

이처럼 학교조직과 그 서비스의 구조조정은 1990년대 초반부터 일기 시작한 또 다른 교육개혁 운동의 중심적인 주제가 되고 있을 뿐 아니라 구조조정이라는 용어가 학교개혁 논쟁에서 가장 두드러지고 자극적인 것임에도 불구하고 그 의미는 여전히 혼란스러운 실정이다. 구조조정이라는 용어의 의미가 이처럼 혼란스럽게 받아들여지는 이유 중의 하나는 이 용어가 정치적, 상징적인 두 가지 구별되는 기능을 담고 있는 것으로 사용되기 때문이다. 이 경우 학교조직 구조조정의 의미를 탐색하는 방법은 세 가지가 있을 수 있다. 하나는 학교운영과 생산성에 관한 이론들이 학교의 어떤 측면들의 과업을 개선하기 위하여 조작될 수 있는지를 자세히 설명함으로써 구조조정의 가능한 의미를 예시하는 것이다. 두 번째는 전문적인 학술문헌을 검토하는 것이며, 세 번째 방법은 구조조정을 추진하고 있는 정책입안가나 학교개혁가들에게 그들이 부여하는 의미를 문의하는 것이다(Mitchell & Beach, 1993: 250).

그러나 많은 교육조직 이론가들에게 있어 학교조직 구조조정은 학교가 더욱 효과적이고 영향력 있는 기관이 되기 위하여 따라야 하는 강력한 규범적인 방향(Shouse, 1998: 677)을 의미하고 있기 때문에, 학교조직의 구조조정은 변화 그 자체를 의미하기보다는 변화의 유형을 의미한다고 볼 수 있다. 사실 1990년대 중반부터 우리 사회에서 유행어처럼 사용되고 있는 구조조정이라는 용어는 이러한 학문적 논의에서 사용되어 온 구조조정의 의미로써 진행되기보다는, 특정 조직 개혁의 새로운 전략에 대한 보편적 호칭(Tyack, 1990: 170) 혹은 행정의 혁신을 위한 개혁적인 접근의 의미를 담고 있다. 학교조직 구조조정 혹은 대학행정의 구조조정도 구조조정에 대한 이러한 사회적 맥락과 무관하지 않은 것으로 보인다. 따라서 구조조정에 대한 정확한 개념정의나 조작적 정의는 구조조정이 학교구성원들에게 주는 의미를 탐구하는 데 있어 결정적인 선행조건이 아니라고 할 수도 있으며, 오히려 구조조정은 교육자들이 이 용어를 프로그램과 행동으로 옮기는 일상적인 활동에 의해서 정의된다고 보는 것(Goldman et al., 1993: 71-72)이 더욱 타당할 것이다.

이러한 학교조직 구조조정에 대한 논의에 기초해 보면, 대학 행정구조조정이란 대학조직 내・외의 다양한 요인들의 영향으로 대두되는 행정조직 변화의 필요성에 대응하기 위하여 특정의 가치와 목표, 방법을 통해 대학조직이 전개하는 행정적 혁신 전략의 실천유형이라고 할 수 있다.

서론에서 제시한 대학 행정구조조정의 필요성과 학교조직 구조조정에 관한 이론적 검토 내용을 바탕으로 하여 본 연구에서 적용할 대학 행정구조조정 현상의 이해모형을 제시하면 [그림 4-1]과 같다.

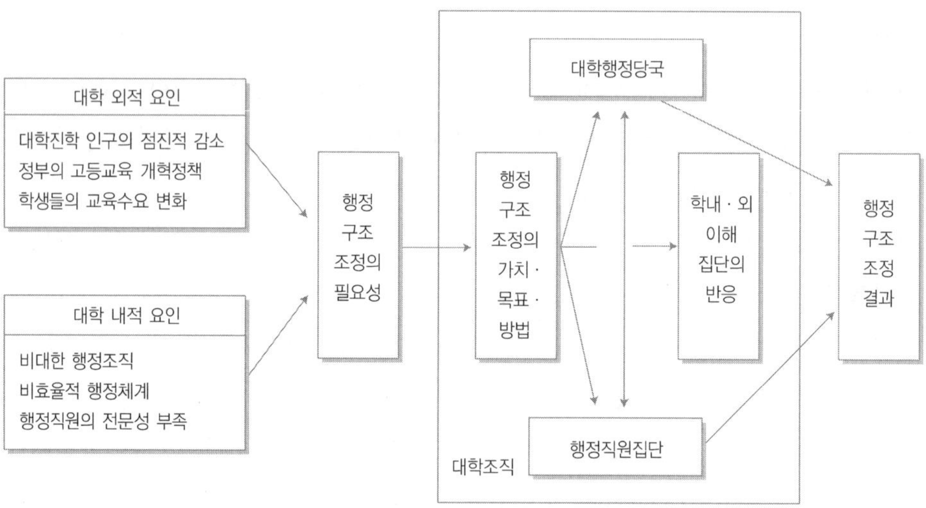

[그림 4-1] 대학 행정구조조정 현상의 이해모형

3 고려대학교 행정구조조정의 배경과 진행 과정

1) 행정구조조정의 배경

많은 대학의 경우와 유사하게 고려대학교도 1990년대부터 조성되기 시작한 새로운 대학 환경에 적응하기 위한 다각적인 검토가 있어 왔다. 대학 행정의 전반에 관한 진단과 분석이 이루어졌을 뿐 아니라, 특히 대학 재정의 효율적 집행과 행정인력의 과학적 관리가 강조되고, 대학 간 치열한 경쟁구도 속에서 세계적인 명문대학을 지향하는 대학 전반의 과감한 변신이 계획되었다.

1991년의 경우만 하더라도, 고려대학교 행정의 기획・조직・집행・평가의 순환적 과정은 비교적 양호하며, 행정조직도 대학의 기능을 수행하는 지원체제로서 합리적으로 잘 구성되어 있고 일반 행정직의 자질도 우수한 것으로 진단하고 있다. 다만, 장기종합발전계획의 구체적 추진 계획과 종합적인 정보관리시스템이 미흡한 것으로 분석되어 있다(고려대학교, 1991). 그러나 1990년 후반에 들어서면서 이루어진 행정 직무분석 연구결과 보고서(고려대학교 기업경영연구소, 1996)는 고려대학교의 행정 경쟁력이 조직, 인력, 정보관리, 관리체계, 문화 등 다방면에서 약화되어 있다고 진단하고 그 이유를 자세히 적시하고 있다. 특히 조직 면에서 본부 부서의 과도한 분화, 비효율적 업무분장, 조직 통합력 약화 등이 지적되고 있고, 인력 면에서는 부서별 적정 인원의 불균형, 인사의 비일관성, 교육훈련의 내실화 부족, 특별성 관리부재, 동기부여 장치 취약 등이 문제점으로 제시되었다. 또한 조직문화 면에서 보수적 수동적 문화, 학력・신분・기관별 갈등 심화 및 부서 이기주의를 행정경쟁력 약화의 원인으로 보고 있다. 이러한 문제점들을 해결하기 위해 동 연구 보고서는 구조차원의 재설계, 과정 차원의 수준 제고 및 문화 차원의 체질 개선을 통해 내부 조직 통합능력 증대와 외부 환경 적응력 제고를 시도할 것을 제안하고 있다.

지금까지 간단히 설명한 바와 같이, 1990년대에 들어선 이래 고려대학교 행정 전반에 대한 진단과 평가를 통한 개선과제가 지속적으로 제시되어 왔음에도 불구하고 그에 상응한 실천이 따르지 못하다, 이의 획기적이고 구체적인 계획의 수립과 개혁 작업은 1998년 6월 새 총장이 취임하여 고려대학교가 해야 할 몇 가지 주요 과제 중의 하나로 행정개혁을 설정하여 그 추진을 공식화함으로써 시작되었다.

2) 행정구조 개혁안의 입안 과정

고려대학교에서는 1998년 7월과 8월에 걸쳐 「고려대학교 경영진단」 용역 제안서를 공개리에 접수하고 두 차례에 걸친 심사와 설명회를 통해 가장 적격이라고 판단된 Monitor Company사에 경영진단을 의뢰하기로 결정하였다. 학교 경영진단이 의뢰된 이후 기획과장을 팀장으로 하는 프로젝트팀(Task Force Team)이 구성되고, 전 직원들은 자신들이 맡고 있는 업무와 이에 소요되는 시간과 우선순위 등을 수량화하여 업무 프로세스 양식에 기재하여 제출하였다. 또한 홍보, 국내 학문교류, 전산, 구매, 감사 등의 관련 업무담당자들은 워크숍에 참석하여 업무 프로세스에 대해 설명하는 과정을 가진바 있다.

그러한 과정을 거쳐 1999년 2월에 마련된 「고려대학교 행정 조직 개편 프로젝트 시안」에서는 현 고려대학교가 처한 내・외적 상황을 대학 경쟁의 심화와 고객의 욕구 변화, 조직 능력의 부족 및 인센티브 시스템 부재로 보고, 행정조직 구조 개편, 핵심 프로세스 강화, 성과급제 도입, 단과대 중심의 분권화, 학사행정 전산시스템 구축 등과 같은 근본적인 변화를 통해 537명의 행정 인력을 369명으로 감축하여 26%의 고용전환과 5%의 인력 감축을 이룬다고 되어 있다. 또한 비효율적 비용구조를 바꾸어 3년간 110억 원의 비용절감이 가능한 것으로 분석하고 있다(Monitor Company, 1999).

한편, 고려대학교 직원노동조합(이하 노동조합이라 약칭함)은 1998년 단체협약 시에 학교당국에서 구상하고 있는 행정구조조정을 협의하기 위해 행정개혁위원회 설치와 운영을 명시하였는바, 학교당국은 17명의 위원으로 구성된 행정개혁 연구위원회를 구성하였다. 동 위원회의 분야별 검토 내용은 대학의 이념, 조직구조, 분권화, 핵심 프로세스 강화・정보화, 팀제 도입, 성과급(연봉제 도입), 외부 용역화(Outsourcing)였다. 1998년 10월 1일부터 1999년 3월 15일까지 활동한 동 위원회가 작성한 종합의견과 고려대학교 행정의 문제점은 다음과 같다(고려대학교 직원노동조합, 1999).

첫째, IMF사태 이후, 우리 대학도 변해야 한다는 인식 속에서 본 경영진단을 수행한 것으로 보인다. 우리 대학도 '과거의 영광'에 안주할 수 없으며, 개혁과 변화를 해야 한다는 데 모두 동의한다. 경영진단안은 외부의 객관적인 시각에서 우리 대학의 문제를 보았기 때문에 경영진단 팀이 제시한 개혁안 중에는 우리 대학이 겸허하게 수용해야 할 부분도 있다.

둘째, 그러나 경영적 측면에 치우쳐 경비절감 논리의 한계를 극복하지 못한 채 제한적으로 수행된 경영진단 팀의 제안은 고려대학교 장기발전계획과 관련하여 수정 보완할 필요가 있으며, 우리 대학의 상황을 고려하면서 가능한 부분부터 점진적으로 시행하여야 할 것이다.

셋째, 또한 구성원들이 개혁에 능동적으로 참여할 수 있게 하기 위하여 시행 안에 대한 구성원들의 합의과정이 반드시 필요하다.

넷째, 행정개혁연구 소위원회가 검토 제시한 의견은 Monitor Company사의 안을 중심으로 작성되었고, 시간상의 제약 등으로 위원회의 대안을 제시하지는 못하였다. 그러나 어느 정도 개혁 방향은 본 검토 보고서에 제시되었으므로 빠른 시일 내에 실행 가능한 안을 만들고 개혁 일정을 공포하여 구성원들의 심리적 동요와 불안감을 일소하고 개혁 고대의 발전에 전 구성원들의 에너지를 모을 수 있도록 배려하여야 할 것이다.

3) 행정구조조정(안)의 발표와 학내 이해집단의 대응

1999년 2월 4일 학교당국은 Monitor Company사가 마련한 초안과 행정개혁연구위원회가 제안한 문제점 및 건의사항을 종합하여 「고려대학교 행정조직 개편 프로젝트 최종안」(이하 구조조정 안이라 함)을 발표하였다. 그러나 노동조합은 이 안이 시설관리직의 100% 용역화, 통신운영과 전원 및 기능직 일부 용역화, 사무직 61명 교육 대상자 선발 후 19명만 현장 재배치, 실험기사 직의 인원・업무조정, 사무직 전체에 대한 팀제와 연봉제 도입 등을 담은 대규모의 정리해고를 전제하는 것이라고 규정하고 1999년 2월 9일부터 동년 6월 4일까지 약 4개월에 걸친 반대투쟁에 돌입하였으며 그 진행 과정을 약술하면 다음과 같다.

1999. 2. 9. 「학교의 일방적 구조조정 반대」를 위한 임시총회를 열고 휴가투쟁 결의한 후 성명서 발표.

1999. 2. 10. 긴급임시비상총회 개최와 성명서 발표. 전국대학노동조합 김희주 위원장 투쟁 격려사와 서울지역본부 최기원 본부장 투쟁 격려사 낭독하고, 행정조직 개편안에 대한 조합의 입장을 정리함. 상급단체(외부 세력)의 개입이 시작된 시점이기 때문에 이 집회에서 배포된 〈유인물 1〉과 같은 투쟁 격려사를 참고로 제시한다.

〈유인물 1〉 민주노총 및 전국대학노동조합의 격려사

〈전국대학노동조합 김희주 위원장 투쟁 격려사〉

저는 지난 2월 4일 정리해고를 비롯하여 연봉제 팀제를 도입하겠다는 고려대학교의 구조조정안을 보고 참담한 심정을 금할 길 없습니다. 전국대학노동조합은 이미 대학에 확산되고 있는 구조조정안을 막아내겠다는 결의를 한 바 있습니다. 고려대학교 동지들도 노조를 무력화시키려는 의도가 깔린 이 구조조정안을 김영민 위원장과 단결하여 척결하시기 바라며, 우리 대학노동조합도 이러한 무식한 안이 절대 나오지 않도록 과감하게 대처할 것을 약속합니다.

민주노총 산하 7개 연맹 공공, 공익, 대학노조, 병원, 언노련, 철도, 사무노련 등 7개 연맹 산하 노동조합에서도 구조조정안이 대두되고 있으며, 연맹위원장들의 간담회에서 구조조정이 대학만의 문제가 아니므로 4월에 총력투쟁을 하기로 결의하였습니다. 여러분 모두 단결하여 굳건히 투쟁하시기 바라며 저희들도 적극 가담하여 막아내도록 하겠습니다.

〈서울지역본부 최기원 본부장 투쟁 격려사〉

어떻게 대학사회에서 나온 구조조정안이 현대자동차보다 더한 안이 나왔는지 놀랍기만 합니다. 소위 용역회사의 안을 받아 여과 없이 내놓은 책임 있는 학교의 당국자들이 한심하지 않을 수 없습니다. 더욱 한심한 것은 교원들에 대한 구조조정안은 없다는 것이며 또한 시설관리직과 기능직의 100% 용역화는 우리나라에서도 그 사례를 찾아 볼 수 없습니다.

고려대학교의 문제는 고려대학교만의 문제가 아니라 서울 전 대학의 문제이므로, 서울지역 대학노동자들은 힘을 합쳐 막아내야 할 것입니다. 이를 위해 우선 2월 23일 총회투쟁을 개최할 예정이며, 여기서 고려대학교의 문제를 최우선으로 내세울 것입니다. 그리고 고려대

> 학교에서 나온 이런 무식한 안을 낸 당사자에게 경고장을 보냄은 물론 각 대학 총장들에게 이 사실을 알리도록 할 것입니다. 대학 전체에 걸친 개혁은 당연히 수용해야겠지만, 직원만의 희생을 강요하는 이러한 편파적이고 파행적인 구조조정안은 철회되어야 합니다. 대학노동자의 생존권을 위해 고려대학교의 동지들과 전국의 대학노동자들은 일치단결하여 총력투쟁, 반드시 승리할 것입니다.

1999. 2. 11. 고려대학교 경영진단안에 대한 학내 토론회(참석자; 행정개혁연구위원회 위원장, 교수협의회 대표, 대학원장 대표, 직원노조 대표, 차 · 과장협의회 대표, 교우회 대표, 총학생회 대표, 모니터 컴퍼니 이사 등)

1999. 2. 11-12. 구조조정 철회를 위한 교내 토론과 행진.

1999. 2. 12. 비상총회 개최 파업불사 천명.

1999. 2. 19. 결의문 채택.

1999. 2. 23. 「구조조정 저지 투쟁평가 및 향후 대책 수립」을 위한 임시총회 개최. "학교가 모니터 컴퍼니사의 구조조정안을 시행하지 않겠다는 입장을 분명히 밝힘에 따라 조합은 리본 패용 및 준법투쟁의 중단을 선언함. 그리고 조합원 여러분께서는 종전보다 더욱 근무에 충실하여 학교 행정의 주체로서 위치를 확고히 할 수 있도록 노력하여 주실 것을 부탁드립니다"라는 성명을 발표하고 준법투쟁 중단 선언.

1999. 3. 30. 학교당국의 약속 불이행을 명분으로 〈표 4-3〉과 같은 일정으로 철야농성 돌입.

〈표 4-3〉 직원노조 철야농성 일정

일 자	내 용	비 고
3. 29(월)	투쟁선언에 관한 유인물 배포	98년 단체협상 미이행 사항 고소 · 고발 건 학교당국에 통보
3. 30(화)	① 노조 집행부 철야농성 돌입에 관한 유인물 배포 ② 집행부 회의	① 집행부회의 안건 : 철야농성 건, 98년 단체협상 미이행 사항 고소 · 고발 건

3. 31(수)	운영위원회	안건 : 98년 단체협상 미이행 고소 · 고발 건, 결의문 채택
4. 1(목)	각 직능별 지지성명 발표	차 · 과장협의회 지지성명 추후 발표
4. 6(화)	투쟁선언문 배포, 투쟁속보 제작, 투쟁일정 방향 확정	본관 앞 텐트 농성 시작 텐트 설치 및 철야 농성 조 구성
4. 7(수)	투쟁속보 1호 배포, 중식집회, 일과 후 집회, 투쟁속보 2호 제작	집회집결 구호 제창
4. 8(목)	투쟁속보 2호 배포, 중식집회, 일과 후 집회, 투쟁속보 3호 제작	집회집결 구호제창
4. 9(금)	투쟁속보 3호 배포, 집행부 및 운영위원회 연석회의	투쟁 평가, 향후 일정 토론, 조직화 점검

1999. 4. 6-4. 20. 천막농성 돌입.
1999. 4. 20 총파업 결의.
1999. 4. 21-5. 19 노동쟁의 조정 신청.
1999. 5. 4 직원 노동조합 파업 일정 통보.
1999. 5. 6 교수협의회와 총학생회에 총파업에 대한 안내공문 발송.
1999. 5. 7 학교당국이 노동조합에 「구조조정에 대한 의견제시 요망」 공문 발송
1999. 5. 10 「노조의 불법 부당한 총파업에 대한 학교의 입장」이라는 제하의 〈유인물2〉와 같은 총장 담화문 발표.
1999. 5. 11. 학교 측의 천막 철거 요청.
1999. 5. 14. 11차 단체교섭-노동조합의 협상 결렬 선언.
1999. 5. 17. 총장 담화문에 대한 반박 성명 발표.
1999. 5. 19. 노조의 총파업 공문 발송(총장, 교수협의회장, 총학생회장).

〈유인물 2〉 노조의 파업에 대한 학교의 입장

〈노조의 불법 부당한 총파업에 대한 학교의 입장〉

노동조합이 이러한 학교의 노력과 협조 요청에도 불구하고 계속하여 불법적이며 부당한 주장만을 고집한다면, 이는 전체 구성원들의 지지를 절대 얻을 수 없을 것임이 명백합니다.

> 또한 현재 노동조합이 그 소속 노조원들에게 구조조정의 불가피성을 조금이라도 이해시키기 위하여 노력하기보다는 오히려 상당수 사실을 왜곡하여 교내에 근거 없는 오해를 전파하고 있는 데 대하여 심히 유감으로 생각합니다.
>
> 따라서 본인은 학교경영의 책임자로서 더 이상 노동조합의 불법 부당한 파업사태를 좌시할 수 없기에, 교육과 연구 및 학사행정의 정상화를 위해 다음과 같이 금번 사태를 처리할 것임을 교직원 여러분께 밝히고자 합니다.
>
> 첫째, 불법 파업에 가담한 노조원에 대해서는 무노동 무임금 원칙을 철저히 적용하도록 하겠습니다.
>
> 둘째, 불법파업에 참가한 노조원에 대하여서는 그 가담 정도를 불문하고 학교 규정에서 정한 바에 따라 조속한 시일 내에 징계위원회에 회부할 것이며, 형사상 엄중한 책임을 묻도록 하겠습니다.
>
> 셋째, 불법파업으로 인하여 발생한 학교의 모든 피해를 배상 받기 위하여 노동조합 지도부 및 관련 노조원을 상대로 민사상 손해배상책임을 반드시 추궁할 것입니다.
>
> 다시 한 번 교직원 여러분의 적극적인 이해와 협조를 당부하고 구조조정을 반대하는 노동조합의 불법파업에 참여하는 일이 없도록 여러분의 현명한 판단이 있기를 바랍니다.
>
> 1999. 5. 10
>
> 총 장

1999. 5. 20. 총파업 돌입.
요구사항
1. 학교는 기획처장, 총무처장, 관리처장을 직원으로 임명하라.
2. 시설관리직, 기능직, 실험기사직 용역화 계획을 즉각 철회하라.
3. 학교당국은 학교행정을 파행적으로 운영하고 있는 기획처장, 총무처장을 즉각 사퇴시키고, 사직서를 받아 학교를 떠나도록 조치하라.

1999. 5. 21. 「파업전야」 영화 상영 및 서창 지회의 서초 검찰청 방문.
장영기 경희대 전지부장의 대학노조 운동 투신 회고담.
학교당국의 노조원 직무복귀 협조 공문 발송.

1999. 5. 24. 전대노조 서울지역 본부 회의 개최.

1999. 5. 25. 김용식 정책국장의 「사학연금 문제와 대응책」 강의, 조별 토의.
학교당국의 직무복귀 요청에 대해 최소한의 인원을 파업장에서 복귀시키기로 학교 측에 통보.

1999. 5. 26. 이갑용 민주노총위원장의 「DJ정권하의 노동정책과 민주노조 운동의 대응책」 강연, 지부국장단의 삭발식.

1999. 5. 27. 슬라이드 교육, 노동법 강의, 일부 업무 부분적 개시.

1999. 5. 28. 「고대인의 날」 행사 진행을 위한 천막철거 찬반문제 토론과 행사 참여, 비디오 상영, 대운동장 집회. 「교우님들에게 드리는 글」 배포.

1999. 5. 31. 강연, 조별 토의. 이날 교수협의회의 의견수렴 움직임이 처음 공식화되었기에 그 내용을 〈유인물 3〉으로 소개한다.

〈유인물 3〉 교수협의회 회람 공문

동료교수 여러분께

동료교수 여러분 안녕하십니까?

직원노조의 파업이 이미 장기간이 되었습니다. 고려대학교 교수협의회는 사건의 추이를 보며 각 해당 이해당사자 간의 합리적인 해결점을 찾을 것을 기다려왔습니다. 그러나 학교행정의 장기적인 공백은 촌음을 다투는 오늘에, 대학발전에 큰 장애가 된다는 것을 우리 모두 알고 있습니다. 이에 전체 교수의 의사를 교수협의회로 집약하여 좋은 결과를 가져올 수 있도록 동료 교수님들의 의견을 듣고자 합니다.

협의회 의장단은 학교 측과 노조의 의견을 듣고 옳은 해결점을 모색하고자 합니다. 양측의 의견을 듣고 양측이 제출한 자료를 여러분이 열람하고 무엇이 해결점인지를 함께 찾고자 합니다. 동료교수 여러분께서는 직원 노조의 파업에 관한 의견을 각 단과대 의장에게 알려주시기 바랍니다.

단과대 의장께서는 이번 파업에 대한 개인의 의견이 아니라 평의원의 도움을 받아 다수의 의견을 수합하여 앞으로 있을 의장단 회의에 참석하여 주시기 바라며, 의장단 회의 후 평의원 회의를 소집하여 지혜를 모을 예정입니다. 양측의 주장과 요구는 서류가 도착하는 대로 여러분께 열람하도록 하겠습니다. 교수협의회가 교수들의 의견을 수합하기 전에 아무쪼록 합리적인 쌍방의 의견조정으로 파업이 끝나기를 바랍니다.

1999년 5월 31일

고려대학교 교수협의회장

1999. 5. 31. 총장 명의의 "직원 여러분에게 알려드립니다." 성명서를 발표하고, 그

동안 진행되었던 노사 간의 합의내용과 미해결 쟁점에 대한 학교당국의 입장 표명.

1999. 6. 1. 학교당국의 업무복귀 명령서 발송에 대한 조합원들의 대응책 토론. 총장의 〈유인물 4〉와 같은 업무복귀명령서가 발표됨.

〈유인물 4〉 총장 명의의 업무복귀명령서

업무복귀 명령서

친애하는 직원 여러분!

금번 직원노동조의 파업에 대해 깊은 우려와 함께 심심한 유감을 표하면서 다음과 같이 학교의 입장을 다시 한 번 알려드립니다.

1. 금번 파업은 학교의 경영권과 인사권을 침해하는 명백한 불법파업입니다. 따라서 그동안 무단결근, 근무지 이탈 및 불법파업에 참가하고 있는 직원 여러분께 6월 3일(목) 오전 09:00까지 업무에 복귀할 것을 명합니다.

2. 만약, 여러분이 불법파업에 참가하여 업무에 복귀하지 않고 계속 무단결근, 근무지 이탈 및 불법파업에 참가할 경우, 직원취업규칙 제70조 내지 제72조와 직원인사규정 제79조 및 제80조에 의거하여 인사상 불이익 처분을 받을 수 있습니다.

3. 학교의 업무복귀 명령에도 불구하고 계속 불법파업에 참가하는 조합원에 대해서는 관련 규정에 따라 처리할 것입니다.

직원 여러분의 현명한 판단으로 즉시 현업에 복귀하여 학교가 정상화되기 바랍니다.

1999년 6월 1일

고 려 대 학 교 총 장

1999. 6. 2. 규찰대장 및 규찰대원 전면 교체, 「질 높은 행정서비스에 대하여」 강연, 자연계 지역에서의 집회.

1999. 6. 3. 학교당국의 업무복귀 명령서 반납, 대학노조 교섭단 총장실 입성.

1999. 6. 4. 대학노조 본관 점거, 비디오 관람, 노·학 연대 총결의 대회, 집회.

1999. 6. 7. 특공대 투입, 비디오 감상.

1999. 6. 8. 민주노총 선전실장의 강연, 총파업 투쟁에 차·과장들의 동참 촉구.

1999. 6. 9. 백기완 선생의 「노동운동의 삶과 역사」에 대한 강연.

1999. 6. 10. 집행위원 부 · 차장 삭발식.
학교당국의 「현 노동조합 파업의 적법성에 관한 질의서」 발송.

1999. 6. 11. 정부종합 청사(교육부)앞 집회, 직원노조 파업지지를 위한 총학생회 본관 농성 돌입.

1999. 6. 12. 민주노총의 공안세력 노조탄압 규탄대회 집회 참가.

1999. 6. 13. 총장 사퇴 주장 등장.

1999. 6. 14. 단체협약 체결로 직원노조 파업 종결.

1999. 6. 15. 화합의 장 행사 거행.

4) 대립과 조정의 산물: 99년 단체협약안과 행정직제 조정

고려대학교 당국(이하 학교 당국이라 한다)과 노동조합과의 대립과 타협의 산물로 나온 것이 1999년 단체협약과 대학 행정직제의 전면 조정 및 행정직원의 감축이다. 여기에서는 이 세 가지 핵심 산물에 담긴 주요 내용을 정리하기로 한다.

(1) 단체협약 안에 담긴 주요 쟁점사안에 대한 합의내용

학교 당국과 노동조합이 쌍방의 합의하에 체결한 1999년 단체협상 내용(이하 단체협약이라 함) 중 그간 제기되었던 쟁점사항이 어떻게 조정되었는지를 보면 다음과 같다(고려대학교 직원노동조합, 1999).

첫째, 노동조합에서 강력히 요구해 온 시설관리직의 완전 용역화는 명예퇴직제도의 시행과(단체협약 제 32조 및 43조) 직원의 정년단축으로 대체되었으며, 그 내용은 다음과 같다.

① 근속연수 20년 이상인 사람 중 명예퇴직을 희망하는 사람에게만 적용한다.

② 퇴직수당은 최고 36개월까지 지급하며, 잔여 근무기간이 그러하지 아니한 사람은 잔여기간만을 지급한다.

③ 퇴직수당은 지급되는 기간(월수)에 대하여 퇴직해당연도 통상임금의 80%를 지급한다.

④ 통상임금은 월정급여액에 상여금(정근수당 제외)을 포함한다.

⑤ 명예퇴직자의 경우는 정년퇴직자와 동일하게 한다.

또한, 직원의 정년을 종전의 사무직 61세, 기능직 58세, 시설관리직 59세에서 사무직과 기능직은 각각 60세와 57세로 1년씩 단축하고 시설관리직은 57세로 2년 단축하기로 합의하였다.

둘째, 노동조합에서 요구해 온 총무처장, 관리처장 보직의 직원 임명은 부처장급을 두는 것으로 명문화하였다. 또한, 학교는 행정의 책임성과 전문성을 확보하고 일관성 있고 효율적인 행정을 추구하기 위하여 보직교원이 재임기간 중 업무상 고의 또는 중대한 과실로 학교에 상당한 손실을 초래하였을 경우 관련 규정에 따라 행정 책임을 지우며, 행정보직처장의 직원 임용을 적극 검토한다고 합의하였다(단체협약 제20조 및 제97조).

셋째, 140명에 달했던 임시직(사환)을 원칙적으로 고용하지 아니한다고 합의하였다(단체협약 제44조).

(2) 행정직제의 조정 내용

행정구조조정 과정의 두 번째 산물은 기존의 고려대학교 행정직제를 전면적으로 개편하는 것으로 나타났다. 행정기구와 직제를 조정하는 안은 학교당국과 노동조합의 대립이 첨예하게 진행되고 있었던 1999년 5월 중순경에 입안되었다. 이 구조조정안은 우선적으로 본부 행정기구를 대상으로 한 것이며 대학(원), 기타 교육기관 및 부속기관의 개편은 본부 구조조정이 끝난 후에 추후로 그 개편안을 확정하는 것으로 되어 있다. 새로운 구조조정안의 핵심 기준 내용은 팀제의 도입, 조직 슬림화, 성과급제(연봉제)의 도입, 본부 중심에서 단과대학 중심으로의 분권화 및 기능(업무)위주의 부서 재편성이다. 기존 직제와 변경 세부안을 간략히 소개하면 다음과 같다.

① 기존 직제

고려대학교의 기존의 행정기구는 14개 대학・학부, 14개 대학원・7개 행정부서(기획처, 교무처, 학생처, 연구교류처, 총무처, 관리처, 대외협력처), 2개 서창 캠퍼스 행정부서(교학처, 사무처), 기타 본부기관, 3개 부속 교육기관, 의료원, 14개 부속기관, 73개 부설연구기관 및 병설 보건대학으로 구성되어 있었다.

총장을 보좌하기 위하여 교무담당부총장, 대외담당부총장, 서창부총장 및 의무부총장을 두고 있고 각 대학 · 대학원에는 학장과 대학원장을 두고 있었으며, 학장을 보좌하기 위하여 교학부장, 학부장, 학과장, 교학과장, 실험기사장 및 주임의 직제를 두고 있었다. 본부 행정부서와 서창 캠퍼스 행정부서에는 처장, 차장(본부), 과장 및 주임을 두고 있었고, 부속기관에는 부서에 따라 특수한 직제를 두고 있기도 하였지만 각 부서장을 비롯하여 사서장(도서관), 과장 및 주임을 두어 조직과 구성원을 지휘 · 통솔하며 직무를 담당하고 있었다. 다만, 기능직과 시설관리직의 경우에는 반장 직제를 두어 운영하고 있으며 의료원의 직제에 관하여서는 따로 정하여 시행하도록 하고 있었다.

② 변경 세부 안

- 현행 부총장의 직제 중 대외담당부총장의 직제를 폐지하고 교무담당부총장을 교무부총장으로 명칭을 변경하여 부총장 직제를 축소 시행한다.
- 본부 행정부서 중 연구교류처는 폐지하고, 기획처는 기획실로 명칭 변경하여 총장 직속으로 한다.
- 대외담당 부총장직제가 폐지됨에 따라 대외협력처는 교무부총장의 지휘를 받는다.
- 입학관리업무, 홍보업무 및 연구지원 업무를 강화하기 위하여 입학관리과를 입학관리실로, 국제과를 국제교류실로, 홍보과를 홍보실로, 연구지원과를 연구지원실로 각각 개편하되 입학관리실과 연구지원실은 교무부총장 직속으로 하고 국제교류실과 홍보실은 대외협력처장 산하에 둔다.
- 입학관리실 산하에는 입학관리팀을, 연구지원실 산하에는 연구지원팀을 둔다.
- 본부 행정부서는 부(部) 또는 팀제로 변경한다.
- 현행 부속기관으로 되어 있는 후생복지부를 학생처로 소속시켜 본부 행정부서로 흡수함으로써 후생복지업무와 보건공제업무의 행정기능과 업무감독체제를 강화한다.

- 교무처의 교무업무를 강화하기 위하여 현재의 교무과 업무를 교무지원업무와 교무기획업무로 분리하여 교무지원부와 교무기획팀(신설)에서 각각 관장하게 한다.
- 기획과와 예산조정과를 통합하여 기획예산부로, 총무과와 통신운영과를 통합하여 총무부로, 시설과와 관리운영과를 통합하여 시설부로, 학생과와 취업정보과를 통합하여 학생지원부로, 대외협력과와 기금관리과를 통합하여 대외협력부로 한다.
- 서창 본부 행정부서 중 서창 학생과는 서창 후생복지부 업무를 흡수하여 서창 학생복지팀으로, 서창 총무과와 서창 재무과를 통합하여 서창 재무팀으로 한다.

③ 행정직원 인원 감축 현황

단체협약과 행정직제의 조정에 따라 행정직원의 감축과 재배치 작업이 이루어졌는바, 우선 단체협약 제44조에 의해 그간 각 사무실에서 잔심부름을 맡아 하던 148명에 이르던 사환들을 전원 퇴직 조치하였다. 이 조치에 관한 책임 있는 학교당국자의 말이다.

> ■■■ 지금까지 고려대 행정은 앉아서 하는 행정이었다. 직원들은 사무실에서 주어진 일들을 수동적으로 큰 문제없이 수행하면 되는 그런 자세였다. 그러나 이제 변해야 한다. 움직이는 행정, 변화를 주도하는 행정으로 거듭나야 한다. 사무실에 커피메이커를 두고 필요한 사람은 타 마셔라. 꼭 필요한 경우는 기안자가 공문서를 들고 직접 결재하고, 모든 결재는 전자 결재하라. 사환제도는 폐지되어야 당연하다. 148명의 사환을 퇴직 조치함으로써 연간 수억 원의 인건비가 절약된다.

다음으로, 단체협약 제32조 및 43조에 의해 명예퇴직제도를 도입하였다. 1999년 8월 현재 명예퇴직자는 사무직 13명, 기능직 11명 및 시설관리직 19명 등 총 43명이다. 명예퇴직 시기를 놓친 직원들을 대상으로 실시한 희망퇴직자는 79명으로 사무직 33명, 기능직 6명, 그리고 시설관리직 40명 등 79명에 이른다. 완전 외부 용역화를 목표로 하였던 시설관리직이 89명이었는데 명예퇴직을 신청한 사람은 40여 명에 그치고 있었다. 명예퇴직 혹은 희망퇴직을 신청한 직원들 중은 주로 20~30년에 걸쳐 오랜 세월을 고려대학교에 재직한 직원들과 비교적 최근에 입사한 직원들의 자원 퇴직이 많은 것으로 분석되었다. 명예퇴직을 신청했다고 밝힌 한 사무직원은 이에 관해 다음과 같은 자신의 견해를 밝힌바 있다.

■■■ 나는 오랫동안 고려대 행정의 좋은 점이 가족적인 행정풍토와 학교 구성원들이 서로 존중하는 전통이라고 생각해 왔어요. 지난 수십 년간 학교에 이런저런 어려움이 많았지만 그 저력으로 극복해 왔다고 생각하는데, 이번 조치로 내가 오랫동안 갖고 있었던 그러한 생각이 깨졌어요. 그래서 명예퇴직하기로 결심한 것입니다. 다만, 안타까운 일은 입사한 지 얼마 되지 않는 유능한 젊은 직원들이 대학행정직이라는 직장도 이제 안정된 곳이 아니라는 생각을 하고 사표를 낸 점이에요. 참 아쉽습니다.

그러나 학교당국의 이번 구조조정을 지지하는 직원은 위와 같은 명예퇴직자의 견해에 대한 의견을 묻자, 다음과 같은 상반된 견해를 피력했다.

■■■ 그 분이 지적한 고려대 행정의 전통은 분명히 좋은 것이었죠. 그러나 지난 세월 고려대가 처한 환경과 지금의 환경은 큰 차이가 있습니다. 그것을 모르는 그 분은 벌써 옛날 사람입니다. 이제는 학교가 살아야 할 때라고 봅니다. 더 이상 우리 학교의 총체적 개혁을 미룰 시간이 없고, 이번 행정구조조정은 학교가 개선해야 할 여러 문제 중 하나일 뿐이죠.

단체협약에 의해서 추진된 명예퇴직제도와 희망퇴직제도가 가져온 순기능과 역기능에 대한 평가는 시기적으로도 아직 이르다고 본다. 다만, 구조조정과 같은 변화와 위기의 과정에 대한 해당 구성원들의 기대와 평가가 이처럼 다를 수 있다는 사실을 제시함으로써 행정행위의 가치 선택적 측면을 예시하고자 했다.

4 고려대학교 행정구조조정 과정상의 특징적 양상

1) 효율성 가치의 상대적 중시

대학의 행정구조를 조정하는 데 있어 추구될 수 있는 가치는 크게 효과성, 효율성, 민주성 등 세 가지로 볼 수 있다. 일반적으로 효과성이 대학 조직의 교육목표와 고객(학생들)의 만족도 달성 정도를 뜻하는 교육적 가치개념이라면, 효율성은 대학교육을 위하여 투입되는 경비에 대한 교육적 산출의 비율 혹은 한정된 재원의 배분과 그 효과에 관계되는 경제적 가치개념이다. 또한 민주성은 대학 행정에 관련된 중요한 문제의 의사결정 과정에 이해 당사자들의 참여와 합의과정을 존중하는 정도를 의미하는 조직정치학적 개념이다. 이들 세 가지의 가치는 교육행정 실제에 있어 모두 중시되고, 또한 상호 간에 조화를 이루는 것이 이상적이다. 그러나 현실 여건상 이들 세 가지 가치가 상충되거나 상대적인 우선순위를 선택해야 하는 상황에서, 교육행정가는 교육조직의 환경과 내부 상황에 대한 판단 그리고 자신의 성향에 따라 특정 가치를 상대적으로 중시하는 행정행위를 하는 것이 일반적이다.

그러한 의미에서, 고려대학교의 구조조정은 행정직원의 감축과 직제의 재조정을 통한 조직의 효율성을 상대적으로 중시하는 방향으로 진행된 것으로 보인다. 특히 행정직원들은 자신들의 조직 내 지위와 생존의 문제이기 때문에 구조조정 과정에 자신들이 참여하여 자신들의 요구사항을 반영하고자 시도하고 있지만, 그것은 대학 행정개혁위원회에 참여(1998. 10.~1999. 3. 15)하여 학교당국이 Monitor Company사에 의뢰하여 마련한 「고려대학교 경영진단」용역 제안서 내용을 검토하고 그 내용에 대한 자신들의 의견을 개진한 수준에서 수용되고 있다. 행정개혁위원회가 고려대학교의 변화와 개혁에 동의하는 한편 그 실행에 있어 점진적 개선과 구성원들의 참여와 합의과정을 강조하고 있음에도 불구하고, 실제에 있어서는 학교당국의 주도하에 과감하고 신속한 구조조정이 확정되어 발표・시행된 것으로 보인다. 또한 금번 구조조정 과정에 관심 있는 교수들과 학생들의 참여기회가 있었다는 증거를 찾기 어려웠다.

이러한 구조조정 과정에서 효율성이 상대적으로 중시되고 있다는 지적이 효과성이나 민주성과 같은 다른 행정적 가치가 무시되었다는 사실을 의미하는 것은 아니다. 학교당국이 행정개혁위원회를 구성하여 구조조정안에 대하여 다양한 학교 구성원들의 논의 과정을 거친 사실이나, 노동조합으로 하여금 구조조정에 관한 의견을 공식적으로 제시해 줄 것을 요청한 공문을 통해 학교당국이 가능한 범위 내에서 민주적인 절차를 존중하려고 했었다는 사실을 확인할 수 있기 때문이다. 설사 구조조정 계획의 최종 결정과정에 더 많은 이해 당사자들을 참여시키거나 행정위원회에서 논의된 여러 제안들이 최종 구조조정안에 더 충실하게 반영되지 않은 측면이 있었다 하더라도, 오히려 그것은 작금의 대학행정 여건에서 취할 수 있는 행정행위를 특징적으로 드러낸 한 양상이라고 이해하는 것이 타당하다고 본다. 왜냐하면 구조조정 그 자체가 행정직원들의 이해관계가 첨예하게 대립하여 갈등과 반목이 발생할 수 있는 예민한 사안이기 때문에, 이해당사자들의 구조조정 과정에의 참여를 통한 민주성보다는 객관적 현황 분석을 통한 신속하고 효율적인 접근이 더 중시될 수 있기 때문이다. 이러한 견해는 고려대학교의 행정구조조정 과정이 민주성과 효율성을 상호 대립되는 행정적 가치로 보고 한 가지 가치의 희생하에 다른 한 가지 가치의 실현이 불가피했다는 주장이 아니라, 저비용 고효율 체제의 대학경영을 위한 경제적 가치가 민주성과 같은 다른 행정적 가치에 비해 상대적으로 더 많은 비중으로 선택된 행정행위였다는 의미이다.

2) 학교발전에 필요한 다른 요소들과의 연결성 미흡

고려대학교가 마련한 금번 구조조정안의 출발점은 정보화・세계화를 지향하는 지식기반사회의 도래로 인한 새로운 대학교육 패러다임의 등장, 정부의 고등교육정책 변화, 대학 수요 감소로 인한 경쟁의 심화, 학생들의 대학 선택 기준의 다양화, 기업의 대학생 선발 기준의 변화 등과 같은 새로운 대학교육 환경에 대한 적응의 필요성이었다. 또한 구조조정안에는 고려대학교의 비전 실현을 위한 핵심요인으로 새로운 비전의 수립, 재원 조달의 강화, 교육과 연구에서의 최상의 우위 확보, 행정조직의 개편, 교육과 연구 활동의 지원 그리고 국가와 국제교류 발전에 공헌 등 6가지를 제시하고 행정조직의 개편이 우선적으로 요구된다고 적시하고 있다(Monitor

Company, 1999). 이는 구조조정이 교육목표의 재확립, 교육과 연구의 수월성 추구, 국가와 국제사회에의 공헌 등과 같은 다른 발전 과제의 한 가지로 추진되었고, 다만 구조조정이 우선적으로 시급하다는 인식을 반영한 것으로 보인다.

변화하는 대학교육 환경 속에서 새로운 교육이념을 확립하는 일은 대단히 중요한 행정적 과제이며, 특히 학생들의 대학교육에 대한 욕구를 반영하는 다양화되고 특성화된 교육과정 개편은 대학교육의 수월성을 확보하는 관건이 될 것이다. 또한 교수들의 연구활동 지원을 강화하여 질 높은 연구가 많이 이루어지도록 유도하는 장치가 필요하다고 본다. 물론, 고려대학교에서는 이미 이러한 사안에 대한 자체 계획을 마련하여 시행하고 있다. 여기서 지적하고 싶은 점은, 구조조정 작업이 고려대학교 교육목표의 재정립과 교육 및 연구의 수월성 추구, 재원조달의 강화 그리고 국내외 사회에 대한 공헌 등과 같은 요인들과 어떤 형식으로 관련성을 맺게 되는지에 입체적이고 유기적인 설명이 미흡하다는 점이다. 구조조정안에 나타난 6개의 대학발전 과제들은 [그림 4-2]같이 상호 간에 긴밀한 관계가 없이 추진되는 과제들처럼 시간상의 선형적 흐름으로 제시되어 있다고 보이기 때문이다.

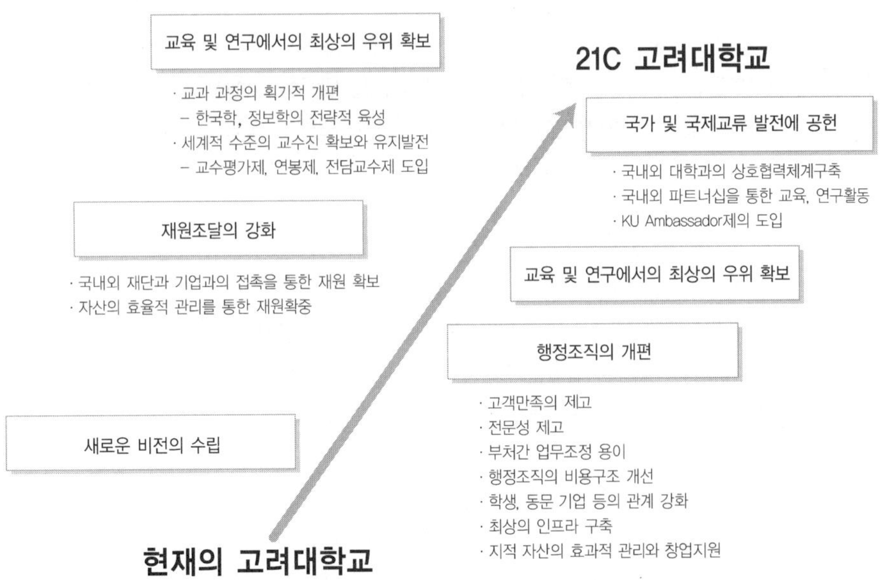

[그림 4-2] 고려대학교 비전 실현을 위한 핵심 요인들의 묘사도

3) 이해관계에 따른 교수 · 학생집단의 상이한 반응

행정직원들이 장기간에 걸쳐 파업을 강행하고 있는 상황에서, 총장은 〈유인물 5〉와 같은 서한을 통해 교직원들의 이해와 협조를 구하고 있었다. 이 서한은 3쪽에 달하는 장문이지만, 여기에서는 행정직원들의 파업에 대한 교수들의 부정적 반응에 많은 영향을 준 것으로 보이는 일부 내용만 발췌하여 제시하기로 한다.

〈유인물 5〉 총장 담화문

담 화 문

친애하는 교직원 여러분! 평소 교육과 연구 및 학사행정의 수행에 얼마나 수고가 많으십니까?

이미 각급 회의와 소모임을 통하여 대부분의 교직원께서 잘 알고 있으리라 믿습니다만, 다시 한 번 학교가 조직개편과 구조조정을 하지 않을 수 없는 불가피한 사정을 말씀드리고 교직원 여러분의 적극적인 이해와 협조를 당부 드리고자 합니다.

...... 중략

본교는 경영진단 결과 여러 부분에 걸쳐 문제점이 발견됨에 따라 그 개선방안을 다각도로 모색 중에 있습니다. 우선 현행 본부 조직을 능률위주로 개편하여 대과주의로 나가고자 하며, 본부 조직을 팀제 혼합형 조직형태와 성과급제를 도입하여 연공서열 위주의 인사관리 방식을 탈피함으로써 능력 중심의 인사관리를 시행하고자 합니다. 그리고 무엇보다도 교육시설과 연구환경을 개선하고 예산의 합리적인 집행을 위하여 총예산 중 인건비의 과도한 부담을 줄이지 않을 수 없게 되었습니다. 이미 금년 2월에 촉탁직원 · 임시직원과 사환을 마음이 아프지만 모두 정리한 바 있습니다. 현재 본교 시설관리직의 연봉을 보면 4,500~4,200만 원(2명), 3,900~3,000만 원(34명), 3,000~2,400만 원(26명)이며, 실험기사는 6,500~6,000만 원(2명), 6,000~5,500만 원(6명), 5,500~4,000만 원(17명), 4,000~2,400만 원(21명)으로 대다수 기업체 근로자보다 임금수준이 높다는 것을 알 수 있습니다.

이러한 보수수준은 분명히 밝히지만, 현재의 본교 재정여건으로서는 도저히 감당하기 어려운 실정입니다. 따라서 시설관리직과 실험기사를 중심으로 일부 직종에서 외부 용역화 등을 도입하여 인건비 부담을 줄이는 방식으로 경영합리화를 도모하기로 결정했습니다.

...... 하략

1999. 5. 13.

총 장

본 연구자의 견해로는, 이 서한이 교수들로 하여금 행정직원들의 파업에 대하여 상당히 부정적인 견해를 갖도록 하는 한편, 학교당국의 구조조정 정책에 대하여 묵시적으로 동조하는 자세를 견지하는 데 적지 않은 영향을 주었다고 판단한다. 다음은 이 서한에 관한 두 교수를 대상으로 한 면접내용의 일부이다.

■■■ 직원들이 교수보다 더 좋잖아. 이렇게 봉급을 많이 주는 학교가 어디 있어요? 그렇게 힘든 일을 하는 것도 아니고, 아주 전문 활동을 하는 것도 아닌데 말이야. 학교가 잘하는 것 아닌가요?

■■■ 파업이 계속되어 행정이 잘 안 돌아가면, 교수들이 자원봉사하지 뭐. 마침 방학도 다가오는데. 그러면 안 되나? ○○○ 교수님 우리 그렇게 합시다. (웃음)

〈유인물 5〉가 전해진 날짜가 1999년 5월 13일이고, 교수협의회에서 공식적으로 의견수렴 움직임을 하기 시작한 일시가 1999년 5월 31일이다. 또한 총장 명의의 행정복귀 명령이 발표된 일시가 1999년 6월 1일이었지만, 그 기간 중에 파업의 해결을 위한 교수협의회의 표면적인 움직임이 별로 없었던 사실과 위에 소개한 일부 교수들의 반응으로 미루어 보아, 일단 교수들은 최소한 관망 자세를 보여 줌으로써 학교당국의 구조조정 방향과 추진과정에 대하여 묵시적인 지지를 보내고 있었다고 생각된다. 이러한 판단을 하는 보다 객관적인 근거는, 교수들과 학생들이 학교당국이 추진하고 있는 구조조정의 정당성이나 혹은 절차의 민주성에 대하여 비판적으로 논의하거나, 어떤 대안을 나름대로 모색했다는 구체적인 자료를 찾기 어려웠다는 데 있다. 또한 총학생회에서는 금번 행정구조조정에 따른 직원들의 파업사태에 대하여 적극적으로 개입을 시도한 흔적이 별로 없다. 다만, 파업사태의 종결이 가까워진 1999년 6월 11일에 노동조합 파업지지를 위한 본관 농성에 돌입했지만, 실제로는 행정직원들의 노동운동을 지원하는 분명한 지지 농성이라기보다는 나름의 명분 축적용 정도의 형식적 개입 수준이었던 것으로 판단된다. 결과적으로, 노동조합의 파업에 대한 고려대학교 교수협의회와 총학생회의 반응은 구조조정의 정당성이나 그 과정상의 민주성에 대한 지지 혹은 비판이라기보다는 각 집단의 파업에 대한 시각과 그 결과로 나타날 이해관계에 따라 상이하게 나타난 것으로 관찰되었다. 이는 결과적으로 학교당국으로 하여금 구조조정에 대한 자신감을 주는 요인으로 작용했다는 판단도 가능하다.

4) 교외세력의 개입에 대한 비판적 인식

노동조합이 학교당국의 구조조정에 대한 반대투쟁에 돌입한 그 다음 날인 1999년 2월 10일에 전국대학노동조합 위원장과 서울지역본부 본부장은 노동조합의 긴급비상총회에 참석하여 격려사를 함으로써 고려대학교 구조조정 과정 초기부터 교외 세력의 개입이 가시화되었다. 뿐만 아니라 총파업이 진행되던 5월과 6월 중에도 다섯 차례에 걸쳐 전국노동조합 조직에 관련된 교외인사들이 파업을 지지 혹은 격려하는 개입활동을 계속함으로써 고려대학교 구조조정 과정은 교외세력이 개입하는 정치세력화의 양상을 보여 주고 있었다. 이러한 교외세력의 개입에 대해 일부 노동조합원들의 인식은 부정적인 것으로 나타났다. 파업에 주도적으로 참여했던 두 사람의 행정직원은 그 당시의 분위기를 이렇게 전하고 있었다.

■■■ 파업이 시작될 당시 우리 조합원들 중 직원사회에 영향력이 있는 일부 직원들이 위원장을 만나 외부세력의 개입을 하지 않겠다는 약속을 받고는 그것을 조건으로 파업에 참여했어요. 그러나 파업이 시작되자 바로 외부세력이 개입됨으로써 우리는 크게 반발했어요. 그러나 일단 노동조합 지도부의 투쟁방법을 지켜보자는 생각으로 계속 참여는 하고 있었던 것입니다.

■■■ 고려대학교는 지난 날 어려운 시기가 여러 번 있을 때마다 우리의 역량으로 문제를 해결해 왔어요. 우리는 1980년대 말 학생들이 전개한 민주화투쟁과 같은 방법으로 구조조정 투쟁을 할 수는 없는 것이지요. 더구나 우리 고려대학교가 전국의 대학사회에 미치는 영향을 생각할 때, 대학사회답게 문제를 풀어야 한다고 생각했거든요. 우리 문제에 외부 사람들이 들어와 이래라 저래라 하는 것은 우리가 원하지 않는 것이지요. 우리가 언제 구조조정 하지 말자고 했습니까? 다만 직원들이 이해할 수 있는 합리적이고 타협적인 방법으로 하자는 것이었지요.

노동조합 지도부가 어떤 전략으로 파업의 초기단계부터 교외세력과 연계되는 투쟁을 하게 된 이유를 객관적으로 설명하기 어렵지만, 최소한 그것이 노동조합 내의 친 학교성향을 가진 조합원으로 하여금 교외세력의 개입이 바람직하지 않다는 공감대를 형성하고, 그와 같은 생각을 가진 조합원들 간에 행동방향을 조율하게 한 계기로도 작용하게 한 것으로 보인다. 이와 같은 교외세력의 개입에 대한 교수들의 인식에도 큰 차이가 없었다. 다음은 교외세력의 개입에 대한 한 교수의 설명이다.

■■■ 직원들이 파업을 하는 것은 그들의 권리를 확대하기 위한 것이기 때문에 있을 수 있는 것이지요. 그러나 자신들의 목적을 달성하기 위해 다른 사람들을 끌어들이는 전략은 좋지 않았어요. 그렇지 않아도 교수들은 행정직의 구조조정이 필요한 것이라고 생각하고 있는데 외부 사람들까지 동원하는 것은 학교의 이미지에 더욱 나쁜 영향을 주는 것이라고 보는 것 같아요. 직원들의 파업을 이해하려는 일부 교수들도 그것만은 반대하는 분위기이거든요.

5) 막후협상에 의한 타협과 조정역할의 주효

고려대학교가 추진한 금번 구조조정 과정을 관찰하는 가운데 드러난 특징적 양상 중의 하나는, 구조조정이 두 번에 걸친 막후 협상을 통해 잠정적 타결과 결렬 그리고 극적 합의 등과 같은 조직정치학적 역동성을 보여 주고 있다는 점이다. 이러한 사실은 다음과 같은 두 단계의 과정을 통해 기술될 수 있다.

우선 막후협상이 중요하게 작용하기 전의 과정을 참고할 필요가 있으며 그 기간은 1998년 9월부터 1999년 2월 23일 이전까지이다. 이 기간에 Monitor Company와 학교 주임 급의 직원들에 의해 공동으로 구조조정 시안이 마련되는 한편, 대학 행정개혁위원회가 자체활동을 하면서 학교당국과 노동조합과의 단체협상이 진행되었다. 학교당국에서는 구조조정의 필요성과 강행 의지를 계속 강조하는 입장이었고, 시설관리직의 절대적 지지 속에 출범한 노동조합 집행부는 시설관리직의 용역화를 받아들일 수 없다는 입장을 견지하고 있었다. 또한 구조조정에 관한 타협의 실마리를 찾지 못한 채 학교당국과 노동조합 간의 단체협상은 상호 간의 입장 차이만 확인한 채 단체협상을 하고 있다는 쌍방 간의 명분 축적에 주력하는 모습이었다. 결국, 노동조합은 1999년 2월 9일 '학교의 일방적 구조조정 반대를 위한 임시총회 및 휴가투쟁'을 결의하게 된다. 그러다 학교당국이 '인위적인 구조조정을 하지 않겠다.

Monitor Company사의 안은 학교의 현황 분석과 평가를 객관적으로 하기 위한 참고 내용일 뿐이다. 구조조정에 관한 사항에 관하여 앞으로 노동조합과 논의하겠다.'고 약속함으로써 준법투쟁이 중단되었다. 이 기간 중에 노동조합 측이 가장 불만스럽게 생각한 점은 학교당국이 행정직원들을 오랫동안 고려대학교의 운영과 발전에 기여해 온 한 가족으로 생각하기보다는 개혁의 대상으로 본다는 점이었다. 노동조합 집행부 한 임원의 말이다.

■■■ 학교가 노동조합을 쉽게 보았어요. 직원들을 존중하지 않고 교수들의 지시에 일방적으로 복종하는 하급 직원쯤으로 생각하고 있는 것 같은 모습이 직원들을 자극했어요. 총무처장이 위원장을 대하는 태도가 그 대표적인 경우지요. 직원들을 보는 눈이 무시하는 느낌을 주어 우리는 참으로 섭섭했어요. 구조조정을 해야 한다는 데는 많은 직원들도 공감하고 있는데 좀 더 진솔하게 학교사정을 말하고 성실하게 협조 요청을 하면 안 되나요?

막후협상이 중요하게 작용하기 시작한 첫 번째 시기는 1999년 3월 30일부터 시작된 철야농성이 전 노동조합의 파업으로 이어지던 동년 4월 20일경까지이다. 노동조합 집행부의 한 임원은, '1999년 2월 23일부터 동년 3월 30일 기간 동안의 단체교섭에서, 학교당국이 시설관리직의 용역화는 불가피하며 잔류 인원에 대해서도 연봉 상한선을 적용하겠다는 점을 계속 강조함으로써 농성과 파업이 진행되었다'고 주장했다. 노동조합 집행부의 철야농성이 전 조합원의 전면파업으로 이어지던 1999년 4월 20일 다음날, 노동조합 위원장과 친분관계가 있는 한 사무직 과장이 만나 학교당국과 노동조합 양측의 명분을 세워 줄 수 있는 타협안을 작성했다. 당시의 상황을 잘 알고 있는 관련 사무직 과장의 말이다.

■■■ 그 타협안은 그간 쟁점이 되어 왔던 사안에 대하여 세 페이지에 걸친 해결방안을 담고 있었고, 노동조합 위원장도 그 내용을 공식문서로 발표해 주면 파업을 철회하겠다고 약속했었지요. 다른 내용에 대해서는 학교당국과 노동조합 측간에 아무 이의가 없었어요. 다만 그 문안 중에, 철야농성과 전면파업으로 이어진 최근의 사태에 대해서 학교당국이 심심한 유감의 뜻을 표한다는 내용이 들어 있는데 그 내용을 공식화하느냐 마느냐 하는 문제 때문에 결렬되었어요. 저는 그때 학교의 교섭대표가 조금만 융통성 있게

접근했다면 파업이 끝날 수 있었다고 생각해요. 밤늦게 술까지 마셔 가면서 진실로 대화하여 파업을 끝내자고 합의했거든요.

이 첫 번째 막후협상이 현실화되었을 경우 실제 어떤 결과를 가져왔을 것인지는 알 수 없지만, 면접한 내용을 참고로 하였을 때 일단 문제해결의 한 기회였다고 판단된다. 막후협상이 중요하게 작용한 또 한 번의 시기는 1999년 6월 10부터 동년 동월 14일경까지 단체협약을 체결하기 위한 막바지 막후협상을 벌이는 기간이었다. 동년 6월 10일은 노동조합 집행부 삭발을 하였고, 6월 11일에는 교육부 항의방문 집회 및 총학생회의 본관 농성이 시작되었다. 또한 6월 13일에는 노동조합에 의해 처음으로 총장 사퇴 주장이 나왔다. 이러한 일련의 흐름 속에서 학교당국의 공식·비공식 협상채널이 가동하기 시작했다. 공식 협상채널로는 학교당국의 기존 협상책임을 맡고 있었던 총무처장이 배제되고 관리처장과 서창 사무처장이 단체협상의 학교 측 새 교섭대표로 활동하기 시작했다. 이 공식 채널을 통해 학교당국과 노동조합이 보다 서로를 존중하는 협상분위기가 조성되었고, 그간의 쟁점 사안에 대하여 점차 합의점을 찾아가고 있었으며 노동조합, 특히 사무직원들을 중심으로 실리를 추구하는 선에서 파업이 종결되어야 한다는 의견이 제기되기 시작하고 있었다. 이 시점에서 비공식 채널이 어떻게 작용했는지를 한 사무직 과장은 이렇게 설명했다.

■■■ 아주 결정적인 시기였지요. 평소 가까운 곳에서 총장에게 필요한 조언을 해 오던 학장 2명이 밤늦게 총장 자택을 방문해 총장에게 파업종결을 위한 결심을 요청했어요. 또한 총장을 가까이 모시던 사무직 과장들이 총장님을 찾아뵙고 타결이 임박한 협상안을 받아들여야 한다는 간곡한 요청을 했고요. 총장님이 승낙했어요. 그때가 아마 6월 12~13일 사이였을 것입니다. 이렇게 해서 노사 양측이 파업 해결을 위한 이면 합의각서를 작성했고, 이 합의각서의 내용을 노동조합 임시총회에서 구두로 설명한 후 찬반 투표를 했어요. 결과는, 73%의 찬성이었지요. 그렇게 해서 파업이 끝난 것입니다.

파업 종결을 위한 막후협상이 진행된 과정을 간략히 소개한 바와 같이, 금번 고려대학교 구조조정 과정에서 나타난 특징적 양상 중의 하나는 문제 해결을 위한 공식적인 협상뿐만 아니라 비공식적인 막후협상이 매우 중요하게 작용했음을 알 수 있다. 자료를 분석해 보면, 오히려 비공식적인 막후협상을 통한 조정과 타협이 더 결정적인 역할을 했다고 볼 수도 있다.

5 요약 및 결론

본 연구의 목적은 1998년 7월부터 1999년 7월에 걸쳐 이루어진 고려대학교의 행정구조조정 과정을 심층적으로 분석하여, 그 과정에서 드러난 주목할 만한 특징들을 밝혀 대학 행정구조조정에 관한 이론화의 기초자료를 제공하고, 나아가 향후 타 대학 행정구조조정에 하나의 실천적 시사점을 제공하는 데 있었다. 연구방법은 참여관찰과 면접 그리고 문서자료분석이었다.

연구결과, 고려대학교 행정구조조정은 전통과 관행을 중시하는 보수적인 대학 행정문화에서 볼 때 그 성격상 파격적인 것이었고, 학교당국의 객관적인 직무분석을 통한 고효율의 행정을 지향하는 신속하고 전면적이며 충분히 개혁적인 것이었다. 또한 행정구조조정 과정에서 드러난 특징은 인력 감축을 통한 효율성으로 대표되는 경제적 가치의 상대적 중시, 학교발전에 필요한 다른 요소들과의 연결성 미흡, 이해관계에 따른 교수 · 학생집단의 상이한 반응, 교외세력의 개입에 대한 부정적 인식 및 막후협상에 의한 타협과 조정역할의 주효 등으로 나타났다.

금번 행정구조조정 과정을 통해 고려대학교 당국은 행정 인력을 과감하게 축소하고, 행정 직제를 기능 중심으로 재편성하여 행정의 효율성을 제고함으로써, 무한경쟁시대를 헤쳐 나갈 한 가지 준비를 완료한 셈이다. 본 연구에서는 이러한 대학의 행정구조조정이 무한경쟁시대로 치닫고 있는 대학교육 환경 속에서 대학의 행정적 효율성을 높일 수 있는 불가피한 행정행위라고 보지만, 그 과정에서 드러난 다음과 같은 문제점들을 간과해서는 안 된다고 본다.

첫째, 금번 고려대학교 구조조정은 그 절차상의 적법성에도 불구하고 효율성 가치를 상대적으로 중시함으로써 경영논리가 우선하는 접근이었다는 점이다. 물론,

그것이 최근 우리 대학행정의 변화 과정에서 보편적으로 수용되고 있는 접근방법임을 인정한다 해도 다양한 학교 구성원들의 의견을 수렴하는 체계적인 노력이 부족했던 것으로 보인다.

둘째, 고려대학교의 구조조정이 교육이념의 재정립, 교육·연구영역, 국가 및 국제교류 발전에의 공헌 등과 같은 다른 발전요인들과의 유기적 연계망 속에서 검토·계획·추진되지 못한 점이 있다는 것이다. 이는 타 대학의 구조조정에 시사하는 바가 큰 부분이다.

마지막으로 생각할 수 있는 문제점은, 금번 고려대학교 구조조정 과정에서 학교당국의 공식적 협상대표가 보여 준 협상과 조정능력의 부족이다. 구조조정 과정을 관찰해 본 결과, 노동조합 임원들을 대학의 주요 구성원으로 인정하고 더 존중하면서 진지하게 대화를 시작한 시점은 학교당국의 새로운 협상대표가 등장하면서부터였으며 오히려 비공식 막후협상이 협상 타결의 결정적 계기로 작용했음을 알 수 있다.

이러한 본 연구의 내용은 고려대학교라는 한 대학의 행정구조조정 과정을 분석한 사례 연구이기 때문에 각각의 문화와 전통 그리고 행정구조가 다른 타 대학에 일반화시키기에는 한계가 있다. 또한 이러한 구조조정이 결과적으로 고려대학교 행정에 어떤 긍정적 혹은 부정적 효과를 가져왔는지에 대한 사후평가 작업을 하지 못한 아쉬움이 있으며, 이는 후속 연구과제로 남겨 두었다.

그럼에도 불구하고, 본 연구는 대학의 행정구조조정 과정을 심층적으로 분석한 흔하지 않은 연구라는 점에서 학술적인 의미가 있다고 보며, 아울러 향후 타 대학의 구조조정에 시사적인 실무적인 기초자료를 제공했다는 점에서 그 의의가 작지 않다고 본다.

제 2 부

학교조직 연구의 인간자원론적 접근

제 5 장 인간자원론적 접근의 예비적 이해

1 인간자원론적 접근의 전개와 구성 내용

학교는 인간과 인간의 만남과 관계 속에서 교육목적을 달성해 나가는 인간조직이다. 따라서 학교조직 연구에 있어 인간 요소에 대한 관심은 자연스럽고 중요한 현상이다. 실제로, 고전적 과학적 관리의 원리들이 산업계에 적용되고 있을 때 이미 생산능률에 미치는 인간 요소의 영향에 관해 정확한 인식이 필요하다는 요구가 나타났다. 최대의 생산능률을 위한 최적의 조명 수준을 결정하기 위한 단순한 실험으로 촉발된 소위 조직이론의 인간관계 운동은 행정가들에게 ① 사기(Morale) ② 집단역학(Group dynamics) ③ 민주적 감독(Democratic supervision) ④ 개인 관계(Personnel relations) ⑤ 동기의 행동적 개념(Behavioral concepts of motivation) 등과 같은 새로운 개념을 주게 된다(Owens, 1981: 17).

인간자원론적 접근은 조직에서 사람이 가장 중요한 자원이라는 전제에서 출발한다. 개인의 기술, 통찰력, 아이디어, 정력 그리고 헌신감 수준은 조직을 건강하게 만들 수도 있고 병들게 할 수도 있다. 또한 인간자원론적 관점에서는 조직이 구성원을 소외시키거나 비인간적이며 좌절감을 주는 환경을 제공하여 개인의 재능을 허비하거나 왜곡되게 할 수도 있고, 구성원들이 활력에 넘치거나 능률을 올리게 할 수도 있다는 입장을 취한다. 이 접근을 지지하는 이론가들은 개인의 욕구와 가치를 공식적 역할과 집합적 목표를 성취하는 데 요구되는 관계성 사이의 더 나은 적합성에 초점을 둔다.

또한 사람들은 욕구, 감정 그리고 편견을 가지고 있으며, 능력과 한계를 동시에 가지고 있는 존재로 본다. 사람들은 무한한 학습능력을 가지고 있기도 하지만 때로는 구습과 낡은 신념에 집착하는 경향성도 가지고 있다. 인간자원론적 관점에서 보면, 조직의 효과성은 조직을 개인에게 맞추는 것이 되며, 이는 개인들로 하여금 직무에 대해 좋은 느낌을 가지면서 주어진 일을 수행하도록 하는 조직적 틀을 발견하는 것이 된다(Bolman & Deal, 1984: 2-5). 따라서 이 접근방법은 민주적 절차(Democratic procedures), 참여(Involvement), 동기부여 기술(Motivational techniques), 리더십의 사회측정학(Sociometry of leadership)을 강조한다.

인간자원론적 접근의 가정은 다음과 같다(Bolman & Deal, 1984: 65).

첫째, 조직은 인간의 욕구를 충족시키기 위해서 존재한다. 개인이 조직에 봉사하기 위해서 존재하는 것이 아니다.

둘째, 조직과 개인은 서로 필요로 한다. 조직은 개인이 소유한 아이디어와 정력 그리고 재능이 필요한 반면, 개인은 조직이 제공하는 경력, 급여 및 노동의 기회가 필요하다고 본다.

셋째, 개인과 조직이 부조화를 이룰 때 어느 한쪽 혹은 양자가 어려움을 겪는다. 즉, 조직이 개인을 이용하거나 개인이 조직을 이기적으로 이용하려 한다.

넷째, 개인과 조직이 조화를 이룰 때 이는 양자에게 이익을 준다. 인간은 조직이 그 목표를 달성하는 데 필요한 자원을 제공하면서 의미 있고 만족스러운 방법으로 일할 수 있다.

한편 인간자원론적 접근에서는 개인과 조직의 조화성을 강조하고 있기 때문에, 이들 양자의 관계를 탐구하는 데 있어 중요한 출발점이 되는 것은 인간의 욕구(Needs), 동기(Motivation), 신념(Belief), 기대(Expectation) 등이다. 인간은 어떤 욕구를 가지고 있는가? 사람들은 왜 조직에 참여하며, 조직생활로부터 무엇을 얻고자 하는가? 조직구성원으로서 자신과 조직에 대하여 갖고 있는 신념은 무엇인가? 여러 이론가들이 이 문제에 대하여 지속적인 관심을 가지고 탐구해 왔지만, 보편적으로 수용되고 있는 일반적인 해답은 없다.

Douglas McGregor의 X, Y이론(1960)이 고전적인 욕구이론이라면, 인간 욕구에 관하여 가장 널리 알려진 이론은 Maslow(1970)의 욕구위계설이라고 할 수 있다. Maslow는 인간의 욕구를 ① 생리적 욕구(Physiological needs) ② 안전 욕구(Safety needs) ③ 소속 그리고 사랑 욕구(Belonging and love needs) ④ 존경의 욕구(Esteem needs) ⑤ 자아실현의 욕구(Needs for self-actualization) 등 다섯 가지로 범주화하고, 각 욕구위계 간의 관계를 논리적으로 설명하고 있다. Chris Argyris(1964)와 Herzberg (1966)의 이론도 중요하다. Argyris는 대부분의 조직구성원들에게 기본적인 자아실현 경향이 있지만, 조직의 관리방식에 따라 성숙한 행동을 하기도 하고 미성숙한 행동을 하는 경향이 있다고 설명한다. Herzberg는 구성원들에게 만족을 주는 요인과 불만족을 주는 요인이 서로 다른 별개의 요인임을 밝히고 있으며, 외재적 동기와 내재적 동기개념은 구성원들의 동기 유발전략을 고려하는 데 유용하다. 또한 욕구이론에 있어 McClelland의 성취욕구, 기타 자율욕구에 관한 학자들의 논의와 그 계발 방법의 내용은 참여와 자율 그리고 성취의 중요성이 강조되고 있는 현대의 조직인에 대한 이해에 의미 있는 시사점을 주고 있기도 하다.

그 외 인간자원론적 접근에서 볼 때, 구체적이고 달성 가능하지만 도전감을 주는 목적 설정의 중요성과 효과를 설명하고 있는 Locke 등의 목적설정 이론과 구성원들의 행동원인의 근원, 능력, 공평성, 성과 등에 관한 신념에 관한 이론도 매우 중요한 내용들이다.

2) 교육행정에의 영향

인간자원론적 접근을 논할 때, 인간관계론과 민주적 교육행정은 그 기원과 행정적 의미가 다르다는 점에 유의할 필요가 있다. 민주적 교육행정은 John Dewey로 대표되는 산업사회의 개혁적 평등사상의 연장선상에 서 있다. Dewey는 산업사회의 도래로 형성되기 시작한 사회적 불평등의 문제를 해결하고, 미국 사회가 오랫동안 추구해 왔던 민주적 가치와 질서는 모든 사회 구성원이 참여하는 의사결정과 생산의 결실을 공유하는 산업정부의 구성을 통해 유지할 수 있다고 주장했다. 교육기관인 학교도 이러한 미국 사회의 특성과 방향을 반영해야 한다는 것이었다. 산업화를 이룩한 기술적 혁신보다는 작업의 사회적 관계를 통해 진정한 변화가 일어난다고 보았던 것이다. 특히 기업의 과학적 관리방법의 도입과 테일러 시스템의 효과를 우려했고, 그것은 산업기술자들이 인간 가치를 희생하여 효율과 통제를 얻으려는 노력이라고 비판했다.

따라서 Dewey는 학교행정에 있어서 과학적 절차의 사용에 대해 관심을 두지 않았다. 오히려 교사들에게 참여기회를 더 많이 주는 것이 학교조직의 성격과 교사와 행정가 간의 관계의 종류와 질을 변화시킨다고 주장했다. 협동적 지역사회로서의 학교를 생각하고, 지적 자극과 방향을 주는 리더십을 요구한 것이다. Dewey가 민주적 행정의 정신적 지도자로 남아 있지만, William F. Russell, Paul Mort, William Burton, Jesse Sears, Arthur Moehlman 등이 모두 민주적 행정을 지지한 저명한 교수들이다. 또한 National Education Association(NEA)의 하위 부서들이 민주적 교육행정의 절차에 관한 연구들을 출판했다. 이들 교수들과 단체들은 학교행정 유형과 성격의 개혁에 관해 비슷한 관점을 공유하고 있었는바, 가장 중요한 것은 민주적 리더십은 비 억압적이고 덜 지시적 과정이며, 학교 의사결정의 많은 측면에서의 교사들의 참여가 고무되어야 한다는 것이었다(Campbell et al., 1981: 49-52).

한편, 인간관계운동은 Hawthone 공장에서 시작된 일련의 실험적 연구에 의해서 촉발되었다. 처음 이 연구의 목적은 물리적 조건이 작업 결과에 미치는 영향을 밝히는 것이었다. 그러나 연구결과에 의해서 밝혀진 사실은, 작업 집단 내의 사회적 관계와 구성원의 사회 심리적 상태가 생산성에 큰 영향을 준다는 사실이었다. 이는 구조적 접근에서 중시되어 오던 조직의 구조와 권위, 그리고 전문성 및 작업 절차의 표준화, 경제적 인간관과 그에 상응한 보상구조 등의 관점에 획기적인 변화를 가져왔다. 이러한 산업사회의 변화와 병행하여 교육계가 직면한 공공의 압력과 대외 관계의 중요성 부각, 제2차세계대전으로 인한 교사의 부족과 재직 교사들의 사기 저하 등으로 인하여 인간관계론적 사고와 방법을 교육행정에 도입할 것을 주장하는 논문들이 1950년대에 많이 발표되었다. 대표적인 것으로는 John Bartky(1957)의 「Supervision as

Human Relations」, Lloyd와 Cooke(1957)의 「School Problems in Human Relations」, Paul Mort와 Donald Ross(1957)의 「Principles of School Administration」 그리고 Daniel Griffiths(1956)의 「Human Relations in Educational Administration」을 들 수 있다. 특히 Griffiths는 초기의 인간관계론자들과는 달리, 다양한 상황에 폭넓게 적용될 수 있는 인간관계의 규칙과 기법의 목록들을 제시한 것이 아니라, 학교행정에서의 인간관계는 타 전문 분야의 연구에서 도입한 사회과학 방법을 사용할 것을 주장함으로써 학교관리 연구를 위한 지적 기초를 제공했다는 점에서 주목받고 있다(Campbell et al., 1981: 56-58).

흔히 인간관계론을 산업사회에서 인간의 발견이라고 부르고 있지만, 이는 작업과정과 생산성의 제고에 있어 인간 요인이 중요하다는 사실을 간파했다는 의미이다. 작업 구성원의 조직 참여를 통한 민주적 의사결정과 권위의 공유를 통한 학교의 개혁과 재구조화를 위한 발상이라기보다는 친관리적이고 행정적 문제의 해결을 위한 성격이 강하다. 물론, 인간을 사회적 존재로 보는 새로운 인간관의 등장과 참여를 통한 동기부여, 비공식 집단의 중요성 등이 강조되어 행정에 있어서 새로운 지평을 열어준 것이 사실이지만, 민주적 행정에서 주장하고 있는 민주적 신념과 태도의 함양을 통한 민주사회와 교육체제의 구축이라는 개혁적 접근은 아니다.

그럼에도 불구하고 민주적 교육행정과 인간관계론은 여러 가지 중요한 측면에서 비슷한 점을 가지고 있다. 겉으로 드러난 점만 보아도, 우선 두 접근은 과학적 관리와 연합된 권위주의적 행정 실제에 반대한다는 것이다. 또한 합의에 의한 관리를 주장하며, 새로운 종류의 조직 권위를 제시하고 있다. 또한 이들 접근은 작업집단의 활동을 조정하고 촉진하는 관리자의 새로운 역할을 제시하며, 관료제의 문제와 조직 성장 그리고 규모와 전문화가 촉진할 것 같은 작업자의 소외의 문제에 관심을 가진다. 가장 중요한 점은 인간관계론이 민주적 행정의 지지자들이 믿고 있었던 사실, 즉 조직 사기와 생산성은 인간적 리더십에 의해 증진될 수 있다는 점을 확인한 것으로 볼 수 있다(Campbell et al., 1981: 53).

3) 인간자원론적 접근과 관련하여 본서에 소개된 논문들

제2부에는 학교조직 연구에 있어서 인간자원론적 접근과 관련된 네 편의 논문이 소개되고 있다. 6장에서는 초등교사들이 선호하는 학교의 조건과 그 이유를 통해 초등교사들이 학교생활에서 바라고 중시하는 바를 밝히고자 하였다. 이 논문에서는 초등교사들을 감독과 통제로 관리할 대상이 아니라 학교의 교육력을 극대화하기 위한 핵심 인적 자원으로 보고, 초등교사들이 선호하는 학교의 조건을 밝힘으로써 초등교사들의 학교만족도를 극대화하는 데 필요한 요건이 무엇인지를 제시하고 있다. 7장에서는 중등 중견교사들의 교직발달유형의 변화 양상을 통해 중등교사들의 삶이 어떻게 변화하며, 어떤 요인들이 그러한 변화에 영향을 주는지를 이해하고자 하였다. 교사들의 교직발달에 관한 연속형적 관점과 유형론적 관점을 통합하여 우리나라 중등교사들의 교직발달 빈도, 주기, 특성, 영향요인 들을 밝히고 있다. 중등교사들의 연수, 평가, 승진, 교장이나 교감의 연수자료, 중등 교사정책에 의미 있는 시사점을 찾아보고 있다. 8장에서는 교단의 여성화 경향에 주목하여, 중등 여교사들의 교직에서의 삶이 어떻게 변화하는지를 밝혀 보고, 그에 따른 여교사 관련 인사행정적 시사점을 탐색해 보고 있다. 마지막으로, 9장에서는 대학교수들이 소진되는 원인을 밝히고 그 대응양상을 기술함으로써 대학조직의 핵심 인적 자원인 교수들의 관리행정에 시사점을 제시하고자 하였다.

제 6 장 초등교사들이 선호하는 학교의 조건과 그 이유

1 문제의 제기

인간의 직업적 삶의 여정에는 변화가 있기 마련이다. 새로운 직업을 위해 현재의 직장을 떠나기도 하고, 때로는 같은 직종의 직장에서 승진과 전보의 기회를 맞아 수직적 혹은 수평적 이동을 하기도 한다. 동일 직종이지만 근무처가 바뀌기도 한다. 그러한 직업적 변화는 때로는 새로운 직무환경과 사람들에 대한 호기심이나 설렘을 주기도 하고, 또 어느 경우에는 불안과 걱정을 주기도 한다. 또한 대부분의 사람들은 이러한 직업적 변화 과정에서 변화에 대한 나름의 대응기제와 가치판단의 준거들을 확립하여 적용하며, 그것은 직종에 따라 혹은 이직, 승진, 전보 등과 같은 변화의 방향과 내용에 따라 다를 수도 있다. 변화 당사자의 직업관에 따라 상이할 수도 있을 것이다. 그러한 의미에서, 교사들이 교직이라는 동일 직종에서 겪는 정기적인 수평적 이동에 대해 교사들만의 고유한 대응기제와 가치판단의 기준을 가지고 있을 것이라는 가정을 해볼 수 있다.

이러한 가정에 따른다면, 초등교사들이 약 5년의 주기로 매년 2월에 맞게 되는 전보(轉補)시기는 그들이 선호하는 학교의 조건과 그 이유를 교사들의 주관적 입장에서 밝힐 수 있는 좋은 기회가 된다. 초등교사들이 학생들의 교육을 위해 헌신하고

* 이 논문은 한국교육학회(2004). 교육학연구 42권 3호에 게재된 것임.

직장인으로서 더 나은 삶을 영위하는 데 있어 어떤 조건을 중요하게 생각하고 있는지, 또한 그 이유가 무엇인지를 파악할 수 있기 때문이다. 그러나 초등교사들이 초등학교만의 독특한 조직구조와 문화 속에서 생활하며 교육활동을 수행하는 직장의 조건으로 어떤 것들을 선호하는지를 연구한 사례를 찾기가 쉽지 않다. 초등교사들의 직업적 선호에 관한 연구가 지극히 빈약한 현상은 초등교사 문화에 대한 선행연구들(황기우, 1991; 김영숙, 1995; 이관규, 1996; 유한구 외, 1997; 장규일, 1998; 이옥자 2000; Sachs & Smith, 1988; Hargreaves, 1986)의 관심의 초점이 초등교사들을 주어진 직무여건을 능동적으로 해석하고 적용하는 문화형성자로 인식하여 일차적으로 초등교사 문화의 내재적인 원리를 밝히는 데 있었기 때문이다.

그러나 초등교사들을 주어진 여건을 능동적으로 해석하여 적용하는 존재에 그치지 않고, 그들이 바라는 여건을 가능한 한 최대로 충족시켜 그 교육력을 극대화해야 하는 초등교육의 핵심 인적 자원으로 인식할 필요도 있다. 무엇보다 초등교사들이 선호하는 직업적 조건은 우리나라 초등교육행정의 문제의 진단과 개선에 많은 함의를 내포하고 있을 것이라는 점에 주목한다. 사실, 우리나라의 교육정책 수립과 집행 그리고 단위학교 경영에 있어 교사들의 관점과 기대, 욕구를 소홀히 한 경향이 많았다. 이는 교사들을 학교교육의 전문적 주관자로 존중하기보다는 교육조직의 하위계층쯤으로 인식해 온 관료적 교육행정문화의 소산으로 보인다. 또한 오늘날과 같은 교육개혁의 시대에 있어, 다양한 개혁정책에 대한 부정적 평가가 많은 이유도 교육현장, 특히 교사들에 대한 이해가 부족한 점에서 그 이유를 찾을 수도 있다는 주장(김병찬, 2003: 2)에 관심을 가질 필요가 있다.

물론, 초등교사들의 기대와 선호하는 조건 그리고 그 이유를 모두 단위학교 경영이나 초등교원정책에 반영하기는 어렵다. 또한 그 내용들이 바람직한 것이 아닐 수도 있을 것이다. 그러나 본 연구에서는 주어진 교육여건을 주체적·능동적으로 해석하여 자신들만의 독특한 해석기제와 행동전략을 구사하고 그 문화적 원리들이 학생들의 교육과 자신들의 직업적 삶에 중요한 의미를 갖는다는 교사문화에 관한 연구결과들(이인효, 1990; 황기우, 1991; 오영재, 2001)에 비추어 보았을 때, 초등교사들이 선호하는 학교의 조건과 그 이유를 밝히는 일은 초등교사 문화의 한 특징을 밝히는 작업이 되며 나아가 초등교원정책 수립과 학교경영에 의미 있는 시사점을 줄 수 있는 중요한 탐구문제가 되지만 그러한 연구를 찾기 어렵다는 문제의식을 갖고 있다.

이러한 문제의식에 따라, 본 연구에서는 초등교사들이 선호하는 학교의 조건과 그 이유를 밝히고자 하며, 구체적인 연구문제는 다음과 같다.

첫째, 초등교사들이 전보 시 선호하는 학교의 조건은 어떤 것들이며, 그 우선순위는 어떠한가?

둘째, 초등교사들은 어떠한 이유에서 그러한 조건을 선호하는가?

셋째, 초등교사들이 선호하는 조건과 그 이유가 단위학교 행정과 초등교원정책에 주는 시사점은 무엇인가?

2 초등교사들의 선호 조건 범주화: 분석의 틀

사전적 의미에서 선호(選好)란 여러 가지 중에서 특별히 가려서 좋아한다(두산동아, 1989: 1160)는 뜻이다. 이러한 사전적 의미와 연계하여 보았을 때, 한 직업인으로서의 초등교사들이 선호하는 학교의 조건은 초등교사들이 근무하는 학교의 조건 중 어떤 조건들을 다른 조건들에 우선하여 상대적으로 더 좋아한다는 의미로 해석할 수 있다. 그러나 여기서 말하는 직장으로서의 학교의 조건이 갖는 의미는 매우 다양하게 해석될 수 있다. 학교를 바라보는 학문적 관점과 연구자의 관심 범위에 따라 변할 수 있기 때문이다. 따라서 학교의 조건에 대한 의미를 한정(限定)할 필요가 있다고 보며, 이 의미의 한정화를 학교조직에 대한 개념 속에서 찾는 것이 가능하다고 본다. 이를 위해 본 연구에서는 조직론적 관점에서 잠정적으로 학교조직을, 교육목적을 달성하기 위하여 주어진 직무환경 속에서 다양한 교육주체들이 직접·간접적인 상호작용을 통해 유지·운영되는 역동적이고 개방적인 사회체제로 정의한다.

이러한 학교조직의 개념으로부터 도출할 수 있는 핵심 요소는 교육목적, 직무환경, 만나는 아이들의 수준과 그 아이들을 가르치는 일, 구성원들 간의 상호작용으로 대분할 수 있다. 이때 교육목적은 일선 초등교사들의 선택범위 밖에 있어 선호의 범주대상이 될 수 없다. 따라서 초등교사들이 선호하는 학교의 조건은 직무환경, 학교장을 비롯한 학교의 핵심 구성원들과의 상호작용과정에서 비롯되는 학교풍토, 교사로서의 중핵활동인 가르치고 배우는 일에 관한 교육적 대상조건 등 크게 세 가지 범주로 나누어 살펴볼 수 있다고 본다.

1) 직무환경

초등학교 교사들은 일상적 교육활동에 있어 과도한 업무 부담에 시달리고 있다. 초등교사들이 학교에서 하는 활동의 종류를 보면, 초등교사들은 특히 행정업무에 많은 부담을 느끼고 있음을 알 수 있다(김영숙, 1995; 박종흡 · 이관규, 1997). 초등교사들의 불평거리들도 사무처리, 잡무 성격의 의무, 성적 처리, 경제적 수입과 사회적 지위, 시설, 기자재 등과 같은 영역에 관련되어 있다(Lortie, 1975: 304). 실제 초등교사의 경우 1주일에 평균 27.3시간의 수업을 하고 있는데 그 중간에 시간을 내어 외부에서 요청하는 자료를 제작해야 하고, 공문 및 학교 행정 지원업무도 해야 한다. 그러다 보니 교사들은 아이들을 자습시켜 놓고 공문을 처리해야 하는 경우가 비일비재하다. 중요 보직을 맡은 교사들의 경우는 수업 결손 정도가 일반 교사에 비해 훨씬 심각하다(박남기, 2004: 41).

또한 한국 초등교사들이 고민하는 주요 요인들 중에는 잡무 등으로 인한 업무 부담이 포함되어 있으며(양병한 · 박환식, 1999: 217), 초등교사들의 교직만족도에 있어서도 '시간적인 여유(방학 등)', '직업의 안정성'과 같은 교직의 부수적 특성이 아이들을 가르치는 본질적 특성보다 더 큰 영향을 미치고 있는 연구결과에 주목할 필요가 있다. 초등교사들은 수업이나 생활지도보다 행정업무를 잘 처리하는 교사가 우대받는다는 인식을 하고 있으며, 승진 문제에 대해서 적지 않은 고민을 하고 있지만, 현재의 승진 기준이 아이들을 잘 가르치는 것과 별로 상관이 없다고 생각하고 있는 것으로 나타나고 있다(류방란 외, 2002: 79-83).

초등교사들은 학교 내의 교사를 위한 복지시설이 너무나 열악한 환경에서 일한다. 신설학교를 제외한 나머지 학교는 가임 교사를 위한 복지시설이 전혀 없으며, 수업을 마친 후 몸이 불편하여 잠시 휴식을 취하고자 할 경우에도 교실에서 지내는 것이 보통이어서 안타까울 때가 많을 정도이다(박영숙, 2003: 73).

이와 같은 초등교사들의 근무여건은 초등교사들이 전보 시에 직무수행상의 여유 정도, 행정업무 이행 상황, 승진 문제, 교사복지 상황 등을 고려할 것이라는 점을 시사하고 있다.

2) 학교풍토

학교사회는 어느 조직보다 인간관계가 중요한 의미를 갖는다. 사람들과의 협동적 상호작용 관계를 통해 사람을 교육하는 독특한 조직이기 때문이다. 그러나 학교조직에서 만나는 사람들은 때로는 사회적 어울림과 협동의 즐거움을 주기도 하지만, 또 어느 때는 갈등과 피곤함을 주기도 한다. Lortie(1975: 304-306)의 연구에 따르면 문제가 있는 학생, 상급행정가, 학부모, 동료 교사 등 네 부류의 사람들이 교사들의 불평을 야기한다. 이들 인간관계가 교사들의 불평을 야기하는 원인이 다르지만, 공통적인 것은 이들이 교사들에게 충분할 정도의 지원을 해 주지 못한다는 점이다.

실제 비교적 최근에 이루어진 초등학교 교사들의 생활과 문화에 관한 연구들을 보면, 학교장과의 관계는 교사들에게 있어 갈등적이고 불편한 관계로 인식되어 왔으며(김영숙, 1995: 68; 이정선, 2002: 118-119), 대부분의 초등학교 문화가 교장의 지시와 낮은 지원 등으로 교사들에게 심리적 압박감과 스트레스를 주고 있는 것으로 밝혀지고 있다. 초등교사들은 학교장이 교사들의 교육행위에 일일이 간섭하지 않고 교사들의 고유 업무 영역을 인정하고 적극 지원해 주기를 바라고 있다(이영숙, 2000: 76). 심지어 적지 않은 교사들이 초등학교 교직을 그만 두고 싶을 경우가 '학교장이나 기타 관리직에 있는 사람들의 비교육적 태도 또는 교육에 대한 몰이해 때문에 학생을 제대로 가르칠 수 없다는 한계를 느낄 때'(유한구 외, 1997: 288)라고 응답하고 있다. 초등교사들은 동료 및 상급자와의 인간관계 문제에 대해서 고민하고 있으며(양병한 · 박환식, 1999: 217), 대부분의 교사가 상급자들의 행정행태를 매우 형식적이며 구태의연한 것으로 인식하고 있다. 즉, 학교의 행정행태 및 조직풍토와 관련하여 학교가 언제나 학생들을 교육시키기 위한 본질적인 활동을 가장 중요시하는 것은 아닌 것으로 보인다는 것이다(류방란 외, 2002: 95).

교사들은 점점 무관심과 비협조적으로 변하고 있고 동료 교사 사이에도 결합되지 못하는 요인으로 작용하고 있다. 때때로 관리자에 의해 종속되는 초등학교의 문화적 풍토는 폐쇄적일 때가 많아 교육의 주체이고 교육을 수행하는 교사들이 상처를 입기도 한다. 승진과 전보를 위한 수단적인 순응문화는 승진과 관계없이 묵묵히 자기 일만을 수행하려는 교사들에게는 버거운 현실이 되고 있으며, 행정업무를 우선 처리해야 하는 분위기가 형성되어 있다(박영숙, 2003: 73).

또한 초등교사들은 교육의 주체로서의 학부모에 대해서 상당히 회의적으로 인식하고 있으며(김영숙, 1995: 69), 교사들은 학부모들이 교사들의 교육활동에 개입을 해서는 안 되며 그들은 교사들의 노력을 지원해야 한다는 생각을 하고 있다(Lortie, 1975: 325-327; 이정선, 2002: 122). 즉, 초등교사들은 대체로 학부모를 한편으로는 그들의 일에 협력하는 동반자로 생각하면서도 다른 한편으로는 감시자 또는 권위에 도전하는 자로 생각하는 경향을 보여 주기도 한다(이옥자, 2000: 80).

이러한 내용들은 초등교사들이 수평적 이동을 할 경우에 교사들이 학교관리자와의 관계, 동료 교사와의 관계, 행정풍토, 학부모와의 관계 등에 신경을 쓸 것이라는 점을 시사한다.

3) 교육대상

초등교사들은 하루 일과의 대부분을 학급에서 아이들을 가르치고 보살피며 보내고 있다. 따라서 교실이라는 자족적인 사회적 공간에서 만나 가르치고 지도해야 할 아이들은 자신들의 직업적 보람과 어려움을 동시에 주는 중요한 교육적 대상조건이다. 실제 초등교사들은 초등학교 교사라는 직업의 특성을 묻는 질문에 대하여 거의 대부분이 '늘 아이들과 함께 생활한다'는 점을 단적으로 제시하고 있으며, 초등교사로서의 보람도 '아이들이 점차 자라서 변화하는 모습을 보는 데 있다'(유한구 외, 1997: 286)고 말하고 있다. 초등교사들이 헌신하고자 하는 곳은 교실이며 학급에서 일어나는 일을 대단히 중요하게 생각한다. 또한 교사들이 중요하게 생각하고 좋아하는 일들은 학교조직의 일보다는 가르치는 핵심적 과업에 관련되고 있다(Lortie, 1975: 290-301).

따라서 초등교사들이 가장 많이 고민하는 문제 1순위는 아동의 생활지도이며, 특히 고학년 아이들이 교사의 지도를 잘 따르지 않는 것에 대해서 고민을 많이 하고 있다는 연구결과는(장규일, 1997: 51; 양병한 · 박환식, 1999: 214) 매우 자연스러운 현상이다. 또한 초등교사들은 학급에서 언제 어떤 일이 벌어질지 모르기 때문에 긴장감을 늦출 수 없으며, 교사들에게 학생들을 다루는 일은 원래 부담스러운 일이지만 최근 들어 학생들을 이해하기 어렵고 그들과 좋은 관계를 맺기가 너무 어려워졌다고 호소하는 교사들이 많아지고 있는 연구결과를(이정선, 2002: 84-87; 류방란 외, 2002: 65-66) 보면, 우리나라 초등교사들에게 있어 아이들과의 관계 맺기와 교실의 질서유지를 위한 학생통제를 위해 만나게 될 아이들이 중요한 선호조건이 될 것으로 판단된다.

3 연구의 방법

1) 연구의 대상

본 연구의 대상은 대전광역시 소재 초등학교에 근무하는 교사들이다. 도시와 농촌지역에 근무하는 교사들이 교원인사에 부여하는 의미가 다르다는 연구결과(고형일 외, 1995)를 고려하여 연구대상 학교를 지역적으로 통제하기 위해 대전광역시로 한정하였다. 또한 초 · 중등학교의 교사문화가 상이하다는 연구결과(박안식, 1995; 정바울, 2000)를 참고로 하여 초등학교 교사들만을 대상으로 하였다.

무엇보다 본 연구가 전보 시에 초등교사들이 선호하는 학교의 조건과 그 이유를 밝히기 위한 연구이기 때문에, 연구대상 교사들을 현 재직 학교 근무기간이 4~5년 되어 전보시기에 가까운 초등교사들로 제한하였다. 연구대상 초등교사들의 배경요인별 현황은 〈표 6-1〉과 같다. 〈표 6-1〉에서 보는 바와 같이, 총 38명의 초등교사 중 남교사는 9명으로 23.7%이었으며, 여교사는 76.3%인 29명이었다. 연령별로 보았을 때, 20대 교사가 21.1%, 30대 42.1%, 40대와 50대 교사가 동일하게 18.4%이었다. 평교사가 81.6%인 31명, 부장교사가 18.4%인 7명이었다. 또한 교육경력 10년 미만인 교사가 34.2%인 13명, 경력 11~20년 교사가 39.5%인 15명, 21~30년 및 30년 이상의 경력교사가 각각 13.1%이었다. 우리나라 전체 초등교사 124,333명 중 약 72%인 89,202명이 여교사이고, 그중 30대 교사가 약 32%인 40,189명이며, 보직교사가 약 23%인 29,144명임(교육인적자원부, 2001a)을 고려한다면, 조사대상 교사들의 성별·연령별·보직별 및 교육경력별 분포가 고르게 되어 있음을 알 수 있다.

〈표 6-1〉 연구대상 초등교사들의 배경요인별 현황

구 분		사례 수	비율(%)
성별	남	9	23.7
	여	29	76.3
	소계	38	100
연령	20대	8	21.1
	30대	16	42.1
	40대	7	18.4
	50대	7	18.4
	소계	38	100

구 분		사례 수	비율(%)
직위	평교사	31	81.6
	부장교사	7	18.4
	소계	38	100
교육 경력	10년 미만	13	34.2
	11~20년	15	39.5
	21~30년	5	13.1
	30년 이상	5	13.1
	소계	38	100

2) 조사의 시기와 방법

본 연구의 조사기간은 2003년 10월 초순부터 2004년 2월 하순까지 약 5개월간이다. 조사연구를 위해 이 기간을 선택한 이유는 통상적으로 매년 1월 말 혹은 2월 초에 초등교사들의 전보 내신이 이루어지기 때문에, 이 시기쯤이면 전보에 해당하는 교사들이 학교 전보조건에 대한 생각을 상대적으로 많이 할 것으로 판단하였기 때문이다.

또한 본 연구는 세 단계를 거쳐 이루어졌다. 첫 번째 단계는 '초등교사들이 전보 시에 고려하는 학교의 주요 조건'을 파악하기 위하여 2003년 10월 초순에 교육학석사과정에 재학 중인 초등교사 2명과 1회의 심층면담을 실시하였다.[5] 심층면담은 대전의 대학원 강의실에서 차를 마시며 본 연구자가 연구를 수행하는 목적을 설명하고 이에 대해 교사들이 의견을 개진하는 자유스러운 토론형식으로 이루어졌다. 본 연구자는 이 면담을 통하여 초등교사들이 전보 시에 고려하는 비교적 일반화될 수 있는 학교의 조건이 있음을 인지하게 되었다.

두 번째 단계는 심층면담을 통해 인지한 '초등교사들이 전보 시에 학교를 선택하는 선호조건'을 좀 더 객관적으로 파악하기 위하여 2003년 12월 21일부터 동년 동월 30일까지 대전광역시 한 초등학교 교사 10명에게 전보 시 고려하는 조건과 기준 5개씩을 우선순위별로 적도록 의뢰하는 비 구조화된 개방형 질문지 조사를 통해 사전검사를 실시하였다. 그 결과, 10명의 초등교사들이 제출한 전보 시에 고려하는 조건들 5개, 총 50개 중에는 우선순위는 다르지만 학교풍토 9명, 학교장 8명, 통근조건 8명, 학교규모 7명, 학교의 물리적 환경 6명, 아동 5명, 학부모 1명 등 공통된 요인이 많은 것으로 나타났다. 아울러 이들 대부분은 심층면접에서 인지된 조건과 매우 유사한 경향을 보여 주는 것으로 확인되었다.

세 번째 단계에서는 심층면접과 사전검사 결과를 알려주지 않은 상태에서, 2004년 1월 중순에 6학급 1개교 교사 6명, 23학급 1개교 교사 10명, 39학급 1개교 교사 10명, 56학급 1개교 교사 12명 등 총 4개 학교 38명의 초등교사를 대상으로 본 조사를 실시하였다. 특히 세 번째 단계에서는 두 번째 단계와는 달리, 전보 시 초등교사들이 선호하는 조건을 우선순위별로 기록하고 그 이유를 기술하도록 의뢰하여 선호조건에 담긴 의미를 파악하고자 하였다.

---

5) 이 연구의 구상과 자료수집에 있어, 대전광역시 공립 초등학교에 재직하면서 고려대학교 행정대학원 교육정책전공 석사학위과정을 이수하고 있는 박주용, 김애중 두 선생님들의 도움이 컸다. 이 지면을 빌려 그 고마운 마음을 오랫동안 간직하고자 한다.

3) 분석 방법

본 연구의 분석 방법은 서술적 설문조사이다. 서술적 설문조사를 심층면담과 함께 사용하는 경우, 심층면담과 설문조사의 장점을 모두 살리는 것이 가능해지기 때문이다. 서술적 설문조사에서는 우선 소수를 대상으로 심층면담을 실시한 후 설문조사를 실시하되, 설문조사의 문항을 가능한 한 열린 질문으로 구성한다. 특히, 서술적 설문조사 결과는 참여관찰이나 심층면담을 통하여 발견한 사항들을 확인하고, 연구결과의 해석을 뒷받침할 수 있는 양화된 자료를 얻는 데 사용하기 때문에(이용숙 · 김영천 편, 1998: 133), 본 연구의 목적을 달성하는 데 적절한 분석 방법이라고 판단하였다.

4 연구의 결과

연구의 결과는 본 연구에서 설정한 세 가지 연구문제, 즉 초등교사들이 전보 시 선호하는 조건과 그 우선순위, 초등교사들이 그러한 조건을 선호하는 이유, 초등교사들이 선호하는 조건과 의미가 단위학교행정 및 초등 교원정책에 주는 시사점의 순서로 기술하고자 한다.

1) 초등교사들이 전보 시 선호하는 학교의 조건과 그 우선순위

초등교사들이 전보 시 선호하는 조건들을 우선순위별로 종합하여 제시하면 〈표 6-2〉와 같다. 〈표 6-2〉에서 보는 바와 같이, 초등교사들이 전보 시 고려하는 조건 1순위로 제시한 내용을 보면, 38명의 교사 중 57%인 22명의 교사들이 통근거리를, 26%인 10명의 교사들이 학교규모를 들고 있다. 그 외 연구시범학교 지정 여부 3명, 학교풍토, 학교환경, 아동과 학부모 조건이 각각 1명씩으로 나타났다. 또한 2순위를 보면, 학교풍토와 학교규모를 고려하는 초등교사들이 각각 33%와 31%인 13명과 12명으로 비슷하게 나타났으며, 통근거리 6명, 연구시범학교 지정 여부 4명, 학교환경

2명, 아동과 학부모 1명 순이었다. 3순위에서는 학교풍토가 36%인 14명으로 가장 많았으며, 연구시범학교 지정 여부 7명, 아동과 학부모 6명, 학교규모 5명, 통근거리 3명, 학교환경 2명, 교사복지 1명이었다. 4순위에서는 학교풍토와 연구시범학교 지정 여부가 각각 26%인 10명씩으로 밝혀졌으며, 다음으로 통근거리와 아동 및 학부모가 각각 15%인 6명씩으로 나타났다. 그 외 학교규모가 4명, 학교환경 및 교사 복지가 각각 1명씩이었다. 마지막으로 5순위에서는 아동과 학부모 9명, 학교풍토 8명으로 비슷하게 나타났으며, 그 뒤를 이어 연구시범학교 지정 여부 5명, 학교환경 4명, 학교규모 및 근무 여건 각각 2명, 통근거리 1명이었으며, 응답하지 않은 교사들도 7명이 있었다.

전체적으로 보아 초등교사들이 전보 시에 선호하는 학교의 조건은 크게 통근거리, 학교규모, 학교풍토, 연구시범학교 지정 여부, 학교환경, 가르칠 아동의 수준이나 학부모, 교사복지시설 문제 등 약 7가지로 나타났다.

초등교사들이 적용하는 조건의 우선순위를 보면 다섯 가지 정도의 흥미로운 사실을 발견할 수 있다. 첫째, 57% 정도의 교사들이 전보 시 우선적으로 고려하는 학교의 조건의 1순위로 통근거리를 택하고 있다는 것이며, 둘째, 58%의 초등교사들이 학교규모를 1~2순위로 설정하고 있다는 점이다. 그러니까 약 83%에 달하는 초등교사들이 전보 시 우선적으로 고려하는 조건으로 통근거리와 학교규모를 택하고 있는 것이다.

세 번째로는, 2순위부터 5순위에 이르기까지 20~30%의 초등교사들이 학교풍토를 중요한 조건으로 생각하고 있으며, 네 번째로 약 10~26%의 초등교사들이 우선순위 1~5순위에 이르기까지 고르게 연구시범학교 지정 여부를 중요한 조건으로 고려하고 있다는 사실이다. 마지막으로는 초등교사들이 가르칠 학생들의 수준이나 학부모들 요인이 3~5순위 정도의 후순위에 있다는 점이다. 그 외 교사복지에 관한 관심이 상대적으로 낮았으며, 아울러 5순위에서 응답하지 교사들이 18%인 점과 그 선호내용이 특정 영역으로 수렴되지 않고 다양한 영역에 걸쳐 나타나는 점으로 미루어 볼 때, 초등교사들이 전보 시에 고려하는 조건 중 네 번째 순위까지의 조건들이 의미 있는 시사점을 주고 있는 것으로 판단된다.

〈표 6-2〉 초등교사들이 선호하는 학교의 조건과 그 우선순위 응답 수(%)

우선순위 \ 내용	통근거리	학교규모	학교풍토	연구시범 학교지정 여부	학교환경	아동과 학부모	교사복지	무응답
1	22(57.0)	10(26.0)	1(2.0)	3(7.0)	1(2.0)	1(2.0)		
2	6(15.0)	12(31.0)	13(33.0)	4(10.0)	2(5.0)	1(2.0)		
3	3(7.0)	5(13.0)	14(36.0)	7(18.0)	2(5.0)	6(15.0)	1(2.0)	
4	6(15.0)	4(10.0)	10(26.0)	10(26.0)	1(2.0)	6(15.0)	1(2.0)	
5	1(2.0)	2(5.0)	8(21.0)	5(13.0)	4(10.0)	9(23.0)	2(5.0)	7(18.0)

이러한 조사결과를 초등교사들의 선호 조건 범주화와 연계하여 보면, 초등교사들은 전보 시에 통근거리, 학교규모, 연구시범학교 지정 여부 등과 같은 직무환경을 우선적으로 고려하며, 그 다음으로 학교장, 학교의 분위기와 같은 학교의 사회적 풍토를 중요한 조건으로 생각하고 있음을 알 수 있다. 또한 가르치는 일을 본질적 업무로 하는 초등교사들의 직업적 성격을 생각할 때, 초등교사들이 만나는 아이들의 수준과 가르치는 일이 후순위에 있는 점이 시사적이다.

2) 초등교사들이 특정 조건들을 선호하는 이유

교사들이 영위하는 직업적 삶은 다양한 개인적·직업적·사회적 요인들의 영향을 받으며 형성·유지된다. 그러나 그 다양한 요인들이 모두 교사들의 직업적 삶에 동일한 영향력을 갖는 것은 아니다. 교사들이 직면하는 문제의 유형과 성격에 따라 각 요인들의 영향력이 다를 수 있기 때문이다. 또한 초등교사들이 전보 시 특정 조건을 선호하는 데는 분명 어떤 이유가 있고, 그 이유들은 학문적 관심과 초등교원정책상의 관심의 대상이 되기에 충분하다. 교사들의 직업적 행로의 변화 과정에서, 여러 선택 가능한 조건들 중 특정의 조건들을 우선하여 고려한다는 것은 직업적 삶의 조건에 대한 교사들의 욕구위계 성향을 드러내 보이는 한 과정으로 볼 수 있기 때문이다. 그렇다면 초등교사들은 어떠한 이유에서 위와 같은 특정 조건들을 선호하는

가? 조사연구결과에서 나타난 선호의 우선순위와 본 연구에서 설정한 초등교사 선호 범주화 틀에 따라 설명하면 다음과 같다.

(1) 직무환경

사람들은 누구나 더 좋은 직무환경 속에서 일하고자 하는 바람을 가지고 있다. 또한 그러한 환경을 마련하고 유지・확대해 주는 일이 행정가의 중요한 책무 중의 하나이기도 하다. 더 좋은 직무환경은 조직의 생산성과 효율성을 제고하고 나아가 조직 구성원들의 행복한 직장생활을 위해 필수적인 조건이 되기 때문이다. 통상 직무환경 속에는 직무의 내용, 하루 작업량, 주당 표준작업량, 물리적 환경, 경제적 대우 수준, 복지 시설, 인사관리정책 등과 같은 다양한 내용이 포함될 수 있다. 이와 같은 맥락에서, 초등교사들이 여러 직무환경 중 특정 직무 수행 조건을 선호하고 있는 이유를 살펴본 결과는 다음과 같다.

① 통근거리

초등교사들이 전보 시에 통근거리를 가장 우선하는 이유는 간단명료하다. 집에서 가까워야 출퇴근하기가 편하기 때문이다. 집에서 학교가 10분 이내 거리이기를 바란다고 구체적인 기준을 제시하고 있기도 하다. 다만 그 표현에서 '출퇴근 시간에 막히지 않고 주변이 너무 복잡하지 않았으면 좋겠다', '자가용이 없기 때문에, 집에서 가까웠으면 좋겠다', '걸어 다닐 수 있는 곳', '거리가 멀면 출퇴근 시간에 걸리는 시간이 길어져 시간낭비가 많다', '그렇지 않아도 바쁜데 출퇴근 시간이 오래 걸리면 힘이 듦', '출근시간이 길고 교통체증으로 막히면 하루를 피곤하게 만들어'와 같이 직장인으로 시간을 절약하고 덜 피곤하게 지내고자 하는 소회를 들고 있기도 하고, 또 다른 경우에는 '가정과 학교 일을 병행해야 하기 때문에 시간 절약을 위해', '가정주부라서 자녀를 등교시키고 집안일을 마무리하고 나올 수 있어 여유 있는 직장생활이 가능하다'고 하여 직장과 가정의 조화로운 양립 가능성을 높이기 위한 고려라고 할 수 있다.

② 학교규모

학교규모는 학교조직 구조의 형태와 기능 양상, 학교장의 리더십 유형, 조직의사결정 형태, 조직 내 의사소통, 학교풍토 등에 영향을 미치는 중요한 조직 외재적 요인 중의 하나이다. 또한 학교의 규모 정도에 따라 각각의 장점과 단점, 그에 따른 순기능과 역기능이 있기 마련이다. 여기서 중요한 측면은 우리나라 교사들의 직업적 삶의 행로 선택에 있어 교사들이 학교규모를 중요하게 생각하는 이유이다. 흥미로운 사실은 응답에 응한 38명의 초등교사들이 모두 대규모 학교를 선호하고 있다는 점이다. 최소한 30학급 이상이어야 한다거나, 36학급 이상이어야 한다고 적시한 교사들도 많았다. 초등교사들이 대규모 학교를 선호하는 이유는 크게 행정적 이유와 기타 이유로 나눌 수 있었다.

초등교사들은 행정적 업무를 경감하고자 하는 바람에서 대규모 학교를 선호하고 있었다. 즉, 초등교사들은 '소규모 학교의 장점도 있지만 잡무에 시달리다 보면 본질적 업무에 소홀할 수 있으며 그렇게 되면 학생들에게 미안하기 때문이다', '소규모 학교는 사무 정리할 것이 많음', '선생님들의 사무경감 차원에서', '큰 학교가 업무부담이 적어서 편하다' 등과 같은 행정적 업무에 관련된 이유에서 대규모 학교를 선호하고 있었다. 학교의 규모가 크면 교사 1인당 주어지는 행정업무량이 적어져 과다한 업무 부담을 줄일 수 있다고 생각하기 때문이었다. 대규모 학교를 선호한다고 응답한 33명의 초등교사 중 28명의 교사들이 이러한 행정적 이유에서 대규모 학교를 선호한다고 응답하고 있었다. 초등교사들이 행정업무로 인한 부담과 스트레스를 많이 받고 있음을 보여 주는 대목이다.

또한 일부 초등교사들은 대규모 학교가 주로 자기개발, 아이들 교육에 대한 배려, 승진 면에서 유리하기 때문에 선호한다고 말하고 있었다. 즉, '학교가 커야 한다. 큰 학교는 업무 부담이 적고 자기개발 시간을 가질 수 있다' 혹은 '새로운 것, 많은 정보를 얻을 수 있기 때문', '4학급의 소규모 학교에 근무하면서 업무에 짓눌려 제대로 교재연구를 하지 못해 그때 아이들에게 항상 미안한 마음이고 건강도 해친 경험이 있어 특히 대규모 학교를 선호한다' 혹은 '큰 학교가 업무 부담이 적어서 좋다. 부장을 맡을 가능성이 있기 때문에 36학급 이상 되는 학교라야 한다. 36학급 미만은 일반부장이 학년부장 일까지 해야 하니까 고달프다. 거기에 고학년을 맡으면 중노동이다' 등의 내용이 그러한 이유에 해당된다. 그러나 이러한 이유를 제시한 교사는 불과 5명에 지나지 않았다.

③ 연구시범학교 지정 여부

연구시범학교는 교육인적자원부, 시·도 교육청, 시·군 교육청 수준의 장학 차원에서 약 2년의 기간으로 지정되어 운영된다. 단위학교의 신청에 의해 지정 여부가 결정되며, 연구시범학교 운영의 주요 목적은 특정 장학지도 목표를 일반화하기 전에 시범적으로 적용하여 그 효과와 문제점을 발견하는 데 있다. 일종의 사전 정책연구 활동이다. 연구시범학교로 지정되면, 지정된 학교의 교사들 전원의 인사고과에 일종의 연구부가(硏究附加) 점수가 주어지고 있다. 이러한 연구시범학교 지정 여부가 초등교사들의 전보 시에 고려되는 중요한 조건이 되고 있는 이유는 무엇인가? 선호하는 이유와 기피하는 이유가 다르다.

우선 선호하는 이유를 보면, 연구시범학교를 고려한다고 응답한 29명의 초등교사 중 6명의 교사들이 연구시범학교를 선호하는 것으로 나타났다. 초등교사들이 연구시범학교를 선호하는 이유는 연구시범학교로 지정된 학교에 가면 승진에 도움이 된다는 것이었다. 즉, 승진에 대한 기대를 갖고 있는 교사나 승진이 임박한 승진 지향적인 교사들은 '연구시범학교나 벽지점수 또는 농어촌학교 점수를 받을 수 있는 곳으로 이동하고 싶다', '승진점수에 보탬이 되는 곳', '벽지, 농어촌학교, 연구시범학교 등 교사들에게 승진 가산점을 주는 곳', '학교 급지가 점수가 많아 전보에 도움이 되는 학교'이기 때문에 연구시범학교로 지정된 학교를 가겠다는 의미이다.

또한 23명의 초등교사들이 연구시범학교를 기피한다고 응답하고 있었다. 이들 초등교사들이 연구시범학교를 기피하는 이유는 연구시범학교로 지정된 학교로 가면 가르치는 일과 무관한 일에 매달려 아이들 교육에 소홀하게 되기 때문이라는 것이다. 즉, '가르치는 일에만 전념할 수 있도록 연구시범학교는 피한다', '점수가 필요하지 않거나 승진을 목적으로 하지 않는 경우에는 본인에게 직접적으로 관련이 없는 일로 시간을 뺏기고 싶지 않다. 또 그것이 우리 학생들에게 직접적으로 도움이 되는 경우가 많지 않은 것도 사실이다', '연구시범학교 아닌 곳에 가자. 승진 안 할 건데 왜 가서 고생이야? 학급만 신경 쓸 데 찾아가자', '승진에 필요한 점수를 원치 않고, 그런 학교는 보여 주는 교육을 하게 되기 때문에 골치가 아프다', '연구시범학교라는 미명 아래 교육적 손실이 너무 크다. 자질구레한 일을 하기 싫다'라는 이유로 연구시범학교로 지정된 학교를 회피하겠다는 의미이다.

④ 학부모

자녀교육에 대한 학부모들의 기대도 나날이 다양해지고, 학부모의 참여가 점차 활발해지고 있는 상황에서 학부모들과의 관계 설정도 중요한 일이 되고 있다.

초등교사들은 생활수준이 고르고 교사들의 교육활동에 불평을 하거나 참견하지 않는 학부모들을 선호하고 있었다. 예컨대, 초등교사들의 '학부모들이 사는 수준이 비교적 고른 곳이 생활지도나 교과지도에 편하다', '불평을 안 하는 학부모가 좋다. 전화를 자주 하고 참견하면 신경질이 난다', '학부모의 교육수준 고려-아파트 지역을 선호함. 학부모의 교육수준은 아동의 학습능력과 비례하여 학습지도에 대한 어려움이 적으므로', '학부모들의 긍정적인 태도-교사에 대한 부정적 반응으로 교육에 대한 간섭을 받을 때가 있음', '문제아 적은 곳, 학부모들이 사는 수준이 비교적 고른 것이 생활지도나 교과지도에 편하다'는 설명이 그러한 경향을 잘 말해 준다.

⑤ 학교환경

학교환경은 학교의 교육활동에 영향을 미치는 요인이다. 학교의 경우, 환경을 심리적 환경과 물리적 환경, 학교 내부 환경과 외부 환경, 교육적 환경과 행정적 환경 등 관심 범위에 따라 여러 유형으로 분류할 수 있지만, 본 연구에 참여한 초등교사들이 적시한 학교환경은 크게 교육환경과 자연환경으로 나누어진다.

교육환경은 '환경이 깨끗하고 냉난방이 잘된 학교. 청소하기에 좋다', '지은 지 오래 되지 않아 학교건물이 깨끗하면 좋겠다. 하지만 신설학교는 일이 많을 것 같아서 싫다', '학교의 시설이 좋은 학교' 등으로 주로 깨끗하고 시설이 잘된 학교를 의미하고 있다.

또한 자연환경은 '주변에 산이나 강이 있고 기왕이면 공기가 맑은 곳이었으면 좋겠다', '주변에 산과 강이 있고 건물들이 나지막하다. 출퇴근길이 넓고 차량이 적은 곳이 좋다', '도심이 아닌 곳: 둔산이나 노은 지역보다는 전원에 위치한 학교. 내 건강과 정서에 그런 곳이 더 적합하다고 생각한다', '주변에 산이 있고 운동장이 넓어서 아이들과 체육활동을 신나게 할 수 있는 곳이 좋다. 아이들이 좁은 운동장에서 바글거리는 걸 보면 내가 답답하다' 등으로 초등교사들은 주변에 산과 강이 있어 건강과 정서에 좋은 학교를 선호하고 있는 것으로 나타났다.

⑥ 교사복지시설

초등교사들은 전보 시에 자신들의 복지시설 문제를 주요 조건으로 거의 고려하지 않고 있었다. 38명의 초등교사 중에 5가지 우선순위에 교사복지에 관련하여 적시한 조건은 2명의 여교사가 '육아문제로 인해 자녀를 맡길 수 있는 어린이집이나 놀이방이 있는 학교'인지를 고려한다고 하고, 2명의 남교사가 '건강을 위해 복지시설이 잘 갖추어져 있는 학교'를 찾는다고 하였을 뿐이다.

(2) 학교풍토

학교풍토는 학교구성원들 간의 장기간에 걸친 상호작용 결과로 형성되는 단위학교의 독특한 조직적 분위기를 말한다. 학교풍토는 학교장의 지도성 행동과 학교조직의 핵심활동을 수행하는 교사집단 간의 역동적인 상호작용으로 형성되며, 단위학교에 따라 학교풍토가 다를 수 있다. 또한 학교풍토는 교사들의 직무수행에 영향을 미치는 무형의 조직적 요소이기 때문에, 이 학교풍토가 전보 시 교사들의 중요한 고려요인으로 부각되는 것은 자연스러운 일이다.

실제, 초등교사들이 전보 학교의 조건을 생각할 때 우선순위에 관계없이 학교풍토를 고르게 중요한 조건으로 제시하고 있었다. 또한 초등교사들이 사용하고 있는 학교풍토의 개념을 좀 더 유심히 살펴보면, 그 속에는 학교장에 관한 내용과 학교분위기에 관한 내용으로 구분되어 있다. 초등교사들은 이 두 가지 내용을 구분하여 설명한 경우도 있었고, 구분하지 않고 같은 범주에서 설명하고 있는 경우도 있었다. 이들 두 가지가 이론적으로나 실제적으로 상호 밀접한 관계가 있기 때문에 나타난 현상이라고 판단된다.

① 학교장

학교장에 관해 초등교사들이 적용하는 선호기준은 대체로 학교장의 행정 스타일과 인품이었다. 학교장의 행정 스타일은 '독선적이고 전시 행정적인 관리자는 직원의 사기를 죽이고 직장생활 최대의 스트레스다', '학교관리자가 권위적이지 않아야 한다', '교사의 입장에서 배려해 주고 전시효과를 노려 불필요한 학교행사를 추진하지 않는 학교장을 선호한다', '허용적이고 합리적으로 일을 처리하는 학교장과 교감을 선호한다. 일의 많고 적음보다는 학교의 업무를 수행하는 데 있어 관리자의 역할과 성향이 중요하기 때문이다. 전시효과를 위해 여러 가지 행사를 추진하는 학교도 피하고 싶다', '교장이 교사들을 들볶지 않고 교사들이 서로 친밀한 학교. 교장이 원칙 없이 이랬다저랬다 하면 교사들이 피곤하다. 전에 재직하던 학교의 교장이 그래서 내가 이 학교로 도망 왔다'와 같은 설명에 잘 나타나고 있다. 이러한 내용을 보아 초등교사들은 민주적이고 배려가 많으며, 교사들을 간섭하지 않고 전시적 행정을 하지 않는 학교장을 선호하고 있음을 알 수 있다.

또한 초등교사들은 온화하고 화합적이며 존경받을 수 있는 학교장의 인품을 중요한 전보조건으로 적용하고 있었다. 그러한 내용이 '학교장과 교감의 인간성이 온화하고 화합적인 학교로 학교의 업무분위기가 자유롭고 체계적인 학교', '초등학교는 교장들의 천국이다. 학교책임자에 의해 근무여건이 좌지우지되는 경향이 강하다. 따라서 교장의 인격을 생각한다', '교육관이 투철한 학교장: 교직의 선배로서 학교경영자로서 후배나 여러 교직원들에게 존경받을 수 있는 학교장이 있는 것으로 전보한다' 등과 같은 설명 속에 잘 드러나 있다.

② 학교분위기

학교분위기 측면에 있어 '교사들의 의견이 잘 수용되는 곳이 좋다. 학급담임 배정이나 업무분장, 연수, 학교행사 계획 등에 교사들의 의견을 합리적으로 받아들여 주면 좋겠다', '보여 주기 위한 행사 위주로 학교경영을 하는 곳은 정말 싫다. 아이들과 차분하게 공부할 수 있는 학교가 좋다', '교사들이 파당(교장파, 교감파) 없이 화기애애했으면 좋겠다. 일부 학교에서는 정년퇴임을 앞둔 교장을 무시하고 교감파가 득세하여 결재 라인이 엉망인 경우도 있다고 한다'고 하는 설명에 나타나고 있는 바와 같이 초등교사들은 교사들의 의견을 존중해 주고 화기애애한 인간관계를 형성하고 있는 학교를 선호하고 있었다.

아울러 '교사들이 승진경쟁 때문에 분위기가 각박한 곳은 곤란하다. 승진에 관계없이 자기 맡은 일을 열심히 하고 자율연수도 활발했으면 좋겠다', '교사들이 화기애애한 곳. 승진하려는 교사가 적어야 분위기가 좋다. 교장, 교감이 돈을 안 밝히는 곳이 좋다', '수업, 학급경영, 교육학 지식 등 전문성을 높일 수 있는 기회가 많은 곳이 좋다. 연구학교라도 괜찮다'라는 설명에서 보듯이, 초등교사들은 활발한 자율연수가 이루어지고 교직전문성을 높일 수 있는 학교분위기를 중요하게 생각하고 있었다.

이러한 내용으로 보아, 초등교사들은 학교구성원들 간의 화목한 관계에서 비롯되는 온화하고 자유스러우며 공부할 수 있는 학교 분위기를 중요시하고 있는 것으로 판단된다.

(3) 교육대상

교사들은 다양한 지적 수준, 정서적 특성 및 사회·경제적 배경을 가진 아이들을 만나 가르치고 배우며 생활한다. 아이들과의 만남과 교육적 관계의 형성, 그것은 교사의 직업적 삶의 전부일 수도 있다. 따라서 만나는 아이들에 따라 교사들의 직업적 삶의 질과 교육활동 그리고 해결해야 할 문제 상황이 달라지기도 한다.

초등교사들은 아이들의 학업능력과 생활수준이 고르고 문제아가 적은 학교를 선호하고 있었다. 예컨대, 초등교사들은 '아이들의 수준이 비슷한 학교', '학부모의 관심도와 때가 묻지 않은 순진한 아동들이 많은 학교', '학부모의 교육수준이 고르고 아동의 생활수준이 고른 지역의 학교'를 선호하고 있다. 또한 '빈부격차가 심한 곳의 학교에서는 학생들의 수준 차가 너무 심하다'는 인식을 가지고 있어 아파트 단지에 위치하고 있는 학교를 선호한다고 하고 있다. '중대형 아파트 단지 아이들은 학원에서 미리 배워 오기 때문에 가르치기 편하고, 성격도 단독주택이나 상가주택이 많은 지역 아이들에 비해 유순하며, 학부모들이 말이 많기는 하지만 별로 문제가 되지 않기 때문'이다. 그 외, 교사들은 지나치게 문제(학생들의 폭력, 가출, 절도 등)가 많은 학교는 기피하며, 심지어 '내 친구들 중 6학년 담임을 맡은 몇 명은 사흘이 멀다 하고 파출소에 가기 때문에' 학교를 다니는 어린아이들의 학업능력이 너무 저하되어 있거나 문제를 일으키는 학교부적응아들이 얼마만큼 있는지 살펴서 결정한다고 설명하고 있었다.

3) 단위학교 행정 및 초등교원정책에 주는 시사점

앞에서 살펴본 초등교사들의 전보 시 선호하는 조건과 그 우선순위를 기초로 하여, 그것들이 단위학교 행정과 초등교원정책에 주는 시사점을 제시하면 다음과 같다.

(1) 단위학교 행정에 주는 시사점

모든 초등교사들이 행정업무 부담을 줄이기 위해서 대규모 학교를 선호하는 경향을 보이고 있다. 이는 초등교사들이 행정업무 부담을 어떻게든 최소화하고 싶어하는 경향을 드러내고 있는 것이다. 그러나 문제는 단위학교 차원에서 교사들의 행정적 업무를 경감할 수 있는 효과적인 대안이 별로 없다는 점에 있다. 초등교사를 더 증원해야 한다는 주장이 있지만 이는 교육재정 확보가 어려워서 장기적으로 접근해야 할 내용이다. 또한 단기적 처방으로 행정보조요원을 채용하여야 한다는 주장이 많이 제기되어 왔지만, 사실 행정보조요원이 학교에서 소위 '행정업무'를 독자적으로 할 수 있는 내용이 별로 없어 그 실효성이 떨어진다. 교사들의 수업활동과 연계되어 있는 행정업무가 대부분이기 때문이다.

본 연구에서는 학교의 직무 배분과정에서 일정한 주기로 순환하는 가칭 「행정업무 담당 순환 팀제도」를 제안해 보고 싶다. 즉, 한 학기 혹은 1년 단위로 순환하면서 한두 명의 부장교사를 포함한 일군의 소수 초등교사들에게 행정업무를 집중하여 맡기고 나머지 교사들은 행정업무로부터 최대한 자유롭게 수업에 전념할 수 있도록 하자는 것이다. 일종의 유연한 조직 직무구조 조정을 통한 문제해결 방안이다. 이 경우 직무배분의 공평성을 담보하기 위해 한 초등교사가 한 학교 재직기간 동안 한 번만 「행정업무 담당 순환 팀원」이 되도록 할 필요가 있다. 복수교감이 있는 학교에서는 한 교감이 이 팀을 지휘하며 통괄하는 것도 가능할 것이다.

또한 학교풍토에서 나타난 초등교사들의 선호 내용을 볼 때, 학교장은 교사들의 의견을 존중하여 민주적인 의사결정을 위한 노력을 강화하는 것이 바람직할 것으로 보인다. 무엇보다 초등교사들이 아이들의 교육에 전념할 수 있도록 수업과 학급경영 향상을 위한 자율연수 및 교육학 지식 등 전문성을 제고할 수 있는 기회를 확대할 필요가 있다. 특히, 학교장은 학교구성원 간의 화목한 인간관계 조성을 지향하는 배려 지향적인 지도성을 발휘하는 것이 효과적일 것으로 판단된다.

아울러 학교환경 면에서 모든 초등학교를 강과 산이 있는 환경에 설치하여 운영할 수는 없는 일이지만 최소한 주어진 학교환경을 더욱 청결하게 유지하는 노력은 가능하다. 또한 학교 내 문제아동의 실태와 유형 및 그 원인을 과학적으로 파악하고, 그 개선을 위해 단위학교 차원의 관심과 대처방안을 강구하기 위해 교사들과 힘을 모아야 한다고 본다. 문제 학생 상황은 전보교사들의 관심 수준에 그치는 것이 아니라, 교육적 관점에서 결코 소홀히 할 수 없는 문제이기 때문이다.

그 외, 학부모와의 관계에 있어서의 학교장의 역할이 중요하다. 초등교사들은 교사들의 교육활동에 간섭하거나 불평하지 않는 학부모를 선호하고 있다. 물론, 오늘날과 같이 모든 교사들이 외부의 평가에 노출되어 있는 여건 속에서 학부모들이 자녀교육을 위해 다양한 의견을 제시하고 나아가 학교운영에 참여하는 것은 하나의 거스를 수 없는 대세이며 또한 바람직하기도 하다. 때로는 교사들에게 문제가 있어 학부모들이 불평하거나 간섭할 수도 있다. 중요한 것은 교사의 전문성을 경시하거나 일방적으로 간섭하는 경우에서의 학교장의 역할이다. 이 경우, 학교장은 학부모를 비롯한 외부의 불필요한 요구와 간섭에 대해 방패막이를 해 줄 수 있어야 한다고 본다. 이는 학생 중심의 교육관, 교사의 전문성에 대한 신뢰, 교육적 성취를 교사들에게 돌리는 겸양, 청렴하며 겸손하게 자신을 낮추는 온화한 인품이 있을 때 가능한 일이다.

(2) 초등교원정책에 주는 시사점

초등교사들이 전보 시에 고려하는 1순위는 집에서 가까운 학교이다. 가능하면 걸어서 10분 이내의 학교를 선호하고 있다. 단위교육구청 관내에 소재하는 학교들이 급지별로 소속되어 있다면, 가능한 범위 내에서 교사들의 거주지에 가까운 학교로 전보하는 것이 바람직할 것이다.

또한 학교규모 측면에서, 초등교사들은 대부분이 행정업무 경감 차원에서 대규모 학교를 선호하고 있다. 그러나 대규모 학교가 갖는 역기능도 적지 않을 뿐 아니라, 작은 학교가 갖은 순기능도 많이 있다는 점을 인식해야 한다. 오히려 대규모 학교를 선호하는 교사들의 이유에 기초해 보면, 교사들의 불필요한 행정적 업무를 최소화하는 노력이 얼마나 시급한 일인지를 인식하게 해 준다. 따라서 국가차원에서 적정규모 학교를 위한 노력과 함께, 초등교사들의 행정업무 부담을 경감할 수 있는 다양한 제도적·정책적 조처들을 지속적으로 모색하고 실천하는 일이 중요하다. 행정업무 시간을 1주일에 한 시간 정도 표준수업시수에 포함하는 것도 가능한 현실적인 한 가지 방안이라고 생각된다.

한편 초등학교 교사들은 학교장의 행정 스타일과 인품을 중요하게 생각하고 있었다. 행정 스타일에 있어, 권위적이고 전시 행정적인 학교장을 아주 기피하는 경향을 보이고 있다. 또한 민주적이고 배려가 많으며 교사들을 간섭하지 않는 학교장을 선호하고 있다. 인품 면에서는 인간성이 온화하고 화목한 학교를 만들기 위해 노력하며, 교육관이 투철한 학교장을 선호하고 있다. 그러나 초등교사들이 선호하는 학교장의 행정 스타일과 효과적인 학교행정가의 행정 스타일은 일치하지 않을 수도 있다는 점에 유의할 필요는 있다. 따라서 초등교사들이 교육자로서의 높은 성숙도를 유지한다는 전제하에, 본 연구에서 밝혀진 바람직한 학교장 상에 대한 초등교사들의 바람을 학교행정가 양성과 연수 프로그램에 좀 더 반영할 것이 요망된다.

연구시범학교 지정 여부 조건을 고려하는 이유에서 나타난 바와 같이, 초등교육에 있어 연구시범학교는 소기의 성과를 거두지 못하고 있는 것으로 보인다. 그러나 새로운 정책이 입안되어 시행되기 전에 그 효과성을 검증하는 노력은 필수적이다. 그러한 의미에서, 연구시범학교 운영 제도를 개선할 필요가 있는 것으로 판단된다. 본 연구에서 일부 드러난 것처럼, 연구시범학교가 이 제도의 본령을 벗어나 승진 지향적인 교사들의 승진 점수를 얻거나, 보여 주기 위한 교육을 하여 교사들을 피곤

하게 하는 학교로 변질되는 것은 개선되어야 한다. 연구시범학교 운영에 대한 보상을 교사들의 승진보다는 단위학교 교육재정 지원 측면에서 찾아보는 것도 한 가지 방안이다. 학교환경 개선을 위한 교육재정뿐 아니라 교사들의 전문성 향상을 지원하는 일종의 「연구시범학교 교사전문성 향상 특별 지원금 제도」를 마련할 수도 있다고 본다. 무엇보다 소수의 연구시범학교를 지정하여 중·장기적으로 특정 교육정책의 효과와 문제점을 검증하여 일반화하는 장기적 안목과 접근이 요구된다.

마지막으로 영·유아를 둔 여교사들에 대한 복지 차원의 관심과 배려가 요구된다. 여교사들이 많은 초등학교에서 영·유아를 둔 여교사들이 자녀양육을 걱정하지 않고 아이들의 교육에 전념할 수 있는 여건을 조성하는 일은 아주 필요한 과제이기 때문이다. 특히, 1970년대 초등학교 교사의 20~30%에 머무르던 여교사의 비율이 1980년대 30~40%, 1990년대 50%에서 2000년 현재 67.6%까지 증가하고 있다는 사실과(교육인적자원부, 2001b) 최근의 초등교원임용시험에서 여성 합격률이 급격하게 높아지고 있는 경향은 향후 우리나라 초등교육은 여교사들이 거의 전담하게 될 것임을 예고하는 것이며, 이는 초등학교 여교사들의 전반적 복지증진 문제를 매우 중요한 정책과제로 부상하게 하는 영향 요인이 되게 할 것으로 예견되기 때문이다.

5 요약 및 결론

본 연구의 목적은 초등교사들이 전보 시에 선호하는 학교의 조건과 그 이유를 밝히는 데 있었다. 이러한 연구목적을 달성하기 위하여 대전광역시에 소재한 4개 초등학교 교사 38명을 대상으로 2003년 10월부터 2004년 2월까지 약 5개월에 걸쳐 단계적으로 심층면담과 설문조사를 단계적으로 실시하였다.

연구결과, 초등교사들이 전보 시에 선호하는 학교의 주요 조건은 통근거리, 학교규모, 학교풍토, 연구시범학교 지정 여부, 학교환경, 가르칠 아동과 학부모, 교사복지문제 등의 순서로 나타났다. 또한 초등교사들이 선호하는 학교의 조건을 선택한 이유와 그 의미를 보면 흥미로운 내용들이 눈에 띈다. 우선 교사들은 통근거리가 가까워 출퇴근하기 편한 학교를 1순위로 선호하고 있었으며, 주로 행정 업무의 부담을 줄이기 위한 의도에서 모든 초등교사들이 대규모 학교를 2순위로 선호하고 있었다. 즉, 직무수행상의 조건을 가장 우선시하고 있는 것이다.

또한 1순위에서 5순위에 이르기까지 고르게 학교장의 행정 스타일과 인품 그리고 학교 분위기와 같은 학교풍토를 중시하고 있었으며, 연구시범학교 지정 여부를 중요한 조건으로 선택한 이유가 승진을 지향하는 교사와 아이들의 교육에 전념하고자 하는 교사들 간에 확연히 달랐다. 그러나 정작 교육적 대상 조건인 가르칠 아동의 학업수준은 후순위에 놓여 있었으며, 초등교사들은 아동들의 문제행동이 많은 학교를 기피하고 있었다. 나아가 본 연구에서는 이러한 연구결과에 기초하여, 단위학교 행정과 초등교원정책에 시사하는 바를 몇 가지 탐색하고 있다.

그러나 이러한 본 연구의 결과는 대전광역시로 지역을 통제하고 전보 시기가 임박한 소수의 초등교사들을 대상으로 하였기 때문에, 상이한 지역적 조건과 인구학적 배경을 가진 교육 상황에 일반화하는 데는 무리가 있다고 본다. 본 연구의 한계이며, 이를 보완할 수 있는 좀 더 다양하고 깊이 있는 후속연구가 필요하다고 판단된다.

단위학교 행정과 초등교원정책은 일차적으로 교사들의 교육적 · 직업적 욕구와 기대를 존중하여 이루어지는 것이 바람직하다. 교사들의 직업적 삶의 만족 수준을 높이기 위해서 그러하고, 궁극적으로는 교사들의 모든 학교교육활동이 아이들을 향해 집중하도록 하기 위해서도 그러하다. 또한 교사들이 만족하지 못한 가운데 정성과 헌신으로 무장된 효과적인 교육활동이 어렵고, 그 피해는 고스란히 아이들의 몫이 되기 때문이다. 물론, 어렵고 불만족스러운 여건 가운데서도 아이들의 교육을 위해 기꺼이 가르치고 배우는 일에 자신의 인생을 거는 교사들이 많이 있다. 그러나 더 많은 교사들이 교직에 더욱 헌신할 수 있도록 교육 여건을 개선하고, 전문적 지원활동을 체계적이고 지속적으로 수행하는 것이 교육행정의 역할이라는 사실을 새삼 상기할 필요가 있다.

특히 본 연구결과에서 나타난 바와 같이, 가까운 통근거리, 행정업무 경감 요구, 보여 주기 교육을 하는 연구시범학교 기피, 청결한 학교교육환경 선호, 부족한 교사 복지 개선 등과 같은 교육 외적 조건을 개선하는 일과 아이들 교육에 헌신하고자 하는 바람, 전문직으로서의 자기개발과 성장 풍토 조성, 교육자로서의 존경과 신뢰의 획득 등과 같은 교육 내적 조건을 충실하게 하는 일이 사려 깊게 구분되어 단위학교 행정과 초등교원정책에 반영되는 것이 중요하다는 판단을 하게 한다.

제 7 장 중등 중견교사들의 교직발달유형 변화 양상에 관한 사례 연구

1 문제의 제기

1) 연구의 목적과 내용

교사들의 직업적 발달 과정에는 다양한 변화가 발생한다. 그 변화는 전문직업적 성장과 개인적 성취 그리고 조직발전에의 헌신 등과 같은 긍정적인 방향으로 이루어질 수도 있고, 교육행위에 있어서의 형식주의나 조직업무 수행의 방관자와 같은 부정적인 방향으로 전개될 수도 있다. 소명의식을 가지고 교직이 갖는 규범적 이상을 열성적으로 추구하다 끝내 소진되는 경우도 있다.

교사들의 다양한 교직발달유형의 변화 과정이 갖는 중요한 함의 중의 하나는, 교사들의 교직에서의 삶의 목표와 내용이 변화하는 방향에 따라 교사들의 직업 만족도가 달라지고 궁극적으로는 아이들의 교육에 대한 열의, 헌신의 방향과 그 정도가 변화한다는 점이다. 교직에 만족하면서 직업적으로 성장하는 헌신적인 교사의 지도를 받는 학생과 불만족하고 정체된 교사의 지도를 받는 학생의 교육적 성취가 같을 수 없다는 점은 자명하기 때문이다. 이것이 바로 교사들의 직업적 생애발달에 대한 다양한 연구들이 지속적으로 이루어져 온 중요한 이유 중의 하나이며, 단위학교 행

---

* 이 논문은 한국교육학회(2006). 교육학연구 44권 1호에 게재된 것임.

정이나 교육정책적 측면에서 관심을 갖는 이유이기도 하다.

교사들의 교직발달에 관한 선행연구들은 크게 두 가지 흐름으로 전개되어 온 것으로 보인다. 하나는 교사발달 과정을 하나의 연속적이며 순환적인 역동적 과정으로 보고, 그 과정에서 나타나는 여러 단계와 각 단계별 특징 및 단계 간의 이행양상을 설명하는 일종의 단계별 연속형적 관점이며(이윤식, 1991; 이난숙, 1991; 최상근, 1992; 김선희, 1993; 여태전, 1994; 윤홍주, 1996; 유관숙, 1997; 정순영, 1997; 이향란, 1997; 김명철, 1999; 박찬주 · 심춘자, 2002; 백승관, 2003; Burden, 1983; Burke et al., 1984; Fuller & Bown, 1975; Huberman, 1992; Sprinthall et al., 1996), 다른 하나는 몇 가지 교사유형을 구분하고 그 유형들의 특성이나 유형들 간의 변화 가능 양상을 설명하는 유형론적 관점(박종흡 · 이관규, 1997; 박남기, 2004)이다. 그러나 아직까지 단계별 연속형적 관점이 대세를 이루고 있으며, 유형론적 관점은 이제 태동 수준에 머물고 있다.

교사들의 교직발달 과정을 단계별 연속형적 관점으로 설명하는 경우에는 대체로 교사들의 생애발달 과정을 교단생활에서 경험하는 숱한 애환의 사건들을 계기로 하여 교직에서의 삶의 목표와 내용이 일정한 단계를 거치며 연속적으로 변화하는 현상으로 설명한다. 이와는 달리 유형론적 관점으로 접근하는 경우에는 학생교육과 승진을 분류의 준거로 하여 두 요인의 조합에 따라 교사유형을 분류하고 있다.

이와 같은 교사들의 교직발달에 대한 단계별 연속형과 유형론적 관점들은 교사들의 교직발달 과정을 이해하는 데 있어 각각 중요한 학문적 기여를 하고 있지만 일정한 한계가 있는 것도 사실이다. 우선, 교사발달 과정을 단계별 연속형적 관점으로 설명하는 연구들은 교사들의 교직발달 과정에서 출현하는 다양한 발달유형을 밝혀내지 못하고 있다는 아쉬움을 갖게 한다. 또한 유형론으로 접근하는 경우에는 교직발달의 변화 흐름을 역동적으로 드러내 주지 못하고 있을 뿐 아니라, 승진이나 학생교육과 같은 요인만을 고려하여 교사발달유형을 지나치게 단순화시키는 문제점을 가지고 있다.

따라서 이와 같은 교직발달 과정을 이해하고자 하는 두 가지 접근방법이 갖는 각각의 한계를 보완하기 위해서는 단계별 연속형적 관점과 유형론적 관점이 통합적으로 적용된 연구가 필요하다고 본다. 즉, 본 연구에서는 중등교사들의 교직발달 과정에는 어떤 유형이 출현하고 각 유형별 삶의 내용과 초점이 무엇이며, 몇 번 정도 어떤 양상으로 바뀌며, 나아가 특정유형으로의 변화에 영향을 미치는 요인이 무엇인지를 파악했을 때 더욱 잘 이해될 수 있다는 입장을 취한다.

특히, 본 연구에서는 교직경력 15~25년 사이의 중등 중견교사들의 교직발달 과정에 관심을 갖는다. 이러한 연구대상을 설정한 이유는, 한국 중등 중견교사들의 교직발달 과정은 교직 초기부터 어느 정도 공통된 발달단계가 나타나고 있다는 연구결과(박찬주 · 심춘자, 2002)가 있는가 하면, 여러 단계들이 혼재하여 나타나는 등 매우 역동적인 양상을 보여 주고 있다는 상반된 연구결과(백승관, 2003)가 있어 이에 관한 학문적 검토가 필요하기 때문이다. 또한 만약 중등 중견교사들의 교직발달 과정에 여러 유형이 복합 · 역동적으로 출현하는 측면이 있다면, 전 교직기간 중 어쩌면 아이들의 교육과 학교조직 발전을 위해 가장 헌신적인 모습을 보여 줄 것으로 생각되는 소위 중견교사들이 왜 그러한 공통적 요소를 찾기 어려운 다양한 교직발달 단계를 보여 주는지를 밝혀 볼 필요가 있다는 문제의식을 갖고 있기 때문이기도 하다.

이와 같은 문제의식에 기초하여, 본 연구에서는 중등 중견교사들의 교직발달유형의 변화 양상을 밝히는 데 연구의 목적을 두며, 구체적인 연구문제는 다음과 같다.

첫째, 중등 중견교사들의 삶의 과정에서 어떠한 교직발달유형이 나타나는가?

둘째, 중등 중견교사들의 교직발달유형의 변화 양상은 어떠한가?

셋째, 중등 중견교사들의 교직발달유형의 변화에 영향을 주는 주요 요인은 무엇인가?

2 선행연구 검토

교사들의 교직발달에 관한 국내 · 외 선행연구들은 그 배경이 되는 이론의 차이에 따라 교사발달을 보는 초점과 교직발달 과정의 단순 선형성과 복합 역동성에 대한 인식이 다를 뿐 대부분이 단계론적 접근을 취하고 있다. 그에 반해 교직발달의 유형론적 접근을 한 연구는 외국의 경우에는 찾기 어려우며, 우리나라의 경우에도 극히 희소한 편이다.

1) 교직발달에 관한 단계론적 접근을 적용한 연구

교사들의 교직발달을 하나의 단계적 과정으로 설명하는 학자나 연구자들은 발달의 다양한 시기에 있어서의 서로 관련되지 않은 사고유형의 명료한 질적인 차이에 초점을 맞춘다. 또한 개인의 발달에 있어서의 연속성 혹은 진보 가능성을 가정한다. 따라서 단계 이론가들은 개인의 성인발달을 구체적, 미분화, 단순, 비구조화된 사고유형에서 더욱 추상적, 분화, 복잡한 사고유형으로의 분명한 진보로 본다(Burden, 1990: 312-314). 또한 교직발달단계이론은 교사들의 연령과 경력 변화에 따른 직업적 진보단계와 전문적 경험에서의 변화에 초점을 둔다. 즉, 교직발달에 관한 단계론적 접근을 하는 학자나 연구자들은 연령과 경력 주기에 따른 교사들의 교수에 대한 기술, 지식, 행동과 태도, 기대, 교수활동에 대한 헌신, 직업적 만족에 있어서의 변화를 설명하고자 한다.

이때 1970년대에 이루어진 교직발달에 관한 소위 고전적 이론들은 직선적 · 순차적 발달모형을 제시하는 경우가 많은 반면, 1980년대 이후에 이루어진 교직발달 연구들은 대부분이 순환적 · 역동적 발달 과정을 주장하고 있다. 예컨대, Fuller와 Brown(1975)은 교직발달 단계를 환상적 단계, 생존 단계, 숙련 단계 및 영향 단계 등 네 단계로 구분하여 단계마다 교사들의 관심사가 어떻게 변화하는지를 설명하고 있으며, Burden(1980)은 교사들의 경력에 따라 생존주기(부임 1년), 적응주기(경력 2~4년), 성숙주기(경력 5년 이상) 등 세 단계로 구분하고 있다. 이들 두 연구가 전형적인 직선적 · 순차적 모형에 속한다. 또한 Burke, Christensen, 그리고 Fessler (1984) 등은 교사발달 주기모형(Teacher Career Cycle Model: TCCM)을 제시하였다. TCCM 모델에서는 교사발달을 개인적 환경 및 조직적 환경의 영향 관계 속에서 설명하고 있다. 이 모델의 핵심인 교사발달 주기는 ① 교직 이전, ② 교직 입문, ③ 능력 구축, ④ 열중과 성장, ⑤ 직업적 좌절, ⑥ 안정과 침체, ⑦ 직업적 쇠퇴, ⑧

퇴직 등과 같은 8단계로 구성된다(이윤식, 1999: 6-7 재인용). 또한 Huberman(1993)은 생존과 발견의 입문 단계(1~3년), 안정화 단계(4~6년), 실험/실천주의 단계 혹은 재평가/자아의심 단계(7~18년), 평온/합리적 거리유지 단계 혹은 보수주의 단계(19~30년), 각성의 단계(31~40년 이상) 등 다섯 단계의 교직발달모형을 제시하고 있다. Burke, Christensen 그리고 Fessler의 모형과 Huberman의 모형이 대표적인 순환적·역동적 발달모형이다.

우리나라에서 이루어진 주요 선행연구들도 대부분 순환적·역동적 모형 개념을 적용하고 있다. 우선, 이난숙(1992)은 교사의 교직발달 단계를 ① 제1단계: 교원양성 단계, ② 제2단계: 형성 단계(경력 1~4년), ③ 제3단계: 성장 단계(경력 5~10년), ④ 제4단계: 성숙 단계(경력 11~20년), ⑤ 제5단계: 원숙 단계(경력 21년 이상)로 나누고 있다. 또한 우리나라 초·중등 교사의 교직사회화 과정 연구에 관한 연구에서 최상근(1992)은 우리나라 교사들의 사회화 단계는 ① 생존 단계, ② 능력구축 단계, ③ 안정화 단계, ④ 실험주의 단계, ⑤ 재평가 단계, ⑥ 평정 단계, ⑦ 침체 단계, ⑧ 보수주의 단계 등 8단계로 제시하고 있다. 윤홍주(1996)는 교직발달의 주요 선행연구들을 단순·직선적 발달모형과 복합·역동적 발달모형으로 구분하여 생존 단계, 성장 단계, 성숙 단계, 승진 및 직업적 좌절 단계, 안정·침체 단계 및 쇠퇴 단계로 구분하고 실증적 연구방법을 통하여 이를 검증하고자 하였다. 그 결과, 우리나라 교사들의 교직발달은 생존 단계(1~5년), 성장 단계(6~14년), 성숙 단계(15~24년), 승진지향 단계(25~33년), 안정·침체 단계(34~40년), 직업적 좌절 단계(교직 전 기간에 걸쳐 경험)를 거쳐 복합·역동적으로 나타나고 있다고 보고하고 있다.

박찬주·심춘자(2002: 210-212)는 27명의 초·중등교사를 대상으로 한 연구에서, 초등교사의 발달단계는 교직이전 단계, 교직입문 단계(1~6년), 능력 구축·성장 단계(5~15년), 도약 및 능력 발휘기(11~20년), 안정 침체 단계(19~30년)로 나타나고, 시련 및 갈등 단계는 교직 초기부터 경력 30여년까지 교직 전단계에 걸쳐 나타나는 반면, 중등교사의 발달단계는 교직이전 단계, 교직입문 단계(1~5년), 성장·능력 구축 단계(3~10년), 시련 및 갈등 단계(5~13년), 성숙기(9~13년) 등으로 어느 정도 공통된 발달단계가 나타나고 있음을 밝히고 있다. 마지막으로 백승관(2003: 41-44)은 45명의 중학교 교사를 대상으로 한 연구에서 교사발달의 각 단계는 경력과 무관한 변화를 보이며, 교직경력 7년에서 18년 사이의 중견교사들 사이에서 발달단계의 편차가 크게 나타나고, 교사발달 단계별로 교직경력을 구분해 보면 승진 단계와 성숙 단계를 제외하고는 특별히 경력에 따라 구분되지 않는다는 사실을 밝히고 있다. 따라서 교사들의 발달단계는 경력에 비례하여 순차적으로 이루어지는 순차적・직선적 모형보다는 개인 능력과 외부환경의 영향에 따라 역동적으로 변화하는 반복・순환적 모형에 일치한다는 주장을 하고 있다.

2) 교직발달에 관한 유형론적 접근을 적용한 연구

교직발달의 유형론적 접근을 한 연구는 외국의 경우에는 찾기 어려우며, 우리나라의 경우에도 박남기(2004)와 박종흡・이관규(1997)의 시사적인 연구 정도에 그치고 있다. 이때 박종흡・이관규의 연구는 교사들을 승진이라는 단일 요인을 기준으로, 박남기의 연구는 학생교육과 승진이라는 두 가지 요인을 기준으로 하여 교사들을 유형화하고 있다. 그러나 이들 두 연구는 교사들의 교직발달을 유형화하는 데 기여할 수 있는 하나의 시사적인 연구이긴 하지만, 교사들의 교직발달을 깊이 있게 다룬 연구는 아니다. 다만, 이 두 연구가 본 연구와 관련하여 의미 있게 시사하는 바가 있기 때문에 간략히 설명하기로 한다.

우선 박종흡・이관규(1997: 241)는 교사들을 승진지향자, 소극적 승진지향자 및 승진무관심자로 구분하고 있다. 이 구분에 따르면, 승진지향자는 교직경력 20년 이상이고 부장직을 맡고 있는 교사로서 수업에 소극적이며 행정업무에 주력한다. 소극적 승진지향자는 젊은 교사들로서 수업에 적극적이고 행정업무에 보조적인 역할을 수행한다. 또한 승진무관심자는 60세 이상의 원로교사로서 수업에 적극적이고 행정업무를 맡지 않는 교사들을 말한다. 한편, 박남기(2004: 48-53)는 교사유형을 학생교육중심형, 학생교육과 승진병행형, 승진중심형, 무기력형 등 네 가지 유형으로 나누고 있다. 학생교육중심형은 학생교육에 대한 열정을 가지고 수업과 생활지도에 열심인 교사로 승진과 관계가 먼 신규교사, 승진에는 관심을 보이지 않으며 학생지도에만 열심인 경력교사들이 여기에 속한다. 학생교육과 승진병행형은 학생교육에 대한 열정을 가지고 있으면서 동시에 승진에 대한 관심도 높고 승진점수를 잘 관리해 가는 교사이다. 학생과 학부모뿐만 아니라 학교경영자에게도 인정받는 교사이다. 승진중심형은 학생교육에 대한 열정은 소진되어 사라졌으나 승진에 대한 열정은 높은 유형이다. 승진을 목전에 두고 있는 교사이거나 승진을 위한 중장기 계획을 세우고 승진에 필요한 점수를 단계적으로 축적해 나가는 데에만 관심을 갖는 교사일 경우가 많다. 마지막으로 무기력형은 학생교육이나 승진 모두에 무관심한 교사로 사회에서뿐만 아니라 학교장과 동료교사로부터도 비판의 대상이 되는 교사이다.

지금까지 살펴본 바와 같이, 교직발달에 관한 선행연구들은 연령, 교직경력, 교사들의 인지발달, 교직발달에 영향을 주는 심리・사회적 요인 등 그 연구가 기초하고 있는 이론적 배경과 기준에 따라 교직발달의 상이한 측면만을 설명하고 있는 한계를 가지고 있다. 이러한 한계로 인하여, 지난 30년 넘게 진행되어 온 교직발달에 관한 연구에도 불구하고 아직까지 교사들의 발달을 지원하는 데 있어 크게 기여할 수 있는 합의된 이론이나 포괄적인 이론을 찾기 어렵다는 지적(Levin, 2003: 276-277)이 나오고 있기도 하다.

교사들의 교직발달을 연령과 교직 경력의 누적과 함께 아울러 개인적, 조직적, 사회적 요인들의 복합적 작용과정 속에서 교직에서의 삶이 질적으로 변화하는 역동적 현상으로 보아야 한다. 특히, 교육현실의 능동적 해석자, 주체적 실천자로서의 교사들의 삶의 과정과 질적 특성이 좀 더 잘 드러날 수 있는 접근방법이 필요하다고 본다. 또한 우리나라에서 이루어진 교사들의 교직발달에 관한 선행연구들은 주로 외국 이론이나 모형들을 우리 현실에 적용하여 검증한 것들이 대부분으로, 우리 교사들에게서 고유하게 나타날 수 있는 교직발달의 유형과 과정을 찾아보려는 시도를 찾기 어려운 것도 아쉬운 측면이다.

3 연구의 방법

1) 연구의 대상

본 연구의 대상은 40대, 교직 경력 약 15~25년 사이인 15명의 남녀 공립 중등교사들이다. 이 교사들을 연구의 대상으로 한 이유는, 선행연구들에 의하면 이들 교사들은 초임교사 시절의 생존 단계, 교직 경력 3~5년 정도의 성장 단계, 5~10년의 성숙 단계, 10년 이상의 승진 및 안정 단계 등 약 네 번 이상의 교직발달 단계 시기를 거쳐 어느 정도 다양한 교직발달 경험을 했을 것으로 판단하였기 때문이다. 또한 초등학교와 중등학교의 교사문화에 차이가 있다는 연구결과(박안식, 1995; 정바울, 2001)를 고려하여 초등학교와 중등학교를 구별하였으며, 4~5년의 일정한 주기로 순환근무를 하는 공립학교 교사들과 한 학교에서 오랜 세월을 근무하는 사립학교 교사들의 교직에서의 삶이 다를 것이라는 점에서 공립학교 재직 교사들로 한정하였다. 공립 중등교사들의 경우, 중학교와 고등학교를 오가며 근무하기 때문에 그 구별은 두지 않았지만 연구대상학교를 지역적으로 통제하고 자료수집의 편의성으로 인하여 경기도와 충청남도지역에 근무하는 중등교사들을 대상으로 하였다. 아울러 2004년 현재 우리나라 공립 중·고등학교 여교사의 비율이 약 62%(교육인적자원부·한국교육개발원, 2004: 96) 수준임을 고려하여 남교사 5명, 여교사 10명으로 하였다.

또한 본 연구의 대상이 된 중등 중견교사들 중 6명은 본 연구자와 1996년 교육대학원 사제 관계로 만난 이후 약 10여년에 걸쳐 지속적인 교류를 유지해 온 교사들이며, 나머지 9명의 교사들도 본 연구자와 라포를 형성해 온 6명의 교사들의 소개와 본 연구자가 설명한 이 연구의 의의에 공감하여 참여한 교사들이다. 연구 참여 교사들의 면모는 〈표 7-1〉과 같다. 〈표 7-1〉에서 보는 바와 같이, 본 연구에 참여한 교사들의 평균 연령은 약 43세이며, 평균 교직경력은 18.8년이다. 부장교사가 11명이고 평교사가 4명이며, 평균 총 근무학교 수는 약 5개 학교이다. 약 3.76년마다 학교를 옮겼다는 사실을 알 수 있다.

〈표 7-1〉 연구 참여교사들의 배경적 변인

성명	성별	연령	전공	교직경력	현 직위	총근무학교수
A교사	남	47	기계	22	부장교사	9
B교사	남	45	독일어	18	부장교사	5
C교사	남	44	생물	17	부장교사	5
D교사	남	41	기술	17	부장교사	3
E교사	남	41	음악	17	교사	6
F교사	여	47	음악	18	부장교사	4
G교사	여	47	가정	22	교사	8
H교사	여	47	가정	23	부장교사	5
I교사	여	42	공통사회	16	교사	6
J교사	여	39	국어	15	교사	4
K교사	여	49	미술	26	부장교사	7
L교사	여	46	상업	22	부장교사	4
M교사	여	40	상업	16	부장교사	4
N교사	여	42	영어	17	부장교사	4
O교사	여	42	상업	17	부장교사	5
평균		43		18.8		5

연령과 근무학교 수는 정수까지만 사용하였음.

2) 자료수집 방법

본 연구의 주요 연구방법은 집단면접과 교직발달 자기보고서 분석 방법이다. 집단면접은 중등 중견교사들의 교직발달유형을 찾아내기 위하여 연구 참여교사들과 2005년 6월 하순에 충남 서산의 한 음식점에서 장시간에 걸쳐 이루어졌으며, 집단면접 내용은 즉석에서 대학노트에 기록하고 면접이 끝난 직후 정리하였다. 연구 참여교사들과 함께 우리나라 중등교사들의 교직발달유형을 도출해내는 데 있어, 우선 본 연구자가 교사발달에 관한 단계별 연속형 및 유형론적 접근으로 이루어진 선행연구들의 결과를 설명한 후 그 연구들에서 찾아낼 수 있는 수업, 생활지도, 행정업무, 승진, 가정, 동료교사 및 학교행정가와의 관계, 학부모, 교육정책, 교육문화 등과 같은 교사들의 삶과 교육활동에 관련되는 핵심 단어를 제시하고 선행연구들의 연구결과와 교사로서의 삶의 과정에서 보고 겪은 경험을 비교하며 검토해 줄 것을 요청하였다. 또한 중등교사들의 교직발달 과정을 유형화하는 기준은 특정 시기의 교직삶에 있어 가장 중요한 관심사 혹은 다른 시기와 분명히 구별되는 교직에서의 특정한 삶의 양상으로 하였다. 이어서 하나의 유형으로 성립될 수 있는, 즉 다른 유형의 교직발달유형과는 구분되어야 하는 유형을 찾아내기 위한 집단면접을 이어나갔다. 또한 자기보고서를 작성함에 있어 교사들이 자신의 지난 삶을 과장 혹은 미화하지 않도록 각별한 배려를 해 주도록 요청하였다. 2005년 6월 말부터 동년 8월 초까지 자기보고서가 작성되었으며 15명의 중등교사들이 작성한 자기보고서 분량은 A4 용지 총 96매였다. 교사 1인당 평균 6.4매의 자기보고서가 작성된 셈이다.

3) 자료의 해석

수집된 자료는 본 연구자가 자기보고서를 반복하여 읽고 해석하였으며, 본 연구자의 해석의 주관성을 최소화하기 위해 2005년 9월 초에 연구 참여교사들로 하여금 해석 결과를 윤독하여 해석의 타당성을 확인하게 하고 필요한 부분을 보완하였다. 또한 최종적으로 질적 연구 경험이 있는 교육학 전공 교수들과 함께 그 타당성을 확인하는 등 연구자 삼각검증을 통해 해석의 타당도를 높이고자 하였다. 아울러 질적 자료를 해석하는 데 있어 어떤 경향성을 객관화하여 드러내 줄 필요가 있는 내용의 경우에는 보완적으로 빈도분석을 사용하였다.

4 연구의 결과

1) 중등 중견교사들의 교직발달유형

본 연구에서 찾아낸 중등교사의 교직발달유형은 다음과 같은 아홉 가지다.

첫째, 교과교육중시형이다(이하 교과형이라 약칭한다). 교과형은 학교교육의 목적을 학생들이 더 많은 지식을 익히도록 하는 데 있는 것으로 보고, 자기가 맡은 교과의 지식을 효과적으로 전달하는 데 큰 관심을 갖는 유형이다. 특히 학생들이 교과 부분에서 높은 점수를 받을 때 기뻐하며 생활한다. 교과형을 보다 잘 설명할 수 있는 자기보고서 내용은 다음과 같다.

■■■ 학생이었을 때 갖고 있던 교사상이다. 학생들에게 얼마나 잘 가르칠 실력이 있느냐가 주로 교사의 자질과 능력이라고 생각하였다. 따라서 학생들에게 교과에 대한 충분한 지식을 전달해 주는 전달자로서의 역할에 충실하고자 했다. 또한 초임 때 교과에 대한 자신감을 갖기 위해 스스로 그 부분에서 노력해야 한다고 보았다(N교사).

둘째, 인성교육중시형이다(이하 인성형이라 약칭한다). 인성형은 학교교육의 목적을 학생들의 인간성의 신장에 있다고 보는 유형이다. 학생들의 잘못된 행동을 보고 무심히 지나치지 않으며, 교육자로서 가진 안목과 능력으로 학생들의 행동을 올바르게 수정해 주고 지도함으로써 학생들의 사람 됨됨이의 향상에 치중한다. 특히 실업계 고등학교에 근무한 시기에 많이 나타나는 유형이며, 간헐적으로 교사 개인의 교직관이나 특별한 계기에 의해서 출현하기도 하는 유형이다. 다음은 인성형에 해당하는 자기보고서 내용이다.

■■■ 이 학교에 와서 눈물로 한 학기를 보내야만 했다. 아침에 출근해서 교실에 들어가 보면 1/3 이상이 학교에 오지 않았다. 학교에 왔다고 해도 집에 가고 싶으면 그냥 가버리는, 시간에 대한 개념이 전혀 없는 아이들이다. 또한 우리 아이들은 하고 싶은 것이 아무것도 없다. 아무데나 쓰레기 버리고, 침 뱉고, 담배 피고, 술 먹고, 툭하면 도망가고

수업에 빠지고, 그러나 그 아이들을 나무라기에는 우리 어른들의 책임이 너무 큰, 불쌍하고 가련한 아이들이다. 나는 이 아이들의 사회적 엄마가 되자고 마음먹고 내가 가진 장점인 측은지심을 가지고 이 아이들을 열심히 지도하면서 보람과 행복을 느끼고 살아가고 있다(I교사).

■■■ 1학년 여학생 담임을 하면서 작은 일부터 인성지도에 초점을 맞추고 실천했는데 솜처럼 잘 스며들었다. 관리자들과 생각이 맞지 않을 때도 아이들을 위해서 물불 안 가리고 아이들 편에 서서 싸울 수 있었던 것은 인성지도를 했을 때 나타나는 반응이 너무 좋았기 때문이다(F교사).

셋째, 업무몰입형이다(이하 업무형이라 약칭한다). 업무형은 학교조직 내에서 자신이 담당한 업무에 충실하는 유형을 말한다. 이 경우에서 업무라 함은 주로 수업이나 생활지도 등과 같은 교육에 직접적으로 관련된 업무가 아니라 학교 행정업무를 말한다. 학교에서 맡은 일에 열심이고 감사에 적발될 수 있는 사항이 없을 정도로 꼼꼼하고도 철저하게 업무를 챙긴다. 다음은 업무형에 해당하는 자기보고서 사례이다.

■■■ 교과 지도에 어느 정도 자신이 생기게 되었고 공립학교에 근무하는 관계로 다른 학교로 옮기게 되면서 또 다른 적응이 필요했었다. 뿐만 아니라 교사의 역할이 학생들을 위한 교과지도에만 있는 것이 아니라 담임업무, 학교 행정업무 등 교사에게 주어진 또 다른 업무에 대해서도 완벽을 추구해야 함을 깨닫게 되었고 많은 시행착오를 겪으면서 나름대로 업무를 위해서 매진했던 시기가 되었다(O교사).

넷째, 조직발전기여형이다(이하 조직형이라 약칭한다). 조직형은 학교 행사에 관련된 일이나 각종 대회 등에 입상하고자 열심히 노력하고, 나아가 학교의 명예를 빛낼 수 있는 일에 적극적으로 나서서 활동하며, 동료교사들 간의 친목도모를 중시하는 유형이다. 다음은 이에 해당하는 내용이다.

■■■ 학교의 수상대상자의 3분의 2 이상은 내가 기안하고 추진한 행사의 수상자들일 정도이다. 다른 과에서는 거의 교내행사가 없다. 교내토론대회, 백일장, 독후감쓰기대회, 우수 독서록, 다독자, 독후표현활동우수자 등 어떨 때는 정말 한두 가지만 하고 싶은 때가 한두 번이 아니었다. 이제 영어말하기대회도 나가고 수학경시대회, 과학 경시대회도 참가하며 좋은 실적을 거두기도 한다. 이밖에도 특별보충, 특기적성, 보충수업도 담당해

야 하니 시간이 없다. 차 한 잔 마시고 동료교사와 잡담 한번 할 시간이 없다. 큰 학교에서는 대여섯 명이 맡을 일을 혼자 맡자니 게으르지 않은 사람도 만만치 않은 일이었다. 5시 5분 전이면 모두 퇴근하는 학교에서 눈총을 먹어 가며 일을 하였다. 매일 6시 30분, 7시에 퇴근을 하였다. 그래도 일이 끝나지 않는다(J교사).

다섯째, 교육변화투쟁형이다(이하 투쟁형이라 약칭한다). 학교교육의 여러 문제들이 비민주적인 학교운영이나 사회구조적인 측면에서 발생하는 것으로 보고, 학교운영 개선이나 교육정책의 발전을 위해 적극적으로 노력하고 투쟁하는 데 참여하는 유형을 말한다. 투쟁형 사례는 다음과 같다.

■■■ 민주적인 학교 운영, 교사의 전문성 등은 어디에도 찾아볼 수 없었고 교무회의에는 교장, 교감의 일방적인 명령과 지시만이 존재할 뿐이었고, 모범을 보이고 신규교사를 가르쳐야 할 선배교사들의 모습은 상당히 실망스러웠다. 수업준비도 아이들 생활지도에도 무관심해 보이는 교사들이 많았다. 기혼 여교사들은 삼삼오오 모여 앉아서 수다를 떨거나 간식을 먹는 모습, 어려운 학교 일에는 발 빼기에 바쁜 모습들을 보여 주었고, 남교사들은 술과 화투, 농담 따먹기에 주력하는 모습이 많았다. 거기다가 학교운영의 효율화를 위해 두었던 부장교사들은 교장, 교감의 하수인으로 젊은 교사들을 감시하는 일을 주로 하였다. 그럴 때, 전교조 교사들의 순수성과 교육에 대한 열정, 아이들에 대한 사랑, 교육문제에 대한 고민과 해결 방안 제시 등은 신규교사인 내게 바람직한 교사의 길로 보였다. 아이들과 전교조 이 두 축이 생활의 전부였다고 해도 과언이 아니다(J교사).

여섯째, 유유자적형이다(이하 유유형이라 약칭한다). 유유형 교사들은 학교의 분위기에 적당히 적응하면서 자신의 업무에는 적극적이지 않지만, 다른 직원들과 갈등을 일으키지 않고 수동적으로 대응하며 생활한다. 다음은 이에 해당하는 사례이다.

■■■ 이번에는 내가 원하는 지역의 학교에 처음으로 배치되었다. 그러나 그 곳은 시골 구석이어서 신입생을 모집하기도 어려웠다. 학습능력이 바닥권인 학생들이 대부분이었다. 학습지도는 어려울 수밖에 없었다. 학교에 충실한 것 같았지만 학생들이 중심이 아니었던 것 같다. 학생들은 잦은 결석과 여러 가지 문제를 일으켰다. 어르고 달래고 상담하면서 올바른 인성을 가지고 성장하도록 지도하였으나, 여러 학생들이 중도에 탈락하였다. 몇 학생이 선생님의 권위에 도전하는 일이 생겼고, 학부모는 교사를 믿지 않았다.

일부교사들은 학생들의 잘못된 행동을 외면하기 시작하였다. 교직에 대한 생각이 바뀌기 시작했다. 적당히 적응하면서 나의 행복을 추구하는 것이 좋겠다는 생각으로 말이다. 테니스도 열심히 하고, 낚시도 자주 다녔던 것 같다. 3년이 흘러 두 딸의 교육문제로 도시의 학교로 옮겼다(A교사).

일곱째, 자기중심형이다(이하 자기형이라 약칭한다). 자기형 교사들은 교육관련 업무는 적당히 하고, 학교 내에서 취미활동이나 부업, 종교, 독서 등 학생교육과 관련이 적은 자기계발과 가정 일 등과 같은 개인적인 일에 열중한다. 자기형과 유유형은 유사한 부분이 없지 않으나, 연구 참여교사들은 유유형은 남교사에게 가끔 나타나는 유형이고 자기형은 여교사에게 자주 나타나는 유형으로 그 성격이 다르기 때문에 상호 독립된 유형으로 할 것을 제안하여, 그 의견을 따르기로 하였다. 다음은 자기형에 해당하는 사례이다.

■■■ 결혼을 하였다. 가정을 꾸리다 보니 학교엔 자연히 소홀히 하게 되었다. 아이들이 태어났다. 학교에서의 업무도 될 수 있으면 가벼운 것, 내가 가르쳐야 할 학년도 저학년을 고집하면서 학교보다는 가정에 더 많은 시간을 투자하게 되었다. 학교에 가서도 가정의 아이들 걱정이 우선이었고, 가정의 대소사가 우선이었다. 또 새로 옮긴 학교의 분위기도 거의 아이들을 키우는 같은 또래의 선생님들이 많다 보니 자연히 대화와 상황이 가정얘기면서 학교는 직업적인 성격이 컸다. 또 그 당시는 산휴 휴가 2개월 정도 지내다 학교생활을 하려니 맥이 끊어지는 느낌을 받았고 병치레하는 자녀를 돌보는 것이 우선이었다. 그러다 보니 학교의 행사에는 매일 뒷전이었고, 교재연구와 자료 제작 등은 엄두도 낼 수 없는 시간이었다(H교사).

여덟째, 승진지향형(이하 승진형이라 약칭한다). 승진형은 학교생활의 대부분을 학교 관리자와의 유대 관계와 학생지도, 그리고 보고서 작성 등 승진점수와 관련이 있는 부분에 매진하면서 생활한다. 다음은 승진형에 해당하는 한 사례이다.

■■■ 승진을 위해 근무하는 듯한 분위기가 부임할 때부터 느껴졌다. 점수가 몇 점이고 어느 항목에서 점수를 더 올려야 하고, 이번에 도 지정 연구학교로 지정되었으니 열심히 해서 승진 가산점을 받아야 한다는 등, 전에 근무했던 학교에서는 잘 듣지 못했던 이야기가 이 학교에서는 아주 편하게 흘러 나왔다.

부임 1년차에 약 2개월에 걸쳐 작품을 제작하여 소프트웨어 공모전에 출품하여 도 대회에서 입상하게 되었다. 그리고 도 지정 연구학교 1~2년차에는 유공교원으로 인정되어 부가점을 받게 되었다. 부임 3년차부터는 부장교사를 하고 있으며 생활지도 유공교원 부가점 및 교육부 연구학교 6개월 유공교원으로 인정되어 부가점을 받게 되었다. 부임 4년차에서는 교수학습 연구대회에 출전하여 입상하였으며 교육부 연구학교 6개월 유공교원으로 인정되어 부가점을 받게 되었다. 부임 5년차인 올해에도 수업연구대회에 참여하고 있으며, 도교육청 현장연구대회에도 관심을 가지고 진행하고 있다(D교사).

아홉째, 소진형이다. 소진형은 학교에서 학생교육을 위하여 나름대로 소신껏 헌신적으로 노력을 하다가 실망과 좌절을 맛보고 지쳐, 의욕을 상실하고 무기력하게 생활하는 유형을 말한다. 소진형의 사례는 다음과 같다.

■■■ 담임을 하면서 아이들에게 실망하는 일이 자주 있었다. 학생들이 시골아이들답지 않게 순진하지 못했다. 이전 학교에서 불이 붙었던 교육에의 열정만으로 아이들을 지도하려 적극적으로 달려들면 들수록 아이들과는 자꾸 멀어지곤 하였다. 또 나의 힘을 빼앗았던 것은 자신의 생각이 진리라고 생각하여 늘 자신의 뜻을 관철하려는 교장선생님이었다. 학생이나 교사의 상황은 염두에 두지도 않고 무조건 자신이 내놓은 과제를 밀어붙이는 형으로 자신의 의견과 다른 생각은 말도 못 꺼내게 하는 독재자 스타일이었다. 또한 교장선생님의 무리한 요구에 아무런 저항을 하지 못하는 교사집단도 나의 숨을 막히게 하였다. 학급경영이나 업무 면에서 자신감을 잃어 가고 의욕은 상실되어 갔다. 수업은 전에 가르쳤던 자료를 이용할 뿐 아이들의 수준에 맞는 자료를 개발하지 않았고, 성과 없이 시간만 소모하곤 하였다(G교사).

지금까지 설명한 중등교사들의 교직발달유형을 종합하여 제시하면 〈표 7-2〉와 같다.

〈표 7-2〉 중등 중견교사들의 교직발달유형과 각 유형별 삶의 내용과 초점

교직발달 유형	각 유형별 삶의 내용과 초점
교과형	학교교육의 목적을 학생들이 지식을 익히도록 하는 데 있는 것으로 보고, 자기가 맡은 교과의 지식을 효과적으로 전달하는 데 큰 관심을 갖는다. 특히 학생들이 교과 부분에서 높은 점수를 받을 때 기뻐하며 생활한다.
인성형	학교교육의 목적을 학생들의 인간성의 신장에 있다고 보고, 학생들의 잘못된 행동을 보고 무심히 지나치지 않으며, 교육자로서 가진 안목과 능력으로 학생들의 행동을 올바르게 수정해 주고 지도함으로써 학생들의 사람 됨됨이의 향상에 치중한다.
업무형	학교조직 내에서 자신이 담당한 업무에 충실한다. 맡은 학교 일에 열심이고 감사에 적발될 수 있는 사항이 없을 정도로 꼼꼼하고도 철저하게 업무를 챙긴다.
조직형	학교행사에 관련된 일이나 각종 대회 등에 입상하고자 열심히 노력하고, 나아가 학교의 명예를 빛낼 수 있는 일에 적극적으로 나서서 활동하며, 동료교사들 간의 친목도모를 중시한다.
투쟁형	학교교육의 여러 문제들을 사회구조적인 것으로 보고, 학교운영 개선이나 교육정책의 발전을 위해 적극적으로 노력하고 투쟁하는 데 참여한다.
유유형	학교의 분위기에 적당히 적응하면서 자신의 업무에는 적극적이지 않지만, 다른 직원들과 갈등을 일으키지 않고 수동적으로 대응하며 생활한다.
승진형	주요 관심사가 승진에 있어서 학교생활의 대부분을 학교관리자와의 유대 관계와 학생지도, 보고서 작성 등 승진점수와 관련이 있는 부분에 매진하면서 생활한다.
자기형	교육관련 업무는 적당히 하고, 학교 내에서 취미활동이나 부업, 종교, 독서 등 학생교육과 관련이 적은 자기계발과 가정 일 등과 같은 개인적인 일에 열중한다.
소진형	학교에서 학생교육을 위하여 나름대로 소신껏 헌신적으로 노력을 하다가 실망과 좌절을 맛보고 지쳐, 의욕을 상실하고 무기력하게 생활한다.

2) 교직발달유형의 변화 양상

중등 중견교사들의 자기보고서를 통해 나타난 교직발달유형의 변화 빈도와 시점을 밝히는 데 있어 교사들과의 집단면접을 통해 도출한 아홉 가지 교직발달유형을 적용하였으며, 연구 참여교사들의 교직발달유형의 변화 빈도와 양상을 종합하여 제시하면 〈표 7-3〉과 같다.

〈표 7-3〉 중등 중견교사들의 교직발달유형의 변화 빈도와 양상

( )교직경력

구 분	교직발달유형 변화 양상	총 변화횟수	총 근무학교수
A교사	교과형(1-5)→업무형(6)→소진형(7)→투쟁형(8-12)→인성형(13-17)→유유형(18-20)→자기형(21-22)	7	9
B교사	교과형(1)→투쟁형(2-10)→해외파견(11-14)→조직형(15-17)→인성형(18-19)	4	5
C교사	투쟁형(1-4)→교과형(5-8)→자기형(9-11)→업무형(12-16)→유유형(17)	5	5
D교사	교과형(1-6)→조직형(7-10)→승진형(11-15)	3	3
E교사	교과형(1-2)→조직형(3-7)→소진형(8-13)→업무형+승진형(14-15)	4	4
F교사	교과형(1-2)→업무형(3-5)→투쟁형(6-8)→소진형(9-10)→조직형(11)→인성형(12-18)	6	6
G교사	교직적응형(초임)→조직형(2-5)→자기형(6)→교과형(7-9)→소진형(10-11)→업무형(12-15)→인성형(16-18)→승진형(19-22)	8	8
H교사	교과형(1-5)→자기형(6-10)→인성형(11-19)→승진형(20-23)	4	5
I교사	교과형(1-5)→유유형(6-10)→자기형(11-12)→교과형(13-14)→인성형(15-16)	5	5
J교사	투쟁형(1-3)→소진형(4-6)→교과형(7-9)→승진형(10-12)→조직형(13-15)	5	4
K교사	교과형(1-3)→업무형(4-8)→자기형(9-14)→유유형(15-22)→인성형(23-26)	5	7
L교사	교과형(초임)→업무형 및 조직형(2-3)→유유형(4-6)→자기형(7-11)→인성형(12-15)→승진형(16-22)	6	4
M교사	교과형(1-5)→업무형(6-9)→자기형(10-12)→인성형(13-17)	4	4
N교사	교과형(1-6)→업무형(7-12)→인성형(13-16)	3	4
O교사	교과형(1-5)→업무형(6-10)→조직형(11-14)→인성형(15-17)	4	5
평 균		4.8	5.2

주: G교사의 경우, 초임 1년 동안을 설명하는 교직적응형은 본 연구에서 설정한 교직발달유형에는 포함되어 있지 않지만 G교사의 의견을 존중하여 기타 유형으로 처리하였다.

〈표 7-3〉에서 나타난 중등 중견교사들의 교직발달유형 빈도와 양상을 보면, 다섯 가지 정도의 의미 있는 사실을 발견할 수 있다.

첫째, 중등 중견교사들의 교직발달유형 변화 빈도가 평균 약 4.8번으로 나타나고 있는바, 이를 평균 교직 경력 18.8년에 비추어 볼 때 교직 경력 평균 약 3.9년의 주기로 교직발달유형이 변한다는 사실을 알 수 있다. 또한 연구 참여교사들의 총 평균 재직학교 수가 약 5개 학교임을 볼 때, 교직발달유형 변화가 근무 학교 수와 적지 않은 관계가 있을 것으로 예상되며, 이는 중등 교사들의 교직발달유형이 단위학교의 여러 요인들에 의해서 영향을 받고 있을 가능성이 높다는 사실을 시사한다.

둘째, 대부분의 중등교사들이 초임시기에 교과형을 보이고 있다는 점이다. 초임시기에 교과형이 압도적으로 많이 나타나는 이유는 교원양성기관의 교육적 영향 등으로 인하여 개인적으로 형성되어 있는 교직관의 영향이 절대적으로 큰 것으로 나타났다.

셋째, 중등 중견교사들의 교직발달유형이 크게 두 가지 유형으로 출현하고 있다는 것이다. 하나는 약 4~5년의 주기로 3~4번의 교직발달을 겪는 중기변화형(D, E, H, M, N, O 교사의 경우)이며, 다른 하나는 2~3년의 주기로 5~7번의 교직발달을 경험하는 단기변화형이다(나머지 9명의 교사). 주목되는 점은 단기변화형이 중기변화형에 비해 약 1.5배 정도 많고, I교사를 제외하고는 같은 유형이 다시 출현하는 경우는 없었으며, 세 번 이하의 변화를 보인 교사도 없었다는 사실이다.

넷째, 중기변화형과 단기변화형으로 구분하여 보면 중등 중견교사들의 교직발달유형의 변화 양상에 있어 약간 차이가 있다. 〈표 7-4〉에서 보는 바와 같이 중기변화형의 경우는 제1단계에는 교과형이, 제2단계에서는 업무와 조직에 헌신하는 유형이 대부분인 것으로 나타났지만, 3단계 즉 교직경력 약 8~10년을 기점으로 다양한 교직발달유형으로 분기되고 있었다.

〈표 7-4〉 중기변화형 교직발달 변화 양상

(빈도)

제1단계 (경력 1-4~5년)	제2단계 (경력 4-5~8-10년)	제3단계 (경력 8-10~15-17년)	제4단계 (경력 18년 이상)
	업무형(3)		업무형(1)
교과형(6)	조직형(2)	조직형(1)	조직형(1)
	자기형(1)	자기형(1)	
		승진형(2)	승진형(2)
		인성형(2)	인성형(1)
		소진형(1)	

그러나 〈표 7-5〉에 제시되어 있는 바와 같이, 단기변화형의 경우에는 입문 단계에서는 대부분 교과형인 점을 제외하고는 교직발달유형 변화 양상이 중기변화형에 비해 좀 더 다양하게 나타나고 있다. 이때 단기변화형에서 주목되는 점은, 교과형, 조직형, 업무형 및 투쟁형이 4단계까지만 나타나며, 제4단계를 기점으로 승진형이 나타나기 시작하고, 제4단계부터 유유형과 인성형이 많이 나타난다는 사실이다. 마지막으로는 소진형은 제2단계부터 제5단계까지 간헐적이지만 꾸준히 나타난다는 사실이다.

〈표 7-5〉 단기변화형 교직발달 변화 양상

(빈도)

교직입문단계	제2단계	제3단계	제4단계	제5단계	제6단계	7단계
	조직형(1)			조직형(2)		
	업무형(4)	업무형(1)	업무형(1)		업무형(1)	
교과형(6)	교과형(1)	교과형(1)	교과형(2)			
		자기형(4)				자기형(1)
투쟁형(2)	투쟁형(1)	투쟁형(1)	투쟁형(1)			

			승진형(1)		승진형(1)	승진형(1)
	유유형(1)	유유형(1)	유유형(2)	유유형(1)	유유형(1)	
			인성형(1)	인성형(5)	인성형(2)	
기타(1)	소진형(1)	소진형(1)	소진형(1)	소진형(1)		

다섯째, 우리나라 중등교사들의 교직발달유형은 순차적 복합분기형에 가까운 것으로 나타났다. 예컨대, 단기변화형의 교직유형발달 변화 시기와 기간으로 보면, 우리나라 중등교사들은 중견교사가 되기까지 약 5~7단계의 변화를 경험하는 것으로 해석된다. 이를 구체적으로 보면, 1단계(약 1~2년), 2단계(약 3~5년), 3단계(6~8년), 4단계(약 9~12년), 5단계(약 13~16년), 6단계(약 17~18년), 7단계(20년 이상)로 구분될 수 있었다. 이를 다시 중・단기 변화형 출현 양상과 종합적으로 연계해 보면, 우리나라 중등교사들은 교직입문 후 1~2년 기간은 교과형이 압도적으로 많고, 입문 후 3~12년 기간 동안에는 학교발전과 주어진 업무에 헌신하는 조직형, 업무형과 아이들을 잘 가르치는 데 주력하는 교과형과 교육체제의 변화를 위한 투쟁형 등으로 분기하며, 입문 후 약 12~13년 이후에는 승진형, 인성형, 유유형으로 분기하는 것을 알 수 있다. 즉, 입문 후 약 10년 정도는 교과교육과 학교조직 발전을 위해 노력하지만, 12~13년 정도가 지나면 승진과 인성지도에 관심을 보이거나 유유자적하며 지내는 유형이 많아짐을 알 수 있다. 다만, 교직 입문 후 약 2~3년이 경과한 시기부터 교직경력 약 16~17년 기간에 걸쳐 소진형이 간헐적으로 출현하고 있는 점이 특기하다. 이를 통해 우리나라 중등교사들의 교직발달은 순차적으로 발달해가면서 다양한 유형으로 분기해 나가지만, 같은 유형이 다시 출현하는 경우가 거의 없는 일종의 순차적 복합분기형으로 이루어지고 있다는 것을 알 수 있다.

3) 교직발달유형 변화의 영향 요인

중등교사들의 교직발달유형 변화 양상이 매우 다양하고 그 영향 요인도 많기 때문에, 변화 상황마다 적용될 수 있는 일관된 영향 요인을 찾기는 사실 어려운 것으로 나타났다. 그러나 중등교사들의 교직발달 변화 유형에 어떤 가치 판단을 하기가 쉽지 않겠지만, 교사들의 기본 직무인 교수-학습과 조직구성원으로서의 역할 수행을 고려해 볼 때, 중등교사들의 긍정적인 발달 유형(교과형, 인성형, 업무형, 조직형)이 출현하는 원인과 부정적인 발달 유형(자기형, 유유형, 투쟁형, 승진형, 소진형)이 나타나는 원인과 영향 요인을 찾아보는 것은 의미가 있을 것으로 판단된다.[7)]

(1) 긍정적인 유형으로의 변화에 대한 영향 요인

긍정적인 유형으로의 변화에 영향을 주는 요인은 크게 학생, 연수 등 자기계발, 열악한 학교교육환경 개선 의지와 학교관리자의 요구 등 네 가지로 나타났다.

〈표 7-6〉 긍정적 교직유형으로의 변화 영향 요인

(빈도)

구분		영향 요인	핵심 요인
긍정적 변화 유형	교과형	교사양성 교육과정의 영향 등으로 형성된 개인적 교직관(11), 인문계 고등학생(2), 부전공 연수(1), 자격연수(1)	학생요인과 연수
	인성형	실업계 학생(5), 학생들의 긍정적 반응(1), 학생들의 부적응 행동과 갈 곳 없는 모습을 보고(3), 대학원 상담교육의 영향(2)	학생요인과 대학원 교육
	조직형	조직 환경의 열악함, 어려운 환경 개선을 위해서(3), 학교행사를 통한 성취와 보람(1), 학교장 등 관리자들의 영향(2)	조직 환경 개선 의지 학교관리자의 요구
	업무형	상급자의 수범적 모습의 영향(1), 보직교사로서의 책임감(1), 관리자의 요구와 인정(6), 행정업무를 통한 교사평가 문화(1), 학교의 규정과 규칙(1)	학교관리자의 요구

7) 연구 참여교사들 간에 승진형을 어떻게 보아야 할 것인가에 대한 약간의 이견이 있었다. 승진형을 긍정적 유형으로 보아야 한다는 소수의견이 있기도 하였지만, 대부분의 교사들은 승진을 준비하는 교사들이 승진을 준비하는 과정에서 보여 주는 행동들에 부정적인 측면이 더 많다는 데 동의하였고, 실제 자기보고서에 나타난 승진에 관한 기술 내용 중에도 부정적으로 판단되는 측면이 더 많아 부정적 유형으로 분류하였다.

교과형으로의 변화는 교사들의 교직관이 가장 큰 영향을 주고 있으며, 인성형으로 변화는 버릇없고 무질서하며 부적응 행동을 보이는 아이들과의 만남으로 인하여 이루어진 경우가 많았다. 또한 조직형과 업무형으로의 변화는 학교관리자의 요구 및 인정요인과 열악한 학교환경 개선 의지가 가장 큰 영향 요인으로 나타났다. 중등 교사들의 교직발달유형 변화에 긍정적인 영향을 준 학생, 연수 등 자기계발, 열악한 학교교육환경 의지, 학교 관리자의 요구 등에 관한 사례를 예시하면 다음과 같다.

■■■ 교직경력 15년이 넘었지만 그런 아이들은 처음이었다. 열린교육 1세대라고 하는데 수업 시간에 산만한 것은 둘째 치고, 남학생 교실은 쓰레기통이고 교실은 날마다 전쟁터라고 해야 옳았다. 떠들고 수업 중 돌아다니는 아이도 있고, 잡담도 심하고 선생님의 이야기에 빈정거리는 등 수업을 방해하는 요소가 많았으며, 선생님에 대한 존경심이라고는 없는 아이들이 반은 되었던 것 같다. 그런 아이들을 접하면서 절망스럽기도 하고 안타깝기 그지 없었다(G교사).

■■■ 대학원에서 상담을 공부를 하면서 많은 것을 느꼈는데 그중 하나는 전 교사가 상담을 배울 필요가 있다는 것이다. 그동안 많은 학생들에게 무의식중에라도 상처를 주었겠다는 생각이 들었다. 학교 어느 곳에서 마주쳐도 학생들이 달려와 인사하고 심지어 엄마라고 부르기도 하는 것을 보면서 작은 기쁨을 맛보고 있다(K교사).

■■■ 교장선생님은 신설학교의 교장으로 책임감도 있으셨고 자신의 자리에서 무언가 업적을 내고 싶어 하셨으며, 학교를 위해서 여러모로 애쓰셨지만 교사의 희생을 요구하는 일이 무척 많았다. 그 예로 운동장 돌 줍기, 한여름에 학교 옆 하천에서 물 길어 운동장가에 있는 나무에 물주기, 나무 및 잔디심기 등을 아이들과 함께 해야 했다. 또한 신입생을 유치하여 미달을 막고, 성적이 우수한 학생들을 끌어오기 위한 목적으로 인근에 있는 중학교 선생님들을 접대하는 행사를 배구대회 등의 이름을 빌려 한두 달에 한 번 정도 하였다(G교사).

(2) 부정적인 유형으로의 변화에 대한 영향 요인

부정적인 방향으로의 변화에 영향을 주는 요인은 가정 요인, 학교관리자 요인, 학생 요인, 외부 요인 등 긍정적 영향 요인에 비해 상대적으로 더 다양하게 나타났다.

특히 여교사들의 경우에 임신, 출산, 육아 요인이 발생한 경우에 대부분 자기형, 유유형, 소진형 등 부정적인 유형으로 변화하는 것으로 나타났다. 또한 투쟁형의 경우는 시대적 상황과 같은 외부 요인의 영향과 비민주적인 학교운영과 부조리와 학교 내부의 요인이 동시에 영향을 준 것으로 밝혀졌다. 그 외 학교관리자의 영향이 지속적으로 나타나고 있었다.

〈표 7-7〉 부정적 교직유형으로의 변화 영향 요인

(빈도)

구분		영향 요인	핵심 요인
부정적 변화 유형	자기형	구조적 문제해결 한계 인식(1), 교감(1), 임신, 출산, 육아 문제(6),	임신, 출산, 육아 등 가정 요인
	유유형	기초학력 부족한 학생(1), 학교장과 교감(1), 보직임명 후 여유시간(1), 결혼, 출산, 양육(1),	학생, 관리자, 가정 요인 등
	투쟁형	전교조의 결성과 학교 변화 의지(3), 학교장의 부조리와 비민주적 학교운영(4), 어려운 가정환경의 영향(1)	학교장 등과 같은 학교운영 요인 전교조의 결성
	승진형	동료 교사의 영향(1), 주위 사람들의 권유(1), 관리직에 대한 새로운 인식(3), 승진을 명예롭게 생각하는 교단문화(2),	관리직에 대한 새로운 인식과 승진문화
	소진형	과다한 행정업무에 지치고 부당한 전보(1), 변한 학교문화(1), 학교장(1), 학생에 대한 실망(1), 결혼과 출산(1)	학생, 관리자, 업무, 학교문화, 가정 요인 등

중등 교사들의 교직발달유형의 변화에 부정적 변화 영향을 주는 것으로 나타난 여교사의 가정 요인과 학교장의 부조리 혹은 비민주적 학교운영에 관한 대표적 사례는 다음과 같다.

■■■ 결혼을 해서 가정을 갖다 보니 내 아이를 낳아서 키우게 되었다. 가정 일이 바쁘다 보니 학교 일은 소홀히 하게 되었다. 우선시하는 것이 가정이었고 개인적인 일이었다(H교사).

초임시절에 '교과형'이었던 교직유형이 '투쟁형'으로 바뀐 것은 학교 내에서의 여러 가지 구조적인 문제들을 겪으면서였다. 우선 교장의 비민주적인 학교운영 형태이다. 또 하나의 구조적인 문제는 서무실과 교장의 비리였다(B교사).

■■■ 교장은 초등교사를 지낸 장학사 출신인데 학부형들과 먹고 마시고 하는 일에 열중하는 아주 단순하고 성격 좋은 사람이었다. 교감은 체육교사로 술 먹고 사고 쳐서 어떤 섬으로 나갔다가 벽지 점수 왕창 따고 와서 교감으로 승진하여 우리 학교로 오신 분으로 투철한 교직관이나 철학은 가지고 있지 않고 그저 좋은 것이 좋은 것이고 먹는 것과 대접 받는 것이 교감의 최고의 권위로 생각하는 사람이었다. 따라서 수업보다는 행사, 수업을 빼먹어 가면서까지 축제 준비를 하였다(I교사).

5 요약 및 결론

본 연구의 목적은 중등 중견교사들의 교직발달유형의 변화 양상을 밝히는 데 있었다. 연구대상은 충남과 경기지역 중등학교에 근무하는 40대 남녀 교사 15명이었으며, 자료수집 기간은 2005년 6월부터 동년 8월 말까지였다. 주요 연구방법은 집단면접과 자기보고서 작성이었으며, 연구결과의 타당성을 제고하기 위해 연구 참여교사 및 질적 연구 경험이 있는 교육학전공 교수 2명과 집단토론회를 가진 바 있다. 주요 연구결과는 다음과 같다.

첫째, 우리나라 중등 중견교사들의 삶의 과정에는 교과형, 인성형, 조직형, 업무형, 투쟁형, 유유형, 자기형, 승진형, 소진형 등 아홉 가지 정도의 교직발달유형이 출현하는 것으로 나타났다.

둘째, 우리나라 40대, 교직 경력 15~25년 사이의 중견교사로 성장하기까지 중등교사들의 교직발달유형은 교직 경력 약 3.9년의 주기로 평균 4.8번 정도 변화하는 것으로 나타났다.

셋째, 중등 중견교사들의 교직발달유형이 크게 약 4~5년의 주기로 3~4번의 변화를 경험하는 중기변화형과 2~3년의 주기로 5~7번의 변화를 경험하는 단기변화형 두 가지 유형으로 출현하고 있었으며, 단기변화형이 중기변화형에 비해 약 1.5배 정도 많았다.

넷째, 우리나라 중등교사들은 교직입문 후 1~2년 기간은 교과형이 압도적으로 많았다. 그러나 입문 후 3~12년 기간 동안에는 학교발전과 주어진 업무에 헌신하는 조직형 및 업무형과 아이들을 잘 가르치는 데 주력하는 교과형 및 교육체제의 변화를 위한 투쟁형 등으로, 입문 후 약 12~13년 이후에는 승진형, 인성형, 유유형으로 분기하는 것으로 나타났다. 즉, 입문 후 약 10년 정도는 대체로 아이들 교과교육과 학교조직 발전을 위해 노력하지만, 12~13년 정도가 지나면 승진과 인성지도에 관심을 보이거나 유유자적하며 지내는 유형이 많아짐을 알 수 있었다. 다만, 교직 입문 후 약 2~3년이 경과한 시기부터 교직 경력 약 16~17년 기간에 걸쳐 소진형이 간헐적으로 출현하고 있는 점이 특기하다.

다섯째, 우리나라 중등교사들의 교직발달은 순차적으로 발달하며 다양한 유형으로 분기해 나가지만 같은 유형이 다시 출현하는 경우가 거의 없는, 일종의 순차적 복합분기형으로 발달해가는 것으로 나타났다. 이는 교직발달에 관한 대부분의 선행연구들이 교사들의 교직발달을 반복 순환적이고 역동적인 과정으로 설명하고 있는 것과는 사뭇 다른 내용이어서 주목된다. 또한 본 연구의 결과를 중등 중견교사들의 교직발달에 어떤 공통된 순차적 단계가 있다는 박찬주 · 심춘자(2002)의 연구결과와 여러 단계들이 혼재하며 순환적이고 역동적으로 나타난다는 백승관(2003)의 연구결과와 비교하여 볼 때, 중등 중견교사들의 교직발달 변화 과정에 어떤 공통된 유형이 순차적으로 나타나거나 여러 유형들이 순환적이고 역동적인 과정으로 나타나기보다는 다양한 유형이 순차적으로 출현하는 것으로 나타난 점이 새롭다.

여섯째, 긍정적인 유형으로의 변화에 영향을 주는 요인은 크게 학생, 연수 등 자기계발, 학교관리자의 요구 등 세 가지로 나타났으며, 부정적인 방향으로의 변화에 영향을 주는 요인은 가정 요인, 학교관리자 요인, 학생 요인, 외부 요인 등으로 나타났다. 특히 여교사들의 경우에 임신, 출산, 육아 요인이 발생하는 경우에 대부분 자기형, 유유형, 소진형 등 부정적인 유형으로 변화하는 것으로 나타났다.

이러한 본 연구의 결과는 15명의 중등교사를 대상으로 한 것이기 때문에 연구결과의 일반화에는 한계가 있다. 또한 지역적으로 충남과 경기지역에서 근무하는 교사들을 대상으로 하였기 때문에 학생, 학부모, 교육여건 등에 있어 차이가 많을 것으로 보이는 다른 지역의 교사들에게 적용하는 것에도 무리가 있다고 판단된다. 본 연구의 한계이다. 그럼에도 불구하고 본 연구는 다음과 같은 측면에서 그 의의가 있다고 생각한다.

첫째, 학문적인 측면이다. 교사발달 연구에 있어 단계별 연속형적 관점과 유형론적 관점을 함께 고려한 통합적 접근을 통하여 우리나라 중등교사들의 교직발달 연구에 적용될 수 있는 새로운 교직발달유형을 찾아내고 있다는 점이다. 또한 본 연구는 선행연구결과와 현장 교사들과의 집단면접을 통해 중등교사들의 교직발달유형을 도출한 다음 그 유형들을 적용한 질적 접근을 사용하고 있는바, 이는 연구방법면에서 하나의 새로운 시도라고 할 수 있다고 본다.

둘째, 교육정책과 학교경영의 측면이다. 본 연구결과는 교육정책과 학교경영의 측면에서 중등교사들의 인사관리와 전문성개발 정책에 의미 있는 시사점을 줄 것으로 예상된다. 본 연구에서 밝혀진 중등교사들의 교직발달유형의 변화 양상과 그 영향 요인은 다양하게 변화하는 교사들의 삶에 대한 이해, 교사들에 대한 지원, 교직단계별 동기부여 방법, 학교행정가의 역할 수행, 학교개선의 방향, 학교문화 변화의 전략, 교원인사정책 수립 등에 있어 의미 있는 시사점을 줄 수 있을 것으로 보이기 때문이다. 특히 교직 입문초기의 교과형이 교직 경력이 길어지면서 소멸되는 반면 행정적인 일이나 승진 그리고 가정 중심적인 유형이 많아지는 경향은 교육공간으로서의 학교의 기능을 생각할 때 바람직하지 않은 현상이다. 교직경력이 길어지면서 교과형이 소멸되는 원인에 대한 보다 심층적인 연구와 함께 교과형이 지속 내지는 강화될 수 있도록 하는 교사 및 학교행정가들에 대한 연수, 평가, 승진제도 확립이 필요한 것으로 판단된다. 또한 교사들의 교직발달유형 변화 빈도와 근무한 단위학교 수 간에 일정한 관련이 있어 보이는바, 본 연구에서 밝혀진 아홉 가지 교직발달유형을 적용하여 교사들이 재직하는 단위학교의 수준과 유형 혹은 근무지역과 교사들의 교직발달유형 간의 관계를 실증적으로 밝히는 일은 우리나라 교사들의 교직발달유형을 이해하는 데 있어 의미 있는 후속연구가 될 것으로 생각된다.

제 8 장 중등 여교사들의 삶의 변화 과정과 행정적 함의에 관한 연구

1 들어가는 말

교사들의 교직에서의 삶을 단기적인 시각에서 보면, 일견 정해진 틀 속에서 반복적인 주기로 진행되는 단조로운 것으로 보인다. 또한 교단에서의 삶의 경험이 누적되어 갈수록 3월 새 학기부터 시작되는 많은 교육활동은 법규와 규정 그리고 관례에 의해 이루어지는 연례적인 행사로 인식되기도 한다. 그러나 장기적인 관점에서 보면, 교사들의 교직에서의 삶은 매우 역동적이고 다면적인 성격을 가지고 있다. 교사들의 교직에서의 삶은 시간의 흐름과 함께 변화하며, 그 변화의 양상과 질적 특성에 따라 다양한 단계를 거치기도 하고 여러 유형으로 발전하기도 한다.

또한 교사들의 교직에서의 삶의 변화는 학생들의 교육에 직접·간접적인 영향을 미친다. 교사들의 삶의 지향점과 초점의 변화는 그들의 한정된 시간과 에너지 사용의 변화를 가져오고, 그것은 다시 교사들의 직업적 만족과 학생들의 교육적 성취에 관련될 수밖에 없기 때문이다. 교사발달에 관한 연구들이 꾸준히 이루어져 온 주된 이유도 교사발달의 유형과 변화 양상이 교직에서의 뿌듯한 즐거움을 느끼며 헌신하는 교사, 그러한 교사와 더불어 의미 있는 성장을 하며 기뻐하는 학생을 위한 정책 및 행정과 밀접한 관계가 있다고 보기 때문일 것이다.

---

* 이 논문은 충북교육학회(2006). 충북교육학 연구 제9권 1호에 게재된 것임.

본 연구에서는 특히 중등 여교사들의 삶의 변화 과정에 관심을 갖는다. 이러한 점에 주목하는 이유는 두 가지이다. 하나는 중등 여교사들이 경험하는 삶의 사건, 삶의 주기와 내용, 교직에서의 목표, 인간관계의 양상, 업무수행에 대한 태도 등이 교직발달에 영향을 줄 가능성이 크다는 점이며, 다른 하나는 우리나라 중학교와 고등학교 여교사의 평균 비율이 2004년 현재 약 61.5% 수준이며(교육인적자원부 · 한국교육개발원, 2004: 96) 중등교사 임용시험에서의 여성 합격자 비율이 1999년 기준으로 80%를 넘어선(조선일보, 2000. 1. 22)이래 그 비율이 점차 높아지고 있어 중등학교의 여성화가 이미 상당히 진행되고 있다는 점이다.

물론 중등학교에 여교사가 많아진다는 사실은 순기능적인 측면을 갖기도 하고 역기능적인 측면이 있을 수 있다. 예컨대, 여교사들이 갖는 여성으로서의 정서적 풍요로움과 따뜻함, 교육적 상호작용에서의 섬세함과 자상함, 치밀한 수업준비 등은 순기능적인 예가 될 수 있을 것이다. 또한 역기능적인 측면으로는 학생들의 성 역할 모델 학습기회의 제한, 가정과 직장의 조화로운 양립의 어려움(김인숙, 1995), 학교업무에 대한 소극성 등을 가정할 수 있다.

이러한 교단의 여성화에 주목하고, 여교사의 기혼 여부에 따른 역할수행과 갈등(유남순, 1999; 김경순, 2000), 여성화 경향에 따른 학교현장 실태 분석(민무숙, 2000) 혹은 그 문제점(한은숙, 1997), 성역할 교직문화(우은복, 1999), 학교행정직 진출 지향욕구와 영향요인(신갑선, 1998; 한성신, 2004), 여교사의 자기개발 참여(정주리, 2000) 및 여교사의 삶과 문화(박미옥, 2003) 등과 같은 여교사에 관한 연구들이 이루어져 오고 있기도 하다. 그러나 여교사에 관한 이들 선행연구들은 여교사의 삶이나 직무수행 측면에 있어 새로운 사실들을 밝히고 있다는 점에 그 학문적 의의가 적지 않지만, 교단에서의 여교사들의 삶이 시간의 흐름에 따라 어떤 양상으로 변화되는지에 대한 폭넓은 정보를 주지 못하는 한계를 가지고 있다.

세월이 가면서 여교사들의 교단에서의 삶도 변화하기 마련이다. 삶의 변화와 함께 교단에서의 주된 관심 내용도 변화하고 열정도 달라진다. 또한 여교사들의 삶의 변화는 아이들의 교육에 영향을 줄 수밖에 없기 때문에, 여교사들의 삶의 변화 양상은 여교사 관련 교육정책과 단위학교 행정에 중요한 의미를 내포하고 있다. 따라서 중등 여교사의 삶을 더 잘 이해하기 위해서는 시간의 흐름에 따른 여교사들의 삶의 변화 과정을 이해할 필요가 있다고 본다. 이러한 문제의식에 따라, 본 연구에서는 중등 여교사들의 삶의 변화 과정을 밝히고 그 행정적 함의를 탐색하는 데 연구의 목적을 두며, 구체적인 연구문제는 다음과 같다.

첫째, 중등 여교사들의 삶의 변화 과정은 어떠한가?

둘째, 중등 여교사들의 삶에 변화 과정이 단위학교 행정에 갖는 함의는 무엇인가?

2 선행연구 검토

우리나라 여교사에 관한 선행연구들은 여교사의 직무수행 수준과 갈등에 관한 다수의 연구와 여교사의 교육행정직 진출 혹은 여교사의 문화에 관한 소수의 연구로 대별할 수 있다. 여교사의 직무수행에 관한 연구는 다시 여교사 전반을 대상으로 한 연구와 미혼 여교사와 기혼 여교사 간의 직무수행 차이에 관한 연구로 나누어진다. 여교사의 직무수준과 직무수행 과정에서 발생하는 갈등에 관한 연구는 여교사의 능력이 남교사에 비해 낮다거나 기혼 여교사가 그 수행해야 하는 다중역할 때문에 미혼 여교사에 비하여 낮다는 검증되지 않은 고정관념을 깨거나, 여교사 혹은 기혼 여교사의 능력이 남교사 내지는 미혼 여교사에 비해 결코 낮지 않다는 사실을 입증하는 일종의 방어적 연구로 보인다. 또한 여교사가 수행하는 직무의 다중성을 밝히고 갈등을 유발하는 원인을 규명함으로써 여교사의 근무여건 개선이나 직무 효율성 제고에 기여할 목적으로 이루어진 연구들이다. 이러한 유형의 연구들은 1980년 이후 비교적 꾸준히 이루어져 온 것들이며, 최근에 여교사의 삶과 문화에 관한 연구나 여교사의 비율이 크게 증대되어 온 현실에 비추어 여교사의 교육행정직 진출 기회 정도와 그 저해요인에 관한 연구들이 출현하고 있는 양상을 보여 주고 있다.

1) 여교사의 직무수행 수준과 갈등에 관한 연구

여교사의 직무수행 수준에 관한 연구들을 보면 여교사의 직무수행 능력이 남교사에 비하여 낮지 않을 뿐 아니라 교육활동 영역에 따라서는 남교사보다 높다는 사실을 알 수 있다.

예컨대, 박아청(1994: 29-31)은 대구시내 초, 중등 교사 300명을 대상으로 한 교사들의 학생관, 수업관 및 생활지도에 대한 교사들의 인식조사를 실시한 바 있다. 그 결과 여교사들은 수업에 대한 태도에 있어 남교사들보다 적극적이고 열심이며, 여교사들은 여교사가 증가한다고 하여 수업에 대한 교사의 열의에 문제가 일어날 것이라는 우려는 기우에 지나지 않는다고 생각하고 있는 것으로 나타났다. 그러나 교사로서의 자질에 대한 자아 인식은 남교사의 88% 이상이 우수하다고 반응한 반면, 여교사의 90% 이상이 보통이라고 응답함으로써 여교사가 남교사에 비해 떨어지는 것을 볼 수 있다. 또한 여교사들은 남교사에 비하여 가르치는 일을 좋아하는 정도가 상대적으로 낮으며, 수업에 임하는 태도는 진지하고 열의가 있으나 교사 자신이 학생들로부터 존경을 받고 있다는 생각이나 교사로서의 능력에 대한 지각은 남교사에 비해 낮은 것으로 나타났다.

2000년 이후에 들어오면 이러한 여교사에 대한 인식은 많이 바뀐 것으로 나타난다. 즉, 여교사의 직무수행 능력에 대한 인식과 실제의 직무수행 수준은 남교사에 비해 낮지 않지 않으며 교육활동 영역에 따라서는 남교사보다 높은 것으로 밝혀지고 있다. 예컨대, 서울지역 일반계 고등학교 교사 332명을 대상으로 한 김인혜(2002)의 연구를 보면, 여교사들은 생활지도, 행정업무, 학교행정가 혹은 학부모와의 관계에서는 남교사에 비해 역할수행 수준이 낮지만 학습지도와 학급경영 영역에서는 남교사보다 높다고 인식하고 있음을 알 수 있다. 이러한 경향은 전남지역 초, 중등학교 교사 272명을 대상으로 한 장문희(2003)의 연구에서 다시 확인되고 있다. 장문희의 연구를 보면, 여교사의 직무수행 수준은 평균 5간 척도에서 평균 3.39로 비교적 높은 편이었다. 특히 교과지도 영역이 높았으며 그 다음이 생활지도 영역이었다. 그러나 학교생활이나 인간관계 영역은 상대적으로 낮은 것으로 나타났다. 교육경력에 따라 차이가 없었지만 근무지역에 따라서는 통계적으로 의미 있는 차이가 있었다. 즉, 교과지도 영역, 생활지도 영역, 인간관계 영역에서 보면, 면 단위 이하가 중소도시보다 여교사의 교과지도 영역 직무수행에 대한 인식이 높은 것으로 나타났다.

또한 여교사의 결혼 여부에 따른 직무수행 수준의 차이를 분석한 연구들은 여교사의 결혼이 교사로서의 직무수행 수준을 떨어뜨리지 않으며, 오히려 기혼 여교사가 미혼 여교사보다 직무수행 수준이 높은 경향을 나타내고 있다. 김경순(2000: 39-41)은 충북지역 초, 중등 교사 350명을 대상으로 초등학교와 중등학교, 기혼 여교사와 미혼 여교사 간의 직무수행에 차이가 있는지를 밝히고자 한 연구를 수행한 바 있다. 그 결과, 초등학교와 중등학교 미혼 여교사의 직무수행에는 의미 있는 차이가 없었지만, 초등학교 기혼 여교사가 중등학교 기혼 여교사보다 전체적인 직무수행 정도가 높은 것으로 나타났다($p < .01$). 학습지도 영역에서는 중등학교 기혼 여교사가 초등학교 기혼 여교사보다 의미 있게 높았으며($p < .01$), 생활지도와 학급경영 영역에서는 초등학교 기혼 여교사가 중등학교 기혼 여교사보다 의미 있게 높았다($p < .01$). 그러나 초등학교와 중등학교 모두 기・미혼 여교사 간의 직무수행에는 의미 있는 차이가 없는 것으로 나타나고 있어, 전체적으로 기혼 여교사가 미혼 여교사에 비해 다중역할로 인한 부담감과 갈등으로 전문직으로서 교사의 역할에 열중할 수 없을 것이라는 부정적 인식이 잘못된 편견이라는 주장을 하고 있다. 한 발 더 나아가 심순아・정복분(2004)의 연구는 자녀가 많은 기혼 여교사가 자녀가 적은 기혼 여교사보다 직무수행 수준이 더 높다는 사실을 밝히고 있기도 하다. 즉 심순아와 김옥분의 연구에 따르면, 자녀가 3명인 여교사가 자녀가 1~2명인 여교사보다 직무수행 수준이 높았다. 즉, 자녀 수가 많을수록 학습지도, 생활지도, 연수활동, 인간관계, 사무관리에서의 직무수행이 높은 것으로 나타난 것이다.

한편, 최근에는 여교사가 교직생활 과정에서 경험하는 스트레스와 갈등에 관한 연구들이 출현하고 있다. 진기남 외(2002)는 서울 시내 인문계 고등학교의 기혼 여교사 225명을 대상으로 한 연구에서 여교사들의 갈등 원인은 자녀로부터 받는 기대수준이 다른 경우에 비해 높게 나타났으며 부모 역할에 대한 부담이 가장 높았다. 반면 배우자 역할에 대한 부담 정도가 가장 낮았다. 또한 기혼 여교사의 스트레스 수준은 정신적, 신체적 측면에서 모두 낮았다. 스트레스에 영향을 미치는 일관된 요인은 배우자 역할 수행에 관한 평가였다. 즉, 자신이 배우자 역할을 잘 수행하고 있다고 평가할수록 스트레스 수준이 낮았다. 이 외에 교사 역할의 수행에 대해서 긍정적인 평가를 하거나 부모역할에 대한 부담이 적을수록 스트레스가 감소하였다. 또한 인천지역 공립 중등 여교사 212명을 대상으로 한 연구에서 정현실(2002)은 2명 이상의 자녀를 둔 기혼 여교사 집단이 0~1명의 자녀를 둔 기혼 여교사 집단보다 더 높은 갈등을 느끼고 있었다($p < .001$). 30세 미만 기혼 여교사 집단($M=2.91$)보다 30세 이상 40세 이하의 기혼 여교사 집단($M=3.33$)이 일반적 갈등을 많이 느끼는 것으로 나타났다(pp. 17-18). 반면 2명 이상의 자녀를 둔 여교사들($M=3.42$)이 0~1명의 자녀를 둔 여교사들($M=3.20$)보다 업무만족도가 높은 것으로 나타났으며, 40세 이상의 기혼 여교사집단($M=3.46$)이 30세 미만 기혼 여교사 집단($M=3.12$)보다 담당직무에 대하여 만족하는 것으로 나타났다($p < .001$).

2) 여교사의 문화와 교육행정직 진출에 관한 연구

1990년 이후 교사문화에 관한 연구들이 증가하고 있지만, 여교사만을 대상으로 한 연구는 박미옥(2003)의 연구 정도에 그치는 것으로 판단된다. 박미옥의 연구에 따르면, 중학교 여교사들은 '가장 중요하고 노력한 만큼 효과가 있다고 생각하지만 준비시간이 부족하고 부담스러운 일(수업)', '내 새끼처럼 뒷바라지하기(담임)', '합리적으로 운영되기를 바라지만 소극적으로 대처하기(행정업무)', '수업을 방해하고 생활의 여유를 갖지 못하게 하면서도 가장 많은 시간을 투자해야 하는 일(수업 외 업무)', '적당한 거리를 두고 지내며 순종하는 척하기(학교장과의 관계)', '같은 길을 가면서도 동반자라고 느끼면서 갈등 상황에서는 그냥 두고 지내기(동료교사와의 관계)', '짝사랑하기(학생과의 관계)', '교육의 주체로 인식하지만 적당한 선 지키기(학부모와의 관계)', '필요하다고 느끼고 노력하지만 현실적으로 쉽지 않은 일(자기계발)', '교사 역할과 엄마 역할 사이에서 갈등(육아)', '힘들지만 잘해 내려는 슈퍼우먼 콤플렉스(가사)' 등과 같은 문화적 원리를 형성하여 적용하고 있는 것으로 나타났다.

교사문화의 범주에 포함하기는 어렵겠지만 교사문화를 이해하는 데 시사적인 연구로는 현직교사의 자기계발 평생학습 참여에 관한 정주리(2002)의 연구를 들 수 있다. 교육대학원에 재학 중인 교직경력 8년의 국어 교사를 대상으로 한 이 연구결과를 보면, 여교사의 일상생활은 교사, 주부, 부모, 아내 등의 다중역할로 인하여 매우 바쁘기 때문에 여교사가 자기개발 평생학습을 위해 투자하는 것이 결코 쉽지 않다는 것을 잘 보여 주고 있다. 특히 가정에서는 자기를 위한 시간보다는 가족을 위하고 가정을 관리해야 하는 일들로 많은 시간을 보내야 하기 때문에 자기개발을 위한 시간 마련이 결코 쉬운 일이 아니다. 새벽시간이나 주말을 이용하여 자신의 시간을 마련하거나 남편의 도움도 적절하게 잘 활용하고 있다. 학교에서는 수업이 없는 시간을 이용하여 자기개발 시간을 마련하고 있었는데 이 시간 역시 여러 가지 업무들로 인해 항상 여유 있게 주어지는 것이 아님을 볼 수 있다.

그 외 여교사들의 교육행정직 진출에 관한 연구들이 있다. 한성신(2004)은 여교사들의 교육행정직 진출을 촉진하는 요인과 저해하는 요인으로 구분하고 그 요인들을 심층면접과 설문조사방법을 사용하여 밝히고 있다. 한성신의 연구에 따르면, 여교사들의 교육행정직 진출을 촉진하는 요인으로는 교직에 대한 사명감, 나이에 맞는 자리, 교감이나 교장으로 승진해야만 능력 있는 교사라는 주위의 인식, 지속적인 자기개발 의지와 승진에 대한 열망(심리적 요인), 남편의 이해와 격려, 가사와 양육의 협조(가정적 요인), 여성으로서의 리더십 필요, 능력으로 평가 받는 풍토, 자기개발을 장려하는 환경(학교요인)을 제시하고 있다. 반면 저해요인으로는 승진은 남자가 하는 것이라는 편견, 경쟁에서 도태될 때에 예상되는 좌절감, 소극적 성격(심리적 요인), 자녀 양육의 걸림돌, 가족과 함께하는 시간 부족(가정적 요인), 남교사 우대 풍토 잔존, 교육과 행정의 역할에 대한 갈등, 친목활동에 소극적 태도(학교요인) 등을 제시하고 있다. 서승미(2004)도 여교사들의 교육행정직 진출 의식이 학력이 높을수록 높지만 가정과 직장의 이중 역할 부담과 현행 승진 규정상 여교사의 불리함에 대한 인식으로 교육행정직을 기피하는 경향이 아직 있음을 밝히고 있다.

전체적으로 보아 한국 여교사에 관한 지금까지의 연구들은 여교사들의 교직생활에 대한 의식, 직무수행 자질과 능력, 직무수행 과정에서 겪는 스트레스와 갈등, 문화, 교육행정직 진출 기회에 대한 의식과 그 촉진 및 장애요인 등을 중심으로 이루어져 오고 있음을 알 수 있다. 이러한 연구 경향은 여교사들의 삶에 대한 종단적이고 심층적인 이해, 여교사들이 보여 주는 다양한 교육활동의 특징과 그 교육적 효과, 여교사들의 직무행동과 개인적·집단적 심리요인, 교직활동의 환경 요인들과의 다양한 관계성을 밝히는 연구가 필요함을 시사하고 있다.

3 연구의 방법

1) 연구대상

본 연구의 대상은 교직경력 약 15~25년 사이인 5명의 공립 중등 여교사들이다. 공립 중등교사들의 경우, 중학교와 고등학교를 오가며 근무하기 때문에 그 구별은 두지 않았지만 연구대상 학교를 지역적으로 통제하고 자료수집의 편의성으로 인하여 경기도와 충청남도 지역에 근무하는 중등 여교사들을 대상으로 하였다. 또한 본 연구의 대상이 된 중등 여교사들은 본 연구자와 약 10여 년에 걸쳐 지속적인 교류를 유지해 온 교사들이기 때문에 연구의 목적을 달성하는 데 필요한 라포가 어느 정도 형성되어 있었다.

연구 참여 교사들의 면모는 〈표 8-1〉과 같다. 〈표 8-1〉에서 보는 바와 같이, 본 연구에 참여한 교사들의 평균 연령은 약 44.4세이며, 평균 교직경력은 18.8년이다. 부장교사가 2명이고 평교사가 3명이다. 평균 총 근무학교 수는 약 5.4개 학교인 것으로 나타났다.

〈표 8-1〉 연구 참여교사들의 배경적 변인

성명	성별	연령	전공	교직경력	현 직위	총 근무학교 수
A교사	여	47	음악	18	부장교사	4
B교사	여	47	가정	22	교사	8

C교사	여	47	가정	23	부장교사	5
D교사	여	42	공통사회	16	교사	6
E교사	여	39	국어	15	교사	4
평균		44.4		18.8		5.4

2) 자료수집 방법

본 연구의 주요 연구방법은 교직발달 자기보고서 분석 방법이다. 자기보고서를 작성함에 있어 교사들이 자신의 지난 삶을 과장 혹은 미화하지 않도록 각별한 배려를 해 주도록 요청하였다. 자기보고서 작성은 첫째, 입문에서부터 지금까지 교단생활을 해 오면서 교단생활의 주된 관심사를 중심으로 상호 구별되는 시기를 설정하고, 둘째 시기마다 삶과 그 주된 관심사를 자유롭게 기술하는 형식을 취하였다. 이에 기초하여 2005년 6월 말부터 동년 8월 말까지 자기보고서가 작성되었으며 5명의 중등교사들이 작성한 자기보고서 분량은 A4 용지로 교사 1인당 평균 10매 총 50매였다.

3) 자료의 해석

본 연구에서 사용한 자료는 수집단계에서 이미 구조화되어 있었기 때문에 자료를 해석하는 데 있어 연구방법론적으로 특기할 만한 점은 없다. 본 연구자가 자기보고서를 반복하여 읽고 해석하였으며, 본 연구자의 해석의 주관성을 최소화하기 위해 2005년 9월 초에 연구 참여교사들로 하여금 해석 결과를 윤독하여 해석의 타당성을 확인하게 하고 필요한 부분을 보완하였으며, 최종적으로 질적 연구 경험이 있는 교육학 전공 교수 2명과 함께 그 타당성을 확인하였다.

4 연구의 결과

1) 중등 여교사들의 삶의 변화 양상

무릇 모든 조직에서의 사람들의 삶이 조직 내·외적인 다양한 요인들과의 상호작용을 하며 영위되듯이, 중등 여교사들의 삶은 재직하는 학교의 특성과 여건, 교사 개인의 성격과 교단생활에 대한 소명의식 및 기대수준, 교사들에 대한 사회의 시각과 교육풍토 등의 영향에 의해서 여러 모습으로 나타날 수 있다. 실제, 본 연구의 대상이 된 여교사가 5명에 불과하였음에도 불구하고 이들 중등 여교사들의 삶의 변화 과정에 어떤 일관된 흐름을 찾기가 쉽지 않았다. 그럼에도 불구하고, 중등 여교사들의 대체적인 삶의 흐름을 이해할 수 있는 다음과 같은 세 가지 변화 양상이 나타났다.

(1) 교직경력 1~5년 : 교과를 잘 가르치는 데 전념하고자 하는 삶

중등 여교사들이 교단에 입문하여 보내는 처음 1~5년 기간은 교과수업에 전념하고자 하는 삶이라고 할 수 있다. 교과를 잘 가르치는 일이 교사의 가장 중요한 역할이라고 생각하고, 그러한 자신의 노력이 좋은 교과 성적으로 나타난다고 믿으며 아이들을 독려하는 시기이다. 잘 가르치려는 마음이 앞서, 아이들을 교육학적 안목으로 읽어 내지 못하고, 오히려 교사 자신의 의욕과 바람에 의해 일방적으로 아이들에게 잘 가르치려는 모습을 보여 주기도 한다. 다음은 이러한 내용이 드러난 자기보고서 내용이다.

■■■ 첫 발령 후 아이들에게 꿈을 많이 강조하면서 꿈을 이룰 수 있는 길은 학업에 열중하는 길이라 열변을 토하면서 교과교육을 중요시하였다. 1시간을 가르치기 위해서 집에서 3시간은 교재연구로 시간을 보냈다. '어떻게 하면 좀 더 효과적으로, 적절한 예시를 제공하면서 수업을 할까?' '수업의 흐름을 재미있고 활기 있게 할까?'가 주된 관심사였다(B교사).

■■■ 교사로서의 꿈을 키워 왔고 마음만 앞서 열심히 잘 가르치는 것과 내가 맡고 있

는 학급의 성적을 높이는 것이 제일 훌륭한 교사라는 나름대로의 생각으로 학과 수업뿐 아니라 방과 후에 아이들을 남겨 놓고 그날 배운 영어 본문 외우고 가기, 수학문제 풀고 가기 등 실력향상만이 최고의 교사인 것으로 착각하여 아이들을 괴롭힘. 늘 아이들을 남겨 놓고 수업을 더 가르치고, 시험을 보고 하는 중에 우리 반 학급의 평균이 월등하고 다른 학급과 비교되는 등 경쟁이 치열해지자 학부형들의 반응 등 다른 학급 교사들의 원성이 높아져 중도에 포기하게 되었다. 동료교사들의 만만치 않은 시선이 무섭고 견디기 힘든 초임이었다. 왕따 수준으로, 하지만 아이들과는 정말 재미있었고 나에게는 보람된 날들이었다(D교사).

■■■ 첫해를 돌이켜보면 초임이기 때문에 내가 알고 있는 모든 것을 아이들에게 주려고 무리하게 애를 썼던 것 같다. 45분 동안 다 소화하지 못할 분량의 수업을 매일 했고 음악이지만 보충수업까지 하면서 학창시절에 배워야 될 음악이론을 그 당시 다 가르친 것 같다. 또 시험을 보면 학년별로 반 평균을 정해 놓고 평균점수를 맞지 못한 아이들은 1점에 한대씩 계산해서 때리기도 하였다. 많이 맞는 아이는 몇 십대를 맞기도 하였다. 그 당시 교감선생님은 시험을 보면 과목 반평균이나 다른 과목과의 평균을 꼭 비교해서 담당교사에게 이야기하곤 했다. 그리고 이 시절에는 여교사나 동료교사끼리 모이면 주로 아이들 점수 이야기를 했고 공부 잘하는 아이 이야기를 주로 했다(A교사).

초임 시절에 수업에 집중하며 생활하고자 하는 점에서는 동일하지만, 사범교육에 대한 뚜렷한 소명의식의 부족 혹은 수업을 잘하기 위해 필요한 교재연구 시간과 지원이 부족하여 교단생활에 편하게 적응하지 못하는 경우도 있다. 설렘도 적지 않겠지만 낯설고 어렵게만 느껴지는 첫 교단생활에 대한 성공적인 적응은 의례적인 일이 아닐 수도 있기 때문이다. 다음은 그에 해당하는 사례이다.

■■■ 나는 교사에 대한 꿈이나 이상, 그리고 교직에 대한 매력을 못 느낀 채 등록금이 싸다는 것과 졸업 후 취직이 보장되며 여자에게 맞는 학과라는 이유로 아버지의 강권에 못이겨 사범계의 원하지 않는 학과에 진학하였다. 대학 4년 동안 교직 과목은 무척 따분했고 전공과목도 일부과목만 흥미를 느끼는 등 매우 어렵게 보냈다. 처음 발령을 받은 학교는 고향에 있는 H고등학교였다. 낯선 고장이 아니어서 그 지역에 적응하는 어려움은 없었지만 교직에 대한 투철한 사명감은 없고 다만 책임감과 성실하게 임해야 한다는 마음 자세로 시작한 교사생활은 여러 가지 갈등을 가져왔다. 1학년 여학생반 담임으로

교재 준비할 시간도 부족했으며, 담임 반 학급운영도 마음먹은 만큼 하지 못하고 학생들과의 관계에서는 시행착오를 겪곤 했다.

교과서 내용을 잘 알지 못하는 상태에서, 집에까지 가서 교재연구를 해도 겨우 교과서의 내용을 파악하고 교안을 작성하는 정도였다. 수업자료를 찾는다거나 더 나은 수업을 위해 무엇을 한다는 것은 생각도 해보지 못했다. 가정과 교사는 혼자뿐이었고 다른 학교 선생님들과 교류할 기회도 없어 도움을 받을 사람이 없었다. 이때에 내가 가장 알고 싶었던 것은 다른 가정과 교사들은 어떻게 수업을 하며 어떤 실습을 하고 어떤 방식으로 대입준비를 해 주는가 하는 것이었다. 그리고 수업자료를 만든다거나 지도안 작성에 시간이 많이 소요되므로 잘 작성된 지도안과 자료를 구할 수 있다면 하는 바람을 가졌었다. 그러다 보니 어느 때는 학습목표에서 거리가 먼 수업을 하기도 했으며 3학년은 입시 준비 때문에 2학기에는 문제 위주로 수업을 했으나 대입 출제경향을 파악하여 요점 정리해 주는 것도 쉬운 일은 아니었다. 교직 첫해, 충실하지 못한 수업을 했으나 학생들에게 내가 할 수 있는 한 지식과 기능을 가르쳐 주는 데 시간을 많이 투자했던 시기였다(C교사).

(2) 교직경력 5~10년 : 학교발전에 기여하고자 하거나, 가정을 위해 학교생활을 소홀히 하는 삶으로 분기

교직경력 약 5~10년의 중등 여교사들의 삶은 임신과 육아 그리고 보직을 계기로 두 가지 유형으로 분기되는 것으로 나타났다. 하나는 임신과 육아문제를 갖지 않거나 부장교사와 같은 학교보직을 맡은 여교사로서 이 여교사들은 학교발전에 기여하고자 하는 삶을 추구하며, 임신과 육아문제에 봉착한 여교사들은 가정을 위해 학교생활을 소홀히 하는 삶의 양상을 보여 준다. 다만, 임신과 육아문제가 출현하는 시기가 여교사에 따라 다르기 때문에 이 두 가지 삶의 출현 순서는 일정하지 않다.

① 학교조직의 발전에 기여하고자 하는 삶

초임 시기의 어려움을 어느 정도 극복하고 학교문화에 익숙해졌지만 아직 임신과 육아의 문제에 봉착하지 않은 중등 여교사들이나 부장교사로 승진하여 책임이 무거워진 여교사들은 학교조직 발전에 기여하고자 하는 열망을 표출하고 실제 그러한 노력을 많이 하고 있다. 즉, 중등 여교사들이 아이들을 잘 가르치는 데 헌신하는 삶에서 학교조직 발전에 기여하는 삶으로 이행하는 이유는 학교발전에 대한 순수한 열망과 보직에 따른 책임감 그리고 승진 준비 차원, 이 세 가지인 것으로 해석될 수 있다. 다음 사례들은 학교발전에 대한 순수한 열정, 보직교사로서의 책임감, 승진 준비 차원에서 학교발전에 대한 열망으로 삶의 이행하는 경우에 해당한다고 볼 수 있다.

■■■ 시내 중학교에서만 11년을 근무하다 조용하고 평화스러운 학교에 대한 꿈을 갖고 면단위 학교로 이동을 하였다. 시설이나 학생들의 실력, 학부형의 학교에 대한 관심 등 모든 면에 있어서 너무 열악하였다. 아이들이 수업 내용을 이해하지도 못하고 의욕이 없다. 우선 가정방문을 실시하였다. 도대체 아이들 환경이 어떤지, 학부형들은 어떤 사람들인지 궁금하였다. 학급행사를 해도 아이들 반응이 없다. 학급회의를 해도 발언을 하지 않는다. 의욕 없는 아이들과의 싸움으로 기진맥진한 상태다. 포기하고 싶은 마음이 하루에도 서너 번씩 든다. 아무리 주변을 둘러보아도 함께 아이들을 위해서 무엇을 해보자고 할 동료 교사가 없다. 경시대회 지도도 왜 하느냐고 하지 말란다. 여기 아이들은 해도 소용없다고. 프린트를 복사하면 그런 것은 해서 뭐하냐고 행정실 기능직 아저씨까지 시비다. 시간만 있으면 삼삼오오 바다에 물고기만 잡으러 다닌다. 교무부장은 아이들을 위해 다양한 행사들을 하겠다고 하면 꼭 해야 하느냐면서 반대를 한다. 힘들고 외로운 싸움을 시작하였다.

방과 후에도 지도하고 휴일에도 나와서 지도를 하였다. 더디지만 따라오는 아이들이 생겼다. S시 중고등학생 토론아카데미에서 은상을 탔다. 충청남도 사이버 토론대회에서도 은상을 탔다. 드디어 아이들 사이에서 자신감을 갖는 아이들이 눈에 보인다. 이제 영어말하기대회도 나가고 수학경시대회, 과학경시대회도 참가하며 좋은 실적을 거두기도 한다. 힘들었지만 우리 학교는 안 된다는 금기를 깼고, 이제는 다른 학교가 하는 일은 우리 학교도 모두 참가한다. 처음 도서실을 맡은 해에 S시 교육청 지정 독서 붐 조성 우수학교로 선정되어 학교 표창과 상금을 받아 이 돈 역시 도서구입에 썼다. 다음해 도 지정 독서심사학교로 선정되었다. 방학 중 등교 일을 독서의 날로 정하여 운영하고, 매주 토요일 오전 자율학습 시간을 독서시간으로 운영하였다. 독서교육 우수교로 선정되어 교육감표창을 받았다. 방학도 없이 힘들게 일하였지만, 학생들의 독서량 증가와 사고력 향상을 보면서 많은 보람을 느꼈다. 더불어 나도 책을 많이 읽게 되었다. 늘 바쁘다는 이유로 책을 못 읽었는데 이제는 아이들 독서지도를 해야 하니 안 읽을 수가 없는 것이다. S시 학생 토론대회에서 금상을 탔다. 시대표로 도 대회에 참가하게 되었다. 이제 우리 아이들은 하면 된다는 것을 깨달았다. 교육청에서도 학교에 지원을 많이 해 준다. 교육적 성과를 내는 학교가 열심히 하는 학교라고 판단하는 것이다. 학교를 위해 최선을 다한 만큼 개인적으로도 많은 기회를 얻었다. 독서지도와 어머니회 담당, 대학원 진학을 통한 공부, 여러 교육 활동 등은 내게 기쁨과 보람을 주었다. 이전까지 학부형과의 관계에 대해 별로 긍정적이지 못했으나 어머니회를 담당하면서 학교교육에 있어 학부형과의 관계가 얼마나 중요한지 깨닫게 되었다. 어머니회를 활성화시켰으며 학부형들이 학교를 믿고 돕는 관계가 되었다.

그러나 소규모 학교이다 보니 좁은 교무실에서 서로 너무 잘 알 수밖에 없는 환경은 힘이 들었다. 특히, 주변 교사들의 시기와 질투는 학교생활에서 가장 힘든 일이었다. 늘 얼굴을 보고 일을 함께 해야 하는 동료교사들이기에 스트레스를 받았다. 작은 학교일수록 관계가 좋아야 한다. 그러나 상식적이지 않은 한두 교사 때문에 여러 사람이 고통을 당하게 된다. 특히 학교에서 권력을 가진 사람들과 연결되어 있는 사람들이 그럴 때는 속수무책으로 당할 수밖에 없다. 교장, 교감의 눈을 가리고 담합하는 사람들. 공사 구분을 못하고 원칙도 지켜지지 않을 때. 소수의 사람들, 힘이 약한 사람들은 고통을 당하는 것이다. 왕따를 당하는 것이다. 이 학교가 그랬다. 우리 교육에 희망이 없다고 여긴 여교사 한 명이 사표를 내고, 또 한 명의 여교사가 사표를 내겠다고 잠적을 하였다. 꿋꿋한 척하고 살았다. 나를 믿고 따르는 아이들이 있고 소수이지만 아이들을 생각하고 뜻을 같이 하는 교사들이 있기에(E교사).

■■■ S여중으로 전근을 갔다. 이곳에서는 3학년 담임과 1학년 주임, 3학년 주임 2회를 한 시기로 부장교사로서 능력을 인정받았던 시기이다. 교무실에서는 중견교사로서의 위치에 와 있었고 동료교사들이 잘 따라 주어 자신감을 되찾는 시기였다. 그 다음 해엔 3학년 주임을 했다. 주임 경력은 불과 1년 밖에 없는 내가 12개 반의 주임을 맡는 것은 상당히 부담되는 일이었지만 있는 힘껏 일해보자고 대단한 각오로 시작하였다. 가장 먼저 부딪히게 된 일은 보충수업의 문제였다. 현장학습도 주제를 정한 테마여행이 될 수 있도록 했으며, 12개 반 전체가 아닌 학급별 여행으로 반별 현장학습 계획서를 받고, 그것을 힘들어하는 선생님들에게는 아이디어를 제공하는 등 새로우면서 아이들에게 실질적인 여행이 될 수 있도록 하였다. 또한 모든 평가는 스프레드시트 프로그램을 이용하여 입력하고 아이들의 성적을 한 눈에 알아볼 수 있도록 하였으며, 원서접수를 할 즈음엔 500여 명을 지원학교별로 정렬하여 지원 가능성 여부를 파악하고 담임선생님들에게 상담자료로 이용할 수 있도록 하였다. 입시가 끝나고 나서는 독서퀴즈 대회, 카드 만들기, 편지

쓰기, 반별 장기자랑, 알뜰 바자, 특별강연회 등 프로그램을 만들어 자칫 무의미하게 보낼 수 있는 시간들을 선생님들의 협조를 받아 학생들에게 추억이 되고 도움이 되는 시간이 될 수 있도록 하였다.

1학년 주임을 할 때는 야영에서도 교사가 함께 참여해 지도하는 프로그램을 마련해 실시하였고, 동 학년 교사들의 협력을 이끌어 내어 학생지도에 반영하는 등 교사 관리면에서도 열심이었다. 학년주임은 전체 학생들을 이끌어 갈 방향을 학년 초에 선생님들과 정하고 담임선생님과 교과 담임선생님들의 열의를 끌어내어 학생지도를 해야 한다고 생각했다. 또한 관리자와 평교사의 마찰을 줄이기 위해 학년주임은 중간역할과 일 처리를 슬기롭게 해야 하며, 내가 학생들을 대하듯 선생님들을 정성으로 대하면 모두들 하나로 뭉쳐 나를 따라와 주리라 믿었고 그렇게 되었던 시기였다. 다행히 합리적이고 민주적인 교장선생님을 만나 마찰 없이 일할 수 있었으며, 우리를 믿고 맡겨 주신 덕분에 우리는 다양하고 창의적인 생각들을 교육현장에 쏟아 부을 수 있었으며 교육성과도 좋았었다. 주임교사라는 직책을 맡고 그에 합당한 역할을 하기 위해 노력한 3년은 교사들이 힘을 합쳐 함께 교육하면 그 결과도 몇 배로 상승될 수 있다는 것을 알게 된 시기였다. 교수-학습방법은 가정교과 연구회가 결성되어 연구수업 참관을 하며 도움을 받았고, 경험으로 터득한 것이 몸에 배인 시기였다. 개인적으로는 매우 안정된 시기였으며 보람 있는 시간들이었다(C교사).

■■■ 승진을 하리라 마음을 먹었다. 부장점수가 부족하여 선뜻 교무부장을 한다고 나섰다. 연구점수가 부족하여 해마다 보고서를 쓰리라 생각했다. 연구학교도 욕심껏 따올 수 있으면 따오리라 생각했다. 멋진 관리자가 되어 보리라 생각하면서 거의 13시간을 학교에서 생활했다. 4~5년을 오로지 승진을 위해서 올인하리라고 생각하면서 가정의 모든 일을 거의 포기했다. 학교에서 생활하는 시간이 더 많아지면서 가정은 잠자는 곳이었다. 남편이 같은 교사인지라 이해심이 많아서 가정 일은 수월하게 해결할 수 있었다. 매일매일을 보고서와 씨름하고 업무와 씨름하고 관리자와 선생님들 사이에서 조정하느라 어렵고... 왜 이렇게 살까? 하는 생각도 많이 하였다. 그런데 이왕 하기로 마음먹은 것 어렵고 힘이 들더라도 해야지.. 하고 생각하는데 주위에서 날 보고 관리자가 되기가 어렵단다. 이유는 모든 것 버리고 학생들 교육도 뒤로 하고 오로지 승진에 매달려야 한다고... 그것은 내 양심이 허락을 하지 않는다. 아이들을 잘 파악을 해야 가장 훌륭한 관리자가 될 수 있을 것 같은데.. 현재 노력은 하지만 회의가 더 많다(B교사).

② 가정을 위해 학교생활을 소홀히 하는 삶

여교사들이 자녀를 낳고 기르며 화목한 가정생활을 영위하고자 노력하는 것은 어머니로서 또한 아내로서의 귀중한 역할이자 덕목이다. 긍정적인 자녀 양육의 다양한 경험은 자신이 가르치는 학생들을 대하는 마음과 행동에 좋은 영향을 줄 가능성도 많다. 그러나 대부분의 기혼 중등 여교사들은 임신과 육아문제로 적지 않은 어려움을 겪고 있다. 여교사들의 임신과 육아에 대한 지원체계의 미흡과 임신 여교사에 대한 따뜻하지 못한 직장의 분위기가 여교사들로 하여금 학교 구성원으로서 바람직하지 못한 나름의 생존전략을 구사하도록 내몰고 있는 것으로 보인다. 여교사들이 구사하는 냉정한 생존전략은 일단 학교 일을 뒤로 하고 성공적인 임신과 육아를 위해 철저한 가정 우선적 행동으로 나타난다. 가정 우선적 행동으로 대처하지 않고 교사로서의 책무를 다하고자 노력한 한 여교사의 아픈 사연이 안타깝다. 우리의 학교현실의 한 단면을 보여 주는 다음의 사례를 보면, 임신과 육아문제에 대한 B교사의 대처방법이 오히려 현명하게 느껴질 정도이다.

■■■ 결혼을 해서 가정을 갖다 보니 내 아이를 낳아서 키우게 되었다. 가정 일이 바쁘다 보니 학교 일은 소홀히 하게 되었다. 우선시하는 것이 가정이었고 개인적인 일이었다. 학교 내에서도 관련 업무는 부장도 아니고 계원이다 보니 다른 업무에 대한 관심도 적어지고, 교과지도도 반복되는 것을 가르치다 보니 교재연구 없이도 수업을 할 수 있었다. 초임시절엔 열정만 가지고 많은 시간을 할애하면서 나의 눈높이에만 맞추려고 안달하면서 노력했는데 이젠 나름대로 노하우가 생겨서 많은 시간을 들이지 않아도 아이들 교육은 큰 무리가 없음을 느끼면서 내 생활을 우선적으로 하였다. 근무시간 외에 학생들과 함께 하는 시간은 거의 없었다. 오직 근무시간과 내 수업 시간만 지키면서 가정 일에 더 많은 관심과 시간을 투자하였다(B교사).

■■■ 6년차 3월에는 임신 8개월이 되어 중학교로 전근을 갔다. '학교를 옮기면서 배부르면 배려를 받지 못한다'고 말리시는 교장선생님의 말씀을 무시하고 학교를 옮겼다. 새로 전근 갈 중학교에 처음 인사를 가니 나의 몸을 보고는 교감선생님께서 싫어하는 눈치셨다. 담임은 맡을 수 있느냐는 질문에 임신 때문에 할 수 없다고 하였다. 그 학교는 여자중학교로 학급 수는 그 당시 30개 학급이었고 교사 수만도 50명 가까이 되었던 것 같다. 부임하는 첫날, 나는 담임은 맡지 않았지만 업무는 새로 만들어진 수세식화장실 관리

라는 것을 알았다. 그리고 2학년 가정을 20시간 맡게 되었다. 교감선생님께서 부르시더니 임신을 했기 때문에 다른 업무를 줄 수 없어서 화장실 관리를 주셨다며 새로 시설한 것이니 막히지 않도록 신경 쓰라고 하셨다. 1, 2, 3층의 60개나 되는 화장실을 청소시키고, 매일 아침, 점심, 오후, 하루 세 번은 막히는 곳이 없는지 돌아보라고... 내 생각엔 임신을 한 사람을 배려한 것이 아니라 아무도 맡으려고 하는 사람이 없어서 나에게 준 것이라는 느낌을 지울 수가 없었다.

고등학교와는 사뭇 다른 교무실 분위기나 마냥 어리기만한 아이들 때문에 학교는 처음 교직에 들어섰을 때 같은 느낌이었다. 마음 붙일 곳도 없었고, 아주 많은 선생님들이 그렇게 멀게 느껴질 수가 없었다. 학교를 옮기는 것이 이렇게 힘들구나 하는 것을 처음 느꼈었다. 중학교 때 은사님과 함께 근무하게 된 점도 있지만 처음 대하게 되는 개인주의적인 분위기는 어려움을 더하게 했다. 자신도 모르게 스트레스를 많이 받았는지 부임인사를 한 지 15일 만에 아이를 조산하고 아이를 잃게 되었다. 내가 몸이 약했던 탓도 있지만 임신한 상태에서 학교 행사를 치르면서 무리한 점과 컴퓨터 연수를 받느라 신경을 썼던 일, 학교를 옮기면서 받은 스트레스 등으로 아이가 부실했던 것 같다.

2개월의 분만휴가를 받아 집에서 몸을 추스르며, 아이를 잃은 슬픔과 자신과 가정에 소홀했던 나를 반성하는 시간을 가졌다. 월급을 받으며 가정 일만 챙기는 여선생님들이 싫어 나에게 맡겨진 일은 어떤 일이든 깔끔하고 완벽하게 해내고자 했던 내가 바보스럽게 여겨지기도 했다. 직장도 중요하지만 가장 중요한 것은 내 건강과 가족이 아닐까 하는 생각이 들었지만 책임감이 앞서는 성격으로 이후에도 일은 소홀히 할 수 없었다. 산후휴가가 끝나고 출근한 학교는 더욱 생소하게 느껴졌다. 화장실 관리라는 업무로 인해 조산을 했다고 생각해서였는지 화장실 관리는 양호교사에게 주어졌으며, 담임도 없어 소속감도 없었다. 그저 교재연구를 하면서 학교에 적응하는 데도 1년이 넘게 걸렸고 학교에 가면 마음이 늘 불편했다(C교사).

(3) 교직경력 10년 전후: 소진되어 보내는 삶의 출현

전문봉사직업에 종사하는 사람들이 겪는 생리적, 부정적, 행동적인 결과를 소진이라고 한다(Friesen, Prokop, & Sarros, 1989: 9-10). 소진은 이상을 가지고 주어진 일에 최선을 다하는 사람에게서 발생한다. 교사들이 소진되기 전에는 학생들에게 남다른 봉사와 선의(善意)를 실천하고 잘 가르치려고 노력하지만, 일단 소진되면 정서적으로 고갈되고 인간관계가 부정적이거나 냉소적이 된다(Farber, 1984: 237). 또한 학생과 소속 학교에 대해 비호의적이 되고 교육활동이 사려 깊지 못하며 교직을 떠날 계획을 할 수도 있다(Farber & Miller, 1981: 237).

교단에 대한 소명의식과 열망을 가지고 생활하던 중등 여교사들도 교직경력 10년 전후로 학교 내·외의 다양한 원인들에 의해 소진되는 경우가 나타난다. 중등 여교사들이 소진되는 주요 요인은 학교관리자들의 비교육적인 언행과 일방적 학교 운영 스타일 그리고 통제되지 않은 아이들인 것으로 나타났다. 다음은 그에 해당하는 대표적인 내용이다.

■■■ 내 힘을 빼앗았던 것은 자신의 생각이 진리라고 생각하여 늘 자신의 뜻을 관철하려는 교장선생님이었다. 교장으로 처음 발령을 받은 분이었는데 열의는 대단하였다고 인정하지만 너무 자신의 의견만 중요시하였다. 학생이나 교사의 상황은 염두에 두지도 않고 무조건 자신이 내놓은 과제를 밀어붙이는 형으로 자신의 의견과 다른 생각은 말도 못 꺼내게 하는 독재자 스타일이었다. 약간 우유부단했던 교감선생님은 아예 무시하고 모든 것을 자신이 관할하려 했고, 선생님들도 일을 추진하기 위하여 교장선생님의 의견을 미리 듣고 기안을 하곤 하여 교감선생님의 자리를 불안하게 하였다. 또한 교장선생님의 무리한 요구에 아무런 저항을 하지 못하는 교사집단도 나의 숨을 막히게 하였다. 몇 번 교장실로 올라가 조목조목 반대 의견을 말씀드리곤 했지만 이럴수록 나를 더 힘들게 하는 교장선생님과 교장선생님께는 반대의견조차 말하지 않는 선생님들을 보며 내 자신이 잘못된 사람인 것 같은 착각을 하게 되었다. 학급경영이나 업무 면에서 자신감을 잃어 가고 의욕은 상실되어 갔다. 수업은 전에 가르쳤던 자료를 이용할 뿐 아이들의 수준에 맞는 자료를 개발하지 않았고, 성과 없이 시간만 소모하곤 하였다. 전체적으로 발전 없이 침체되어 지냈던 시기이다. 이 학교에서는 2년 만에 다시 시내학교로 내신을 내어 전근을 갔다. 숨 막히는 그 학교에 더 있기 싫었기 때문이다(C교사).

■■■ 이 시기의 학교는 신설학교로서 일반계 고등학교이기는 하지만 아이들의 실력은 그 지역의 5개 학교 중 4번째 정도의 학교로 다른 시로 나가지 않고 이 학교에 입학한 것을 너무나 다행으로 여기는 분위기였다. 학부형들은 학교만 졸업하는 것이 최고의 행복이었다. 그런 학생과 학부모, 교장, 교감 너무나 잘 어울려지는 3박자였다. 그 시절을 생각만 해도 웃음이 나온다(어이없는 일들이). 나는 학생부 일을 맡아 거의 조폭 수준에

가까운 아이들과 매일 생활을 하였고, 그 조폭들을 이용하여 아이들의 생활지도를 했던 기억, 그 아이들을 선도부로 구성해서 그 아이들만 풀어 놓으면 흡연, 두발, 폭력이 다 해결되는 그런 식의 생활지도를 하면서 아이들의 인권이라든가 피해는 별로 고려하지 못한 것이 안타까움으로 남는다. 또한 교감과 동창인 학생부장이 있었는데 능력이 없고 거의 그 학교 학생들 수준과 어울리는, 즉 눈높이가 같은 부장이 있었다. 그런 부장을 교감은 너무나 야비하고 치사하게 다른 교사들 앞에서 망신 주고, 당하는 부장은 죽인다고 싸우고, 그와 반대로 똑똑한 교무부장은 똑똑해서 미움받는 일, 그런 웃지 못할 일들이 일어나고, 교사들에게는 파벌이 조성되고 집단행동을 생각하는 등 학교에 가면 사건 사고가 끊일 날이 없었다. 이러한 다양한 경험은 교장 교감의 역할, 승진제도의 문제 등과 같은 문제의식을 갖게 하였고 그럼에도 불구하고 학교는 돌아가고 세월은 흘러가는 것을 깨달았다(D교사).

(4) 교직경력 15년 이상: 아이들을 가슴으로 품어 내고자 하는 삶

교단경력이 쌓여 가면서 겪는 다양한 사건과 성취의 기쁨 그리고 때때로 찾아 온 좌절의 시간들을 경험하면서 중등 여교사들이 도달하는 보편적인 삶의 양상은 아이들을 가슴으로 품어 내고자 하는 삶인 것으로 해석된다. 이는 교단 초기의 교과지식을 잘 가르치려는 삶이나 교단중기의 학교발전을 위해 헌신하는 삶도 아니며, 임신과 육아로 인하여 어려웠던 삶을 극복하고 난, 어머니의 마음과 같이 아이들을 품어 안고 그 아이들을 보살피며 살고자 하는 삶이다. 어쩌면 여교사만이 보일 수 있는, 그런 조건 없이 베푸는 모성애적 교단의 삶이라고 생각된다. 또한 이러한 삶을 살게 하는 데 가장 큰 영향을 준 요인은 보살핌을 받지 못하고 교육적으로 소외된 생활을 하는 아이들인 것으로 나타났다. 다음은 그에 해당하는 사례들이다.

■■■ 우리 학교의 학생들은 결손가정이 한 반에 반을 넘는, 모든 것이 열악한 아이들이다. 한마디로 불쌍하고 보살펴 줘야 할 것이 너무나 많은 아이들이다. 따라서 당연히 수업보다는 생활지도에 많은 시간과 노력을 아끼지 않으면 안 되는 곳이다. 이 학교에 와서 눈물로 한 학기를 보내야만 했다. 아침에 출근해서 교실에 들어가 보면 1/3 이상이 학교에 오지 않았다. 엄마가 없는 아이들이 많아서 깨워 주는 사람이 없으니 눈 뜨고 일어나는 시간이 학교에 오는 시간이다. 그 시간이 주로 9시, 10시, 오후 2시까지 등교를

한다. 학교에 왔다고 해도 집에 가고 싶으면 그냥 가 버리는, 시간에 대한 개념이 전혀 없는 아이들이다. 또한 우리 아이들은 하고 싶은 것이 아무것도 없다. 의욕이 정말 없고 매사가 무기력하다. 아무데나 쓰레기 버리고, 침 뱉고, 담배 피고, 술 먹고, 툭하면 도망가고 수업에 빠지고. 그러나 그 아이들을 나무라기에는 우리 어른들의 책임이 너무 큰, 불쌍하고 가련한 아이들이다. 그 아이들을 보면서 사랑이 너무나 필요한 아이들이다. 내가 가진 진실한 사랑의 마음을 소나기 뿌리듯이 아낌없이 주는 것이 나의 역할이고 도리임을 깨달았다. '그래, 나는 이 아이들의 사회적 엄마가 되자.'라고 마음먹고 내가 가진 장점인 측은지심을 가지고 이 아이들을 열심히 지도하면서 보람과 행복을 느끼고 살아가고 있다(D교사).

■■■ 교직경력 15년을 넘어선 그즈음에 담임 반 한 학생이 다른 학생을 매일매일 괴롭히는 사건이 일어났다. 이유를 물으니 그냥…… 이라는 대답이다. 관심을 돌려보니 그 학생 하나가 아니라 비일비재하게 폭력을 너무 쉽게 행하는 학생들을 보면서 앞으로의 사회를 걱정하게 되었다. 학생들 사이에서도 서로 따돌림, 폭력, 금품갈취, 내 물건엔 절대로 손대지 못하게 하는 일, 남을 배려하는 일이 없는 것. 그리고 청소도 제대로 해내지 못하는 아이들을 보면서 이건 아니구나 싶었다. 학원 갈 시간이 없다고 종례도 받지 않고 가야 한다고 우기는 아이들, 청소도 빼 달라고 하는 아이들, 가사실습 시간에도 행주하나 제대로 짜지 못하는 아이들을 보면서 교직생활의 방향을 바꾸었다. 그러다 보니 내 가정의 아이들도 초등학생과 중학생이 되면서 진정한 부모이면서 교사노릇을 할 수 있는 안목이 생겼다. 내 아이에게 필요한 것이 무엇이고, 내 아이에게 원하는 것이 무엇인가를 알면서 교단에서도 그 눈으로 아이들에게 요구하고 시행하게 되었다. 더 확실한 것은 내 아이가 중학생이 되니까 중학교의 학생들을 더 확실하게 이해할 수 있게 되었고 기다림도 배우게 되었고 공부 한 자가 더 중요하지 않음을 알게 되었다. 나의 눈높이를 학생들에게 맞출 수 있는 여유가 생겼다. 진정으로 학교에서 배울 수 있는 것이 무엇인지를 생각하게 되었다(B교사).

2) 단위학교 행정에 대한 함의

중등 여교사들의 삶이 갖는 단위학교 행정에 대한 함의는 연구자의 시각에 따라 다양하게 논할 수 있겠지만, 여기에서는 본 연구에서 나타난 중요한 내용에 기초하여 다음 네 가지로 제시하기로 한다.

(1) 교과교육 지원체계 강화

중등 여교사들의 삶의 초기 단계에서 교직경력 약 5년에 이르는 시기 동안에는 아이들을 잘 가르치려는 모습들이 거의 공통적으로 나타나고 있다. 교과를 잘 가르치는 것이 실력 있는 선생님이 되는 길이며, 나아가 성공적인 교단생활의 초석이라는 인식이 뚜렷한 것이다. 사실, 학교의 중핵활동은 교과를 중심으로 조직화되어 있으며, 교과를 잘 가르치는 일은 교사에게 부여된 가장 분명하고 중요한 역할이다. 따라서 중등 여교사들이 교단 초기에 교과교육의 중요성을 인식하여 교과를 잘 가르치려고 노력하는 것은 당연한 현상이며 격려되어야 한다. 그러나 교과를 잘 가르치기 위해서는 교사들이 교재연구와 수업준비, 학생들의 교과준비도 분석, 교과에 대한 태도의 이해, 수업의 난점과 문제점 파악, 교실풍토 파악 등이 필요하다.

특히 교과를 잘 가르치는 일은 결코 쉽지 않은 일이다. 누구나 할 수 있는 일도 아니다. 교과교육은 교과에 대한 전문적 안목과 가르치는 활동에 대한 기술적 능력, 가르치는 환경의 조직화에 대한 경험 등이 수반되어야 가능한 전문적이고 창조적인 활동이기 때문이다. 그러한 의미에서 교과교육에 충실하고자 하는 교사들의 삶이 실현되도록 적극 지원되어야 한다. 그러나 우리의 학교 상황은 교과교육을 충실히 할 수 있는 여건과 풍토 면에서 우호적이지 않다. 본 연구에도 교육경력이 길어질수록 교과를 잘 가르치려는 삶이 약화되는 것으로 나타나고 있다. 신임교사가 학교업무에 신속하고 효과적으로 적응할 수 있도록 지원하기보다는, 경력교사들이 맡지 않으려는 귀찮고 부담스러운 일들을 아직 낯설고 적응이 되지 않은 신임교사 혹은 경력이 짧은 교사들에게 떠넘기는 경우가 잦은 것이 우리 학교의 현실이다. 또한 교과교육보다는 학교행정 업무를 우선하는 경우도 많다.

따라서 교단생활 초기의 중등 여교사들이 가르치는 일에 전념할 수 있는 지원체제의 강화가 필요하다. 경력교사의 멘토 활동 강화, 교재연구, 수업준비 시간 배려, 동 교과 경력 교사들의 수업 경험에 대한 공유, 행정업무 부담 경감 등이 가능하다고 본다. 경력교사들의 행정업무 담당 비중을 높이고 경력이 짧은 교사들에게는 수업연구와 장학활동을 강화하는 것이다.

(2) 여교사 보직비율의 확대

1990년대 중반까지만 하여도 중등학교는 남교사가 여교사에 비해 상대적으로 그 수가 많고 남교사 중심 문화를 가지고 있었다. 그러나 이제 중학교의 경우 여교사의 비율이 70% 수준에 육박하고 있다. 따라서 여교사들이 학교에서 보다 많고 중요한 역할을 담당하는 것이 자연스럽다. 보직은 남교사가 맡는 것이 더 좋다는 인식은 가부장적인 인식이며, 양성평등의 시대정신에도 부합하지 않는다. 여교사들의 입장에서 보더라도 교단이 주는 여러 권리들을 누리면서도 어렵고 힘든 학교 일은 남교사에게 미루는 의식이 있다면 이는 개선되어야 한다. 누리는 만큼 의무도 다 하는 것이 합리적이다. 이제 우리는 남교사의 그늘에서 안주하는 여교사보다는 학교발전에 기여하는 적극적인 여교사가 필요해진 시대에 살고 있기 때문이다.

뿐만 아니라 여교사들은 업무수행의 섬세함, 정감 있는 인간관계, 아이들에 대한 깊은 관심 등과 같은 남교사가 가지고 있지 못하는 많은 장점들을 가지고 있다. 실제 본 연구에서 부분적으로 나타난 바와 같이 보직 여교사의 책임감, 성실함, 창의성, 헌신감 등이 남교사에 비해 결코 뒤떨어지지 않고 있다.

그러한 의미에서, 여교사들이 전공과 적성 및 경륜에 따라 가능한 한 다양하고 많은 보직을 맡는 것이 필요하다고 본다. 다만, 행정적인 측면에서 중요한 것은 여교사들의 보직담당 능력과 의지의 수준이라고 판단된다. 첫째, 보직수행 능력과 의지가 높은 경우에는 경력과 전공, 적성을 고려하여 보직을 부여하는 것이 합리적이다. 그러나 보직수행 능력과 의지가 있다 하더라도 교단경력이 아직 짧거나 임신과 육아의 문제에 봉착한 여교사는 주어진 보직을 성공적이고 합리적으로 수행하기 어렵고, 전공이나 적성과 맞지 않은 보직은 역할갈등을 야기하거나 직무불만족을 증대시킬 가능성이 크다는 점에 유의해야 한다. 둘째, 보직수행 능력이 있으면서도 의지가 약한 경우에는 가능한 한 단위학교 전체 여교사 비율을 고려하여 보직 여교사 수를 결정하는 것도 한 가지 방안이다. 이는 여교사들에게 학교발전에 대한 의무와 봉사를 요구하는 접근이다. 셋째, 보직수행 능력이 부족하지만 그에 대한 의지가 강한 여교사의 경우에는 보직 보조역할을 수행하게 함으로써 장차 희망하는 역할을 수행할 수 있는 준비를 하게 해 줄 수 있을 것으로 본다. 이는 보직에 대한 미래의 유능한 인적 자원을 확보하는 행정적 배려라고 할 수 있다.

(3) 임신과 육아 여교사에 대한 배려와 지원

임신과 육아문제에 봉착한 여교사들은 제도적인 차원에서는 육아휴직과 같은 배려와 보호를 받고 있지만, 단위학교 행정적 차원에서는 별다른 배려와 지원을 받지 못하고 있다. 오히려 학교행정가들은 임신 중인 여교사를 기피하거나 홀대하는 현상마저 있는 것으로 보인다. 힘들고 많은 학교 일에 대한 걸림돌쯤으로 인식하는 것이 아닌가 하는 판단이 들 정도이다. 그러나 임신 중인 여교사들은 여교사이기 전에 예비 어머니로서 존중받고 보호받아야 할 존재이다.

자녀를 갖지 않거나 한 명만 낳으려는 인구감소의 사회문제까지 거론하지 않는다 하더라도, 임신이나 육아문제에 대한 주변의 배려는 한 인간으로서의 여교사를 위한 최소한의 인권적 조처이다. 물론 여교사의 임신과 육아에 대한 구체적인 정책 방안은 국가적 차원에서 모색되어야 한다. 그러나 임신과 육아문제를 가진 여교사를 기피하거나 홀대하는 행정풍토는 여교사들의 사기를 극도로 저하시키고, 나아가 학교구성원으로서의 역할로부터 소외될 수밖에 없도록 한다. 아이들의 수업과 생활지도 그리고 학교의 행정업무는 뒤로 하며 가정을 지키고 보호하려는 모성본능으로 돌아가게 되는 것이다. 임신과 육아문제를 가진 여교사들로서는 다른 대안이 없기 때문이다.

(4) 교사를 존중하고 참여시키는 능력 있는 행정가의 민주적 학교운영

본 연구결과에 따르면, 교사들이 소진되는 중요한 원인 중의 하나가 학교장의 일방적이고 비민주적인 학교운영 스타일인 것으로 나타났다. 학교행정가의 지도성이 여전히 권위주의적이고 비민주적인 경우가 적지 않은 것으로 보인다. 그러한 점에서 미루어 볼 때 학생, 교사, 사회의 변화가 다양화와 민주화를 지향하며 빠르게 이루어지고 있는 점에 비추어 학교행정가의 변화는 느린 것으로 보인다.

세상의 모든 것들이 변화하지만, 모든 변화가 가치 있고 선한 것만은 아니다. 학교조직의 경우에도 변해야 할 것이 있고, 때로는 지키고 보존해야 할 가치와 전통이 있다. 그러나 지금 학교행정가들에게는 참여와 민주화를 향한 변화를 적극적으로 수용하려는 열린 마음과 자세가 필요한 시점으로 판단된다. 물론, 학생과 교사들의 변화가 모두 정당하고 가치 있는 변화라고 하기 어려울 수도 있다. 또한 학생과 교사의 변화를 모두 수용하는 것이 민주적인 행정도 아니다. 여기에서 말하는 학교행정가의 변화란 경직되고 닫힌 행정인식과 행동으로부터의 변화를 말한다.

다양한 교육행정이론과 기법, 원만한 인간관계 형성 및 유지 능력, 학생문화의 변화에 대한 깊은 이해, 교사들의 동기체계와 직무수행 능력 및 문화수준에 대한 높은 파악 능력, 탁월한 조직정치 능력, 학교교육에 대한 사회적 가치의 변화 흐름에 대한 통찰력, 풍부한 행정 경험 등을 두루 갖춘 능력 있는 학교행정가만이 변화할 수 있다. 교육과 학교조직 경영에 대한 전문적 안목과 능력이 부족한 행정가는 자신의 과거의 경험 세계에 닫혀 생활하기 쉽다. 또한 자신이 행정가로서의 입지를 굳히기 전에 보아 왔던 과거 선배 행정가들의 삶의 모습과 가치관을 모방하여 학교를 운영할 가능성이 크다. 그러나 인간의 경험은 제한적이고 세월의 흐름에 따라 학교행정의 중핵가치도 변화하기 때문에, 자신의 경험 속에 묻혀 학교를 읽으며 살아가는 행정가는 학교의 다른 모습과 다른 사람의 생각과 다양한 행동을 이해하거나 보다 고양된 처방을 하기 어렵다. 또한 능력 있는 행정가는 직무에 대한 자신감에 충만하며 위기를 회피하거나 실수를 두려워하지 않는다. 인간과 삶을 신뢰하며, 사물에 대한 마음이 열려 있고, 문제를 해결하기 위해 필요한 대안을 강구할 수 있는 역량이 있기 때문이다. 이러한 행정가가 있을 때, 참여와 개방의 민주적 행정이 가능하다.

5 요약 및 결론

본 연구의 목적은 중등 여교사들의 삶의 변화 과정을 밝히고 그것이 갖는 행정적 함의를 탐색하는 데 있었다. 연구의 대상은 충남지역 학교에 근무하는 5명의 중등 여교사이며, 주요 자료수집 방법은 자기보고서 작성이었다. 자기보고서 작성 기간은 2005년 6월부터 동년 8월 말까지였으며, 5명의 여교사가 작성한 자기보고서는 A4용지에 워드프로세스로 작성하여 총 50매였다.

연구결과, 중등 여교사들은 교직경력 1~5년까지는 공히 교과수업을 잘하기 위해 노력하고 있었으며, 교직경력 5~10년에는 학교발전을 위해 헌신하고자 하는 삶과 가정을 위해 학교생활을 소홀히 하는 삶으로 분기하였다. 학교발전을 위해 헌신하고자 하는 삶의 경우, 그 삶의 동인은 재직학교 발전에 대한 순수한 동기, 보직교사로서의 책임감, 승진 준비 등 세 가지인 것으로 나타났다. 가정을 위해 학교생활을 소홀히 하게 하는 삶의 원인은 임신과 육아문제였다. 또한 교직경력 10년을 전후하여 소진되는 삶이 출현하는 경우가 나타났으며 그 원인은 주로 학교장의 일방적이고 비민주적인 학교운영 스타일과 어려운 가정환경과 낮은 성취수준을 보이는 아이들 문제이었다. 교직경력 15년 이상에 이른 여교사들은 공통되게 인성교육과 생활지도를 통해 아이들을 가슴으로 품어 내고자 하는 삶을 살고자 하는 것으로 밝혀졌다.

이러한 연구결과가 충남지역 학교에 근무하는 5명의 중등 여교사를 대상으로 하였기 때문에 연구 결과를 일반화하는 데는 분명한 한계가 있다. 그럼에도 불구하고 이러한 연구 결과가 단위학교행정에 갖는 함의를 탐색하고자 하였으며, 그 결과로서 단위학교 차원의 교과수업 지원체제의 강화, 여교사 보직비율 확대, 임신과 육아 여교사에 대한 배려와 지원, 교사를 존중하고 참여시키는 능력 있는 행정가의 민주적 학교운영 등을 제시하고 있다.

우리나라뿐만 아니라 중등교단의 여성화는 하나의 세계적 추세이다. 중등학교에서 여교사는 이제 학교행정가와 다수의 남교사들로부터 보호받는 소수의 교사가 아니라 학교운영에 큰 영향을 미칠 수 있는 다수의 교사집단이 되고 있는 것이다. 교단의 여성화는 긍정적인 면과 부정적인 면을 동시에 갖고 있을 수 있지만, 그에 관한 논의는 본 연구의 범위를 넘어서는 것이다. 다만, 본 연구는 1990년대 이후 중등 교사들의 문화와 교직발달에 관한 연구들이 증가하고 있지만 중등 여교사들만을 대상으로 한 연구가 희소해, 여교사들의 삶의 변화 양상을 보다 심층적으로 밝힌 연구가 필요하다는 문제의식에서 이루어졌다. 교단의 여성화가 가속화되고 있는 상황에 대한 단위학교 차원의 행정적 처방을 위한 기초자료가 되기를 바라며 여교사들에 대한 다양한 연구들이 많이 이루어지기를 기대한다.

제 9 장 신설대학 교수들의 소진(燒盡)의 원인과 그 대응 양상에 관한 문화기술적 연구

1 서 론

교육조직 연구에 있어, 인간자원론적 접근은 조직에서 사람이 가장 중요한 자원이라는 전제에서 출발한다. 조직은 한편으로는 소외적이고 좌절감을 주는 환경을 제공하여 개인의 재능을 허비하게 하거나 왜곡되게 할 수 있으며, 다른 한편으로는 소속 구성원들을 활력에 넘치고 생산적이게 할 수도 있다. 이 접근을 지지하는 이론가들은 개인의 욕구와 기술 그리고 가치를 조직의 공식적 역할과 집합적 목표를 성취하는 데 요구되는 관계성 사이의 보다 나은 적합성에 초점을 둔다. 인간자원론적 관점에서 보면, 조직의 효과성은 조직을 개인에게 맞추는 것이 되며 이는 개인들로 하여금 직무에 대해 좋은 느낌을 가지면서 주어진 일을 수행하도록 하는 조직적 틀을 발견하는 것이 된다(Bolman & Deal, 1984: 2-5).

대학조직도 예외가 아니다. 대학교육의 질과 효과에 영향을 주는 요소들이 많이 있지만, 대학조직의 핵심 인적 구성원인 교수는 대학교육의 질과 효과를 좌우하는 가장 중요한 요소이다. 교수가 소속 대학 공동체에 갖는 애착과 교육에의 헌신 정도는 우수한 대학교육을 위한 출발점이자 에너지이다. 특히, 신설대학은 우수학생의 유치에서 불리한 조건에 있는 경우가 대부분이고 학교의 교육여건이 충분하지 못한

* 이 논문은 한국교육학회(1999). 교육학연구 37권 2호에 게재된 것임.

상태에 있기 때문에 교수들의 개인적 역량과 교육 및 연구에의 의욕이 학교발전에 영향을 줄 가능성이 크다고 볼 수 있다. 따라서 신설대학 교수들의 교육과 학교 발전에 대한 정서적 상태는 대학행정에 있어 매우 중요하게 인식되어야 할 요인이 되는 것이다.

교수가 초임 시절에 갖고 있었던 학생들에 대한 남다른 애정과 교육에의 열정이 퇴색되어 가고, 경우에 따라서는 스트레스, 갈등, 불안 및 좌절을 경험하는 것과 같이 전문 봉사직업에 종사하는 사람들이 겪는 생리적, 부정적, 행동적인 결과를 소진(Burn-out)이라고 부른다(Friesen, Prokop, & Sarros, 1989: 9-10). 소진은 스트레스는 많고 보상이 없을지도 모르는 작업조건에 대한 비적응적인 대처 형태이며, 성취가 없을 것이라는 느낌의 기능이다. 즉, 아무리 열심히 일을 해도 성취감이나 인정감과 같은 보상이 없다는 느낌이 그것이다(Farber, 1984: 325). 소진의 가정은 어떤 일에 최선을 다하는 사람에게서 발생한다는 것이다. 소진되기 전에 사람들은 이상적인 경향이 있다. 정력적으로 도전을 수용하고 자신이 하는 일에 대한 만족, 개인적인 성취와 삶의 의미를 추구한다(Flint, 1982: 1). 교직도 그러한 성격을 갖는 사회 봉사직업에 속한다. 교원이 소진되기 전에는 학생들에게 남다른 봉사와 선의(善意)를 실천하고 잘 가르치려고 노력하지만(Farber, 1984: 237), 일단 소진되면 정서적으로 고갈되고 인간관계가 부정적이거나 냉소적이 된다. 또한 학생과 소속 학교에 대해 비호의적이 되고 교육활동이 사려 깊지 못하며 교직을 떠날 계획을 할 수도 있다(Farber & Miller, 1981: 237).

이와 같은 소진현상에 관한 여러 학자들의 주장을 종합해 보면, 교직에서의 소진현상은 교육활동에 매우 부정적인 영향을 준다는 것으로 요약될 수 있다. 따라서 소진현상은 자연스럽게 행정적 문제로 인식될 수밖에 없으며, 그러한 부정적 의식과 태도 형성을 예방 내지는 최소화하는 여러 가지 노력이 필요하게 된다. 그러나 이러한 대학 교수의 소진 경험에 대한 연구를 찾기 어렵다는 데 문제가 있다.

본 연구의 목적은 신설대학의 교수들이 소진을 경험하는 원인과 그 대응 양상을 밝히는 데 있으며 구체적인 연구문제는 다음과 같다.

첫째, 신설대학 교수들의 전반적 소진 정도는 어느 정도인가?

둘째, 신설대학 교수들의 소진에 영향을 주는 요인들은 어떤 것들인가?

셋째, 교수들의 연령, 통산 교육경력, 해당 대학 재직기간 및 전공에 따라 소진을 경험하는 정도와 영향을 주는 요인에 차이가 있는가?

넷째, 교수들은 소진을 경험하게 하는 원인들에 대해 어떻게 대응하는가?

2 선행연구 검토

교원에 대한 소진 연구는 비교적 많지 않다. 특히 대학교수를 대상으로 한 소진 연구는 찾아보기 힘들며, 초・중등학교의 교사를 대상으로 한 소진 연구는 주로 소진의 원인을 밝히는 데 집중되어 있다. 교사의 소진의 원인으로 제시된 일반적인 것은 학생의 규율 문제, 학생의 무관심, 과밀학급, 교사의 비자발적인 전출, 지나친 행정적 사무와 시험, 부적절한 급여, 비지원적이고 요구가 많은 학부모, 행정적 지원의 부족, 교사에 대한 공공의 비난 등이다. 이들 연구들은 소진의 원인을 개인적인 특성과 조직적인 특성으로 나누어 밝히려는 연구로 대별할 수 있다.

개인적 특징은 조직 구성원 각 개인에게 고유한 요인을 말하며, 조직적 특징은 교사들이 일하는 학교조직 체제에 기인한 요인을 뜻한다. 소진의 원인을 교사의 개인적 특성에서 밝히려는 연구들은 교사의 소진이 주로 교사의 성, 연령, 교육경력에 관계가 있다고 보고하고 있다. Schwab과 Iwanicki(1982: 5-15) 및 Schwab, Jackson 그리고 Schuler(1986: 17)는 교사의 성, 연령이 Maslach Burnout Inventory(이하 MBI라 함)의 하위요인 중 하나 이상과 의미 있게 관계됨을 검증한바 있다. 그들은 20~30세에 속한 교사들이 50세 이상의 교사들보다 더 많은 정서적인 소진을 보이고, 남교사가 여 교사보다 더 많고 강한 비인간화 경향을 보이며, 13~24년의 교육경력을 가진 교사들이 가장 많은 소진을 경험하고 있다고 보고하고 있다. Anderson과 Iwanicki(1984: 123-124)는 교사의 연령, 성 및 교직경력이 교사의 소진수준과 관계됨을 발견했는바, 20~34세의 교사가 45세 이상의 교사보다 MBI의 하위요인 중 정서적 고갈의 빈도가 의미 있게 높았고, 경력 면에서 보면 13~24년의 경력을 가진 교사가 축소된 개인적인 성취에서 가장 낮은 소진수준을 보였다고 주장했다. 또한, 일의 결과에 대한 통제력이 없는 무력감, 개인의 이상과 기대와 같은 내부적인 원인, 생활의 목적과 의미의 상실이 소진의 원인으로 제시되기도(Scaros, 1981: 1-2)하였다. 서울시 초등학교에 근무하는 평교사 378명을 대상으로 한 손희권(1991: 74-75)의 연구결과를 보면, 교사들이 경험한 정서탈진의 빈도는 성에 따라 유의미한 차이가 있었으나(남<여), 비인간화 및 성취좌절의 빈도는 성에 따라 유의미한 차이가 없으며 교직경력에 따라 소진 경험에 차이가 없는 것으로 밝혀졌다. 임종철(1989)의 연구는 교사들이 소진을 경험하는 개인적, 조직적 요인을 규명한 연구인데, 그의 연구결과는 교사들이 소진을 경험한 경우는 드물었고, 소진의 하위요인별로 보았을 때 정서적인 탈진감과 성취감의 결핍 정도에 비하여 비인간화의 정도가 낮게 나타나고 있다. 또한, 교직경력 5~9년, 10~14년, 15~19년, 4년 이하, 20년 이상의 순으로 소진을 많이 경험하였으며 5~9년에서 그 절정을 이루는 것으로 되어 있다.

소진의 원인을 학교의 조직적 특성에서 찾으려는 연구들이 보여 준 소진의 원인은 무척 다양한 것으로 나타나고 있다. Beasley와 그의 동료들은(1983 : 3) 스트레스와 소진을 기능적으로 정의하는 데 도움이 되는 핵심요인이 발견되지 않았다고 지적하고 지금까지 스트레스나 소진과 일관된 관계를 보인 것은 역할갈등, 직무만족 및 역할기대라고 주장하였다. Farber(1984: 327)는 결실도 없는 잦은 회의, 지나친 사무, 승진 기회의 부족을 소진의 원인으로 들고 있다. 또한, Raquepaw와 Dehaas(1984: 14)는 학교 당국의 행정적 지원의 부족, 학부모와 지역사회의 지원 부족, 업무부담, 학생의 낮은 동기부여 정도 및 학생의 규율 문제를, Brissier와 Bassler(1988: 106-107)는 행정적 지원의 빈약성, 부적절한 작업요구, 학생의 비행을 소진의 원인으로 지적한 바 있다. Friesen, Prokop 및 Sarros(1988: 12)는 교사가 갖는 지위, 인정감, 직무도전감, 지원집단의 부재가 소진으로 연결될 수 있다고 하면서, 효과적인 지원집단은 정서적인 평안감을 주고 교사의 행위가 부적절할 때 인간적인 방법으로 대하고, 작업과 관련된 영역에서 전문적인 지원을 해 주며 개인적 성장을 유발하는 도전감을 준다고 하고 있다.

그 외 Scaros(1981: 1-2)는 학생・동료교사・행정요원과의 원만하지 못한 관계, 역할갈등, 경쟁과 평가를 촉진하는 학교의 정책, 시간관리 문제, 경제적 조건이 교사의 소진 원인이라고 한 바 있으며, 손희권(1991: 67-73)은 교사의 소진 경험과 학교구조 지각과의 관계 연구에서 교사들이 경험한 정서탈진의 강도가 그들이 지각한 학교의 집권화 정도에 8%, 교사들이 경험한 비인간화의 강도가 학교의 집권화의 정도에 2%, 성취 좌절의 강도가 공식화의 정도에 3%의 영향을 각각 주고 있음을 밝힌 바 있다. 한편 오영재(1992: 133-134)는 학교장의 관리적 지도성과 수업지도성이 교사 소진의 하위 요인과 모두 부적인 관계를 보이고 있어 학교장이 발휘하는 관리지도성과 수업지도성 활동의 정도가 높을수록 교사의 소진 정도가 감소한다고 주장하고 있다.

3 연구의 방법

1) 연구의 대상, 단계 및 기간

본 연구의 대상은 한 신설대학교이다. 여기서 신설대학의 기준은 개교한 지 10년 이하인 학교로 하였으며, 교수의 범위는 전임강사 이상의 직급을 가진 대학교원으로 하였다. 본 연구는 세 단계로 나누어 진행되었다. 1단계는 문헌연구를 통해 소진에 대한 선행연구를 분석하는 단계이다. 2단계는 조사연구를 통해 연구대상 학교에 재직하는 교수들의 전반적 소진 정도를 측정해 보는 단계이며, 3단계는 각 계열에서 선정한 일부 교수들을 대상으로 집중적으로 관찰하고 인터뷰하는 단계이다. 설문자료는 SPSS PC 프로그램에 의해 분석했으며, 참여관찰을 통해 조사연구의 내용을 심층적으로 기술하고자 하였다. 인터뷰는 본 연구의 목적에 동의한 6명의 교수들을 중심으로 자연스러운 대화가 가능하다고 생각되는 휴게실이나 호프집에서 연구자와 일대일의 형식으로 이루어졌다. 연구의 기간은 1997년 9월부터 1998년 8월까지 1년간이며, 1997년 9월부터 1998년 2월 말까지는 조사연구를 하였고, 1998년 3월부터 동년 8월까지는 집중적인 관찰을 하였다.

2) 측정도구와 표집

(1) 측정도구

2단계 조사연구에서 사용된 도구는 Seidman과 Zager(1986-87)가 개발한 교사소진 척도(The teacher burnout scale; 이하 TBS라 한다)를 교수용으로 번안하여 사용하였다. 인간 봉사직업의 소진현상을 측정하기 위하여 1981년에 Maslach와 Jackson에 의해 MBI가 개발되어 사용되어 왔지만 이 도구는 교원이 아닌 봉사전문직에 종사하는 사람들의 소진현상을 측정하기 위하여 제작한 것이다. 특히, 빈도와 강도의 두 점수를 수집하는 데 있어 응답자의 혼란을 가져오고 행정적인 지원과 지도성이라는 핵심 요인을 포함하지 않고 있는 문제점을 가지고 있는데 바로 이런 점을 보완하기 위하여 제작된 소진측정도구가 TBS인 것이다. TBS는 교원의 소진현상을 상이한 측면에서 측정하는 4개의 요인으로 구성된 21개 문항의 5단계 평정척도이다. TBS에서 소진현상은 연속적인 변인으로 개념화되며 각 항목에 대한 점수가 높을수록 소진이 높다는 것을 의미한다. TBS에는 교원의 소진을 측정하기 위하여 직업만족(Career satisfaction), 인식된 행정적 지원(Perceived administrative support), 직무 스트레스에의 대처(Coping with job-related stress), 학생에 대한 태도(Attitudes towards students) 등 4개의 하위요인이 포함되어 있다. Seiman과 Zager가 검사한 TBS의 신뢰도는 α =.56~.82이었다.

(2) 표집

본 조사연구의 표집은 연구대상 대학교에 재직하고 있는 전임교원 98명이었다. 1998년 현재 130여 명의 교원들이 재직하고 있지만 1997년에는 110명 정도의 교원들이 재직하고 있었으며, 그중에서 대우교수를 제외한 전원을 조사 대상으로 한 것이다. 남녀별 분포로 보면 남교수가 88명, 여교수가 10명이었다. 1997년 11월 초에 설문지를 배포하여 동년 11월 말에 회수하였으며, 그중 45명이 응답하여 설문지 회수율은 약 46%이었다. 남교수의 응답률은 약 40%이었으며 여교수의 응답률은 50%이었다. 조사 시기가 학기말이었고 교수들이 설문조사에 선뜻 응하지 않는 경향이 있음을 고려하면 회수율이 대체로 양호한 것으로 보인다. 그러나 회수된 설문지 가운데는 충실한 응답이 되지 않아 자료로 사용하기에 부적절한 설문지가 6매가 포함되어 있어 그 설문지를 제외하고, 본 연구에서 최종 사용된 설문지는 총 39매이었다.

3) 연구대상 학교의 묘사

본 연구의 대상학교(이하 H대학교라 한다)는 개교한 지 7년 된 신설대학교이다. 화사한 봄날, 군계(郡界)로 되어 있는 고개를 넘으면, 탁 트인 시야에 멀리 높고 낮은 야산들이 서해를 향해 마치 층계처럼 깔려 가는 듯한 형세가 나타나고, 그 시계(視界)의 가운데쯤 눈이 시릴 정도로 파랗고 작은 호수가 정다워 보인다. 그 호수를 시야에 달고 구불구불한 고개 길을 따라 자동차를 타고 약 5분쯤 가면 H대학교의 표지판이 눈에 들어온다. 아직 신설대학교여서인지 학교로 들어가는 길목은 한창 정비 중이다. 가로수를 옮겨 심는 사람들이 여기저기 보이고 도로는 부분적으로 파헤쳐져 있다. 길가에는 학생들을 위한 편의시설들이 제법 많이 있고 새로운 건물을 짓는 작업현장도 몇 군데 보인다. 편의시설들은 주로 슈퍼마켓, 문구점, 당구장, 음식점, 비디오방들이다. 학교 주변에는 그러한 편의시설들과 학생들의 자취를 위한 임대건물들로 꽉 들어차 있는 것을 한 눈에 알 수 있다. 정문을 들어서면 세로로 길게 정돈된 H대학교의 교사(校舍)들이 한 눈에 들어오고, 화사한 봄날을 반기는 듯 진달래와 목련이 활짝 피어 있다. 그러나 대부분의 신설대학교가 그렇듯이 대학의 교육용 기본시설과 지원시설을 짓는 데 모든 노력을 다하기 때문에 H대학교의 교정은 학생들에게 넉넉할 정도의 휴식공간은 적어 보이고, 환경정비도 한창 진행 중이다. H대학교는 5개의 계열에 속한 40여 개 학과에 입학정원이 1600여 명이다. 행정 직제는 교무처를 비롯한 5개의 처와 각처에 각각 한 개씩의 과로 구성되어 있다. 또한, 일반대학원을 비롯한 4개의 대학원과 중앙도서관 등 12개의 부속기관이 있으며 5개의 부설연구원이 설치되어 있다. 이러한 대학의 규모로 보면, H대학교는 이제 대학의 정초기를 지나 도약기로 접어들고 있는 대학으로 볼 수 있다. 또한, 급변하는 대학 환경에 능동적으로 대처하고 특성화된 대학을 만들기 위해 다양한 발전 전략을 마련하고 있으며, 1999년 대학기관평가에 대비하기 위해 준비하고 있기도 하다. H대학교의 교수들은 최근 3년에 걸쳐 급격히 증원되었고 1999년 2월 현재 148명에 이른다. 직급별로 볼 때, 교수가 약 4%, 부교수가 약 17%, 조교수가 약 47%, 그리고 전임강사가 약 32%로 구성되어 있으며 그중 박사학위소지자가 약 72%에 이른다. H대학교에 예・체능계열의 학과가 10개에 이르고 그 소속 교수들이 약 40여 명에 이른다는 점을 고려하면 교수들의 박사학위 소지율은 높은 편이라고 볼 수 있다. 행정직원은 70여 명이 재직하고 있다. 직원들은 교무과와 총무과, 중앙도서관 및 전자계산소 등에 집중적으로 배치되어 있고, 대부분의 과들이 3~4명의 직원들로 운영되고 있다. 학생들의 구성분포를 보면, 인문계열과 예능계열을 제외한 대부분의 계열에서 여학생보다 남학생의 비율이 더 높다. 서울, 경기 등 수도권 학생이 약 80%에 이르고, 하숙, 자취, 친척 및 기숙사에서 거주하는 학생들이 약 79%에 이른다. 98학년도 신입생 실태조사에서 나타난 결과를 보면, 신입생들 중 약 80%에 가까운 학생들이 H대학교에 입학한 것에 대해 부끄럽게 생각하는 것으로 드러났으며, 그 원인은 비싼 등록금, 열악한 학교시설, 낮은 사회적 인지도 등이었다.

4 연구의 결과

1) 조사연구의 내용

H대학교 교수들의 소진의 정도와 그 관련 변인을 밝히기 위하여 조사연구를 실시하였다. 선행연구들의 결과를 참고할 때, 교수의 소진 경험에 관련이 있을 것으로 판단하여 본 연구에서 선정한 변인들 간의 상관관계를 제시하면 〈표 9-1〉과 같다.

교수들의 배경변인과 소진척도와의 상관관계를 보면, 통계적으로 의미 있게 나타난 변인은 교수들의 연령, 교육경력과 행정적 지원에 대한 인식 변인과의 상관관계이다. 교수들의 연령과 행정적 지원에 대한 인식 변인 간에는 -0.314, 교육경력과 행정적 지원에 대한 인식 변인 간에는 -0.335의 부적 관계를 보이고 있다. 또한, 소진의 하위요인 중 행정적 지원에 대한 인식과 스트레스에의 대처 및 학생에 대한 태도 간에 상관관계가 높은 것으로 나타난 점을 고려하면 교수들의 연령과 교육경력이 많아질수록 소진 경험 수준은 낮아지고, 연령과 교육경력이 낮은 교수일수록 소진 경험이 높다는 것을 알 수 있다. H대학교의 재직기간과 교수의 전공과는 일관성 있는 경향을 나타내지 않았다.

〈표 9-1〉 연구 변인 간의 상관관계

	Pearson Correlation Coefficients /Prob 〉 |R| Under Ho: Rho=0							
0	Age	Edu	His	Pgc	Job	Admi	Duty	Student
Age	1.000	0.390	-0.131	-0.311	-0.213	-0.314	-0.168	0.011
Edu		1.000	0.304	-0.081	-0.170	-0.335	-0.195	-0.293
His			1.000	0.004	0.229	-0.204	0.054	0.064
Pgc				1.000	-0.090	-0.147	0.032	-0.218
Job					1.000	0.378	0.631	0.527
Admi						1.000	0.649	0.505
Duty							1.000	0.405

Age: 연령, Edu: 교육경력, His: 본교의 재직기간, Pgc: 전공, Job: 직업만족
Admi: 행정적 지원, Duty: 스트레스에의 대처, Student: 학생에 대한 태도
*음영 부분은 P< .05 수준에서 의미가 있음을 표시함.

전체 교수들이 경험하고 있는 소진 경험이 어느 정도인지는 〈표 9-2〉에 제시되어 있다. H대학교 교수들은 5점 척도에서 중간 수준을 약간 상회하는 평균 2.62 정도의 소진을 경험하고 있는 것으로 나타났다. 그 외 교수들의 배경변인에 따른 소진

수준과 집단 간 차이를 변량 분석한 결과, 성별, 연령, 교육경력, H대학 재직기간, 전공에 따른 집단 간 차이가 없는 것으로 밝혀졌다.

〈표 9-2〉 전체 교수집단의 소진 평균과 표준편차

N	M	SD	최소치	최대치
39	2.619	0.539	1.705	4.733

그러나 소진의 하위 요인별로 분석해 보면 의미 있는 결과를 엿볼 수 있다. 즉, H대학교 교수들은 직업만족 요인에서 평균 2.06으로 가장 낮고, 인식된 행정적 지원 요인에서 평균 2.98로 가장 높은 소진을 경험하고 있음을 알 수 있다. 이러한 경향은 남녀별로 나누어 보았을 경우에도 같은 것으로 나타났다. 소진 정도를 추정하기 위한 하위 요인별 평균과 표준편차가 〈표 9-3〉에 제시되어 있다. 〈표 9-3〉에서 보는 바와 같이 H대학교 교수들은 인식된 행정적 지원 요인에서 평균 2.98로 가장 높았고, 그 다음으로 학생에 대한 태도, 직무스트레스에의 대처, 직업만족 순이었다.

〈표 9-3〉 전체 교수집단 소진 경험의 하위 요인별 평균과 표준편차

구 분	N	M	SD	최소치	최대치
직업 만족	39	2.064	0.636	1.000	4.000
인식된 행정적 지원	39	2.984	0.696	1.750	5.000
직무 스트레스 대처	39	2.639	0.685	1.000	5.000
학생에 대한 태도	39	2.736	0.681	1.500	5.000

2) 참여관찰의 내용

H대학교 교수들의 생활상을 참여 관찰하고, 조사 연구한 내용을 심층적으로 분

석하기 위하여 일부 교수를 대상으로 인터뷰한 내용을 중심으로 교수들이 소진을 경험하는 원인과 그 대응양상을 분석 · 정리하면 다음과 같다. 참여관찰은 TBS의 하위요인을 중심으로 이루어졌다.

(1) 소진의 원인

① 학생들의 대학생활에 대한 자세

H대학교 교수들은 교수라는 직업으로 인해 소진을 경험하는 정도가 가장 낮다. 그것은 당연한 결과이다. 교수직 그 자체가 명예이고 교수직에 대한 사회적 인식이 높기 때문이다. 또한 오랫동안 그 교수직을 얻기 위해 남다른 열망을 가지고 노력해 왔기 때문에 자신의 목표를 성취한 만족감이 높을 수밖에 없을 것이다. 한 초임 교수의 설명이다.

> ■■■ 임용조건이 문제가 아니죠. 우선 교수가 되었다는 사실이 기쁘기만 합니다. 요즈음 교수직을 얻기가 하늘에 별을 따는 정도만큼 어렵다고 하잖아요. 학교가 위치한 여건이나 집을 떠나 지방에서 생활해야 하는 점이 불편하기는 하지만 이 정도의 어려움은 당연히 감수해야 한다고 생각합니다. 그저 고마울 뿐이지요.
>
> ■■■ 월급이요? 적지요. 차츰 좋아지겠지요. 학교가 어렵잖아요. 우선 학교가 좋아져야 하지요. 학교에서 형편이 좋아지는 대로 월급을 올려 주겠다고 하니까 믿고 기다릴 수밖에 없어요. 돈 벌려고 교수된 것 아니잖아요. 견딜 만해요. 아니, 참아 내야죠."

교수들은 교수직에 대해서 만족할 뿐만 아니라, 학생들에 대해서도 그들 심성의 순수함과 선함에 대한 긍정적 시각과 각별한 애정을 가지고 있으며, 이 학생들을 잘 교육하면 의미 있는 성과가 있을 것이란 강한 희망을 내 비친다. 교수들은 자신이 속한 학과의 학생들을 '내 새끼들'이라고 생각하고 또한 그렇게 부르고 있었다. 한 예능계 교수의 말이다.

> ■■■ 우리 아이들이 참 착해요. 시골에 있는 학교에 다니는 학생들이어서 그런지 순진하기 짝이 없어요. 시키는 대로 잘 해요. 가끔 삐딱한 녀석도 있기는 하지만.
>
> ■■■ 예뻐 죽겠어요. 그렇게 보아서 그런지 아이들이 밝고 학교 공부를 못했던 아이들이었을 텐데… 건강해 보여요. 이 아이들은 별로 칭찬 받지 못하고 자란 아이들이지만

우리 계통은 재능을 찾아 키우면 학교가 좀 나빠도 성공할 수 있어요. 우리 아이들 중에 그런 아이들이 꽤 있어요. 저는 이 아이들을 잘 키워 내고 싶어요."

교수들의 학생들에 대한 애정이나 기대는 이 수준에서 그치지 않는다. 교수들은 H대학교 학생들의 입학 당시의 수학능력시험 점수를 잘 알고 있으며, 가정환경이나 이곳에서 생활하고 있는 상태까지도 비교적 잘 파악하고 있을 정도이다. 어떤 학생이 요즈음 주로 어디에서 무엇을 하면서 지내고 있는지, 결석을 한두 번만 하면 그 학생의 집으로 전화를 걸어 무슨 일이 생겼는지를 알아보곤 하는 교수들도 있다. 또한, 어느 학생이 편입시험을 준비하고 있으며 전공에 대해 고민하는 학생이 누구인지를 관심 있게 파악하고 있었다. 학생들과 같이 잘 놀아주기도 한다. 같이 어울려 호프집에 가는 경우는 흔히 볼 수 있는 풍경이고, 축구나 농구를 같이 하거나 학과에서 리더십을 발휘하는 일부 학생들을 데리고 등산을 하거나 일부러 시간을 내어 LT(Leadership Training)를 가기도 한다. 심지어 누가 누구와 CC(Campus couple)인지를 알고 나아가 현재의 교우관계를 보면 앞으로 얼마나 더 많은 CC가 생길 것이란 예측을 할 정도이다. 학생지도에 대한 교수들의 관심과 범위가 상당히 크고 넓은 것은 다음 대화를 보면 그 일면이 드러난다.

■■■ 저는 이곳에 부임해 와서 한동안 학생들이 자취집에서 몰려 앉아 늦은 밤까지 술 마시고 놀며 간혹 동거하는 학생도 있다는 소문을 듣고 야간순찰을 한 적도 있어요. 지들 부모들은 집 떠나 잘 지내고 있을까 걱정하고 있을 텐데 저라도 관심 있게 보아야 할 것 같아서요.

■■■ 요즈음 ○○○가 수업에 나오지 않아요. 집에 무슨 일이 있는 것 같은데 전화도 받지 않아요. 이 근처 어디에서 돌아다닌다는 이야기도 있고 걱정입니다."

교수가 학생에 대해 남다른 관심을 가지지 않고서는 쉽게 가질 수 없는 생각과 행동이라고 보인다. 도시에 위치한 규모가 크고 역사가 오래된 대학에서는 흔하지 않은 교수와 학생의 관계이다. 이처럼 H대학교 교수들은 교수라는 직업에 만족하고 있으며, 학생에 대한 각별한 애정과 헌신의 자세를 보여 주고 있었다. 그러나 교수들은 시간이 지나면서 점차 일부 학생들의 대학생활, 특히 공부하는 수준과 자세에 대한 걱정과 회의가 커져 감을 감추지 않는다.

■■■ 학생들이 공부하지 않아요. 저의 지도를 잘 따르려 하지 않기도 하고, 설사 따른다 해도 형식적인 것 같기도 해요. 학교를 떠나려고만 생각하는 학생들도 꽤나 있고, 무엇보다 미래에 대한 희망을 갖지 못하는 학생들이 많은 것 같아요. 할 수 있다고 해도 도무지 믿으려 하지 않는 것 같아요. 그럼 도대체 누구 말을 믿고 사는지 모르겠어요.

■■■ 애가 타 죽겠어. 수업을 들어가 보면 강의내용보다는 출석에나 신경 쓰고, 앞좌석에 앉으라고 해도 저 뒷좌석에 앉아 딴 책이나 보고 있고. 그나마 그 애들은 나은 편이죠. 떠들기는 왜 그리 떠드는지. 그렇게 말 안 들으려면 차라리 수업을 들어오지 말던지. 그렇지도 않고. 나 참 죽겠어요. 그러면서도 학점을 조금 나쁘게 주면 지들 공부 안 한 것은 생각하지 않고…….

■■■ 지난 기말고사 시험 답안지를 채점하면서 참 답답했어요. 내가 왜 이런 답안지를 읽어야 하는지 한심했어요. 왜 이렇게 공부 안 하는지 모르겠어요. 글씨는 왜 그렇게 형편없이 쓰는지.

이처럼 교수들은 학생들의 학습능력이 떨어진다는 점보다도 대학공부에 대한 기본적인 자세가 제대로 되어 있지 않다는 점, 자신들의 가능성에 대해 확신을 가지지 못하는 학생들에 대해 더 안타깝게 생각하고 때로는 소리 없이 좌절하고 있었다. 지방 신설대학에 우수한 학생들이 오지 않으리라는 점은 익히 알고 있고, 또한 그러한 학생들을 교육해야 하는 여건을 감수하면서도 교수들은 그래도 나름의 보람을 얻을 수 있을 것이라는 희망을 가지고 있는 것도 사실이다. 그러한 교수들의 희망과 노력에 부응하는 적은 수의 학생들에 대해 그나마 위안을 갖는 모습이었다.

② 통제중심의 행정풍토와 행정적 지원의 미흡

H대학교 교수들로 하여금 가장 많은 스트레스를 갖게 하고 나아가 소진에 이르게 하는 가장 큰 요인은 학교 행정의 풍토와 과정 및 행정직원들의 교수들에 대한 태도에 관련된 것이다. 대학 교수들의 조직 내 생활은 해당 학과와 독립적인 연구실을 중심으로 자족적인 성격을 가지고 이루어지기 때문에, 대학 본부의 행정 직제와는 매우 느슨한 연계체제를 가지는 것이 일반적이다. 그러나 대학의 교육과 연구는 행정체제의 효율적인 지원 속에서 활성화될 수 있기 때문에 대학 교수의 행정에 대한 관심은 행정풍토와 행정기능의 원활성, 민주성에 관한 것이 된다. 즉, 조직의 구

조보다는 학교의 분위기와 행정과정이 직접적인 인식 대상이 되고 있다. 우선 H대학교 교수들은 학교의 행정풍토가 지원적이기보다는 통제적이라고 인식하고 있으며 그 점에 대해 조심스럽지만 강한 불만을 드러내곤 한다. 교수 집단을 장악하려는 통제 장치가 드러나지 않고 있는 듯하지만 교수들은 보이지 않는 기제가 통제하고 있다고 생각하고 있었다. 교수들은 그러한 통제기제가 일부 교수들이 제공하는 각종 정보와 행정직원을 통해 이루어진다고 믿고 있다. 서로 아주 믿을 수 있다고 생각하는 교수들이 모였을 때 무슨 비밀스러운 이야기하듯이 하곤 하는 말이다.

■■■ 무슨 말을 할 수 없어. 학교를 위해 뭔가 비판적인 말을 하면 하루가 지나지 않아 윗사람이 알아. 누가 그렇게 보고하지? 평소에 믿고 지내는 몇 사람이 모인 곳에서 말을 했는데도 불구하고 그 말이 금방 새 나가. 아주 무서워. 어떤 사람이 고자질을 하지? 누구를 믿을 수가 있어야지. 그냥 말없이 조용히 살아야겠어. 그게 최선인 것 같아.

■■■ 직원들한테 말 함부로 하지 마. 이리 얽히고 저리 얽혀 있어서 잘못 말하면 다 보고돼. 그 사람들 중에는 그렇게 고자질해서 버티는 사람도 있어."

■■■ 출강부에 왜 매일 서명을 하라는 거야? 이거 교수 출석 체크하는 거지 뭐야? 일주일에 한 번만 학과에서 출강부에 서명해 주면 될 것 아니야. 그러면 행정 자료로 사용하는 데 아무 문제가 없는데 매일 교무과에 와서 서명하라는 거, 이거 우리 통제하는 것이지 뭐야?

모든 조직이 그렇듯이 대학도 크고 작은 의사결정을 해야 하는 상황이 계속된다. 환경이 변하고 대학의 규모가 점차 커지면, 대학 운영에 관한 의사결정에 있어 고려해야 할 조건들이 복잡하고 많아질 수밖에 없다. 이러한 상황에서 대학의 운영에 관계되는 중요한 문제에 대해 의사결정을 할 때 학내 구성원들의 의견을 수렴하는 과정은 필수적이다. 또한 결정된 내용을 이해 당사자들에게 알려 참여를 유도하고, 더 좋은 방안을 위한 피드백 기제를 마련하는 것이 필요하다. H대학교 교수들은 학교의 통제적인 분위기에 대해 불만을 갖기도 하지만, 행정 과정이 민주적이지 못한 경우와 비능률적인 측면에 대해서도 비판적이다. 학내 주요 의사결정이 몇 사람의 보직 교수에 의해 결정되어 버리는 경우가 대부분이고, 행정 업무에 관한 의사전달이 일방적이라고 인식하고 있었다. 술자리에서 한 교수가 안주를 씹듯이 내뱉은 말이다.

■■■ 우리 학교는 조직을 통해 운영하는 것이 아니라 몇 사람이 움직이는 학교야. 교무위원회가 있으면 뭐하나? 열려야 뭘 하든지 말든지 할 것 아니야? 또 위원회가 있으면 뭐해. 일 년에 한 번 열릴까 말까 한 위원회인데. 보직 교수들이 윗분들과 개별적으로 만나 결정해 버리니 이거 되겠어?

■■■ 이게 뭐야? 매일 메일박스에 턱 넣어 두고, 이렇게 결정했으니 알아서 하라는 거야 뭐야? 그것도 하루나 이틀 전에 넣어 놓고 말이야. 그래 놓고서 참석자 출석 체크나 하고 말이야. 우리 학교 왜 이러지? 에이 될 대로 되라지 뭐.

■■■ 이번에 저를 ○○○위원회에 위원으로 임명했대요. 안 할 수는 없을 것 같아요. 일방적으로 통보해 왔는데 안 한다고 하면 찍히잖아요. 일할 환경이 안 되어 있는데도 불구하고 그 환경을 만들어 줄 생각은 안 하고 그냥 밀고 나가는 식이에요. 적당히 알아서 해야지요, 뭐.

■■■ 주말을 포함해 5일간의 여유를 주고서는 연구실을 옮기라고 통보해 왔어요. 옮길 연구실에 가 보았더니 수도, 전기 등도 준비가 안 되어 있는데 그냥 옮기래요. 나 참. 누가 그렇게 결정하는 건지 모르겠어요. 옮길 사람 사정은 생각도 안 하고 그냥 일방적이에요.

H대학교 교수들은 대학의 통제적 풍토와 행정 과정에 관한 스트레스로 인해 소진되는 경우도 있지만, 행정직의 업무 조건과 그들의 행정 자세도 교수들의 소진에 한 몫을 한다. 행정직원이 부족한 점에 대해서는 동료적 이해를 하는 경향이 있다. 신설대학의 넉넉하지 못한 여러 가지 여건 때문에 많은 인력을 확보하기 어려울 것이고, 맡은 일은 많은데 인원이 적기 때문에 고생을 많이 한다는 인식이다. 그러나 대학 행정을 책임지고 있는 사람은 최소의 인력으로 행정의 능률성을 극대화하려는 행정적 노력을 할 수밖에 없을 것이라는 공감을 하기도 한다. 문제는 행정직원들이 교수들과의 상호관계에 있어서 드러내는 전문적 능력 수준과 업무처리의 자세였다.

교수들은 행정직원들의 대학 행정업무 수행을 위해 필요한 전문성이 떨어진다고 인식하는 경향이 강하다. H대학교의 행정직원들 중에는 대학을 졸업한 사람이 극히 적은데, 교수들은 행정직원들이 우선 대학행정을 잘하려면 최소한 대학 생활에 대한 경험이 있어야 한다는 인식이 지배적이다. 따라서 교수들은 대학을 다녀 본 적이 없는 사람이 어떻게 대학행정을 잘할 수 있겠는가 하는 인식을 갖고 있었다. 또한 대학을 잘 모르면 물어서 배우려고 해야 하는데 그렇지도 않고 시키는 대로 일을 하며, 일을 시키는 사람도 대학을 제대로 알지 못하는 사람이 더러 있는데 그 지시를 받은 사람이야 오죽하겠느냐 하는 생각을 하곤 한다. 심지어 행정업무를 수행함에 있어 교수들을 정중히 대접하지 않는 경향이 있다고 불평하는 경우도 있다. 다음의 대화 속에는 위와 같은 내용이 부분적으로 잘 드러나 있다.

■■■ 직원들이 고생하는 것은 알아. 그러나 대학을 다니지도 않았는데 어떻게 대학행정을 한다고 해. 그러니까 저 모양이지. 답답해 죽겠어. 모르면 물어봐야 할 것 아닌가? 우리 학교에는 많은 훌륭한 교수들이 있잖아. 전공도 다양하고 말이야. 그 사람들에게 물어서 하면 얼마나 좋아. 건물을 지을 때는 건축과 교수에게 자문을 구하고, 실내장식을 할 때는 디자인 전공 교수에게 물어보고, 조경을 할 때는 나무를 잘 아는 교수에게 상의해서 하면 되잖아. 교수들에게 질문하면 자기 영역을 뺏긴다고 생각하는 것 같아.

■■■ 새 교과목을 개설하는데 왜 행정직원이 좋다 나쁘다 하는지 모르겠어요. 교수가 우리 학생들에게 꼭 필요하다고 보기 때문에 개설하는 건데 알지도 못하면서 안 된다고 판단하잖아요. 그러면 안 되죠. 학생들에게 도움이 될지를 자기가 어떻게 알아요?

■■■ 그 친구 건방져. 교수는 서서 이야기하고 자기는 번듯하게 앉아서 쳐다보며 이야기하잖아. 나이로 보나, 뭐로 보나 그래서는 안 되지. 업무를 전달할 때도 그렇지. 좀 정중하면 안 되나? 어떤 친구는 지나가다 인사를 해도 받지도 않아. 다음부터는 기분 나빠 인사도 않기로 했어.

■■■ 추워서 연구실에 전기난로를 켜 놓았는데 직원이 오더니 막 뭐라 하는 거야. 안 된다는 거지. 석유를 주는데 왜 학교에서 쓰지 말라는 전열기구를 쓰냐는 거야. 그래, 안 쓰면 될 것 아니야? 잘 모르고 그랬거든. 그런데 그 태도가 뭐야. 좋게 설명하면 될 텐데……. 교수에게 그래도 되는 거야?

③ 기타 직무에 관련된 요인들

H대학교 교수들이 직무와 관련하여 무기력이나 우울함과 같은 스트레스의 부정적인 느낌을 갖는 요인을 세 가지 정도로 정리할 수 있었다.

첫째, 교수로서 연구를 수행할 수 있는 환경의 미비이다. 대학교수의 연구능력을 가시적으로 평가하는 지표로 흔히 사용되곤 하는 지표는 연구업적과 연구비 수혜액일 것이다. 그중 H대학교 교수들에게 스트레스를 주는 것은 연구비 수혜에 관한 것이다. 연구비를 받기 위해 여러 가지 노력을 해 보지만 신설대학교에 대한 사회적, 학계의 인식이 높지 않아 연구비를 받기가 극히 어려운 데 대해 말없는 압력과 무력감을 느끼고 있었다.

■■■ 참 어려워요. 이곳 저곳 신청을 해 보지만 잘 안 돼요. 학교에서는 교수들이 노력을 하지 않는다고 생각할지 모르지만 그렇지 않아요. 연구비를 줄 데에서 H대학교 연구 여건이 어떻다는 것을 잘 알거든요. 어떻게 할 수 있는 방법이 없어요. 그냥 그렇지요 뭐.

■■■ 사람들이 우리 학교를 잘 몰라요. 그 학교가 어디에 있는 학교냐고 반문할 때도 있죠. 개인적으로 부탁도 해 보고 필요하면 로비도 해 보죠. 안 돼요. 그런데도 학교에서는 말없이 압력을 주는 거죠 뭐.

둘째, 강의 지원 시설의 부족을 들 수 있다. 실험실습 기자재가 부족하고 강의에 필요한 시청각기자재는 턱없이 부족하기만 하다는 인식을 가지고 있다. 좋은 강의를 위한 조건이 여러 가지가 있지만, 효과적이고 매력적인 강의를 위해서는 지원체제가 잘 정비되어야 한다는 점은 교수들이 익히 잘 알고 있는 사실이다. 초·중·고등학교에서는 이제 보편화되어 있는 각종 강의 지원시설과 정보매체가 소위 대학인 이곳에서는 너무나 부족하기 때문에 오는 스트레스인 것이다.

■■■ 강의에 들어가면 썰렁하지요. 강의실이 여름에는 덥고 겨울에는 춥잖아요. 휑한 창문과 칠판 그리고 백묵 외에 뭐가 있나요? 옛날에 우리가 공부할 때는 그렇다 치더라도 요즘처럼 대학 간 경쟁이 치열할 때는 뭔가 변하지 않으면 안 될 것입니다.

■■■ 우린 전공이 여러 가지 자료를 많이 보여 주고 밤늦게까지 실습해야 하는데 이렇다 할 시설이 넉넉하지 못해요. 요즘 많이 좋아지고 있지만 역시 부족하기는 여전하죠. 사비로 구입할 여건도 안 되고 안타까울 때가 종종 있어요.

셋째는 강의 부담이 큰 데서 스트레스를 받는 것으로 보였다. 이 문제는 전공별로 여건이 조금씩 다르기는 하다. 신설학과 교수들은 강의 부담이 적었으나, 특히 전공 과목과 교양 과목을 동시에 개설해야 하는 교수들이나 실험과목을 개설하는 교수들은 강의 부담을 느끼고 있었다. 교육부의 방침이나 타 대학의 경우를 보면,

대학 교수의 평균 책임 강의시간은 주당 9시간이다. 그러나 H대학교 교수들 중에는 주당 13시간에서 심지어 16시간까지 강의하는 경우가 있다. 실습시간인 경우도 부담을 주는 경우가 많다. 실습시간에는 조교들이 실습준비를 하고 실습보조 역할을 해 주는 것이 상례로 되어 있으나, H대학교에는 실습조교가 극소수 배정되어 있을 뿐이기 때문이다.

■■■ 강의시간이 너무 많아요. 전공과목 개설도 많은데 교양과목도 개설하래요. 학생들이 수강할 수 있는 교양과목이 모자라기 때문에 그 아이들 생각하면 안 할 수도 없어요. 어떤 때는 불쌍하다는 생각도 해요. 그런 것 생각하면 해야지요 뭐. 선생님은 몇 시간 하세요?

■■■ 실험시간은 힘들어요. 누가 도와줄 사람이 있어야지요. 학교에서는 어떻게 생각할지 몰라도 우리 학교에서는 실습도 담당 강의 시수로 전부 계산해 주어야 해요. 조교를 늘려 주든가요. 그렇게 하려면 돈이 많이 들어 학교가 어렵겠지만, 실습이 잘 되려면 점차적으로 개선되어야지요.

(2) 소진 경험에 대한 교수들의 대응 양상

지금까지 H대학교 교수들이 소진을 경험하게 하는 몇 가지 요인들에 대하여 분석해 보았다. 그렇다면 소진을 경험하고 있는 교수들이 그러한 현상에 대하여 어떤 반응을 보일까? 어떤 전략으로 대응하고 있는가? 하는 문제를 정리해 보기로 한다.

① 침묵하는 방법

교수들은 자신에게 직접적으로 이해 관계가 있는 문제가 아니면 모르는 체하는 경향이 강하다. 문제가 있다는 것을 알면서도, 참견하고 싶지 않다는 자세를 보이는 경우이다. 행정적 지원이 미흡하고, 행정풍토가 통제적이며, 직무에 관련된 적지 않은 스트레스를 받고 있음을 많은 교수들이 잘 인지하고 있지만 문제제기를 하는 경우는 찾아보기 힘들다. 신설학교의 어려운 여건을 고려하여 이런저런 불편함을 이해하고 극복해야 한다는 긍정적 시각도 많지만, 말해 보아야 잘 되지도 않을 것을 괜히 참견하여 미움 받을 일이 없다는 인식이 저변에 깔려 있었다. 교내의 사소한 일들이 알 수 없는 정보라인을 통해 수시로 보고되고 있다고 생각하여, 극히 신뢰할 수 있는 비공식적인 자리가 아니면 거의 침묵으로 일관하고 있었다. 조용히 지내는 것이 가장 안전하게 살아남는 길이라는 조소 섞인 대화 속에서 이러한 생각과 자세는 잘 드러난다.

② 보신주의적 방법

때로는 일방적이고 경우에 따라서는 무리가 될 수도 있는 다양한 학교 당국의 요구를 거절할 수는 없기 때문에, 흔쾌히 수용되지는 않지만 마지못해하는 자세를 말한다. 이는 자신을 보호하는 방법이기 때문이다. 그렇기 때문에 주어진 과제를 열심히 하지는 않는다. 과제를 하고 있다는 점만 부각되면 된다는 생각인 것이다. 시간이 가면 어떻게 되겠지 하는 소극적인 자세가 나타난다. 따라서 과업 수행의 효율성이 떨어지고, 조직에의 헌신도와 사기가 떨어지고 과업에의 집중도가 약해질 수밖에 없다.

③ 전략적으로 참여하는 방법

소수이긴 하지만 경우에 따라서는 학교의 요구를 침묵하면서 따르거나 적당히 하는 것이 아니라, 자신이 적극적으로 일을 제안하고 그 진행을 주도하는 교수도 있다. 많은 교수들을 만나 그들의 문제점을 듣고 관심을 표명하며 학내의 정보를 수집하여 여론주도자(Opinion leader)로서 역할을 자임한다. 수집된 여러 의견을 학교 당국에 전달함으로써 자신의 존재와 능력을 과시하고, 학교 업무에 있어 일정한 중요 역할을 지속적으로 맡으려 한다. 긍정적이고 적극적인 자세이긴 하지만 그러한 전략의 기저가 주로 학교 전체의 공동체에 기여하려는 측면보다는 자신의 생존과 출세를 위한 것이라는 데 문제가 있다.

④ 학생의 교육과 학과 업무에 몰입하는 방법

H대학교에 재직하고 있는 많은 교수들은 교수라는 직업에 만족하고 있으며, 학생들을 사랑하고 그들을 헌신적으로 교육하기 위해 애쓰고 있다는 점을 앞서 언급한 바 있다. 교수가 소진을 경험하면서 택할 수 있는 또 하나의 대응 방법은 학교 전체의 조직적 문제나 개인의 직업적 생존 문제에 집착하는 것이 아니라 그 중간 단위인 학과를 중심으로 자신의 생각과 생활의 범주를 국한시키는 것이다. 학교 전

체의 풍토가 바람직하지 않고 행정가와 자신의 상호관계가 긴밀해질 것 같지도 않다는 인식을 하고 있지만, 그렇다고 지나치게 자신만을 생각하는 대학교수 생활을 원하지 않는 교수인 경우에 선택되는 전략이다. 이 경우의 교수들은 학과 밖의 일에는 애써 무관심하거나 복잡한 학내 사정을 알아도 외면하는 경우가 많다. 그러나 학과 내의 문제에 대해서는 남다른 열정과 적극적인 자세를 가지고 있으며, 특히 장래가 불확실하고 학습능력이 떨어지는 학생들이라고 생각하지만 그 학생들에 대한 기대를 버리지 않고 정성을 다 하는 경우이다.

5 결론 및 논의

이 논문을 쓰게 된 동기는 두 가지다. 하나는 유명 대학뿐 아니라 신설대학의 조직적 생존과 발전이 우리나라 대학의 발전에 중요하다는 인식이고, 다른 하나는 그러한 대학의 성장과 발전은 교수 집단을 관리하는 행정적 풍토와 학생들의 대학 생활문화 및 그러한 요소와 상호 작용하는 가운데 형성된 교수 집단의 규범에 의해 크게 영향을 받을 것이라는 신념이다. 대학 경영적 측면에서 볼 때, 이미 대학은 무한 경쟁시대로 접어들고 있으며, 모든 경쟁적 조건에서 불리한 신설대학이 가장 소중히 관리하고 적극적으로 활용해야 할 자원은 교수라는 인적 자원임은 분명하다. 또한 교육적 측면에서 볼 때도 교수들의 학교에 대한 신뢰, 신바람 나는 삶과 강의 그리고 따뜻한 학생지도 등은 무엇과도 바꿀 수 없는 발전적 에너지인 것이다. 이러한 교수들이 보여 주는 삶의 다면적 양상과 인간관계 그리고 교육적 정열과 에너지의 강도와 방향을 감지해 볼 수 있는 사회 심리적 개념 중의 하나가 소진이다.

본 연구의 대상인 H대학교 교수들은 전체적으로 보았을 때 평균에 약간 못 미치는 정도의 소진을 경험하는 것으로 나타났지만, 연령, 교육경력, 재직기간, 전공에 따른 평균의 집단 간 차이는 없는 것으로 밝혀졌다. 그러나 소진의 하위요인별로 분석해 보면 의미 있는 결과를 엿볼 수 있다. 즉, H대학교 교수들은 직업만족 요인에서 평균 2.06으로 가장 낮고, 인식된 행정적 지원 요인에서 평균 2.98로 가장 높은 소진을 경험하고 있음을 알 수 있다. 이 연구결과에 국한해서 본다면, H대학교 교수들은 교수직에 대해서는 대체로 만족하고 있으나 소진을 경험하는 전체적 수준도 아주 낮은 것은 아니었다. 그들로 하여금 소진을 경험하도록 하는 가장 큰 요인은 통제 중심적인 폐쇄적 행정 풍토와 행정적 지원의 미흡이다. 또한 공부하지 않으려는 학생들의 자세나 학생들의 낮은 학습능력, 기타 어려운 연구 여건, 연구비 수혜에 대한 압력, 부족한 실험실습기자재 등이었다. 교수들이 이러한 소진현상에 대해 대응하는 반응 전략은 침묵하는 방법, 적당히 하고 넘어가는 보신주의적 방법, 개인적 생존을 위해 전략적으로 참여하는 방법, 학생의 교육과 학과 업무에 몰입하는 방법 등 4가지 정도로 압축될 수 있었다.

H대학교에 대한 위와 같은 기술(記述) 내용은 그 범위에 있어 부분적인 것일 수도 있고, 접근하는 방법이 일방적일 수도 있다는 점은 이 연구의 한계점이다. 그러나 조사연구나 참여관찰 연구의 결과, H대학교 교수들은 일정 수준 소진되어 있었으며, 그 대응양상도 대학의 발전을 위해 바람직하지 않은 것들이 더 많았다. 이러한 본 연구의 결과가 우리나라 전체 대학교수들에게 일반화할 수 있을 것인지에 대한 후속 연구가 필요하다고 본다.

또한 본 연구에서 드러난 신설대학 교수들의 부정적인 심리상태를 개선하려는 대학 행정당국의 조처는 체계적이고 과감하며 특히 신속할수록 좋다고 본다. 물론 이러한 변화를 위한 제반 조건이 단순하고 쉽지 않다는 점은 충분히 고려되어야 한다. 그러나 의식의 전환을 통해 단기적으로 변화시킬 수 있는 측면과 충분한 재정적 뒷받침이 준비되었을 때 가능한 측면이 있다는 점을 분리하여 인식하는 것이 필요하다. 탁월한 학문적 능력과 교수직에 대한 긍지 그리고 교육에 열정을 가지고 대학교수 생활을 시작한 교수들의 침묵과 보신주의 그리고 개인주의는 교수 개인과 대학 조직의 발전을 위해 결코 바람직하지 않다. 오히려 그것은 불안한 가식적 평화이며, 사랑이 식어 가지만 어쩔 수 없는 당사자 간의 필요에 의해 지속되고 있는 수단적이고 한시적인 동거(同居)와 다를 바가 없다.

제 3 부

학교조직 연구의 정치적 접근

제10장 정치적 접근의 예비적 이해

1 정치적 접근의 전개와 구성 내용

학교조직 연구에 있어, 정치적 접근은 조직을 밀림과 같은 곳으로 비유한다. 조직은 권력과 영향력이 개인과 집단 사이의 자원 분배에 지속적으로 영향을 미치는 희소자원을 향한 투쟁의 장으로 인식된다. 상이한 개인과 집단 사이에 존재하는 욕구, 시각, 생활주기의 차이 때문에 갈등은 불가피한 현상이며, 특정 이익을 중심으로 연합이 형성되고 문제가 출현하고 사라지는 가운데 변화가 생길 수 있다고 본다. 이러한 정치적 접근의 핵심 개념은 권력, 갈등, 연합, 협상 등이다(Bolman & Deal, 1984: 2-5).

정치적 접근은 합리적이고 목적추구적인 모형에 대한 대안으로 발전하였다. Pfeffer와 Salanick(1983: 105)은 교육조직 연구의 정치적 접근에 대하여 다음과 같이 설명하고 있다(박성식, 1995: 413-414 재인용).

> ■■■ 상충하는 요구, 불완전한 정보, 통제를 위한 경쟁, 그리고 조직과 환경 간의 이완결합 때문에 합리적 행동과 합리적 설계는 실제적으로 불가능하다. 합리성에 관한 모든 정의 속에는 목표달성이라는 개념이 내재되어 있지만, 만일 목표가 다원적이고 상충하는 것이라면, 합리성을 어떻게 정의할 수 있을 것인가? 조직설계란 그 자체가 모순과 딜레마로 가득 찬 하나의 과정이라고 제안하고 싶다.

정치적 접근에서는 영향력과 통제라는 두 가지 주제가 지배적이며, 관리란 일상적인 절차와 문화를 확립하는 과정이라기보다는 가치 있는 자원의 할당을 위한 협상의 과정에 가깝다. 그러나 조직에서의 권력은 개인들과 직위 내에 제도화될 수 있으며, 권력의 사용을 지배하는 조직의 규칙에 맞추어 설정되지 않는다. 조직 속에는 공통적인 이해 관심을 가지고 서로 연합함으로써 권력구조를 위협하는 이기적인 사람들이 존재한다. 조직에 대한 정치적 분석은 미시적 수준과 거시적 수준에서 동시에 이루어지며, 정치적 접근이 취하고 있는 논리적 가정은 다음과 같다(Bolman & Deal, 1984: 109).

첫째, 조직에서 가장 중요한 의사결정은 희소자원의 배분에 관한 것이다.

둘째, 조직은 여러 개인과 이해집단으로 구성된 연합체이다.

셋째, 개인과 이해집단은 그 가치, 선호도, 신념, 정보, 그리고 실재에 대한 인식을 달리한다. 이러한 차이성은 일반적으로 지속적이며 천천히 변화한다.

넷째, 조직 목표와 의사결정은 개인과 집단 간의 지위를 위해 진행 중인 타협, 협상 그리고 조정과정을 통해 나타난다.

다섯째, 희소자원과 지속적인 차이성으로 인하여 권력과 갈등은 조직생활의 중심적인 특징이 된다.

정치적 접근에서는 조직에서 일어나는 대부분의 일들이 의도된 것이라는 믿음을 가지고 있다. 즉, 조직 내의 인간의 행동은 조직에서 그들의 가치를 실현시키고자 하는 심리적 욕구로부터 동기화되기 때문에, 조직에서 일어나는 행위들은 대부분 의도된 것이라고 믿는다. 조직 내 인간들은 조직권력과 통제력을 가짐으로써 조직을 자신이 원하는 방향으로 이끌고자 하는 개인들로 파악된다. 그래서 조직 내에서 중요한 것은 개인의 가치에 근거한 정치적 기술이라고 본다(성병창, 1994: 59).

권력은 어떤 개인이나 집단이 그들이 원하는 방향으로 다른 개인이나 집단에 영향력을 행사하는 것을 말한다. 권력은 계선상의 직위에 의해서만 소유되는 것은 아니다. 공식 조직 내에서 점유하고 있는 지위뿐 아니라, 조직 내에 존재하는 희소자원의 배분에 관한 통제력이 더욱 중요하다. 이러한 조직 내 권력은 항상 유동적이며 상하 좌우 방향으로 변화하는 속성을 가지고 있다. 권력을 합법적 권력과 비합법적 권력으로 나눌 수 있으며, 공식적 권력과 비공식적 권력으로 구분할 수도 있다. French와 Raven(1968)처럼 강제적 권력, 보상적 권력, 전문적 권력, 준거적 권력으로 세분할 수도 있으며, Mintzberg(1983)처럼 권력을 자원, 기술, 지식체계에 대한 통제의 문제로 설명할 수도 있다.

갈등에 관한 입장도 기존의 구조적 접근이나 인간자원론적 접근과 다르다. 정치적 접근에서는 갈등이란 반드시 조직 내에서 무엇이 잘못되고 있거나 문제 상황이라고 보지 않는다. 오히려 조직 내 희소자원은 공급부족 상황이 지속되므로 개인들이 직업, 지위, 특권을 향해서 경쟁하는 것은 불가피하기 때문에 갈등은 자연스럽고 불가피한 것이라고 본다. 따라서 정치적 접근에서는 갈등의 해소보다는 갈등의 관리전략에 초점을 둔다(Bolman & Deal, 1984: 119).

2) 교육행정에의 적용

교육조직에 대한 정치적 접근은 합리적이고 질서정연한 체제로서의 전통적인 학교조직관을 거부한다. 교육조직도 여타 조직과 마찬가지로 한정된 자원을 가지고 운영되는 사회적 기관이며, 다양한 구성원들의 가치관이나 이해관계도 조화롭지만은 않다. 실제로 교육조직의 운영에는 학생, 교사집단, 학교행정가, 학부모 집단, 지역사회의 이익집단 및 국가 등이 관여한다. 학생과 학부모들은 최대의 교육적 수혜를 요구하며 교육조직의 공공적 책무성을 강조하고 있다. 학부모들은 학생들의 학습권을 최대한 보장하려고 하며, 자신들의 학교교육 운영에의 참여도를 높이려고 한다. 이는 불가피하게 전문성을 특징으로 하는 학교행정가와 교사집단과의 직접, 간접적인 마찰을 야기할 수밖에 없다.

교직은 타 전문직에 비해 상대적으로 낮은 사회경제적인 지위를 가지고 있음에도 불구하고, 고도의 윤리성과 헌신적 노력을 요구받고 있다. 직업적 만족도가 상대적으로 높지 않은 반면, 교사들에게 다가오는 사회적 압력은 크다. 학교행정가는 자주 획일적인 지시와 감독을 통해 교사들을 통제하려고 하며, 정부 기관의 관료적 교육정책은 심한 좌절감을 주어 끝내 소진되게 하기도 한다. 따라서 교사들은 개인적으로 혹은 때로는 집단의 결성을 통해 자신들의 이익을 보호하고 또한 강화하기 위해 노력하기도 하며, 교육조직 내의 희소한 물적, 상징적, 기회자원을 획득하고 권력과 행정적 지위를 향해 교사들 간에 상호 경쟁하기도 한다. 자율적이고 보다 좋은 근무조건을 보장받기 위해 행정가와 협상하고 타협한다. 교육재원의 배분과 사용에 관한 의사결정에서 행정가와 이견을 보이거나 다투기도 한다.

또한, 교육조직의 관료제적 성격과 교사들의 전문직적 요구 사이에는 크고 작은 갈등과 그로 인한 긴장이 발생한다. 관료제는 질서와 통일 그리고 업무수행의 표준적 성격을 강조하는 경향을 드러내기 마련이며, 교사들은 자신들의 과업이 고도의 창의성과 자율성을 요하는 전문직임을 내세워 행정가의 관료제적 요구에 저항하기도 하고 절충하기도 하는 그야말로 교육조직은 역동적으로 운영되는 조직으로 볼 수 있다.

지방자치단체와 중앙정부는 일선 교육조직의 운영에 대한 통제력을 늘 행사해 온 것도 간과할 수 없는 사실이다. 주요 교육이념과 제도는 한 사회의 사회, 정치적인 상황을 반영하는 거울이다. 교육에 관한 여러 가지 제도화나 재정적 자원의 선별적 지원, 교육과정의 제한과 통제 등을 통해 일선 교육조직의 운영과 기능에 관한 영향력을 유지·강화하고 있다.

이러한 묘사는 교육조직이 다분히 정치적인 성격을 가지고 있는 조직임을 예시하는 것이다. 따라서 교육조직의 성격상 정치적인 접근에서 강조되고 있는 권력과 협상, 대립과 갈등은 불가피한 것으로 보아야 한다. 이는 교육조직 연구에 있어 정치적 접근의 필요성과 정당성을 담보해 주는 것이며, 실제 교육조직의 존재 양상과 운영의 특성을 밝히는 과정에서 의미 있는 시사점을 주고 있는 것이다. 특히, 최근 학교조직 운영에 커다란 변화를 일으키고 있는 학교운영위원회 운영의 복잡성과 정치성, 그리고 1999년에 합법화된 교직원노동조합의 결성으로 학교조직 연구에 대한 정치적 접근의 유용성이 높아질 것으로 예상된다. 이러한 관점에서 보면, 정치적 접근은 구조적 접근과 인간자원론적 접근을 보완하면서도 나름대로의 독자적인 강점을 가지는 접근방법이라고 할 수 있겠다.

3) 정치적 접근과 관련하여 본서에 소개된 논문들

제3부는 학교조직의 정치적 관점에서 쓰인 세 편의 논문으로 구성되어 있다. 11장은 실업계 고등학교에서 발생하는 갈등의 유형, 원인, 그 처리방법 등에 관하여 분석하고 있다. 12장도 실업계 고등학교를 대상으로 학교조직 내에서 이루어지고 있는 의사결정의 양상과 그 성격을 밝히고 있다. 11장과 12장은 모두 실업계 고등학교를 대상으로 한 것인데, 여러 유형의 학교 중 실업계 고등학교를 대상으로 한 이유는, 자료 수집의 용이성과 실업계 고등학교의 변화를 촉발하고자 하는 필자의 바람 때문이었다. 13장은 사립 고등학교의 학교운영위원회의 운영과정을 미시정치적으로 분석한 논문이다. 필자가 연구대상 학교의 학교운영위원회 위원장직을 수행하면서 참여 관찰한 내용을 미시정치적 틀에 기초하여 해석한 것이다. 특히, 사립 고등학교 특유의 숨겨진 권력구조에 대한 간접적인 이해를 가능하게 하고, 학교운영위원회의 정착을 위한 제도적 개선 방향이 제시되어 있다.

제 11 장 실업계 고등학교 내 의사결정 행위의 양상과 그 성격

1 서 론

조직을 운영하는 일은 표방된 조직의 목표를 효과적・효율적으로 달성하기 위한 지속적인 의사결정 과정이라고 할 수 있으며, 이는 조직에 대한 연구와 행정 실무적 차원에서 조직 내에서 이루어지는 의사결정 행위에 대한 이해가 중요하다는 사실을 시사한다. 그러나 조직 내에서 이루어지는 의사결정 과정에는 조직 구성원들이 갖고 있는 욕구의 다양성과 조직행위 주체들 간의 복잡한 이해관계 조정의 필요성 그리고 경쟁하는 하위 목표 간의 갈등 가능성 등과 같은 역동적인 측면이 개재되기 때문에, 특정 조직 내에서 이루어지는 의사결정 과정을 이해한다는 것은 결코 간단한 일이 아니다. 따라서 조직운영에 관한 여러 주요 문제들에 대하여 지속적인 의사결정을 해야 하는 행정가들에게 있어서 보다 효과적인 의사결정을 한다는 것은 적지 않은 도전과 어려움을 주는 과제가 된다. 이러한 연유로 인하여, 행정가는 늘 무엇을 어떤 순서와 방법으로 의사결정을 하여 조직을 운영하여야 조직이 공식적으로 표방하고 있는 목표를 더 효과적으로 달성할 수 있을 것인가를 숙고하지 않을 수 없게 된다.

조직 내 의사결정에 관한 위와 같은 일반적인 설명은 학교조직을 운영하는 일도

---

*이 논문은 한국교육행정학회(2000). 교육행정학연구 18권 2호에 게재된 것임.

예외 없이 적용될 수 있다. 학교조직에서는 학생의 다면적 성장을 주도·지원하기 위한 여러 구체적인 활동들이 분업적으로 이루어지고 있고, 공동의 목표를 위해 나아갈 방향의 설정과 과업의 수행 그리고 과업 간의 조정을 필요로 하는 행정적 과제가 있으며, 이들 과제들 중의 상당수가 의사결정 행위에 관계되는 것들이기 때문이다. 이러한 관점에서 많은 학자들과 행정 실무자들이 학교조직에서 이루어지는 의사결정 행위에 대하여 지속적인 관심을 가져온 것이 사실이다. 그러나 학교조직 내에서 이루어지는 의사결정에 관한 주요 선행 연구들이 보여 주는 일반적 내용은 주로 의사결정에 관한 이론적 고찰(임석재, 1991, 1992; 윤숙자, 1990; Simon, 1993; Keith, 1996), 참여적 의사결정의 타당성과 그 영역과 한계를 적시하는 것들(정찬영, 1988; 유평수, 1996; Rogers, 1975; Mohrman, Cooke, & Mohrman, 1978; Yukl, 1981; Conley, Schmidle, & Schedd, 1988; Bacharach, Bamberger, & Bauer, 1990)이거나, 교사의 의사결정 참여도 혹은 학교장의 의사결정 행위와 조직 성과와의 관계에 관한 연구들이 대부분이다.[1)]

본 연구에서 갖는 문제의식은, 그러한 학교조직 내의 의사결정에 관한 선행 연구들이 갖는 학문적 공헌에도 불구하고, 각 연구들이 이론적 혹은 실증적 연구방법을 사용함으로써 학교조직 내에서의 의사결정이 실제 어떤 방식으로 이루어지고 있으며 그 두드러진 성격은 어떤 것인지 밝힌 연구들은 아니라는 것이다. 또한 학교조직을 운영하는 핵심적 행위 중의 하나가 의사결정 행위라고 한다면, 학교조직에서 이루어지는 의사결정 행위의 성격과 특징에 관한 심층적인 분석과 설명은 학교조직 연구에 관한 중요한 탐구문제가 될 뿐 아니라 학교행정 실무의 발전에 시사하는 바가 많을 것으로 판단되지만 그러한 연구를 찾기 어렵다는 것이다. 그러나 한 편의 연구를 통하여 다양한 학교조직 내에서 이루어지는 의사결정 현상 전체를 기술·분

1) 예컨대, 국립도서관 전산자료를 통해 검색한 1985년부터 1992년까지 발표된 학교조직 내 의사결정에 관한 학위논문 약 30편의 내용을 검토해 보면, 교사의 의사결정 참여도 혹은 학교장의 의사결정 유형과 교사의 사기와 갈등, 학교조직 효과성, 교사의 직무 만족도, 교사의 직무 성과, 교사의 조직 헌신도, 조직 건강 등의 상관관계에 관한 논문이 주류를 이루고 있음을 알 수 있다.

석하려 하는 것은 무리한 접근이기도 하고, 또한 실증적 방법을 사용한 선행연구들이 주로 초등학교 혹은 중학교나 인문계 고등학교를 연구대상으로 하고 있다는 점에 주목하여, 본 연구에서는 지금까지 학교조직 내 의사결정 행위에 관한 선행연구에서 거의 취급된 적이 없는 것으로 보이는 실업계 고등학교를 연구대상으로 하여 학교조직에서 이루어지는 의사결정 행위의 양상과 그 성격을 밝히는 데 연구의 목적을 둔다. 이때 본 연구에서 사용하고 있는 의사결정 행위의 양상과 성격이라는 의미는, 특정의 학교조직 내에서 이루어지는 의사결정 행위가 학교조직 운영과정상의 주요 하위 영역에서 실제 어떠한 방법으로 이루어지고 있으며 또한 그 과정에서 어떤 성격을 드러내고 있는지를 설명하고자 하는 서술체계임을 밝혀 둔다.

2 이론적 배경

학교 조직내의 의사결정 유형을 분류하고 나아가 그 성격을 밝히기 위해서는 이에 관한 이론적 검토가 필요하다. 그러나 본 연구에서는 다양한 조직 의사결정 행위에 관한 이론적 내용 중 본 연구의 목적을 달성하는 데 필요하다고 보이는 의사결정 행위의 영역과 분류 방법을 중심으로 고찰하는 것으로 대신하고자 한다.

1) 의사결정의 영역

학교조직 내 의사결정의 유형을 분류해 내기 위해서는 우선 학교조직 내에서 이루어지는 다양한 활동을 여러 영역으로 범주화할 필요가 있다. Parsons처럼 조직을 제도적, 관리적 및 기술적 하위체제로 나누고 상위체제에 대한 조직의 적응에 관계된 의사결정(제도적 의사결정), 자원의 확보와 배분에 관한 의사결정(관리적 의사결정), 조직의 핵심 생산활동에 직접적으로 관련된 의사결정(기술적 의사결정)으로 나누어 볼 수도 있고, Katz와 Kahn과 같이 조직을 생산, 유지, 경계, 적응 및 관리적 하위체제로 나누고 그에 상응하는 의사결정을 분류해 볼 수도 있다(Mohrman, Cooke,

& Mohrman: 14-15). Bacharach, Bamberger, 그리고 Bauer(1990: 134-136)는 조직 의사결정은 그 내용영역이 전략적(관리적)인 것이냐 운영적(기술적)인 것이냐 혹은 그것이 개인에게 직접적으로 영향을 주느냐 조직 전체에 영향을 주느냐에 따라 개발과 평가의 문제, 자원 배분의 문제, 기술과 자원 활용의 문제 및 경력 문제 등으로 구분할 수 있다고 하였다. 또한 Hanson(1991: 103-105)은 학교에서의 의사결정 영역을 ① 배분에 관한 결정(allocation decision) ② 안전에 관한 결정(security decision) ③ 경계에 관한 결정(boundary decision) ④ 평가에 관한 결정(evaluation decision) ⑤ 수업에 관한 결정(instructional decision) 등의 다섯 가지로 나누고 있다.

한편 학교조직 내 의사결정 영역을 활동 중심으로 제시하면, 학교 배정, 표준화된 검사정책, 교실 배정, 등급화 정책, 학생 배정, 보고 절차, 학생 퇴학, 학생 권리, 시설 계획, 교수내용, 예산 개발, 교수방법, 비용의 우선순위, 교재 구입, 직원 고용, 교재 선정, 과업 평가, 직원 개발, 학생 규율 등(Bacharach, Bamberger, & Bauer, 1990: 136) 열아홉 가지를 들 수 있다. 또한 Mohrman, Cooke, 그리고 Mohrman(1978: 18)은 학교조직 내 주요 의사결정 활동으로써 ① 전문 인력의 신규 임용 ② 수업교재의 선택 ③ 학생 개인의 학습 문제 해결 ④ 적절한 수업방법과 매체의 결정 ⑤ 일반적 수업정책의 수립 ⑥ 교실 규율정책의 확립 ⑦ 학교 예산 계획 ⑧ 구체적인 전문적 과업 결정 ⑨ 직원 불만 해결 ⑩ 새 건물과 시설의 계획 ⑪ 지역사회 집단과의 문제 해결 ⑫ 급여 결정 등을 제시하고 있다. 실제 우리나라의 단위 학교에서 시행하고 있는 교육목표 실현을 위한 활동 요목을 중심으로 교육활동을 범주화하면 ① 교육목표 달성을 위한 제반 교육계획 수립과 일과 진행에 관한 교육과정 운영 ② 교내·내외에서의 학생지도에 대한 분야 및 학생복지에 관한 학생생활지도 영역 ③ 교사의 수업기술 향상 및 학력 신장에 관한 교수-학습활동 영역 ④ 학부모 및 지역사회와 관련된 학교-지역사회 활동 영역 ⑤ 학교의 인사·재정·시설 관리, 대내외 공문 처리에 관한 영역 ⑥ 교육목표 달성을 위해 필요한 교과 이외의 교육활동으로서 특별활동 영역 등 6개 영역으로 나눌 수 있다.

지금까지 학교조직 의사결정 행위를 영역별로 유형화하기 위한 몇 학자들의 주장과 학교조직 내 실제 활동을 검토해 보았는데, 의사결정 행위를 유형화함에 있어 학자들마다 그 견해가 다르고 일관성 있는 분류 방법을 도출해 내기가 쉽지 않음을 알 수 있다. 본 연구에서는 그 이유가 조직의 중핵 활동을 설정하는 관점의 차이에서 비롯된 것으로 본다. 따라서 학교조직 내 의사결정 행위를 영역화하기 위해서는 학교조직을 이해하는 개념모형 설정이 선행될 필요가 있으므로, 본 연구에서는 학교조직을 교수-학습 체제와 행정지원 체제라는 두 가지 핵심 하위 체제가 환경과 상호 작용하면서 기능하는 역동적인 사회 체제(오영재, 1997)로 보고 그러한 개념모형에 따라 학교조직 내 다양한 의사결정 활동을 교수-학습 영역, 행정지원 영역, 환경 적응적 영역으로 분류하고자 한다.

현재 단위 학교에서 시행하고 있는 다양한 의사결정에 관한 활동을 학교조직의 교수-학습 체제와 행정지원 체제 및 환경 적응적 체제로 나누어 구분할 경우, 교육과정 운영, 교수-학습 활동, 학생생활지도 및 특별활동은 크게 학생의 전인적 성장과 변화라는 교육목표 달성에 필요한 교수-학습 영역에 포함시킬 수 있을 것으로 본다. 또한 교수-학습 활동을 위한 조건을 정비하고 지원 활동을 담당하기 위한 인사·재정·시설 관리에 관한 활동은 행정지원 영역으로 분류할 수 있으며, 환경 적응적 영역에는 학부모 및 지역사회와의 교류관계 및 상급기관과의 업무 협조활동이 포함될 수 있다. 이와 같은 내용을 정리하여 제시하면 〈표 11-1〉과 같다.

〈표 11-1〉 학교의 주요 하위 영역별 대상활동 분류

구 분	주 대 상 활 동
교수-학습 영역	학교교육계획 수립, 교내외 장학계획 수립, 교육과정 평가서 작성, 제 규정 제정과 보완, 학습부진아 지도계획, 방과 후 교육활동 계획, 학생 규율지도, 학생 건강관리, 학습지도안 작성, 각종 교육평가활동 실시, 교과협의회 운영, 인성교육, 클럽 활동, 야외 교육활동 지도, 각종 경시대회 참가활동 등.
행정지원 영역	교원 연수, 담임 배정 및 전보, 인사규정 연수, 전·입학에 관한 사항, 교감회의 자료 연수, 도서관리, 각종 서류 관리, 비품관리 등.
환경 적응적 영역	자모회 구성 및 운영, 학교운영위원회 운영에 관한 사항, 상급기관 업무협조에 관한 제반 업무 등.

2) 의사결정의 방법

조직 내 의사결정 방법에 관한 논의는 많지 않지만 학자들에 따라서 대략 3~5가지의 방법을 제시하고 있다. 왕기항(1986: 163)은 학교조직에서 교사들의 참여적 의사결정의 유형을 참여의 정도에 따라 전제적 결정, 협의적 결정 및 집단적 결정 등 세 가지 유형으로 제시하고 있으며, 노종희(1992: 367)는 구성원들의 의사결정에의 참여 정도에 따라 단독 결정, 정보수집 후 단독 결정, 개인 또는 집단자문 후 결정, 집단 결정 등 다섯 가지로 세분하고 있다. 또한 Howard와 Miller(1994: 191-192)는 명령적 의사결정(command decision), 자문적 의사결정(consultative decision), 합의적 의사결정(consensus decision) 및 위임적 의사결정(delegation decision)과 같이 네 가지로 제시하고 있다. 이때 명령적 의사결정은 다른 사람들과 상의 없이 개인이 하는 의사결정이며, 자문적 의사결정에서는 행정가 또는 조직 구성원이 적절한 지식을 가지고 있거나 또는 의사결정에 의해 영향을 받게 될 다른 사람들로부터 조언과 관여를 획득하는 방법을 말한다. 또한, 합의적 의사결정은 조직구성원이 함께 모여 사실과 대안들을 충분히 숙고하고 통합된 조직으로서 의사결정에 대한 소유권을 가지고 행동대안에 대해 합의를 하는 방식을 말하며, 위임적 의사결정은 다른 사람에게 결정을 하도록 허락하는 의사결정을 뜻한다.

한편 Hoy와 Miskel(1991: 335-336)은 의사결정을 하는 방법을 일방적 방법에서 공유적 방법에 이르는 연속선으로 보고 유형화했다는 점에서 독특하다. 그들이 제시하고 있는 의사결정의 방법은 다섯 가지이다. 첫째, 행정가가 혼자서 의사결정을 하기 위해 현존하는 정보를 사용하는 일방적 방법. 둘째, 행정가가 부하로부터 정보를 얻어 혼자 의사결정을 하는 방법. 셋째, 행정가가 관련된 부하에게 개인적으로 상의하여 아이디어나 정보를 얻은 다음에 의사결정을 하는 방법. 넷째, 행정가가 집단의 생각을 알기 위하여 집단과 토론을 하고, 하급자의 영향력을 반영할 수도 있고 반영하지 않을 수도 있는 의사결정을 하는 방법. 다섯째, 모든 집단 구성원들이 동등하게 의사결정 과정에 참여하는 공유적 방법이 그것이다.

위에서 살펴본 바와 같이 조직 내에서 의사결정을 하는 방법은 학자마다 약간씩 차이가 있지만, 크게 보아 행정가가 독단적으로 결정하는 전제적 유형(autocratic style), 구성원들에게 자문을 구하거나 협의하는 자문적 유형(consultative style) 그리고 구성원들과 토의하여 집단의 의견에 따라 결정하는 참여적 유형(shared style) 등 세 가지로 나눌 수 있음을 알 수 있다. 따라서 본 연구에서 조직 내 의사결정 방법에 관한 여러 학자들의 견해를 종합한 결과를 존중하여 적용한다 하더라도 무리가 없다는 판단하에, 학교조직 내 의사결정 방법을 구별하는 준거로써 전제적 방법과 자문적 방법 그리고 참여적 방법을 사용하기로 한다.

3 연구의 방법

1) 연구대상 학교

본 연구의 대상 학교는 인구 14만 명의 소도시에 소재하고 있는 한 실업계 고등학교(이하 A고등학교라 칭함)이다. 이 학교를 연구대상 학교로 선정한 이유의 하나는 본 연구자가 교육실습차 서너 차례 방문하여 A고등학교의 분위기에 익숙할 뿐만 아니라 교감이나 일부 교사들과 친숙한 관계가 형성되어 연구를 수행하기가 용이했기 때문이며, 다른 하나는 A고등학교에는 본 연구를 위해 필요한 훈련받은 교사(이하 B교사라 함)가 있었기 때문이다.[2)]

A고등학교는 1943년에 개교하여 50여 년의 전통을 자랑하는 지역 명문 학교로서, 1999년 현재 30개 학급에 1학년 434명, 2학년 478명, 3학년 391명 등 총 1,303명의 학생이 재학하고 있으며, 농업과와 기계과를 비롯한 7개학과가 설치되어 있다. 교장과 교감을 비롯하여 부장교사 16명, 평교사 54명 등 총 72명의 교원이 재직하고 있으며, 그 외 사무관 1명과 주사 1명 등을 포함한 일반직 23명의 행정요원이 있다. 또한 A고등학교는 업무분장상 교무과, 학생과, 실과, 연구・정보과, 환경과, 윤리과,

2) B교사를 훈련받은 교사라 한 이유는, B교사가 교육대학원에서 학교조직에 관련된 논문을 준비 중이고 나아가 본 연구자가 참여관찰을 사용하는 학교조직 연구방법에 관하여 특별한 준비를 시켰기 때문이다.

과학과, 진로상담과가 있고, 학년 중심의 학년주임, 기계과, 전기과, 체육과 등이 설치되어 있다. A고등학교의 현황을 종합하여 제시하면 〈표 11-2〉와 같다.

〈표 11-2〉 A고등학교의 교직원, 학과 및 학생 현황

교원		교장	교감	부장교사	평교사	계	일반직		사무관	주사보	서기보	사무원	기타	계
현원		1	1	16	54	72	현원		1	2	2	6	12	23
성별	남	1	1	16	46	64	성별	남	1	2	2	6	9	20
	여				8	8		여					3	3

	학과	학급수	1학년	2학년	3학년	계	총계
학생수	농업과	3	44	44	30	118	1,303 (94)
	축산과	3	43	39	34	116	
	원예과	3	43	48	38	129	
	농업토목과	3	43	48	37	128	
	농업기계과	3	44	44	38	126	
	기계과	9	129	154	130	413	
	전기과	6	88	101	84	273	
	여학생 수		(55)	(34)	(5)	(94)	
	계	30	434	478	391	1,303	

또한 A고등학교 학교장은 1998년 9월 제19대 교장으로 부임한 후 「사랑이 넘치는 학교」, 「즐겁고 신바람 나는 학교」를 만들기 위하여 '모든 학생을 내 자식처럼, 교직원 모두는 내 가족이다'라는 공식적 경영목표 아래 이웃사랑 실천 운동과 교육의 인간화 실현을 위하여 각 부서와 학과 중심의 자율과 책무성을 강조하는 학교운영을 표방했지만, 실제에 있어서는 학교장 중심의 행정스타일을 보이고 있다.[3]

3) 이는 1998학년도 A고등학교 학교교육계획서를 일부 참고하고, 학교장의 행정관이 학교의 주요 의사결정에 미치는 영향이 크기 때문에 본 연구자가 A고등학교 학교장의 행정관을 알아보기 위하여 B교사에게 확인한 것이다.

2) 자료수집 방법 및 기간

본 연구의 방법은 사례분석이다. 사례분석은 연구대상 학교에서 학생부장으로 재직하고 있는 B교사로 하여금 본 연구의 목적을 설명하고 재직 학교의 의사결정 사례들을 관찰하여 기술하도록 하였다. B교사로 하여금 A고등학교 의사결정 내용을 관찰하여 기술하도록 한 이유는, B교사가 학교의 학생부장이라는 간부급 직위를 가지고 있기 때문에 학교운영에 관련된 주요 현안에 관한 의사결정에의 참여기회를 많이 가지고 있을 것으로 판단했기 때문이다. 또한 B교사는 평소 자신이 학교장과 가깝지도 않고 그리 멀지도 않은 유대관계를 유지하고 있다는 견해를 피력한 바가 있어 비교적 객관적으로 A고등학교 내에서 이루어지는 의사결정 행위를 관찰할 수 있을 것으로 보였기 때문이기도 하다. 본 연구자는 1998년 7월 하순부터 8월 중순까지 있었던 교육대학원 계절제 하기 출석수업에 참가한 B교사를 만나, 2회에 걸쳐 본 연구를 위해 필요한 협의와 토론을 하였다. 한 번은 본 연구자의 연구실에서 참여관찰자로서의 역할과 관찰기술 방법에 관한 이론적 내용을 중심으로 이루어졌고, 다른 한 번은 찻집에서 자연스럽게 만나 연구에 관한 관심사항을 토론하는 형식으로 이루어졌다.

본 연구자는 B교사에게 의사결정에 관한 자료수집을 할 때 학교에서 관례적으로 이루어지는 통상적인 업무수행에 관한 전달과 지시는 학교행정의 중요한 의사결정 사례로 보기 어렵기 때문에 제외할 것을 요청하였다. 따라서 본 연구에서 사용된 학교 의사결정에 관한 사례는 공식적인 교직원회의나 부장 이상 간부급회의에 상정되어 논란과 협의 혹은 중재 끝에 결정된 학교운영상의 주요 사안으로 한정하고, A고등학교에서 주로 어떤 사안이 어떤 방법으로 결정되어 집행되는지를 가능한 한 자세히 관찰하여 기술하도록 하였다. 또한 1999년 3월에 1회의 면담시간을 갖고 수집된 사례를 의사결정 방법에 따라 분류하였다. 사례 수집 기간은 1998년 9월 1일부터 1999년 2월 28일까지 한 학기로 하였으며, 그 기간 동안 A고등학교에서 수집되어 분석 자료로 사용된 사례는 모두 17개이다.

4 연구의 결과

1) 실업계 고등학교 내 의사결정 행위의 양상

특정의 학교조직 내에서 이루어지는 의사결정 행위가 학교조직 운영과정상의 주요 하위 영역에서 실제 어떠한 방법으로 이루어지고 있으며 또한 그 과정에서 드러나는 성격을 설명하기 위해서는 학교조직 내에서 의사를 결정하는 다양한 방법을 개괄적으로 묘사하는 작업이 필요하다.

첫째, 학교장이 독단적으로 결정하는 전제적 유형(autocratic style)이다. 이 유형에 속하는 사례는 다음과 같은 경우이다.

■■■ 2학기가 되면서 새 교장이 부임하였다. 새 교장은 일방적으로 학교의 빠른 정상화와 교직원의 얼굴도 익힐 겸 주 2회 실시하던 직원조회를 한시적으로 매일 실시하기로 결정하여 전달함. 맞벌이 교사들과 원거리 통근 교사들의 불만이 많았으나 일부 수긍하는 교사들도 있었음. 그러나 한동안 기일이 지난 후에도 직원조회가 계속되자 불만을 가진 교사들이 개인적으로 교장에게 이의를 제기하면서 약속과 틀리다며 대다수의 교사들이 불평을 터뜨렸다. 그러나 교장은 여러 가지 사정상 직원조회가 필요하다며 부담 갖지 말고 계속 시행할 것을 주장하였고, 그 후 일부 교사들이 직원조회에 불참하는데도 직원조회가 계속되고 있음.

■■■ 학교 홍보차원에서 한 달도 채 남지 않았는데 교장 단독으로 학교 축제를 한다고 발표함. 주임교사를 비롯하여 대부분의 교사들은 한 달 만에 무슨 축제 준비를 할 수 있느냐고 반발하였으나 교장은 '관리자가 하면 할 수 있다'라고 하면서 분야별 담당자를 선정하여 무조건 강행함. 이에 대부분의 교사들은 불평을 터뜨리면서도 축제준비를 하였으나 가정교사가 수예품은 도저히 한 달만에 할 수 없다고 반발하였고 교장 교감은 화를 불끈 내면서 서로 얼굴을 붉힘.

둘째, 학교장이 구성원들에게 자문을 구하거나 협의하는 자문적 유형(consultative style)이다. 다음과 같은 사례를 자문형 유형으로 분류했다.

■■■ 3학년 학생생활기록부의 전산화에 따른 연수가 여름방학 기간에 있었는데 담당 교사가 아닌 다른 교사가 연수를 받게 됨. 개학 후 연수를 받은 교사는 전산화 작업의 주무자가 되어 바쁜 나날을 보내게 됨. 폭주하는 전산화 작업과 바쁜 일정 때문에 그 교사가 담당하고 있던 학급의 담임 역할을 제대로 수행하지 못하게 되자 담임 교체 또는 전산화 업무의 이전을 요구하여 인사위원회를 개최함. 1학기 초에는 없던 업무가 새롭게 발생되었으므로 그 업무의 주무인 학적계가 그 업무를 가져가던지 학적계 교사가 담임이 없으니 담임을 가져가는 것이 타당하다고 의견이 개진됨. 문제의 학급의 부담임이 담임을 맡고 현 담임이 부담임으로 교체하는 방안도 거론되었으나, 합의가 되지 않자 교장이 교사들의 의견을 참고로 하여 조정을 시도함. 그러나 해당 교사들의 거부로 해결을 보지 못하고 있다가, 주임회의에서 3학년 주임이 차후 인사이동의 혜택을 기대하며 담임을 자청하자, 그렇게 하기로 결정되어 직원회의에서 발표됨.

셋째, 학교장이 구성원들과 토의하여 집단의 의견에 따라 결정하는 참여적 유형(shared style)인데, 이 유형에 해당하는 사례는 다음과 같은 경우를 생각할 수 있다.

■■■ 학년말 직원조회 시간에 교장이 도에서 기자재 구입비가 3,000만 원이 내려 왔으니 각 과에서 상의하여 기자재를 구입하라는 안이 발표됨. 각 과 주임들이 자기 과에서 필요한 기자재 목록을 예정가와 함께 실과에 제출하였는데 금액을 많이 초과하여 몇 차례 모임을 갖고 조정하여 별 불협화음 없이 기자재 구입 요구서를 제출함.

■■■ 추경예산 추인을 받기 위한 학교운영위원회가 열렸다. 추경예산을 검토해 나가던 중 한 위원이 기 책정된 예산을 집행하지 않은 이유를 문의하였는데, 그 내용은 학생 야영경비로 오십 만원이 책정되어 있었는데도 한푼도 쓰지 않은 것은 야영을 하지 않은 것이냐고 문의했다. 서무직원은 학년주임이 잘못 알고 야영경비를 학생들에게 걷어서 사용한 관계로 집행이 되지 않았다고 답변하면서 서무직원이 잘못을 시인함. 결국 담당 교사와 서무직원 간의 예산안 협의 관계가 미숙하여 발생한 문제로 보고 교사위원의 요구에 의해서 교장은 내년부터는 예산안을 교사 전체에게 공개할 것을 약속함.

17개 사례를 중심으로 A고등학교에서 이루어진 의사결정의 유형을 분류해 본 결과, 교사의 참여 없이 학교장이 단독으로 결정하는 경우가 전체 사례의 53%인 9개로 가장 많았고, 다음이 정보나 지식을 얻기 위해 교사들과 상의하고 난 후 학교장이 단독으로 결정하는 사례가 30%인 5개였다. 또한 교사들과 함께 토의하면서 교사들의 의견을 따라 결정하는 참여적 유형이 17%인 3개 사례로 가장 적었다. 그러나 주목해야 할 부분은 협의적 유형에 관한 것이다. 협의적 유형은 학교장이 교사들에게 정보나 지식을 얻은 다음 그것을 토대로 필요한 의사결정을 하는 형식을 의미하는데 실제 사례에 나타난 경우를 보면, 학교장의 의도가 분명하지만 교사들의 반발이나 불만 때문에 학교장이 마지못해 교사들과 형식적으로 협의하여 결정하는 경우가 많다는 사실이다. 그러한 경우에 해당하는 내용을 한 예로 제시하면 다음과 같다.

■■■ 야간 자율학습을 실시할 것인가에 관한 의견이 분분함. 어느 날 1학년 담임교사들이 모여 야간 자율학습의 운영방식과 문제점에 대해 토의하고 있던 중 교장이 문을 열고 들어 옴. "당신들 교장 허락 없이 모여서 이래도 되는 거야?" 야간 자율학습 실시건에 대하여 논의할 것을 제안함. 1학년 담임들은 이대로는 안 된다 싶어 그날 오후 5시 20분쯤 남은 교사들과 함께 직원회를 소집하여 각각의 담임교사와 주임교사들이 이야기를 시작함. '정말 힘들다. 가정도 있는데 가정이 편안해야 직장생활도 잘할 수 있지 않겠느냐?' '건강이 중요하다. 건강상 너무 힘들다.' '이런 식의 자율학습 감독은 비효율적이다.' 등등 불만이 제기됨. 학교장은 전체 학생들에게 야간 자율학습을 시키려 하였으나, 결국 남은 아이들이 한 반에 20명 정도이므로 반을 합쳐 자율학습 교실 수를 줄이고 주 1회만 실시하기로 결정함.

또한 A고등학교에서 이루어지는 다양한 의사결정 유형이 주로 나타나는 영역을 검토해 본 결과, 전제적 결정은 학생 급식 문제, 학생 규율 지도, 보충 교재 구입, 교사의 복무에 관한 사항, 교내 시설 관리, 학교 행사 등에서 주로 나타났다. 또한 자문적 결정은 연간 교육계획서 작성, 시간표 작성, 야간 자율학습, 학교운영위원회 업무, 학년 및 담임 재배정 문제, 교과과정 운영, 우수 교사 표창 대상자 선정 등에서 주로 사용된 것으로 나타났으며, 참여적 결정은 담임 배정, 성과급 대상자 선정, 기자재 구입 책정 등 같은 사항에서 주로 사용된 것으로 밝혀졌다.

이 내용을 〈표 11-1〉에서 제시한 학교조직 내 주요 업무영역으로 대별했을 경우, 교수-학습 사례에서는 전제적 유형과 자문적 유형이 혼합적으로 사용되고 있는 것으로 나타났다. 이를 구체적으로 나누어 보면, 교육계획서와 시간표 작성, 교과과정 운영 및 자율학습 등과 같은 사례에서는 자문적 유형이, 학생생활지도와 학교행사 및 특별활동 분야에서는 전제적 유형이 주로 사용되고 있었다. 다만 교수-학습영역 중 학생생활지도와 학교행사 사례에서는 전제적 의사결정이 많고, 교과과정 운영, 교육계획, 자율학습 등에 있어서는 협의적 의사결정이 더 많다는 점이 시사적이다. 특히, 교수-학습 활동의 개선과 평가에 직접적으로 관련된 의사결정 사례는 찾기 어려웠다는 점에 주목할 필요가 있다. 행정지원 영역에 속하는 직원 연수, 교사의 복무에 관한 사항, 교내 시설 관리 등과 같은 사례에서는 전제적 결정이 많고, 담임 배정, 성과급 대상자 선정, 기자재 구입 책정, 보충수업비 징수액 결정 등에서는 참여적 결정 방법이 주로 사용되고 있었다. 환경 적응적 영역에 속하는 학교운영위원회 운영에 관한 사례에서는 협의적인 의사결정이 이루어지고 있는 것으로 조사되었다.

위의 내용을 종합해 보면, 학교조직 내에서 이루어지고 있는 의사결정의 양상은 한 가지 방법이 일률적으로 사용되는 평면적인 것이 아니라 학교조직 운영에 수반되는 활동영역에 따라 복합적인 모습을 보여 주고 있다는 것을 알 수 있다. 다만, 전체적으로 볼 때 학교장이 독단적으로 결정하는 전제적인 방법이 비교적 많다는 것을 알 수 있다.

2) 실업계 고등학교 내 의사결정 행위의 성격

(1) 대상의 잡다함과 논의 내용의 사소함

A고등학교에서 이루어지는 의사결정의 내용은 그야말로 쓰레기통에 비유할 수 있을 정도로 잡다하다. 수집된 사례를 보면, 학생들이 교표를 다는 문제, 방학 중 교사들의 복무조건, 학생 질서지도, 매점 운영 문제, 야간 자율학습, 축제행사에 관한 안, 보충수업비 중 일부를 친목회비로 징수하는 일, 직원조회 매일 실시에 관한 논쟁, 성과급 대상자 선정, 학교운영위원회 개최와 주요 안건에 대한 처리 문제, 담임 재배정, 농번기 휴업 결정, 모범 우수 공무원 표창 후보자 선정, 기자재 구입 등 실로 다양하기만 하다. 이것은 학교 의사결정 현상의 일반적 측면으로 보이지만, 또 다른 부차적인 성격은 학교조직의 목적과 교사들의 전문 집단적 성격상 그 논의 내용이 사소한 성격을 가진 의제가 보인다는 점이다. 학교 직원회의에서 다루어진 다음 사례는 그 좋은 예가 될 수 있을 것이다.

■■■ 직원조회 시간에 서무부장이 내일 매점 개업식이 있다고 하면서, 매점에서 은수저 1벌씩을 선물한다고 하는데 그것을 받을 것인지를 거론함. 몇몇 교사들이 얼굴을 붉히며 "누구 밥숟가락 없어 밥 못 먹느냐"며 "자기들이 다 처먹고 웬 소리냐" "안 받는다. 공개입찰하는 것 아니냐" 등 목소리가 높아지자 몇몇 교사들의 제안으로 은수저를 받지 않기로 함.

■■■ 학교에서 교장, 교감, 서무부장, 서무직원 두 명, 시간표 담당교사를 제외하고 모든 교사들이 보충수업 수당을 한 달에 10여만 원에서 60여만 원까지 받고 있는데, 수당이 전혀 없는 직원을 고려하여 수당에서 3만 원씩 걷어 친목도모를 위해 쓰자고 학교장이 결정하여 지시함. 직원회의에서 "친목회비도 있는데 따로 걷을 필요가 있느냐"는 등의 반대가 많았으나 학교장 생각이 반영되어 월 2만 원씩 걷기로 다수결로 결정됨. 교감은 "겨우 3만 원 가지고 그러느냐"고 하였지만 결정한 대로 시행되었고, 이제까지 100여만 원을 모았다고 함. 이젠 그 돈을 어떻게 사용할 것인가에 대한 문제로 의견이 분분함. 방학이 되면 교직원 전체가 스키장에 가자는 안, 다시 나누어 달라는 선생님도 있기도 하여 마땅히 쓸 곳을 결정하지 못해 그 돈의 사용처가 유보되고 있는 실정임.

(2) 전문직의 본질에서 이탈하는 경향

교육은 다양한 재능을 가진 학생들이 지속적으로 성장하고 있는 전 과정을 주관하는 고도의 전문 활동이다. 이는 학교 행정가와 교사들은 학생들이 어떤 자질과 능력을 가지고 있는지를 관심 있게 관찰하고, 그 잠재력을 최대로 발현시킬 수 있는 조건과 교육적 처방을 구안·확립하며, 환경에서 주어지는 변화와 요구를 높은 식견을 통해 능동적으로 구현할 때 가능한 과업이다. 바꾸어 말하여, 교육활동은 창의성과 탐구적 열정뿐만 아니라 높은 전문적 식견과 새로운 변화를 위한 자기성장 노력이 요구되는 직업이지만 본 연구를 위해 수집된 사례에서는 그러한 성격을 갖는 의사결정 사례를 찾기 힘들었다. 다음은 초청장학 시에 연구수업을 맡을 교사를 결정하는 과정에서 나타나는 한 사례이다.

■■■ 교장이 초청장학 시에 하는 연구수업을 교육경력이 많은 선생님이 하기로 간부회의에서 결정하여 연구부장이 해당자를 선정하여 교장에게 보고함. 그러나 교육경력이 많은 교사들이 이를 거부하자 몇 단계를 거쳐 마지막으로 교직경력이 1년도 채 안 된

초임교사에게 연구수업을 하라는 결정을 내리게 됨. 이에 해당 초임교사는 연구수업을 다음 기회에 하겠다고 회피함. 며칠 후 교장은 초임교사를 불러 면담하고 연구수업을 할 것을 종용하여 가까스로 초임교사가 연구수업을 하는 것으로 최종 결정됨.

교수-학습영역 중에서 학생생활지도와 교과과정 운영, 교육계획 및 자율학습 등에 관한 의사결정이 이루어지고 있지만, 그것은 자율적이고 변화 지향적이기보다는 관리 지향적인 성격이 더 강한 경우였다. 특히 단위 학교조직의 중핵활동인 독창적인 교육목표 및 교육계획의 수립, 효과적인 수업 개선 노력, 학생생활지도상의 문제 발견과 대책 마련, 교사의 자기개발 등에 관한 주요 문제들이 의사결정 행위에 관한 사례에서 부각되지 않은 것은 학교조직 내 의사결정 행위가 전문직 혹은 최소한 전문직을 지향하려는 교직의 직업적 본질에서 이탈하고 있는 경향이 있다는 판단을 하게 한다. 다음 두 사례에서 볼 수 있는 바와 같이 학생지도 영역과 아침 자율학습 운영에 관한 문제에서 교사들의 전문가적 소양과 식견에 의하지 않고 학교장이 일방적으로 결정하여 지시하는 유형의 의사결정이 나타나고 있다는 점은 이러한 판단을 더욱 타당하게 인식하게 하는 사례로 보인다.

■■■ 직원회에서 학생과에서 지도해야 할 학생복장 및 두발 상태, 지각 등에 관한 문제에 대하여 교장이 직접 나서겠다고 결정하여 발표함. 교장이 교장실로 지도대상 학생들을 불러 면박을 주는 등의 행위를 계속하자 학생부장이 이의를 제기하고, 학생지도문제는 교사들의 교육적 판단에 의해서 이루어질 수 있도록 요구하면서 다른 선생님들에게 학생부장 직책을 그만두어야겠다고 함. 이에 교장은 간부회의를 주재해서 학생부장에게 학생지도 문제를 위임할 것을 제시하여 문제를 해결함.

■■■ 학기 초에 교장은 수업분위기 조성을 위해 연구부에 아침 자율학습 실시에 관한 내용을 기안해서 자율학습을 실시하라고 함. 교사들은 A고등학교는 공부에 별 관심이 없는 학생들이 주로 진학했기 때문에 아침 8시 30분부터 교무에서 아무리 지각생을 단속하더라도 지각생이 줄지 않고, 단속이 심해지면 담을 넘어서 들어오는 사례가 급증하여 아침 자율학습이 제대로 이루어지지 않는다고 건의했지만 교장은 그대로 시행하라고 함. 그렇게 하여 학급담임과 부담임이 아침 자율학습을 감독했지만 시간이 갈수록 별 효과가 없다는 판단이 들자 아침 자율학습은 유명무실하게 됨.

(3) 적당한 타협을 통한 서로살기 전략 구사

A고등학교에서 의사를 결정하는 중 대립과 갈등이 발생하는 일부 예민한 사안에 대해서는 학교장과 이해당사자가 서로 상처받지 않고 적당한 해결을 모색하는 일종의 Win-Win 전략이 구사되고 있는 것으로 판단된다. 이러한 경우에 해당되는 주요 사례는 교사의 직무분장, 성과급 지급 문제, 재정 배분에 관한 영역에 속하는 것들이며 이에 해당되는 사례들을 소개하면 다음과 같다.

■■■ 토요일 2, 3교시가 없는 교사가 1교시가 끝나면 일찍 대천 등의 원거리로 퇴근을 하자 교장이 이것을 방지하기 위하여 전 교사들로 하여금 모두 특별활동 부서를 1개씩 맡도록 하고, 클럽 활동 시간도 금요일 6교시에서 토요일 3교시로 옮겨 실시하도록 함. 이에 일부 원로교사들이 적극적으로 반대를 함. 여러 차례 교장에게 상담이 들어가자 교장은 직원조회 공식석상에서 이미 결정한대로 시행한다고 발표하였으나, 학교 내에서 영향력이 큰 일부 원로교사들을 클럽 활동 부서의 지도교사에서 제외시켜 그들의 반발을 무마하는 경우가 있었음.

■■■ 학년말에 교원 정원의 10%에게 지급되도록 되어 있는 성과급여의 대상자 선정에 관하여 인사위원회를 소집함. 교감은 대상자 선정의 근거가 되는 교수학습방법 개선, 학생지도, 업무실행, 대외 공헌도 등의 평가서가 있음을 말하고 작년처럼 물의가 없도록 선정되기를 희망함. 인문과 중 한 교사가 작년에 6명의 급여 대상자 중 농과 교사가 4명이나 포함되어 있었다며 문제를 제기함. 농과의 한 교사가 기 수혜자는 제외하자는 의견을 내어 호응을 받음. 다른 교사가 학생을 가르치는 교사의 평가는 관점에 따라 달라지므로 객관적 평가가 어렵고 교사들의 사기를 위해 급여 중 세금을 빼고 남은 금액을 친목회에 반납하자고 주장함. 원칙적으로 동의는 하나 감사 등에서 문제가 된다면서 교장 교감에게 일임하자고 주장하는 교사도 있었음. 회의 내용을 듣고 교장은 이를 인사위원회 총무에게 직원회의에서 발표하게 하였는데 그 주요 내용은 기 수혜자 제외와 과목별 균등 배분이었음.

위의 사례에서 보는 것과 같이, 교사들이 싫어하는 직무배정 문제를 해결하는 경우나, 교사들에게 지급되는 성과급 대상자를 선정하는 사안에 대한 의사결정은 해당 안건의 성격에 적절한 기준과 절차에 의해서 이루어지지 않고 있음을 알 수 있다. 교사들의 직무분장이나 재조정 문제는 교사들의 적성과 생활 조건 등을 고려하여 시행되는 것이 타당하다. 또한 성과급 지급 대상자의 선정에 해당되는 의사결정은 교수-학습방법의 개선, 학생지도, 업무수행 상태 및 기타 공헌도 등에 의해서 이루어져야 함에도 불구하고 실제의 의사결정은 그러하지 못한 것으로 보인다. 성과급 대상자는 기 수혜자 제외, 학과별로 균등 배분하는 형식으로 결정됨으로써 그 제도의 목적에 적합하도록 사용되지 못하고 있음을 알 수 있다. 성과급 지급대상자를 결정하는 데 있어 적용기준이 되어야 할 과업수행 평가요소 측면에서 볼 때, 교사 간에 교육성과의 평가에 대한 객관적 합의점 도출이 어렵기도 하거니와 어차피 '어떤 방식으로 배분하여도 말썽이 될 수 있는 돈'이기 때문에 적당히 사용하는 것이 무리가 없다는 인식이 작용한 것으로 보인다. 이러한 경향은 학교조직에서 이루어지는 의사결정이 타협과 절충에 의해 정치적으로 이루어지고 있음을 보여 주는 사례라고 판단된다. 특히, 학교장은 위와 같은 예민한 문제에 대하여 학교장과 교사 혹은 교사들 간에 잡음과 문제가 발생하지 않는 타협적인 방향으로 결론을 유도하는 역할을 수행하고 있는 것으로 보인다. 그것은 갈등과 대립적 상황에서 소위 적당한 타협을 통한 서로 살기 전략이 학교장 자신의 영향력을 보호하는 최선의 방안이라고 생각할 수 있기 때문이다.

(4) 적용되는 원칙과 기준의 자의성

A고등학교에서 이루어지는 의사결정 행위에 있어 일관성 있게 적용되는 어떤 원칙과 기준을 찾기 어렵다. 다음은 모범 우수공무원 표창 후보자가 어떻게 선정되는지에 관한 사례 내용이다. 모범 우수 공무원 후보자를 선정하는 인사문제에 관한 의사결정 과정에는 합법적으로 적용되어야 할 기준이 있음에도 불구하고, 지원 인사에 대하여 동정적인 접근을 함으로써 의사결정 행위의 원칙과 기준에서 일부 자의적인 측면을 드러내고 있다.

■■■ 직원조회 시 공문을 발표하여 며칠간 추천을 하도록 하였고, 승진점수가 필요한 교사가 타 교사의 추천의 형식을 빌려 자원함. 며칠 후 인사위원회를 소집하여 논의하였는데, 본인의 의사가 존중되어야 하지만 정말로 표창 후보자로서의 자격이 있는가 의문

을 제기하는 교사가 있었음. 그러나 '남의 앞길을 막을 수가 있느냐', '가능성이 없더라도 원이 없게 추천해 주자'며 결정은 교장에게 일임하기로 함. 한 교사가 '추천을 하려면 특별한 성과가 있어야 하고 학교의 체면 등도 고려해야 하기 때문에 마땅한 대상자가 없으면 추천하지 않는 것이 좋겠다'라는 의견을 제시하였고 추천된 본인에게 가능성을 타진한 후 적당히 처리하기로 결정됨.

또한 다음의 농번기 휴업에 관한 의사결정 사례에서 보는 바와 같이, 며칠을 왜 농번기 휴업으로 해야 하는지에 관하여 학교장과 교사들이 서로 다른 해석을 하고 있다. 이는 학교 상황에 따라 학교장의 재량에 의해 결정될 수 있는 사안에 대하여 학교장은 교직원의 복무관리 차원에서 교사들의 출근을 결정했지만 그 결정 내용의 법적·교육적 근거를 합리적으로 제시하지 못하고 있으며, 교사들은 '학생들이 없는 상태에서 학교에 출근하는 것은 의미가 없다'는 태도를 보임으로써 교사들이 때로는 학교 운영상의 특정 현안문제에 대하여 자신들의 근무상의 편의를 우선적으로 고려하는 매우 주관적인 판단을 하고 있음을 보여 주는 것이다.

■■■ 담당계에서 10월 10일과 11일 이틀을 농번기 휴업을 계획하였다. 그러나 주임회의에서 교장이 '우리 학생들이 집에서 일을 얼마나 할 것인가' 의문을 표하면서 농번기 휴업의 유보를 지시함. 날짜가 다가옴에 따라 교사들의 건의가 속출하자, 교장은 주임회의에서 단 하루 만의 농번기 휴업을 하자고 제의하였다. 담임교사들이 '바쁜 집안 일손 돕기 때문에 학생들이 하루에 수 명씩 결석하려 한다'고 하면서 이틀의 농번기 휴업을 주장함. 결국 이틀 실시하기로 확정하여 교장이 결재하여 교사들로 하여금 학교에 출근하도록 지시함. '학생들도 안 나오는데 교사들이 학교에 나와 무엇을 하느냐'며 교사들의 반발이 거세짐.

5 결론 및 논의

특정 유형의 조직의 성격과 그 소속 구성원들의 행위를 이해·설명·예측하기 위한 주요 연구주제 중의 하나가 의사결정 행위라는 데는 조직이론가들 사이에 별 이견이 없다. 따라서 본 연구는 학교조직에서 이루어지는 의사결정의 양상과 그 성격을 규명하는 작업은 학교조직 운영 양상의 한 특징을 객관적으로 이해하고, 나아가 현실적인 행정실무의 발전방안을 모색하는 데 필요한 기초적인 연구라는 문제의식에 기초하여 수행된 것이다. 이러한 문제의식에 기초하여, 본 연구에서는 학교조직 내에서 이루어지는 의사결정의 양상과 그 성격을 밝혀 보고자 한 실업계 고등학교에 재직하고 있는 한 명의 부장교사를 통해 해당 학교의 의사결정에 관계된 17개 사례들을 6개월 동안 수집하여 분석하였다.

분석의 결과, A고등학교에서의 의사결정은 복합적인 양상으로 이루어지고 있었다. 전제적인 방법이 53%, 협의적인 방법이 30%, 참여적인 방법이 17% 정도씩 사용되고 있는 것으로 밝혀졌다. 그러나 협의적인 방법에는 전제적인 성격이 많이 내포되어 있는 것으로 보이기 때문에, 실제 학교조직 내 의사결정 방법은 학교장의 독단과 지시 및 명령에 의한 전제적인 방법이 많이 사용되고 있다는 판단을 하게 한다. 또한 영역에 따라서 의사결정의 방법이 다른 것으로 밝혀졌다. 학교조직의 중핵활동인 교수-학습에 관계되는 영역에 있어서는 협의적 유형과 전제적 유형이 혼용되고 있지만 주된 방법은 전제적인 것이었음에 주목할 필요가 있다.

학교조직 내 의사결정의 성격은 대상의 잡다함과 내용의 사소함, 전문직의 본질에서 이탈하는 경향, 적당한 타협을 통한 서로 살기 전략의 구사 및 적용되는 기준과 원칙의 자의성 등 네 가지로 분석되었다. 학교에서 이루어지고 있는 의사결정의 대상은 실로 다양하고 심지어 잡다하기까지 하다. 그러나 그러한 경우를 인정한다 해도, 학교조직 내 의사결정 행위는 본질적으로 전문조직의 성격에서 벗어난 관리지향적인 것으로 보이며, 영역에 따라서는 정치적인 성격을 드러내고 있는 것으로 밝혀졌다. 교육조직의 중핵활동인 교수-학습활동에 충실하거나 그것을 개선하려는 문제에 관한 의사결정 사례를 찾기 어려웠고, 교사들의 전문적 안목과 식견이 중시되어야 할 영역에서 오히려 학교장의 일방적 지시에 의한 의사결정이 이루어지는 경향이 있었다. 또한 법과 규정 그리고 학교장의 권한에 의해 기준과 절차가 적용되어야 할 인사, 재정, 복지영역에서 편의적 타협과 절충에 따라 의사를 결정하는 특징을 볼 수 있었다.

이러한 연구의 내용은 6개월이라는 짧은 기간 동안 한 실업계 고등학교를 중심으로 수집한 사례 분석에서 얻어진 것이기 때문에 모든 학교조직에 일반화하는 데는 한계가 있다. 특히 교육목적이 다른 초등학교와 인문계 고등학교에서는 학교 운영에 관한 어떤 내용이 주요 의사결정 행위의 대상이고 또한 그 행위들이 어떠한 방법으로 이루어지는지 등에 관한 비교 연구가 필요하다고 본다. 아울러 학교규모와 소재지 등에 따른 학교 간 차이를 검토하는 후속연구도 요청된다. 그러나 본 연구는 실업계 고등학교 내 의사결정 행위에 관한 실 사례를 중심으로 이루어진 흔하지 않은 연구라는 점에서 향후 학교조직 내 의사결정 행위에 관한 논의와 연구에 시사하는 바가 적지 않을 것으로 본다.

제12장 농·공업 고등학교 내 갈등의 양상과 그 특징에 관한 연구

1 서 론

조직은 설정된 목표를 달성하기 위해 사람들이 모여서 역동적인 관계를 맺으며 생활하는 삶의 터전이다. 조직 안의 사람들이 관계하는 모습은 실로 미묘하고 복잡하여 한마디로 묘사하기가 어렵지만, 사람들은 그것을 흔히 두 가지의 대표적 양상으로 설명하곤 한다. 하나는 사람들이 조직의 규범과 질서를 존중하며 서로 협동하는 가운데 공동의 이익을 도모하려는 합의와 조화의 양상이고, 다른 하나는 서로 간에 이견을 드러내고 경쟁하거나 때로는 대립하는 불일치와 부조화의 양상이다. 조직을 연구하는 사람들은 후자와 같은 양상을 흔히 갈등적인 현상이라고 부르고 그 현상은 모든 조직에 편재하는 것이라는 인식을 가지고 있다.

일반적으로 갈등이란 행위주체 간의 대립적 내지 적대적 상호작용(오석홍, 1984: 593)을 의미하거나, 둘 이상의 당사자가 다른 사람이나 집단과의 상호작용 혹은 그들 활동의 결과 때문에 인식된 상대적 손실의 결과로서 대립과 적대관계에 있을 때 발생하는 행동의 유형(Litterer, 1966: 180; Duncan, 1978: 244)을 지칭한다. 즉, 갈등은 개인 내, 개인과 개인, 개인과 집단 그리고 집단과 집단 간의 적대감, 어떤 선호성에 대한 불일치와 공식적으로 정의된 직무 사이의 불양립성(Pondy, 1966: 246)을 의미한

* 이 논문은 충북교육학회(2001). 충북교육학연구 4권 1호에 게재된 것임(공동연구자 진명구).

다. 이러한 갈등은 다양한 욕구구조와 상이한 이해관계를 가진 구성원들로 구성되고, 그들의 지속적인 상호과정을 통해 유지 · 발전되는 조직 내에서 흔히 볼 수 있는 현상 중의 하나라는 데 이의가 없다. 이처럼 모든 조직에 보편적으로 출현하는 갈등 현상이 한편으로는 조직구성들로 하여금 보다 합리적인 행동을 선택하게 하고 공동체 의식을 강화시키는 순기능을 하기도 하지만, 다른 한편으로는 조직구성원들 간에 대립과 반목을 가져와 결과적으로 해당 조직의 목적 달성에 역기능적인 효과를 가져 오기도 하기 때문에 갈등을 해당 조직에 긍정적으로 기능하도록 관리하는 문제는 중요한 행정적 관심사가 된다.

학교조직도 예외가 아니다. 학교는 전통적으로 조화와 질서 그리고 합의된 가치체계를 바탕으로 운영되는 합리적 조직으로 인식되어 온 경향이 있다. 그러나 학교조직은 학교 구성원 간의 상호작용에 있어 때때로 강압적 방법을 사용하는 규범적인 조직이기도 하거니와, 환경으로부터 주어지는 다양한 요구와 지지에 반응하여 지속적으로 그에 적합한 의사결정을 해야 한다. 나아가 학교조직은 그 관료제적 행정구조와 교사들의 전문 직업적 요구 사이에 긴장과 대립이 생길 수 있고, 학교의 제반 운영 전략과 방법, 한정된 희소자원에 대한 경쟁, 이견, 충돌 및 대립이 있는 역동적인 조직이다. 따라서 학교조직 연구에 있어, 균형과 협동 및 조화의 합리적 질서를 강조하는 기능주의적 접근방법뿐만 아니라 권력과 갈등 그리고 변화를 중시하는 조직정치학적인 접근방법이 유용하게 된다.

이와 같은 논의에 기초해 보면, 학교조직의 변화와 혁신으로 이어질 수 있는 학교조직 내의 갈등에 관심을 갖는 것은 자연스러운 일이며, 실제에 있어서도 학교조직 내의 갈등에 관한 연구가 꾸준히 이루어져 온 것이 사실이다. 외국의 경우에는 Corwin(1969), Beck 그리고 Betz(1975)의 학교조직 내 갈등의 원인에 관한 실증적 연구, 학교 구 차원의 갈등 현상을 연구하거나(McGuire, 1984) 학교의 참여적 의사결정에 따른 교사들의 갈등에 관한 연구(Weiss, Cambone, & Wyeth, 1992) 등이 있다. 우리나라의 경우에도 윤실근(1986), 박중현(1988), 이명숙(1988), 이형열(1989), 한규복(1990), 임양택(1991), 정형식(1995), 옥장흠(1995) 등이 학교조직 내 갈등에 관한 연구를 수행한 바 있다. 그러나 이들 연구들은 학교조직 내 갈등에 관한 연구를 수행하는 방법에 있어 공통되게 실증적인 연구방법을 사용함으로써 갈등의 역동적인 측면을 포착하지 못한 것으로 보인다. 다만, 이성은(1995)이 초등학교 교사를 대상으로 갈등적 상황에 관한 진술과 그 속에 함축된 언어적 의미 분석을 통한 현상학적 연구를 수행하여 연구방법론적 측면에서 학교조직 내 갈등 연구에 기여한 바 있다. 그러나 이 연구가 학교조직 내 갈등의 원인과 유형을 규명하고는 있지만, 학교조직 내 갈등의 양상과 그 특징을 밝힌 연구는 아니다. 또한 선행연구들의 대부분이 초등학교 혹은 인문계 고등학교를 연구대상으로 하고 있다는 점에서, 교육목적과 교육과정 및 교사들의 인적 구성상 독특한 성격을 가지고 있는 실업계 고등학교를 대상으로 하는 연구가 필요하다.

이와 같은 학교조직 내 갈등에 관한 선행연구들의 내용을 종합해 보면, 학교의 조직적 특성을 보다 잘 이해하고 나아가 효과적인 갈등관리를 위한 행정 전략을 마련하기 위해서는 다양한 유형의 학교조직 내 갈등현상의 역동성을 드러낼 수 있는 보다 심층적인 연구가 필요하다는 것을 알 수 있다. 또한 독특한 교육목적과 조직구조, 교육운영 형태를 유지하고 있을 뿐만 아니라 최근 심각한 교육적 위기를 맞고 있는 실업계 고등학교를 대상으로 한 갈등현상에 관한 심층적 연구는 매우 필요한 연구문제임에도 불구하고 그러한 연구를 찾기 어렵다. 이와 같은 문제의식에 기초하여 본 연구에서는 한 농·공업 고등학교 내에서 발생하는 갈등의 양상과 그 특징을 밝히는 것을 연구의 목적으로 설정한다.

2 이론적 배경

학교조직 내 갈등에 관한 이론적 내용은 본 연구의 결과를 해석·논의하고 나아가 보다 건설적인 갈등관리 전략을 모색하는 데 있어 논리적 기초가 될 것이다. 그러나 본 연구에서는 갈등이론 전반을 고찰하기보다는 연구문제를 해결하는 데 꼭 필요한 내용인 조직 내 갈등의 원인과 유형 및 대처전략에 한정하기로 한다.

1) 갈등의 원인

조직 내 갈등의 원인은 학자들에 따라 다양하게 제시되고 있다. 갈등의 원인이 조직의 목표와 구조, 그 운영과정 및 조직 구성원 등과 같은 여러 측면에 있을 수 있기 때문에 학자들 간에 합일될 수 있는 공통된 원인을 찾기는 아주 어려운 과제이다. 예컨대, Waltin과 Dutton(1969: 73-75)은 조직 내 갈등이 과업의 상호 의존성, 과업과 관련된 불균형, 과업수행 기준과 보상 때문에 발생한다고 주장하였으며, Ferrell(1979)은 양립할 수 없는 목적과 공유된 자원 및 활동의 상호 의존성 때문에 갈등이 일어난다고 하였다. 또한 Duncan(1978: 245-246)은 관계자들의 기본적인 가치의 차이, 과업의 상호의존성과 그 의존성의 불균형, 평가기준의 차이, 집단들이 공동의 자원에 의존할 때 갈등이 발생한다고 보았고, Dewar와 Wervel(1979: 427-428)은 과업 의사결정의 집권화, 공식화, 통제과정, 기술의 일상성이 갈등의 주된 원인이라고 지적하고 있다. Robbins(1983)은 과업의 상호의존성, 일방적인 과업 의존성, 고도의 수평적 분화, 낮은 공식화, 공통된 희소자원에의 의존, 평가기준과 보상체계의 차이, 지위 불일치, 역할 불만족, 의사소통의 왜곡 때문에 갈등이 일어난다고 주장한 바 있다. 또한 Corwin(1969)은 학교조직 내의 갈등을 유발하는 데 관계되는 요인으로 학교의 규모, 전문화 수준, 위계, 작업의 표준화와 규칙의 강조, 직원 보충, 구성원의 배경적 이질성, 권위체제에의 참여, 동료집단의 응집성 등을 제시하고 있다. Beck와 Betz(1975)는 초등학교와 중등학교의 갈등의 원인에는 차이가 있음을 밝히고, 초등학교에서 계층 내 갈등의 주요 결정 요인은 권위의 집중화이고, 중등학교 계층 내 갈등은 학교규모의 기능이라고 하였다. 아울러 중등학교에서 계층 간 갈등은 학교의 규모와 권위의 집중화에 의해 증가되지만 수업의 전문화에 따라 감소한다고 주장하고 있다.

이와 같은 학자들의 주장을 종합해 보면, 조직 내에서 발생하는 갈등의 원인이 무척 다양함을 알 수 있지만 갈등의 원인을 조직 목표와 평가적 요인, 구조적 요인, 절차적 요인 및 개인적 요인 등 네 가지 정도로 범주화할 수 있다. 조직 목표와 평가적 요인에는 조직 목적과 지향할 가치에 대한 인식의 차이나 과업 평가의 기준과 보상체계의 차이에서 비롯되는 갈등이 포함될 수 있고, 갈등의 구조적 요인에는 집권화, 공식화 그리고 과업의 상호 의존성과 같은 요인이 중요하다. 또한 절차적 요인에는 조직 통제과정이나 의사소통의 측면에서 발생하는 갈등이 포함되고, 개인적 요인에는 지위 불일치, 역할 불만족 및 구성원의 이질성에서 오는 갈등을 생각할 수 있다.

2) 갈등의 유형

갈등의 유형을 분류하는 방법은 여러 가지가 있을 수 있는데, 첫째, 조직연구에 동원되는 분석 틀에 따라 분류하는 방법이 있다. 예컨대, Pondy(1966)는 조직을 기능적 하위체제, 사회적 하위체제 및 정보적 하위체제로 나누고 있으며, Owens(1981)는 조직을 인간 하위체제, 구조 하위체제, 과업 하위체제 및 기술 하위체제로 나누고 있다. 혹은, Hoy와 Miskel(1991)과 같이 관료적 기대, 비공식 집단 규범 그리고 개인의 작업동기 간의 상호작용에 의한 학교조직 행위 설명 모형을 제시하고 각 체제 혹은 요소들 간의 관계에서 발생하는 갈등을 범주화하는 경우가 이에 해당된다.

Pondy(1966)의 경우와 Hoy와 Miskel(1991)의 주장을 좀 더 구체적으로 살펴볼 필요가 있다. Pondy(1966: 247-251)는 조직을 기능적 하위체제, 사회적 하위체제 및 정보적 하위체제로 나누고 각 체제에서 발생하는 갈등이 다르다고 하였다. 기능적 하위체제는 조직의 공식적 구조와 조직 절차를 강조하는 체제이기 때문에 이 체제에서 발생하는 갈등은 주로 두 부서가 희소자원에 대해 경쟁하거나, 역할 갈등이 있을 경우와 한 사람이 두 상급자를 가질 때 발생한다고 하였다. 사회적 하위체제는 구성원의 사회적 · 동기적 측면에 초점을 두는 체제이며, 이 체제에서는 개인과 집단이 적대감 · 고뇌 · 불만족을 경험하거나 타인과 조직, 과업에 대해 긴장감을 느낄 때 갈등이 있게 된다고 하였다. 또한 정보적 하위체제는 조직의 인지활동에 초점을 두는 체제인바 이 체제에서의 갈등은 문제가 풀리지 않을 때 혹은 둘 이상의 개인이나 집단이 상호 동의하지 않거나 선택이 양립할 수 없을 때 발생한다고 주장하고 있다. 한편 Hoy와 Miskel(1991: 48-50)은 학교조직 내 구성원들의 행위를 설명하기 위해 설정된 관료적 기대, 비공식 집단 규범 그리고 개인의 작업동기 간의 상호작용 과정에서 역할갈등, 인성갈등, 규범적 갈등, 역할-규범 간의 갈등, 역할-인성 간의 갈등 및 규범-인성 간의 갈등 등 다양한 유형의 갈등이 존재한다고 말하고 있다.

본고에서 살펴본 갈등의 원인을 이와 같은 관점에서 분류한다면, 조직의 목표체제, 구조와 운영적 체제 및 산출적 체제에 있어서의 갈등으로 분류할 수 있겠다. 둘째, 갈등의 방향에 따라 분류할 수도 있다. 이 경우에는 기능적으로 연결된 같은 부서 내의 행위자들 사이의 갈등인 수평적 갈등과 위계적으로 서열화된 지위나 집단 간에 발생하는 수직적 갈등(Ferrell, 1979: 300-301)으로 분류할 수 있다. 수평적 갈등의 경우에는, 두 당사자가 동일한 위계 수준에 있기 때문에 한 당사자에 의한 다른 당사자의 통제가 아니라 협동이 문제가 된다. 부서 간의 갈등이 대표적인 예이다. 수직적 갈등은 상급자나 하급자가 상대방이 자신의 영역을 침범한다고 느낄 때 발생하는 갈등이기 때문에 서로 양립할 수 없거나 대립관계에 있게 된다. 셋째, 갈등의 결과에 따라 마찰적 갈등(Frictional conflict)과 전략적 갈등(Strategic conflict)으로 분류(Pondy, 1969: 499-501)할 수 있다. 이때 마찰적 갈등이란, 조직구조를 바꾸지 않는 갈등, 즉 그 갈등의 결과로 권위 관계의 패턴이나 기능적 책임 및 자원의 할당 유형이 변하지 않는 갈등을 말한다. 전략적 갈등이란, 조직의 권위, 자원, 기능적 책임을 재배분할 것을 강제하는 의도적으로 조성된 갈등을 말한다. Owens(1981: 277)처럼 크게 개인이나 집단 혹은 국가와 같은 사회적 단위를 중심으로 그 사회적 단위 내에서 발생하는 갈등과 사회적 단위 간의 갈증으로 나누거나, Robbins(1983)와 같이 심리적인 갈등과 구조적인 갈등으로 분류할 수도 있다.

3) 갈등 대처 방법

갈등에 대한 대처 방법의 적절성과 효과성은 갈등의 본질과 행정가의 관리 철학에 따라 결정될 성질의 문제이다. 따라서 여러 학자들이 제시하고 있는 갈등관리와 해결방안의 적합성에 대해 어떤 일률적인 판단을 하기 어렵다. 즉, 갈등을 다룸에 있어 모든 조건에서 효과적인 단 하나의 최선의 방법이란 존재하지 않으며, 특정한 조건하에서 최적의 방법이 있다는 관점이 타당할 것이다. 그렇다고 하더라도 갈등관리 전략에 대한 학자들의 주장에서 공통된 부분이 없는 것은 아니다. 예컨대, Owens(1981: 288-293)는 갈등상황에 관계된 당사자 모두가 이기는 소위 Win-Win 방법을 권장하면서, 갈등 관리의 구체적인 방법으로 당사자들이 공동으로 문제해결에 참여하는 협동(Collaborating), 견해차를 좁히는 협상(Bargaining) 혹은 타협(Compromising), 갈등이 해결될 가능성이 없어 보이거나 그 갈등이 별로 중요하지 않을 때 사용될 수 있는 회피(Avoidance), 권력 투쟁(Power struggle)을 제시하고 있다. Robbins(1983)은 부서 간의 상호의존성을 줄이거나, 자원의 확대, 소원체제 확립, 공식적 권위의 확립, 상호작용의 증대, 조직 전반에 걸친 평가기준과 보상체계를 통한 갈등 해결을 주장하고 있다. 또한 Hoy와 Miskel(1991: 101-102)이 조직갈등의 대처방법으로 경쟁, 협동, 타협, 회피 그리고 수용을 제시하고 있지만 이는 Owens(1981)의 내용과 큰 차이가 없다. 그 외 갈등의 대처 방법으로, 후퇴(Withdrawal), 무마(Smoothing), 타협(Compromising), 강제(Forcing), 충돌(Confrontation) 등을 생각할 수 있겠으나, 대체적인 갈등 대처 방법으로 협동 혹은 통합, 협상, 회피 혹은 후퇴, 충돌 등을 제시할 수 있다.

3 연구의 방법

1) 연구대상 학교의 현황

(1) 학교 연혁

A고등학교는 1943년 개교하여 50여 년의 역사를 갖는 전통 있는 지역명문 실업계 고등학교이다. 1981년에는 6개학과 30학급의 농업학교로 성장하였고, 1990년대 서해안지역 공업개발시대의 흐름을 타고 기계과와 전기과를 신설하는 등 발전적 변화를 거듭하여 1998년 현재, 학년당 농업계열과 공업계열 공히 5학급씩 30학급 규모에 학생 1,300여 명이 재학하고 있다.

(2) 학교의 교육환경

해미에서 서산으로 진입하는 길모퉁이에 서산 의료원이 있고, 의료원을 끼고 오른쪽으로 50m 정도 가면 A고등학교로 들어가는 표지판이 보인다. 표지판을 따라 200m 떨어진 곳에 깨끗하고 세련된 조형물처럼 보이는 정문이 있다. 운동장 바로 옆에는 아담한 2층 건물이 반듯하게 서 있고, 거기에 교장실과 교무실, 서무실을 비롯한 일반 교실들이 있다. 학교의 가장자리에는 기숙사가 있고 건물과 건물을 잇는 길을 따라 덩굴장미와 관상용 사철나무들이 잘 어울려 보인다. A고등학교는 30,542m^2의 교지에 쾌적한 교육환경을 조성함으로써 학생들의 정서교육에 힘쓰고, 이론과 실습교육을 통한 현장 체험교육을 중시하고 있다. 수령 100여 년 이상의 20,000여 그루로 교내에 조성된 소나무 숲은 교정과 연결되어 학생들의 자연학습장으로, 휴식공간으로, 사제 간의 대화의 장으로 애용되는 '꿈 동산'으로서의 역할을 하고 있다.

(3) 학교의 인적 구성 현황

A고등학교에는 1998년 현재 62명의 교원을 비롯한 100여 명의 교직원과 1,300여 명의 학생이 있는바, 구체적인 교원 구성 현황과 학생 현황은 〈표 12-1〉 및 〈표 12-2〉와 같다.

〈표 12-1〉 A고등학교 교원 현황 1998년 3월 현재

구분	연령별					학력별		경력별				보직별		계열별			총 교사 수
	20대	30대	40대	50대	60대	대졸	대학원졸	10년 미만	10~20년	20~30년	30년 이상	주임	교사	인문계	농업계	공업계	
남	2	27	22	6	5	37	25	16	30	10	6	16	46	20	22	20	62 (89)
여	4	4				6	2	5	3				8	7		1	8 (11)
계 (%)	6 (9)	31 (44)	22 (31)	6 (9)	5 (7)	43 (61)	27 (39)	21 (30)	33 (47)	10 (14)	6 (9)	16 (23)	54 (77)	27 (39)	22 (31)	21 (30)	70 (100)

〈표 12-2〉 A고등학교의 학과 및 학생 현황 1998년 3월 현재

학 과	학급 수	1학년	2학년	3학년	계	총계
농 업 과	3	44	44	30	118	1,303
축 산 과	3	43	39	34	116	
원 예 과	3	43	48	38	129	
농업토목과	3	43	48	37	128	
농업기계과	3	44	44	38	126	
기 계 과	9	129	154	130	413	
전 기 과	6	88	101	84	273	
계	30	434	478	391	1,303	

2) 자료수집 방법 및 기간

본 연구의 방법은 사례 연구이며, 사례를 수집하기 위하여 참여관찰을 하였다. 또한 본 연구는 공동연구이기 때문에 연구 전반에 관한 협의를 할 필요가 있었다. 총 4회에 걸쳐 상호 협의를 하였는바, 첫 번째는 본 연구의 필요성과 목적에 관하여 협의하고 상호 동의한 다음 연구절차에 관한 협의를 하였다. 두 번째는 연구방법에 관한 협의 및 훈련을 하였으며, 그 과정은 1997년 겨울의 교육대학원 계절제 출석수업 기간(1997년 12월 하순부터 1998년 1월 중순) 동안을 이용해 본 연구자의 연구실에서 2회에 걸쳐 이루어졌고, 계절학기가 끝날 때쯤 연구 수행에 관한 자연스러운 논의를 위해 저녁식사를 한 번 같이 하였다. 마지막으로는 1999년 1월 겨울학기 교육대학원 출석수업 기간 중에 B교사가 수집한 사례에 대하여 해석상의 유의점이나 함축된 의미를 확인하기 위하여 1회에 걸쳐 본 연구자의 연구실에서 토론하였다. 사례 수집을 위한 참여관찰 기간은 1998년 3월부터 1998년 12월까지 10개월이다. 이 기간 동안 A고등학교에 수집되어 본 연구의 분석 자료로 사용된 갈등 사례는 총 24개이다.

4 연구의 결과 및 해석

1) 학교조직 내 갈등의 양상

(1) 갈등상황이라고 지각된 문제들

본 연구에서 사용된 A고등학교의 갈등사례를 갈등 당사자의 인구학적 배경과 갈등 대상자를 중심으로 정리하여 제시하면 〈표 12-3〉과 같다. 〈표 12-3〉에서 제시된 A고등학교의 갈등 문제는 다양하지만, 대체로 다음과 같은 내용으로 범주화하여 정리할 수 있다.

- 교사들의 복무(6개 사례, 25%)
- 수업조직과 관리(5개 사례, 20.8%)
- 재원 배분(3개 사례, 12.5%)
- 학생지도상의 주도권(2개 사례, 8.3%)
- 공문서 처리와 관리(2개 사례, 8.3%)
- 승진을 위한 동료교사 간의 경쟁이나 부전공 이수 기회의 확보(2개 사례, 약 8%)
- 기타 친목회 활동에 대한 행정가와 교사의 주도권, 전교조 활동에 대한 교장의 제재, 비공식조직 간의 대립, 교무실 내 흡연 등과 같은 원인이 각 1개 사례로 나타났다.

연구대상 사례들을 분석한 결과, 교사들의 근무 자세, 직원조회 실시, 담임 배정 등과 같이 교사복무에 관한 사안 때문에 발생하는 갈등이 가장 많은 것으로 나타났다. 그 다음이 교사들의 일차적 업무라 할 수 있는 수업의 조직과 관리 및 학생지도 문제 등에 관련된 사안과 학교 재원의 배분에 관한 갈등이 가장 많음을 알 수 있다. 직원조회 매일 실시, 교사들의 수업 대체에 관한 협조 거부 그리고 재원 배분에 관한 대립 때문에 발생한 갈등 사례를 각각 소개하면 다음과 같다.

〈표 12-3〉 A고등학교에서 수집한 갈등 사례 내용

순서	갈등의 요지	갈등 당사자					갈등 대상자	비고
		성별	연령	학력	경력	보직여부		
1	수업 대체에 관한 결재 거부	남	29	대졸	7.6	교사	주 임	
2	교육경력이 적다고 연구수업을 지정받은 교사의 불만	남	25	대졸	0.6	교사	교 장	
3	공문서 분류의 잘못으로 인한 갈등	남	50	대졸	27.3	주임	주 임	
4	교직원 수급계획에 의해 피해를 본 교사의 해명 요구	남	43	대학원졸	22.6	교사	주 임	
5	기계과의 기자재 구입비 사용에 대한 과 주임과 교장의 대립	남	34	대졸	12.6	주임	교 장	
6	공과 시설 확충에 따른 기계과와 전기과의 갈등	기 계 과					전기과	
7	북한 어린이 돕기 기금 조성에 따른 전교조 교사와 교장과의 대립	남	28	대졸	6.1	교사	교 장	
8	농번기의 교직원 출근에 대한 이견	전 교 사					교 장	
9	산가를 신청하려는 여교사와 교장 간의 갈등	여	24	대졸	3.4	교사	교 장	
10	친목회 행사 시 식당 선정 건에 대한 친목회 간사와 교감 간의 이견	남	35	대졸	8.0	주임	교 감	
11	겸임 발령으로 인한 수업보조 지시에 대한 불만	남	37	대졸	8.6	주임	교 감	
12	실업계 교사의 부전공 자격증 취득을 위한 경쟁	남	49	대학원졸	23.5	교사	교 장	
13	토요일 3교시 클럽활동에 관한 이견	원거리 통근 교사					교 장	
14	실습 수업 시 이석을 하는 교사와 주임교사와의 갈등	남	31	대졸	4.6	교사	주 임	
15	2중 장학금 지급에 따른 교감과 장학계 교사와의 대립	여	27	대졸	3.6	교사	교 감	

16	학생 생활·복장지도를 서로 하려는 학생주임과 교장 간의 경쟁	남	40	대졸	12.6	주임	교 장	
17	교무과의 공문이 연구과로 분류됨으로서 발생한 불만	남	35	대졸	8.0	교사	주 임	
18	학교운영위원회에 참가한 학부모위원과 교사위원 간의 다툼	남	37	대졸	13.0	교사	학 부 모	
19	S대 출신의 교장의 전입으로 S대 출신 교사와 비S대 출신 교사들 간의 대립	비S대 출신 교사					S대 출신교사	
20	특별상여수당 지급을 둘러싼 이견	전 교 사					교 감	
21	교무실 안에서의 흡연에 대한 비흡연 교사들의 불만	비흡연 교사들					흡연 교사들	
22	직원조회 매일 실시에 관한 이견	전 교 사					교 장	
23	담임 재배정에 대한 갈등	남	28	대졸	6.1	교사	교 장	
24	업무분장상 과다 업무 배정자의 항의	남	43	대졸	17.0	교사	교 감	

■■■ 2학기가 되면서 신임 교장의 부임으로 인하여 주 2회 실시되던 직원조회를 매일 실시하기로 신임 교장이 일방적으로 결정함. 맞벌이 교사들과 원거리 통근 교사들의 불만이 많았으나, 일부 교사들은 수긍하는 분위기였음. 그러나 직원조회가 계속해서 매일 매일 진행되자 일부 교사들이 교장에게 이의를 제기하고 불만을 터뜨림. 교장은 여러 가지 사정상 직원조회가 필요하다며 부담 갖지 말고 계속 시행할 것을 발표하였고, 일부 교사들이 직원조회에 불참하는 등 그 불만이 해소되지 않고 있음.

■■■ 출장 시 대체수업을 실시하는 상황에서 전혀 수업 대체 없이 출장을 자주 가는 A교사가 있었음. 그 교사가 교과 협의회 회장으로 되어 있어 그런지 보강계 교사가 수업 대체에 관한 내부결재를 요구하였으나 거부함. 그 결과 A교사에 대한 보강 처리에 불만을 가지고 있던 보강계 교사가 협조 결재를 거부하자, 결재용지를 그 자리에서 찢어 버리며 '성질 나서 못해 먹겠네.'라고 고함치며 교무실을 빠져나감. 그 다음부터 두 교사는 전혀 모르는 사람처럼 행동함.

■■■ 기계과의 기자재 구입비 6천만 원이 내려오자 그 금액의 일부를 농과의 컴퓨터를 구입하면 좋겠다는 컴퓨터 담당 교사의 건의가 있었음. 교장이 이를 수긍하고 추진시키려 하자 기계과 주임이 이를 거부하였음. 이에 추진시키고자 하는 교장과 저지하려는

기계과 주임이 첨예하게 대립함. 그 결과 기계과 주임교사는 주임회의에 불참하였고, 교장이 협의를 하기 위해 몇 번 교장실로 올라오라고 지시를 하였으나 교장실에 가지 않음. 교장이 직권 내신을 시키겠다고까지 하는 상황으로 발전하였으나, 시간이 흐름에 따라 교장이 이해를 하고 기계과 기자재 구입비는 기계과의 기자재를 구입하는 데 전액 사용함.

그 다음으로는 학생지도 활동 주도권을 둘러싼 교장과 교사와의 갈등 및 공문서 처리와 같은 사무 관리에 관한 갈등이 많았다. 승진을 위한 동료교사 간의 경쟁이나 부전공 이수 기회의 확보 및 교사들의 정치적 행위에서 비롯되는 갈등 사례들이 나타나고 있다. 공문서 분류의 오류와 초청 장학 시 연구수업을 한 교과만 계속 실시하는데 따른 갈등 및 전교조 활동으로 인해 발생한 갈등 사례를 보면 다음과 같다.

■■■ 학생과와 진로상담과에 해당하는 공문을 교장, 교감 선생님의 부재 시에 교무과장이 진로상담과로 분류하였음. 그러나 진로상담 주임이 수긍을 하지 못하고 교무주임에게 '잘 알지도 못하면서 왜 싸가지 없게 구느냐'고 하자 대립이 첨예화됨. 그 결과, 교무주임이 술을 마시고 진로상담 주임의 집에 전화하여 수 회에 걸쳐 욕설과 폭언을 하자 교무회의 석상에서 이 내용을 진로상담 주임이 공개를 하고, 교육청에 보고할 준비를 하자 교장, 교감 선생님들의 적극적인 만류와 중재가 있었음. 그 후 직원조회 석상에서 교무주임이 사과 발언을 하고, 저녁 식사를 하는 과정에서 오해의 소지가 풀렸으나 아직도 완전하게 해결되지는 못한 형편임.

■■■ 담당 장학사의 전공과목이 영어이고 부장학사의 전공과목이 사회인 학교에서, 요청 장학시 연 2회를 매년 같은 과목으로 연구 수업을 하도록 하자 사회 교과 담당 선생님들이 연구수업을 거부함. 사회과 선생님들이 "왜 매년 2회씩 우리 과목만 부담되는 연구수업을 해야 하느냐"고 하여 연구수업을 거부하며 교장 선생님과 마찰이 있었음. 교장 선생님과의 면담 후에도 사회 선생님들이 연구수업을 거부하자 사회과 연구수업을 취소시키고, 사회 전공 장학사도 오지 않게 조치하였으나 교장과 사회과 교사들 간의 앙금은 계속 남아 있었음.

■■■ 전교조 교사들이 전국 교사 모임을 시행하고자 하자, 각 교육청에서는 교장단 비상 소집회의를 갖고 향후 대책을 논의한 후, 교육장은 각 교장에게 학교에 도착하는 즉시 교직원들에게 바로 전달연수를 하라고 지시를 함. 이에 교장은 교직원들을 모아 놓

고 교사모임에 참가하지 말 것을 당부하며, 참가 시 엄한 징계가 있을 것이라고 전달연수함. 전달연수를 마친 학교장은 각 교사에게 교무수첩에 전달내용을 기록하고 교무수첩을 제출하도록 지시함. 해당 교사가 일어나 '애들 데리고 장난하는 것도 아니고 이게 무엇입니까, 제출 못하겠습니다.'라고 언성을 높임. 교장은 앉으라고 하면서 이것은 상급기관의 지시사항이므로 제출하도록 말하였으나 전 교사가 제출을 하지 않고 마무리됨.

(2) 행위 주체별 분석

조직 내의 갈등현상은 반드시 둘 이상의 행위 주체 사이에 일어나는 이견과 대립 현상이며, 학교조직 내의 행위 주체로는 개인, 집단 및 학교 전체 조직을 생각할 수 있다. 따라서 이들 간에 나타날 수 있는 갈등은 개인과 개인, 개인과 집단, 집단과 집단, 집단과 조직 및 개인과 조직 등으로 나눌 수 있을 것이다. 학교조직 내 구성원은 학생, 교사 개인과 교사집단, 행정가, 서무실 직원 및 기타 보조원 등을 생각할 수 있다.

행동의 주체 간에 발생할 수 있는 갈등의 유형 중에서 개인과 개인 간의 갈등이 17개 사례로 전체의 70.8%를 차지하여 학교조직 내 갈등 중 가장 많이 나타나는 갈등의 유형으로 밝혀졌다. 물론 개인과 개인 간의 갈등에는 교장과 교감, 행정가(교장 혹은 교감)와 교사, 교사와 교사, 행정가와 서무직원, 교사와 서무직원 간의 갈등이 모두 포함될 수 있지만 본 사례분석을 통해 나타난 결과를 보면, 학교조직 내 갈등은 학교행정가(학교장 혹은 교감)와 교사 개인 간의 갈등이 14개로 가장 많았다. 다음은 그러한 경우에 해당하는 갈등 사례들이다.

■■■ 교직원 조직의 수급 계획이 교장과 교감의 독단에 의하여 이루어지고, 피해를 본 교사가 해명을 요구한 사례임. 3월 시간표 작성 시 전년도에는 담당 수업 시간이 14시간이었던 한 교사가 교사 1명의 감원으로 인하여 수업 시간이 20시간으로 되자, 해당 교사와 사전 협의도 없이 감원시킨 사유에 대한 해명을 요구하며 실무 책임자인 교무주임을 공격함. 교무주임은 해당 교사와 사이가 나빠지자 그렇게 된 이유를 교감 선생님에게 돌림. 몇 차례의 폭언이 오갔음. 해당 교감이 2월에 전보된 상태이므로 그 책임을 교장 선생님이 지고 교직원 회의석상에서 공개 사과 발언을 한 후 해당 교사와 저녁 식사를 하면서 이해를 시켜 일이 순조롭게 진행됨.

■■■ 내부결재 기안 시 손으로 작성을 하자 교장은 워드프로세서로 작성해 오라고 결재를 거부함. 내부결재를 해당 교사가 수기로 작성을 해서 결재를 득하려 하자 '컴퓨터로 하는 것이 보기가 더 좋지 않습니까?'하면서 결재안을 다시 해오라고 하자 해당 교사는 '외부로 나갈 것도 아닌데 그냥 해 주세요.'라고 함. 결재를 해주지 않자 교사는 인사도 없이 교장실 문을 '쾅' 닫고 나가 버림. 해당 교사는 교무실에서 "지가 교장이면 단가, 그냥 결재를 해 주고 다음부터 컴퓨터로 하라고 하면 어떠냐" 하며 한숨을 내쉬고 결재를 하지 말자고 생각을 하고 있는데, 일을 처리하지 않을 수 없는 상황이어서 다른 교사의 손을 빌려서 컴퓨터로 기안을 해서 다시 결재를 득함.

■■■ 기자재 구입, 실습, 소모품 구입을 위한 물품 신청 과정에서 교사가 기초 조사한 자료를 믿지 못하는 교장의 불신에서 비롯된 갈등. 물품을 구입하기 전에 구두 결재를 얻었음에도 불구하고 결재 과정에서 교사가 기초 조사한 자료의 내용을 그대로 수용하지 못하고 서무과장을 시키거나 교장 자신이 친분 관계가 있는 업체에 따로 가격 조사를 함. 결국 교사가 물품 조사 과정에서 상담하였던 업체와의 약속이 깨어지고 교장이 특정 업체를 밀어 주는 격이 되어 버렸으며, 회계 집행 내용 중 일부는 교사가 조사하여 기안한 가격보다도 터무니없이 높은 것이 있는가 하면 물건의 모델이 다른 것도 많이 있어 불만이 큼. 왜 이렇게 됐느냐고 따지면 이는 교장의 재량권이라고 몰아 세워, 울며 겨자 먹기 식으로 불이익을 예상하여 참음.

학교행정가와 교사집단 간 갈등도 5개 사례로써 전체의 20.8%를 차지하고 있다. 이러한 갈등은 아무래도 행정가와 교사 집단 간의 갈등인 경우가 대부분이지만 학교조직의 원활한 운영과 효과적인 성과의 제고 측면, 원만한 인간관계의 촉진이라는 행정가의 역할과 기능을 생각해 볼 때 주목해야 할 경향이다. 교장과 교사 집단 간에는 다음과 같은 갈등들이 발생하고 있다.

■■■ 북한 어린이 돕기 기금 조성에 관한 교장과 교사들과의 이견임. 전교조에 가입하고 있는 교사들이 북한 어린이 돕기 기금 조성을 위하여 교무실 내에 모금함을 만들어 놓고 모금을 하자, 교장이 그것은 학교장의 허락을 얻은 내용이 아니기 때문에 불법이므로 하지 말고, 교육청의 지시가 있는 경우에만 가능하다고 하며 직원조회 석상에서 그 교사들을 질책함. 교장의 질책에도 불구하고 그 교사들은 계속 2차에 걸쳐 모금을 하고, 그 금액의 합계를 직원조회 석상에서 발표한 후 모금액을 전교조에 전달함.

■■■ 학교장이 클럽활동 시간대 재배치를 통해 교사를 통제하려 하자 문제가 생김. 토요일 2, 3교시가 없는 교사가 1교시가 끝나면 일찍 대전 등의 원거리로 퇴근을 함. 교장이 이것을 방지하기 위하여 특활 부서를 전 교사가 1개씩 하도록 하고 시간도 금요일 6교시에서 토요일 3교시로 옮겨 실시를 하도록 지시를 하자, 일부 교사들이 적극적으로 반대함. 교장에게 여러 차례 상담 제의가 들어오자 교장은 직원조회 석상에서 공식적으로 발표하고 이해를 당부하여 일이 그대로 추진되었으나, 일부 원로교사를 클럽활동 부서의 지도교사에서 제외시켜 주는 사례가 있었음.

학교조직에는 공식 혹은 비공식집단 간에 갈등이 발생할 수 있다. 실제 수집된 사례에서도 집단 간의 갈등이 3개로써 전체 갈등의 12.5%에 이른 것으로 나타났다. 집단 간에 갈등이 발생하는 원인으로는 여교사와 남교사 간의 일 · 숙직 근무 이행에 관한 이해의 대립, 비공식 집단 간의 불편한 관계, 부서 간 업무수행 과정에서의 책임회피 등에 관련된 것들이다. 그에 해당되는 사례는 다음과 같다.

■■■ 불공평한 숙직과 일직의 인원수 배정에 대한 불만. 숙직전담제 실시에 따라서 남 교사는 토요일 숙직, 여교사는 일요일 일직을 하도록 지시가 되었는데, 여교사 측에서 남자 교사의 인원이 1.5배가 많으므로 인원수를 똑같게 해야 한다고 주장하여 남녀 교사 간에 불편한 신경전이 있었음. 직원 조회 시 여러 차례 회의를 하였으나 결론이 나지 않자, 교장이 처음 제안한 바와 같이 숙직은 남교사, 일직은 여교사가 하는 것으로 매듭지어졌으나 얼마간은 갈등이 계속되었고 시간이 지남에 따라서 차츰 사라짐.

■■■ S대 출신의 교장 전입으로 S대 출신 교사와 비S대 출신 교사들 간의 긴장과 대립이 발생함. S대 출신의 교장이 전입하자 S대 출신 교사모임이 활발해지고 그들이 학교의 모든 업무를 주도해 나가는 분위기가 되자 다른 교사들이 시기하고 질투하는 사례가 발생됨. 작년에는 실과 운영비가 턱없이 모자라서 실과에서 계획되었던 모든 업무가 긴축재정으로 운영되었으나, 올해는 S대 출신 교장이 후배인 실과주임에게 힘을 밀어 주어 여유 있게 운영된다고 보고 있음.

(3) 개방체제적 하위요인에 따른 분석

갈등을 야기할 수 있는 조직상의 요인들은 무수히 많으며, 조직의 구성요인들은 모두 갈등의 형성에 기여할 잠재력을 가진 것으로 보아야 한다. 그러나 실제에 있어서 다양한 갈등이 언제나 뚜렷한 하나의 유형으로 구분되기보다는 갈등연구의 접근방식 및 논거에 따라 다양하게 분류할 수 있는 것이다. 여기에서는 학교조직을 개방체제로 보았을 때 고려되어야 할 기본 요소인 조직의 환경, 조직의 목표와 평가체제, 구조적 측면, 운영과 절차적 측면에서 갈등을 분류해 보았다. 학교조직의 환경에는 학교운영에 직접·간접적으로 영향을 미치는 요인들을 포함하며, 조직목표와 평가적 요인에는 조직의 목적과 지향할 가치에 대한 인식의 차이나 과업 평가의 기준과 보상 체계의 이견에서 비롯된 갈등이 포함된다. 또한 구조적 측면에는 집권화, 공식화 및 과업의 상호의존성 등이, 운영과 절차적 요인에는 직무수행상의 통제 및 조정과정이나 다양한 의사소통의 과정에서 발생하는 갈등이 포함된다.

본 연구에서 사용된 사례에 국한하여 본다면, 학교조직 내에서 갈등이 발생하는 원인으로는 절차적 요인이 20개 사례로 83.3%, 구조적 요인이 2개 사례에 12.5%, 그 외 개인적 요인과 환경적 요인이 각각 1개 사례 순으로 나타났다. 환경적 요인이나 조직평가적 차원의 갈등은 나타나지 않았다. 특히, 절차적 요인과 구조적 요인이 합하여 95.5%에 이르는 것으로 나타났다. 이는 학교운영상에서 발생하는 구성원에 대한 통제나 의사소통에 관한 여러 문제들이 원활하고 합리적 방법에 의해 해결되지 못하고 있음을 암시한다.

(4) 인구학적 배경에 따른 차이 여부

〈표 12-3〉에서 나타난 A고등학교의 갈등 사례를 갈등 당사자들의 인구학적 배경을 고려하여 검토해 보면, 갈등을 많이 경험하는 교사들은 30~40세의 대학을 졸업한 경력 5~10년 된 평교사임을 알 수 있다. 그러나 이러한 설명은 큰 의미를 갖지 못할 것으로 판단된다. 실제 연령별 분포를 보면 20~30세 교사가 6명, 30~40세 교사가 8명, 50세 이상의 교사도 2명이 있다. 교육경력별로 보면, 교육경력 5년 미만의 교사가 4명, 5~10년 교사가 6명, 10년 이상과 20년 이상의 교육경력을 가진 교사들로 각 3명씩이나 되기 때문이다. 주임교사 4명과 평교사 12명이 갈등 당사자로 되어 있는바, 이는 현재 인원대비 각각 25%, 26%에 해당하기 때문에 보직에 따른 차이는 없어 보인다. 결국, 〈표 12-3〉에서 제시된 자료에 국한하여 본다면, A고등

학교에서 갈등은 편재적인 구성원들의 인구학적인 배경에 따른 차이 없이 일상적으로 경험하고 있는 현상임을 알 수 있다.

(5) 갈등에 대한 대처 방식

갈등의 구체적인 모습은 아주 다양하기 때문에 그에 상응한 갈등에 대한 대처 행동도 여러 가지가 있을 수 있지만, 대체로 상위목적의 제시, 희소자원의 증대, 회피, 타협, 상관의 일방적 명령, 갈등 당사자의 태도 변화 및 구조적 개편 등을 들 수 있다. 본 연구의 사례 분석에 국한하여 본다면, 학교조직 내 갈등 대처 방식은 주로 학교행정가의 일방적 명령의 시달을 통해 해결하는 경우가 대부분이고, 그 외 교사들과 타협을 하는 사례가 지배적이다. 교사들의 의견을 수용하는 경우는 3개의 사례에 불과하였음을 볼 때, 학교행정가는 학교 내 갈등에 대해 거의 일방적인 방법에 의해 해결하려 함을 알 수 있다. 교사와의 타협에 의한 갈등의 해결은 수업시수 조정이나 장학, 자격증 취득을 위한 상호 경쟁과 같이 주로 교사들의 직접적인 이해에 관련된 문제일 경우였으며, 수용에 의한 갈등 해결은 교장이나 교감의 행위가 명백히 불합리했을 경우와 같은 극히 제한적인 것이었다. 그 외 상위목적의 제시, 자원의 증대, 행정가의 태도 변화 및 조직의 구조적 조정을 통한 갈등해결은 보이지 않았다.

(6) 갈등 상황 후 갈등 당사자들의 행동

학교조직 내 갈등은 학교조직을 위해 유익한 것일 수도 있고 해로운 것일 수도 있다. 갈등이 진행되는 과정이나 종료 후의 상태가 학교조직이 추구하는 목적이나 가치를 지원하는 결과를 가져온다면 그것은 학교조직을 위해 순기능적이고 건설적인 갈등이지만, 학교조직이 추구하는 목적이나 가치를 해치는 것은 조직을 위해 역기능적이며 파괴적인 것이다. 그러나 갈등의 기능적 결과를 파악하기 위해서는 장시간의 관찰과 분석이 필요하기 때문에, 본 연구에서 사용된 사례의 내용을 가지고 학교조직 내 갈등의 기능을 파악하기에는 무리가 있다. 따라서 본 연구에서는 연구에서 사용된 몇 가지 갈등 사례에서 나타난 갈등 후의 갈등 당사자들의 심리상태나 행동에 관한 묘사, 즉 '전혀 모르는 사람처럼 행동함', '앙금이 계속 남아 있었음', '오해의 소지가 풀렸으나 아직도 완전하게 해결되지 못한 형편임', '불이익을 예상하여 참음' 등과 같은 내용을 근거로 하여 갈등 후에 부정적 정서상태를 유지하거나, 초기의 관계로 회복되었다 하더라도 갈등 이전의 호의적인 관계로 변화되었다고 볼 만한 증거를 찾기 어려웠다는 점만 제시하기로 한다. 심지어는 갈등의 한 당사자가 다른 학교로 전보될 때까지 지속되는 경우마저 있는 것으로 나타났다.

2) 학교조직 내 갈등의 특징

(1) 갈등의 편재성

학교조직 구성원들의 다양한 인구학적 배경을 고려하여 갈등 사례들을 분석해 본 결과, A고등학교에서 발생하는 갈등 현상은 갈등 당사자로 분류된 교사들의 인구학적 배경에 따라 큰 차이가 없었다. 이는 학교조직 내 갈등이 편재적인 현상이라고 추론을 가능하게 한다.

(2) 비교육 전문직업적 성격

학교조직 내의 갈등에 관한 여러 사례를 통해 드러난 주목할 만한 측면의 하나는 교사들이 갈등을 지각하는 출발점이 그들의 전문직업적 자질을 발휘하거나 연구수업이나 장학협의를 통해 개인적 성장을 도모하려는 데 있지 않다는 점이다. 예컨대, 초청장학 시 연구수업을 계속하는 데 대한 불만은 수업준비 등을 고려할 때 공평하지 못한 하나의 업무배분이라고 보이지만 교사들이 장학을 수업개선과 같은 자기개발의 기회로 보지 않고 있다는 점이다. 무엇보다 학교교육의 새로운 방향을 탐색하거나 교수-학습활동의 개선을 추진하는 데 따른 갈등은 찾아보기 어렵다. 오히려 수업 부담 경감, 소속과를 위한 보다 많은 재원 확보, 귀찮은 사무행정의 기피, 연구수업의 회피, 승진을 위한 경쟁, 학생지도의 주도권 확보 등과 같은 측면에서 상황이 자신에게 보다 유리하게 전개되지 않는데서 비롯되는 갈등이 많음을 알 수 있다.

(3) 계층 간 업무처리 과정상의 이견과 대립이 주된 원인

A고등학교에서 발생한 갈등의 대부분이 학교행정가와 교사들 간에 업무처리 과

정상의 이견과 대립으로 발생하고 있었다. 특징 조직 내 갈등은 상하 계층 간, 공식조직과 비공식조직 간의 관계, 계선조직과 참모조직 간 등 여러 유형으로 나타난다. 그러나 A고등학교에서 나타난 갈등의 57% 이상이 교장 혹은 교감과 교사들 간의 갈등이었고, 갈등이 발생하는 원인이 업무를 처리하는 과정에서 학교행정가가 일방적 혹은 독단적으로 권한을 행사함으로써 비롯되는 것이 대부분이다. 물론, 기타 조직 유형 간의 갈등에 대해서도 관심을 가져야 하겠지만 학교조직 내 계층 간 갈등은 특히 중시해야 할 갈등의 유형이다. 학교조직 내의 권한 구조는 학교행정가 특히 학교장이 권한을 행사하고 교사들이 그에 반응하는 관계로 되어 있고, 교사들의 표현을 빌리면 학교에서 '교장은 왕이고 교장의 말은 거의 절대적이기' 때문이다. 학교장의 학교운영 행태가 원인이 되어 발생한 계층갈등이 11개에 이른다. 그러나 학교행정가가 보다 합리적으로 문제에 접근하는 데 반하여 교사의 요구가 불합리해서 발생하는 갈등도 4개 사례에 이르러 간과할 정도가 아니다. 이 경우의 갈등의 원인은 연구수업 혹은 장학지도를 서로 받지 않으려 하기 때문이거나 교사 간의 상호 비협조로 나타났다.

(4) 역기능적 성격

학교조직 내의 갈등이 진행된 결과, 갈등 당사자 간에 어떤 상태를 가져왔느냐를 기준으로 하여 갈등의 기능을 순기능적 혹은 역기능적으로 구별하였다. 전체 갈등 사례 중 순기능적 갈등은 3개 사례에 전체의 8.1%를, 역기능적 갈등은 34개 사례에 전체의 91.9%를 차지하였다. 요컨대, 학교조직 내에서 발생하는 갈등의 대부분이 역기능적 결과를 가져왔음을 알 수 있다. 조직 내 갈등의 기능에 관한 이론가들의 다양한 논의에도 불구하고 학교조직 내의 갈등은 역기능적인 경우가 대부분이었다. 갈등이 긍정적인 기능을 할 수 있음에도 불구하고 왜 이와 같은 경향이 나타나는가 하는 문제는 보다 더 집중적인 분석이 요구되지만, 교사들이 진술한 갈등 사례를 참고로 하여 볼 때 다음 몇 가지 추론이 가능하다.

첫째, 행정가의 갈등 처리방식이 권위주의 혹은 획일주의적이라는 것이다. 갈등을 유발한 문제에 대해 행정가는 대부분 지위권한에 의지해 일방적으로 접근하여 해결하려 하고 있다. 따라서 갈등 처리의 결과에 대해 마음으로부터 수용하기보다는 마지못해 따르는 경우가 많았다.

둘째, 갈등이 유발된 근본적인 원인에 대해 필요한 사후 대책을 강구하지 않는다는 점이다. 학교조직에서 발생하는 갈등의 원인은 운영과정 혹은 구조적 요인에서 비롯된 것이 대부분이다. 상호의존적인 부서 간의 업무분장을 보다 명료화하거나, 불합리한 구조적 관계를 조정하고, 지나치게 집권화된 의사결정 패턴을 학교조직 효과성을 극대화하는 방향으로 변화하려는 경우가 보이지 않는다.

셋째, 침체되어 있는 교사들의 문화가 한 원인으로 보인다. 학교조직 내 갈등에 대한 교사들의 인식은 '흔히 볼 수 있는 것들', '시도해 보아야 결국 해결되지 않을 것', '다 그렇고 그런 일들'과 같은 것이 대부분이다. 자신의 삶의 터전을 보다 활기차고 합리적인 곳으로 변화시켜 보려는 의지와 노력이 부족한 것으로 보인다.

(5) 대처 방식의 미성숙성

학교행정가가 학교조직의 상위 목적을 제시하여 교사들을 설득하거나 필요한 희소자원을 더 많이 확보하여 교사들의 욕구를 충족해 나가는 일은 대단히 중요한 그들의 역할이다. 또한 갈등이 구조적 요인에 의해 발생하는 사례가 적지 않았음을 상기해 보면 구조조정을 통한 보다 근원적인 갈등 대처 행동이 요망되는 부분이다. 갈등에 대한 교사들의 대처 행위는 행정가의 그것과 사뭇 대조적일 수밖에 없다. 교사들은 갈등이 발생했을 때 문제를 회피하거나 갈등 당사자와의 대립을 기피하는 행위를 가장 많이 하는 것으로 나타났고, 그 다음이 상호 타협하는 방법, 수용하는 방법이 많은 것으로 보인다. 그러나 당사자 간의 문제해결을 하는 경우도 적고, 당사자의 태도 변용을 통한 해결은 찾아보기 어려웠다.

5 결론 및 논의

본 연구에서는 학교조직이 시간이 갈수록 다양한 가치와 이해, 욕구를 가진 구성원들로 충원되고 있으며, 교육적 가치와 방향에 대해 갈등하고 대립하는 이해집단들의 직접·간접적인 영향권에 노출되어 있는 역동적인 사회체제이기 때문에 학교 조직관리에 있어 갈등 현상에 대한 보다 심층적인 이해가 필요하다고 보았다. 이는 학교조직 연구에 있어 기능주의 접근방법뿐 아니라 권력과 갈등 현상을 중시하는 조직정치학적인 접근도 필요하다는 인식을 반영한 것이기도 하다. 특히 학교조직 갈등 현상에 관한 선행연구들이 초등학교와 인문계 고등학교를 대상으로 하는 실증적 연구들이라는 점과 교육목적과 교육과정 및 인적 구성면에서 독특한 성격을 가지고 있을 뿐 아니라 최근 심각한 교육위기를 맞고 있는 실업계 고등학교를 대상으로 한 심층적 연구를 찾기 어렵다는 점에 주목하여, 본 연구에서는 한 농·공업 고등학교 내 갈등의 양상과 그 특징을 밝히는 데 연구의 목적을 두었다.

연구목적을 달성하기 위해 사례 연구방법을 사용하였다. 사례수집을 위해 참여관찰을 하였으며, 약 10개월 기간 동안 충남 지역에 소재하고 있는 한 농·공업 고등학교를 대상으로 24개의 갈등 사례를 수집하였다. 연구결과, 연구대상 학교에서 수집된 갈등의 사례들은 주로 교사들의 복무, 수업의 조직과 관리 및 학생지도에 관련된 것이 가장 많았고, 재원의 배분 혹은 연구수업 그리고 문서관리 및 승진을 위한 동료교사 간의 경쟁이나 부전공 이수 기회의 확보에 관련된 경우가 그 다음으로 많았다. 또한 행동의 주체 간에 발생할 수 있는 갈등의 유형 중에서 개인과 개인 간의 갈등이 17개 사례로 전체의 70.8%를 차지하여 학교조직 내 갈등 중 가장 많이 나타나는 갈등의 유형으로 밝혀졌다. 그 대부분은 업무수행 과정상의 절차나 방법 때문에 학교행정가(학교장 혹은 교감)와 교사들 간에 발생한 갈등이었다.

한편 학교조직 내 갈등이 불가피한 현상이라면 이들 갈등에 대한 상위목적의 제시와 설득, 조직구조의 조정, 갈등 당사자의 태도 변화 등과 같은 보다 건설적이고 장기적인 대처전략이 요구된다고 하겠다. 그러나 본 연구에서 드러난 학교 구성원들의 갈등에 대한 대처 전략은 그러한 기대에서 벗어난 것이었다. 즉, 학교행정가는 학교 내 갈등에 대하여 명령을 시달함으로써 해결하는 경우가 가장 많았고 자신들의 명백한 잘못이 드러나지 않는 한 타협적으로 대처하지 않고 있었다. 교사들의 의견을 수용하는 경우는 더욱 적었다. 교사들도 회피, 거부, 수용 등의 대처 방법을 구사하는 것이 일반적이었다.

이러한 본 연구의 내용은 한 농·공업 고등학교의 갈등 사례를 분석한 것이기 때문에 연구의 내용을 일반화하기에는 무리가 있으며 다양한 학교를 대상으로 한 후속 연구가 필요하다고 본다. 또한 조직 내 특정 현상이나 구성원의 행위는 여러 요인들의 복합적 작용과 일정한 과정을 거쳐 발생하는 것이기 때문에 학교조직 내 갈등을 유발하는 데 영향을 주는 다양한 관계 요인들의 상호작용 분석, 특정 갈등 사례의 진행 과정에 대한 보다 집중적인 기술, 효과적인 갈등 대처 방안을 위한 조건과 학교조직의 변화전략에 관한 연구들이 필요하다고 본다.

그럼에도 불구하고 본 연구는 농·공업 고등학교 내 갈등의 양상과 그 특징을 보다 심층적으로 밝혀 학교조직 내 갈등 현상의 이해에 기여하고 있다는 점에서 그 학문적 의의가 크다고 보며, 아울러 새로운 갈등 출현의 원인이 될 수 있는 학교운영위원회의 설치 및 교직원노동조합의 합법화 등과 같은 최근의 교육개혁 조치로 인하여 학교조직 갈등 관리상에 보다 진전된 전략이 요구되는 시점에서 이루어진 연구라는 점에서 행정 실제에 시사하는 바가 적지 않다고 본다.

제13장 사립 고등학교의 학교운영위원회 운영과정에 관한 미시정치적 사례 연구

1 문제의 제기

학교운영위원회는 공급자 중심의 권위적이고 폐쇄적인 학교를 다양한 교육주체들이 참여하는 수요자 중심의 민주적이고 개방적인 교육공동체로 변화·개혁하고자 설치된 실험적 제도 중의 하나이다. 무엇보다 학교운영위원회는 단위학교 운영주체들에게 학교운영에 관한 의사결정 과정에 참여하여 영향력을 발휘할 수 있는 기회를 부여함으로써 '정치적으로는' 단위학교 의사결정 과정을 민주화하고, '교육적으로는' 학교교육의 효율성을 제고하며, '사회적으로는' 단위학교 운영주체들에게 특정 조치의 결정에 영향을 미칠 수 있는 기회를 부여함으로써, 의사결정 과정에서 그들의 이익을 공정하게 고려하는 제도적 장치(김성열, 1995: 198)라는 점에 주목할 필요가 있다. 학교운영위원회가 갖는 이러한 복합적 의미는 학교운영위원회 연구에 있어 교육적, 정치적, 사회적 관점에 기초한 다양한 연구 논리와 연구방법이 필요하다는 의미를 내포하고 있기 때문이다.

그러나 지금까지 이루어진 학교운영위원회에 관한 선행연구들은 학교운영위원회 도입의 정당성과 구체적 방안(강무섭, 1995), 그 가능성과 한계를 적시한 연구(이해성, 1995), 학교운영위원회 설치에 따른 단위학교 의사결정 재구조화를 다룬 연구(김성

---

* 이 논문은 한국교육학회(2004). 교육학연구 42권 1호에 게재된 것임.

열, 1995), 운영 결과 평가에 관한 연구(유현숙 외, 1996; 오영재, 2003), 학교운영위원회의 권한, 구성 형태와 역할기대, 운영과정 및 노출된 문제점 등에 관한 각 참여집단들의 인식수준을 조사하는 연구들(김민조, 1997; 고려대학교 교육문제연구소, 1998), 학교단위책임경영을 위한 학교운영위원회 발전과제의 탐색 연구(김성열, 2000; 신상명, 2000) 등으로서 주로 학교운영위원회의 교육적, 사회적 관점에 치우쳐 있는 경향을 보여 주고 있다. 또한, 연구방법에 있어서도 이론적 연구와 조사연구가 주류를 이루고 있어 보다 더 많은 질적 연구가 필요한 시점이기도 하다.

한편, 학교운영위원회 설치로 야기된 학교 행정 권력에 대한 분점 요청은 중앙집권과 지시와 통제에 익숙한 우리의 전통적인 교육행정문화와 충돌할 가능성이 농후하다. 이 과정에서 학교운영위원회 참여세력들의 학교운영위원회에 대한 상이한 기대와 이해관계로 인하여 여러 유형의 예기치 못한 문제점들이 나타날 가능성도 많다. 새로운 교육제도의 현장 적용 과정에는 늘 갈등이 수반되기 마련이기 때문이다. 실제 학교운영위원회에 대한 일부 연구들(박채동, 2000; 이석재, 2000; 신상명, 2001; 충남도교육청)은 학교운영위원회가 학교교육 주체들 간의 대립과 갈등을 조장하는 부정적 측면이 적지 않음을 보여 주고 있어 이러한 가능성을 확인시켜 주고 있다.

이는 정치적 관점에 의한 학교운영위원회 연구의 필요성을 제기하는 측면이다. 그러나 아직까지 정치적 관점에서 학교운영위원회에 접근한 연구는 학교운영위원회의 정치적 성격과 그 대안적 기능에 관하여 비판적 논의를 하고 있는 김용일의 연구(1996) 정도로 보이며, 김용일의 연구도 학교운영위원회의 정치적 성격과 그 실제를 심층적으로 밝힌 연구는 아니라는 점에서 본 연구와 차별화된다.

본 연구에서 갖는 문제의식은 크게 두 가지다. 하나는 지금까지 학교운영위원회에 관한 많은 연구들이 이루어져 왔음에도 불구하고 학교운영위원회라는 새로운 실험적 제도의 도입과 운영과정이 우리의 기존 교육문화 속에서 어떤 양상으로 정착되어 가는지를 밝힌 질적 연구는 초등학교를 대상으로 한 이수미(2002)와 오영재(2003)의 연구 정도에 그치고 있다는 점이며, 다른 하나는 학교운영위원회를 비롯한 학교조직현상 연구에 있어 미시정치적 접근의 필요성에도 불구하고(왕기항 외, 2000: 237-239; Ball, 1987: 7) 학교장의 지도성을 대상으로 한 이낙종(2002)의 연구 외에는 이러한 접근방법을 사용한 연구가 극히 희소하다는 것이다. 따라서 본 연구에서는 미시정치적 연구 논리와 질적 연구방법을 통해 사립 고등학교 학교운영위원회의 운영과 전개과정을 연구하는 일은, 학교운영위원회의 정치적 성격의 일면을 밝히고 나아가 한국 학교조직의 특성 연구에 일정한 기여를 할 수 있을 것이라는 판단을 하고 있다.

이와 같은 문제의식에 따라, 본 연구에서는 미시정치적 연구 논리에 기초하여 사립 고등학교 학교운영위원회의 운영과정에서 나타난 정치적 양상을 심층적으로 밝히고자 하며, 구체적인 연구문제는 다음과 같다.

첫째, 학교운영위원회 구성 과정에서는 어떤 정치적 양상이 나타나고 있는가?
둘째, 학교운영위원회 진행 과정에서 나타난 정치적 양상은 어떠한가?
셋째, 학교운영위원회 기능중지단계[1]의 정치적 양상은 무엇인가?

2 미시정치적 연구 논리

학교조직 연구에 있어, 미시정치적 접근은 학교를 다양한 개인과 이해집단들이 공존하는 역동적인 정치적 장으로 본다. 또한 학교조직을 하나의 연합으로 가정하며, 갈등의 불가피성을 전제로 한다(성병창, 1994: 58-59; Bolman & Deal, 1984: 118-119; Marshall & Mitchell, 1991: 397). 이는 학교조직을 합리적 실체로 보고 합법적 권위, 조직목적을 달성하는 데 적절한 구조, 구성원들의 고용과 관리, 합의와 질서, 균형 등의 개념을 축으로 형성·발전되어 왔던 전통적 조직관과는 매우 다른 관점이다.

1) 본 연구는 신설 사립 고등학교 학운위의 구성에서 종료까지 2년간의 전 운영과정을 미시정치적 관점에서 분석할 목적으로 추진되었으나, 연구대상 학교 학운위의 학부모위원 및 지역위원들이 중도에 사퇴하고 보궐선거가 실시되지 않아 사실상 그 기능이 중지된 연유로 인하여 이러한 표현을 사용하게 되었음을 미리 밝혀 둔다.

또한 미시정치적 접근은 사회심리학자들에 의해 제안된 이완결합체제 모형과도 다르다. 문제를 질서 대 무질서로 보기보다는 조직 내의 질서는 계속하여 정치적으로 협상된다는 관점을 취하기 때문이다(Bacharach & Mundell, 1993: 424).

실제, 학교조직은 합리적 조직관에서 가정하고 있는 실재의 모습과 다른 양상으로 움직이는 경우가 많다. 학교조직은 확립된 교육목표 달성을 위해 합리적인 구조와 교육적인 과정을 통해 효과적으로 작동하는 사회체제라고만 볼 수 없기 때문이다. 또한 학교조직을 구성하는 모든 구성원들이 항상 합리적으로 행동하는 것도 아니다. 학교교육 목적에 대한 이견, 교육 내용과 방법, 학생지도에 대한 관점의 차이로 인하여 갈등이 발생하곤 한다. 학교의 공동선을 위한다는 여러 행동들이 실제에 있어서는 개인이나 학교조직 내의 작은 집단의 이해관계를 반영하는 경우도 적지 않다. 공식석상에서는 그러한 이해관계를 숨기고 의사결정에 참여하는 경우도 많다. 이해관계를 드러내는 것이 비도덕적이라든지 혹은 비교육적이라고 생각하기 때문이다. 특히, 교직원노동조합의 합법화, 학교장 초빙 제도, 학교운영위원회 설치, 7차 교육과정의 적용 등과 같은 최근의 교육개혁 의제들이 내포하고 있는 학교조직에 대한 변화 압력은 학교구성원들 간에 이견, 긴장, 대립, 갈등을 초래할 가능성이 아주 높다. 실제 학교는 많은 활동이 나타날 공간을 제공하는 이완결합적인 구조적 특성과 의사결정에 있어 행정가와 교사들의 경쟁하는 적법성으로 인하여 미시정치적 활동이 출현하기 쉬운 조직이다(Hoyle, 1986: 148).

미시정치적 접근의 핵심 개념은 권력, 영향력, 통제, 가치, 이념, 이해관계, 갈등/협동, 전략, 교환, 연합, 협상 등이다(Willower, 1991: 445-46; Blase & Blase, 2002: 7). 또한 교육조직에 대한 정치적 접근은 교육목적과 의사결정은 협상의 결과이며, 권력과 갈등을 학교조직생활의 핵심적인 특징으로 본다. 특히 미시정치는 조직현상을 조직 내 다양하고 가능한 행위논리(Logics of action)와 그 구현을 둘러싸고 이해집단 간에 발생하는 경합으로 정의할 수 있기 때문에(Bacharach & Mundell, 1993: 428), 그 과정에는 긍정적인 행동과 부정적인 행동이 각각 나타날 수 있다. 따라서 미시정치적 접근은 학교조직생활의 '어두운 지하세계'(Hoyle, 1986: 87)를 탐구하고자 하는 패러다임이 아니라는 사실에 주목할 필요가 있다.

한편, 미시정치적 연구에서는 조직 속의 개인이나 집단이 다른 사람에게 영향력을 행사하기 위해서, 혹은 타인으로부터 자신을 보호하기 위해서 공공연하거나 은밀한 전략을 사용한다고 가정하기 때문에(Hoyle, 1986: 127; Blase, 1993: 145), 전략의 개념이 중요한 의미를 갖는다. 전략은 개인이나 집단의 이익을 추구하기 위하여 전개된다. 즉, 전략이란 행위자가 어떤 제한된 상황 속에서 자신의 목적이나 관심을 최대한 실현하기 위하여 수행하는 것(손준종, 2001: 326)을 말한다. 예컨대, 미시정치의 지적 영토에 대한 지도가 아직 마련되지 않았지만 학교장들은 분리와 지배(Dividing and ruling)를 통한 통제, 대리문제(Proxy issue)에 대한 집중토론으로 본질적 문제(Real issue)의 대체, 정보통제, 회의통제 등과 같은 미시정치적 전략들을 통해 교사들에게 영향력을 행사하곤 한다. 이 같은 미시정치적 전략은 권력을 가진 사람이 영향을 받는 사람에게 가하는 일방적이고 선형적인 상호작용이 아니라 영향력을 행사하고자 하는 행동과 그에 대한 다양한 반응을 포괄하는 쌍방적이고 동적인 개념이다. 따라서 교육조직에 대한 미시정치적 연구는 구성원들이 가지고 있는 상이한 가치, 신념, 선호도, 이해 등으로 인하여 나타나는 행위논리를 둘러싼 조직구성원 간의 상호작용 현상을 권력, 갈등, 변화, 통제, 이해관계, 연합, 협상 등의 개념을 축으로 기술·분석하는 데 관심을 갖는다.

사실, 전통적인 학교조직 연구 패러다임은 학교조직의 복잡성을 담아내기에는 너무 협소한 측면이 있다. 그렇다고 하여 미시정치적 접근이 기존의 연구 패러다임을 완전히 대체할 수 있는 것은 아니다. 그럴 가능성도 거의 없어 보인다. 오히려 미시정치적 접근은 학교조직 안에서 일어나고 있는 현상을 보고, 해석하고, 설명하는 대안적인 방법들을 제공하는 데 관심이 있다(Willower, 1991: 442). 그러한 의미에서 오늘날과 같은 다양한 패러다임 간의 지적 경합 상황을 조직연구의 패러다임 전쟁(Hoy, 1994: 194)으로 명명하기보다는 다양한 패러다임의 공존과 상호보완으로 보는 것이 더 설득력이 있어 보인다.

1990년대에 접어들면서 미시정치적 접근은 조직기능에 대한 해석적/주관적 관점으로 이루어지고 있다(Blase, 1989: 378). 그러나 미시 교육정치학이 개방적인 해석적 패러다임을 따르는 경향이 있다고 하여 그러한 연구방법론이 반드시 필요 충분한 것이라는 것을 의미하는 것은 아니다(Everhart, 1991: 459-460). 실제 교육정치학은 거시적, 미시적, 혹은 양자가 통합된 접근으로 이루어질 수 있으며, 분석단위도 개인, 집단, 사회 등 거시·미시적 요소들을 모두 포함하기 때문에, 연구방법의 적절성은 연구주제와 분석단위에 따라 달라질 수 있다.

3 연구의 방법

1) 연구대상 학교에 대한 기술

본 연구의 연구대상 학교는 서울특별시 강북에 위치한 한 신설 사립 여자고등학교(이하 나무고등학교라 함)이다. 나무고등학교를 연구대상 학교로 한 이유는, 우선 본 연구자가 2002년 처음으로 구성된 나무고등학교 학교운영위원회(이하 학운위라 함)에 운영위원장으로 참여함으로써 본 연구를 위한 여건이 마련되었기 때문이었다. 또한 학운위에 관한 선행연구들이 주로 공립 초등학교를 연구대상으로 하고 있어, 학운위의 성격이 공립의 그것과는 달리 자문기구로 되어 있는 사립 고등학교이기 때문에 선행연구들과 차별화된다는 점이다.

나무고등학교는 동서로 놓인 6차선 대로의 북쪽 샛길을 따라 도보로 10여분 정도 걸어가면 왼편에 위치해 있다. 교문을 들어서면, 왼쪽으로 초등학교와 여고 그리고 곧 폐교될 정보고등학교의 건물이 있고 그 사이에 작은 운동장이 있으며, 오른쪽으로는 중·남고용 운동장이 있다. 관상용 나무들과 교목인 은행나무를 이층 형식으로 심어놓은 직선으로 뻗어 있는 초입 길을 지나면 중앙에 이사장실과 수납업무를 비롯한 각종 행정업무를 담당하는 본관이 있다. 본관 바로 앞에는 교육지표가 새겨진 이사장 명의의 석물(石物)이 놓여 있다. 또한 본관 바로 뒤편에는 과학실과 남자고등학교가 있다. 교문 쪽에서 보았을 때 각 건물들이 본관을 가운데 품고 있는 형태로 배치되어 있음을 알 수 있고, 각 건물들이 적색 벽돌로 되어 있는 반면 본관은 화강암으로 되어 있어 대비를 이루고 있다. 나무고등학교의 인적 구성 현황은 〈표 13-1〉과 같다.

〈표 13-1〉 나무고등학교 인적 구성 현황(2003년 3월 현재)

<table>
<tr><th>구분</th><th colspan="16">현 황</th></tr>
<tr><td rowspan="2">학생
현황</td><td colspan="4">1학년</td><td colspan="3">2학년</td><td colspan="3">3학년</td><td colspan="6">합</td></tr>
<tr><td colspan="4">458</td><td colspan="3">435</td><td colspan="3">568</td><td colspan="6">1,461</td></tr>
<tr><td rowspan="6">교직원
현황</td><td colspan="4" rowspan="2">성 별</td><td colspan="3">남</td><td colspan="3">여</td><td colspan="6" rowspan="2">83</td></tr>
<tr><td colspan="3">46</td><td colspan="3">37</td></tr>
<tr><td colspan="4" rowspan="2">연령별</td><td>20대</td><td colspan="2">30대</td><td>40대</td><td colspan="2">50대
이상</td><td colspan="6" rowspan="2">83</td></tr>
<tr><td>22</td><td colspan="2">25</td><td>16</td><td colspan="2">20</td></tr>
<tr><td colspan="4" rowspan="2">교원노조 가입여부</td><td colspan="3">가입</td><td colspan="3">미 가입</td><td colspan="6" rowspan="2">83</td></tr>
<tr><td colspan="3">8</td><td colspan="3">75</td></tr>
<tr><td rowspan="4">학교운영
위원회
현황</td><td colspan="16">구 분</td></tr>
<tr><td rowspan="2">교원
위원</td><td rowspan="2">학부
모위
원</td><td rowspan="2">지역
위원</td><td rowspan="2">소계</td><td colspan="3">성 별</td><td colspan="5">연령</td><td colspan="4">학력</td></tr>
<tr><td>남</td><td>여</td><td>소계</td><td>30대</td><td>40대</td><td>50대</td><td>60대</td><td>소계</td><td>고졸</td><td>대졸</td><td>대졸
이상</td><td>소계</td></tr>
<tr><td>5</td><td>6</td><td>2</td><td>13</td><td>8</td><td>5</td><td>13</td><td>1</td><td>9</td><td>1</td><td>2</td><td>13</td><td>1</td><td>9</td><td>3</td><td>13</td></tr>
</table>

〈표 13-1〉에서 보는 바와 같이, 2003년 3월 완성학급을 이룬 나무고등학교는 1학년 13개 반 458명, 2학년 13개 반 435명, 3학년 15개 반 568명 등 총 1,461명의 학생들이 재학하고 있다. 또한 교장, 교감을 포함하여 총 83명의 교사들이 재직하고 있으며 남교사가 46명, 여교사가 37명이다. 연령분포를 보면 20대 교사가 22명, 30대 교사 25명, 40대 교사가 16명, 50대 이상 교사 20명으로서, 전체적으로 보아 교사들의 연령분포가 고른 편이다. 또한 교원노조 가입교사가 8명, 미 가입교사가 75명으로 교원노조 가입비율이 9%로 나타났다.

학교장은 이 학교에 오랜 기간 재직하다 교장 직에 올랐고, 정년을 2년 남긴 원로 교육자이다. 주목할 점은 1952년 나무고등학교가 속한 학교법인이 설립 허가된 이후 현재까지 약 50년 동안 동일 인물이 교장과 이사장직을 번갈아 맡고 있다는 점이다. 교사들은 나무고등학교가 개교하자 곧 폐교될 정보고등학교와 동일 법인에 속한 중학교와 남고에서 전보되어 온 경우가 대부분이다.

또한 학운위 구성은 학교장을 포함하여 교원위원 5명, 학부모위원 6명, 지역위원 2명 등 13명으로 구성되어 있다. 남자위원이 6명, 여자위원이 7명이다. 또한 연령별로는 30대 1명, 40대 9명, 50대 1명, 60대 1명이다. 대졸이 9명이며, 대졸 이상이 2명, 고졸이 1명이다. 전체적으로 보아 나무고등학교 학운위의 구성은 40대 대졸이 전체의 69%로 위원회의 주요 인적구성이 되고 있음을 알 수 있다. 교원위원 5명 중 전교조 가입교사가 2명이며, 여자위원은 교원위원 2명과 학부모위원 5명이다.

2) 분석모형

앞에서 제시한 본 연구의 목적과 미시정치적 연구 논리를 기초로 하여, 본 연구의 분석모형을 제시하면 [그림 13-1]과 같다.

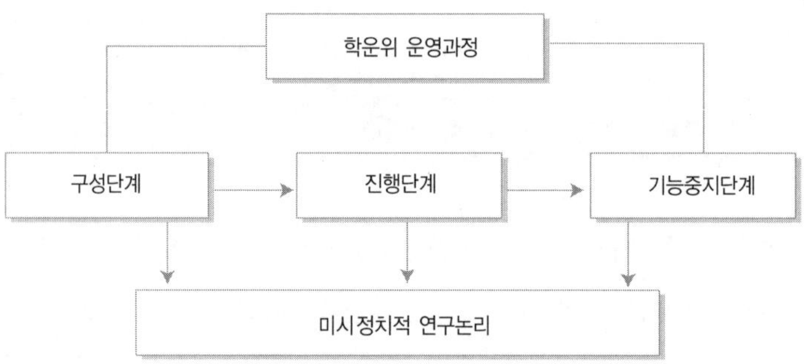

[그림 13-1] 본 연구의 분석모형

3) 자료수집 및 분석 방법

본 연구의 주된 연구방법은 참여관찰과 문서자료분석이다. 참여관찰은 나무고등학교 학운위 회의 의제, 진행방법, 회의과정에서 발생하는 갈등, 학교장의 태도, 각 참여세력들의 반응 등을 심층적으로 분석하기 위하여 초점관찰 형식으로 이루어졌으며, 참여관찰 시 주요 내용은 회의 도중 혹은 회의가 종결된 후 즉시 대학노트에 기록하였다. 학운위가 끝난 후 자연스럽게 만들어진 비공식적 회합의 내용과 성격도 참여관찰의 대상이었다. 또한 나무고등학교의 교육목표, 교육계획, 학교현황 등을 파악하기 위한 학교교육계획서를 비롯한 교내 공식문서들을 참고하였다. 본 연구에 사용된 참여관찰 기록은 대학노트 분량으로 총 54페이지이다.

자료분석은 학운위의 흐름을 크게 위원회 구성 단계, 운영 단계 및 기능중지 단계의 세 단계로 나누어 이루어졌다. 분석의 초점은 단계마다 드러나는 학운위 구성원들 간의 상호작용 과정에서 나타나는 영향력 행사를 위한 시도, 상호 간의 기대, 상이한 이해관계로 인한 갈등, 협상, 잠재된 가치나 신념 등 미시정치적 특성이 함축된 것으로 판단되는 사례들이었다. 본 연구의 미시정치적 주제는 본 연구자가 각 단계별 사례 관찰일지를 반복하여 읽고 해석해서 추출한 것이다.

또한, 분석결과는 해석을 타당도를 높이기 위하여 연구자 삼각검증법을 사용하였다. 이를 위해 본 연구자는 분석 과정에서 참여관찰 노트와 회의록을 최대한 객관적으로 해석하고자 노력하였으며, 연구내용의 주관성을 최소화하기 위해 2003년 9월에 동 학교 학운위에 참여한 교사 1명과 연구결과를 같이 검토하였다. 또한, 연구결과에 대해서도 질적 연구방법으로 학교조직에 관한 연구논문 발표 실적이 있는 교육행정전문가와 1회의 윤독을 통해 보완하였다. 연구기간은 2002년 3월 29일부터 2003년 6월 25일까지 약 1년 3개월이다.

4 연구의 결과

본 연구의 결과는 연구문제에서 제시한 연구대상 학교 학운위의 구성 단계, 진행 단계, 기능중지 단계에서 나타난 정치적 양상을 중심으로 기술하기로 한다.

1) 학운위 구성 단계의 정치적 양상

학운위 구성 단계는 2002년 3월에 개최된 지역위원 및 위원장, 부위원장 선출을 위한 임시회의 과정을 그 대상으로 한 것이다. 학운위 구성 과정의 정치적 양상을 제시하기 위해서 우선 1~2차 임시위원회의 회의 과정을 간단히 요약하면 다음과 같다.

[2002년 3월 27일 제1차 임시회의 관찰기록]

14:30 ; 학부모 1명이 불참하고 교원위원들이 입장하자, 교무부장이 임시 사회를 본다. 학교장이 운영위원 전체를 소개하고, 교무부장이 운영위원들을 가, 나, 다 순서로 인사하게 한다. 이때 분위기가 경직되어 있고, 긴장감을 느끼게 한다.

14:40 ; 학교장이 기 등록한 지역위원 후보자 1명을 소개하고 잠시 교무실에 대기하도록 부탁함과 아울러 운영위원들에게 좋은 후보자를 추천해달라고 하자, 교원위원 한 사람이 전교조 활동으로 이름이 많이 알려진 일종의 거물급 인사를 추천한다(이 사람의 거주지는 나무고등학교와는 자동차로 1시간 정도 걸리는 타 교육구이다). 이어 다른 교원위원 1명이 추천된 2인에 대해서 무기명비밀투표로 가부를 결정하자고 하여, 약간의 논란이 일어난다.

14:55 ; 학교장이 이를 제지하고, 학부모위원들에게 지역위원 추천에 대한 홍보가 미흡한 것 같으니 3월 30일에 추가로 지역위원 추천을 받아 본 후 결정할 것을 제안하고 아울러 지역위원 선출이 끝난 당일 위원장과 부위원장을 선출할 것을 요청한다.

15:10 ; 학교장이 임시회의를 마감하자고 하며, 자신이 근무했던 동 법인 소속 정보고등학교에서는 1년에 세 번 정도밖에 회의를 하지 않았다고 말한다.

[2002년 3월 30일 제2차 임시회의 관찰기록]

16:00 ; 학부모위원 1명이 불참한 가운데 간사의 의사진행발언이 시작된다. 간사가 지역위원 후보 추천자가 3명이며, 선출방법에 관한 의견을 유도한다. 간사는 후보자들의 이력을 복사하여 회람시킨 후 무기명 비밀투표로 할 것을 제안하고, 모두 동의한다. 간사는 후보자들의 이력을 간단히 소개한다.

A후보는 교사위원들이 추천했으며 교직경력 약 40년인 전교조위원장 출신의 60대 후반의 남자이다. B후보는 학교장 추천이며 40여 년의 교육경력을 가지고 있고 전직 교장 출신으로 작년에 정년퇴임했으며 지금은 나무고등학교 소재 지역의 자문위원으로 활동하고 있다. 또한 C후보는 한 학부모위원이 추천한 사람으로 나무고등학교 근처 교회에서 청소년 및 중등지도를 담당하고 있는 부목사이며 기독교교육학 박사과정을 이수하고 있다.

16:20 ; 투표용지가 돌려지고 개표결과 학교장은 B와 C후보가 선출되었음을 공포한다. 잠시 후 대기하고 있던 지역위원 후보 중 선출된 후보가 교장실에 들어와 인사를 하고, 모두 박수로 환영한다. 선출된 지역위원들이 간단한 인사를 한다.

16:30 ; 위원장과 부위원장을 선출하겠다는 간사의 설명에 따라, 학부모위원과 지역위원들로부터 추천을 받는다.

16:40 ; 추천된 2명의 위원장후보에 대한 비밀투표를 실시하여 다 득표 순서로 위원장과 부위원장을 선출한다. 오늘 일정을 마치겠다는 간사의 의사진행 발언에 이어 다음 일정과 의제에 관하여 잠시 논의해 줄 것을 요청한다.

학교장 ; 학교발전기금이 급하다. 에어컨이 부족하기 때문이다. 가급적 빠른 시일 내에 회의일정을 잡는 것이 좋겠다.

교원위원A ; 학생들의 신발, 가방 착용 등의 문제도 있고, 방과 후 자율학습문제도 있다.

(1) 자기사람 심기 시도

학운위 구성단계에서 가장 두드러진 양상은 학교장과 교원위원들이 각기 학운위에 일종의 '자기 사람'을 심기 위한 힘겨루기를 하고 있다는 사실이었다. 위의 제1차 회의 관찰기록에서 보는 바와 같이, 지역위원을 선출하는 과정에서 교원위원들은 전교조 활동으로 꽤 명성이 나 있는 타 구역 인사를 추천하고, 학교장은 교원위원들이 추천한 인사가 자신이 추천한 인사 1명과 함께 운영위원으로 선출될 것을 미처 예기치 못한 듯 회의를 연기하고 있었다. 학교장과 교원위원들이 각기 자신들이 원하는 성향의 인사를 우군(友軍)으로 배치하고자 하는 의도를 엿볼 수 있었다. 제1차 임시회의에서 제안된 의제가 종결되지 못한 관계로 마련된 제2차 임시회의에서도 그러한 경직되고 긴장된 분위기와 참여세력들의 의도들이 계속 나타나고 있었다.

지역위원 선출투표 결과를 확인한 결과, A후보는 교원위원 4명 전원으로부터 지지를 받았으며, B후보와 C후보는 학교장과 학부모위원 및 지역위원 9명 전원으로부터 지지를 받은 것으로 밝혀졌다. 교원위원들 대 학교장, 학부모위원 및 지역위원들의 지지후보가 서로 다름으로써 학운위 초기구성단계에서 위원회 구성원들의 세력 양분화 조짐이 나타난 것으로 해석된다. 특히 학부모위원들의 전교조 출신 추천인사에 대한 경계심과 반발의식은 눈여겨볼 필요가 있다고 본다. 이러한 인식은 1차 임시회의가 끝나고 난 후 건물 앞에서 학부모 위원들이 나누는 다음과 같은 대화에서도 확인된 바 있다

■■■ 학부모위원A : 너무 전투적 분위기야, 학부모B : 학부모위원들이 똘똘 뭉쳐야 돼요, 학부모위원C : 좋은 지역위원이 있으면 추천해보도록 해야겠어요, 학부모위원B : 투표에 대비해야 해요.

학운위가 지금까지 공급자 위주로 설계되었던 우리나라의 초·중등교육체제를 다양한 교육주체들의 요구를 수렴하여 단위학교의 자치능력을 배양하고 학생들의 교육을 가장 우선시하는 건강한 교육공동체를 구축하려는 데 그 의의가 있다는 점을 상기할 때, 나무고등학교 학운위는 그 구성 단계에서부터 학교장과 교원위원들 간에 전운이 감도는 풍경을 연출하고 있었다는 점에서 학운위의 앞날이 순탄하지 않을 것이란 암시를 주기에 충분했다.

(2) 기대 차이로 인한 긴장

학운위 구성 단계에서 드러난 두 번째 특징은 학운위에 대한 학교장과 교원위원들의 기대 차이로 인하여 노출된 긴장이었다. 2차 회의 종료 직전에 나눈 다음과

같은 대화 속에서 그러한 가능성을 엿볼 수 있다.

> 학교장 : 지난 정보고등학교 학운위는 1년에 세 번 정도밖에 모이지 않았어요. 뭐 그 정도면 되는 것 아닌가 생각돼요. 무엇보다 학교발전기금이 급해요. 에어컨이 10여 대 부족한데, 가급적 빠른 시일 내에 모였으면 좋겠습니다.
>
> 위원장 : 발전기금 외에 다른 중요한 안건은 없습니까?
>
> 교원위원A : 학생들의 신발, 가방 등의 문제도 있죠. 뿐만 아니라 방과 후 자율학습 문제도 거론했으면 합니다.
>
> 위원장 : 학생 신발, 가방에 무슨 문제가 있습니까?
>
> 교원위원A : 학생들 신발이나 가방을 모두 통일해서 착용하게 하는 것도 시대에 안 맞고, 겨울이나 여름이나 똑같이 검은색 구두만을 신게 하는 데 대해 아이들의 불만이 많아요.

나무고등학교 학교장의 가장 큰 관심사항은 학교발전기금 등 재정 관련 사안이었으며, 교원위원들은 학생지도 문제나 자율학습 등과 같은 교육문제에 치중하고 있어 학운위에 대한 학교장과 교원위원들의 기대와 바람이 다르다는 것을 엿볼 수 있었다. 실제 관찰기간 동안 학교장은 학교발전기금 조성, 자율학습 경비 관리, 청소용역비 조성 등 재정적 문제를 제외하고는 학운위를 제도적으로 반드시 거쳐야 할 의제 이외에 다른 의제를 제안한 경우가 거의 없었다.

또한 학교장이 본인 대신 교감을 당연직 운영위원으로 하자고 한 것이나, 동일 법인 소속 정보고등학교에서는 1년에 세 번 정도밖에 회의를 하지 않았다고 언급하는데서 학운위에 대한 형식적 접근 구상을 직접·간접적으로 드러내고 있었다. 아울러 학운위 초기구성단계에서 드러난 학교장과 교원위원들 간의 긴장은 학부모들을 불안하게 하는 요인으로 작용하고 있었다.

2) 학운위 진행 단계의 정치적 양상

〈표 13-2〉에 제시된 바와 같이 나무고등학교는 2002년 3월부터 2003년 6월까지 제1기 학운위가 해산되기까지 총 12번의 공식회의를 개최하였고, 임시회의 두 번과 마지막 해산을 위한 종결회의를 제외하면 학운위의 공식적 운영 단계 분석을 위한

회의 수는 총 9회이다. 9회의 공식회의 기간 중 나무고등학교 학운위는 총 36개의 안건을 다루어 1회 당 평균 4건의 안건을 심의하였다. 심의 내용별로 보면, 교육과정 운영, 교재와 부교재 선택, 진학지도, 자율학습 운영 등 학생교육활동에 직접·간접적으로 관련된 사안 14건(38%), 학교급식, 청소용역, 에어컨 설치, 교복구매 등과 같은 학생복지 문제에 관련된 일 10건(27%), 학교발전기금 조성에 관한 건 7건(19%), 학생지도 문제 2건(5%), 학교운영위원회 운영에 관한 일 3건(8%) 등이다. 전체적으로 보아, 학생교육과 복지 그리고 학생지도 문제에 관련된 사안이 70%에 이르고, 학교발전기금 조성에 관한 일이 19%, 기타 학운위 운영에 관련된 사안이 8%이다.

〈표 13-2〉 연구기간 중의 나무고등학교 학운위 회의 상황 조건

구분	일시	장소	의제	결과
제1차 임시회의	2002. 3. 27	교장실	지역위원 선출	후보자 수가 부족하여 연기.
제2차 임시회의	2002. 3. 30	교장실	지역위원 및 임원 선출	선출 완료.
제1차 회의	2002. 4. 12	교장실	2002학년도 발전기금 조성, 학생 용의 문제, 청소용역 실시, 경시반 운영	발전기금 조성 결의, 청소용역 실시 의견조사, 경시반 운영을 지지함.
제2차 회의	2002. 4. 16	교장실	발전기금 조성 계획, 학생 하복구매, 학생복지, 청소용역 실시방법	발전기금 사용내역 결정, 학생 하복 구매방법 검토 결정, 청소용역 실시하되 학교에 위임함.
제3차 회의	2002. 5. 28	교장실	발전기금 사업에 관한 건, 학운위 물품 구매에 관한 건, 부교재 선택, 학생복지 문제 경과보고	발전기금으로 에어컨 및 학생 의자 구입, 부교재 선택을 원칙으로 하되 부작용 없도록 함, 청소용역 관련 가정통신문 발송 결과보고.
제4차 회의	2002. 6. 21	교장실	에어컨 구매에 관한 건, 방학 중 학생 교육활동에 관한 일, 학교급식에 관한 사항, 기타	에어컨 배치 문제, 전기료 문제 검토하기로 함, 방학 중 60시간 수업실시, 학생 급식 소위원회 설치함.

제5차 회의	2002. 7. 19	교장실	발전기금 정산, 급식 소위원회 활동 보고, 본 위원회 의사봉 사용 문제	발전기금 정산, 급식에 일부 문제가 있으나 긍정적으로 평가함, 의사봉 사용 문제는 타교의 사례를 참고하기로 함.
제6차 회의	2002. 9. 11	교장실	의사봉 사용 문제, 7차교육과정에 따른 교과서 선정, 특기적성교육 실시, 자율학습, 청소용역	자문기구이기 때문에 의사봉 사용하지 않기로 함. 교과서는 학교장의 책임하에 선정하기로 함, 특기적성교육은 희망자에 한해서 실시, 학교의 자율학습계획에 동의, 청소용역은 학부모 부담으로 함.
제7차 회의	2002. 12. 16	대회의실	진학지도 문제, 교육과정 운영 문제, 수학여행과 수련회 장소 선정	진학지도 정보 부족, 예・체능 반편성 검토, 수학여행 및 수련회를 위한 소위원회 구성.
제8차 회의	2003. 3. 26	교장실	2003학년도 발전기금 조성 건, 청소용역비 조성 건, 체육복 명찰 문제, 내신관리 프로그램 설치 건	발전기금 조성하기로 함, 청소용역비 학급별 조성, 체육복에 명찰 달기로 함, 내신 프로그램은 학교의 책임하에 설치함.
제9차 회의	2003. 4. 23	대회의실	발전기금 사업 심의, 2학년 수련회 장소 건, 재학생 성적분석 및 자율학습 건	발전기금 모금에 문제가 제기되어 모금액 환불하기로 함, 모의고사 성적 분석 결과보고, 수련회 장소는 학교에 위임.
제10차 회의	2003. 6. 25	교장실	2학년 수련회 장소 변경, 방학 중 특기적성 교육, 모의고사 가채점 결과보고, 발전기금 환불처리 관계	2학년 수련회 장소 변경에 동의함, 특기적성교육 수당 지급, 3학년 모의고사 성적 가채점 분석보고, 진로검사 실시 요청, 발전기금 조성 문제에 도의적 책임을 지고 위원장 이하 학부모 위원 사의 표명.

(1) 학교발전기금 조성 문제로 인한 지속적 갈등상황 연출

학운위는 학교헌장 및 학칙의 제정과 개정, 학교의 예・결산, 교육과정 운영, 교과용도서 및 교육자료의 선정, 정규수업 외 교육활동, 학교발전기금 조성 등 학교운영에 있어 매우 중요하고 또한 다양한 사안들을 심의・의결하도록 법제화되어 있는 제도적 장치이다. 그럼에도 불구하고 나무고등학교 학교장의 가장 큰 관심사항은 학교발전기금 조성 등에 관련된 기금 확보가 주된 것임이 잘 드러났다. 또한 이 학교발전기금 조성 문제가 나무고등학교의 지속적인 갈등상황을 유발하는 중요한 요인으로 작용하고 있었다.

실제 〈표 13-2〉에서 보는 바와 같이, 총 9회의 회의 진행 과정을 통해 학교발전기금 조성 문제가 7회에 걸쳐 주요 안건으로 상정된 바 있다. 학교발전기금 문제가 계속하여 학교운영위원회의 주요 의제로 상정된 이유는 학교발전기금의 조성 필요성, 집행과정 상의 이견, 결산 등에서 끊임없이 학교장과 교원위원들이 대립하였기 때문이다. 다음은 학교발전기금 조성과 결산에 관련된 회의록을 참고로 제시한 것이다.

[2002년 4월 12일 제1차 회의 관찰기록 일부]

위원장 : 오늘 의제가 세 가지인데, 우선 학교발전기금 모금안을 제안해 주신 교장선생님께서 이 안의 배경에 대해 설명해 주시기 바랍니다.

학교장 : 지금 에어컨 구입이 급합니다. 16개 교실에 에어컨을 설치해야 하는데 이 문제를 해결하기 위해서입니다.

교원위원A : 발전기금 문제를 논의하기 전에 먼저 학교당국이 학생들로부터 걷는 운영경비 지출내역에 대해서 밝혀야 한다고 생각합니다.

학교장 : (약간 격앙되며) 학운위가 그럴 권한이 없다고 봅니다. 교감선생님을 참석하게 해 주세요(잠시 후 교감이 참석함).

교 감 : 솔직히 말씀드려서 학교법인의 전입금이 없는 실정입니다. 이사장께서 학교를 세우고 난 후 대부분의 고등학교처럼 학생등록금과 정부보조로 운영됩니다. 에어컨을 법인에서 설치해 주어야 할 의무는 없다고 봅니다......(중략)

[2002년 7월 19일 제5차 회의 관찰기록 일부]

위원장 : 학교발전기금이 집행 완료되었습니다. 학교발전기금은 운영위원장 명의로 관리・집행되기 때문에, 그 결과를 학운위 전체 회의에 보고해 주십시오.

(행정실장이 개괄적 사용내역이 기록된 서류를 학교장에게 내민다.)

학교장 : 학교발전기금 사용내역에 대해서는 운영위원장에게만 보여드리도록 하겠습니다. 잘 되어 있습니다.

교원위원A, B 동시에 : 그건 안 됩니다. 모든 운영위원들이 볼 수 있도록 복사하여 회람하여 주십시오. 위원장님 그렇게 해 주십시오.

학교장 : (A, B 교원위원에게 소리치듯이) 학교를 믿어요!

교원위원A : 이렇게 하고서 어떻게 믿을 수 있습니까.

(중 략)

제1차 및 제5차 회의 관찰기록에서 보듯이 학교발전기금에 관련된 수차례에 걸친 논의과정을 통해 교원위원들은 지속적으로 문제 제기를 하는 반면 학교장과 교감은 그에 대한 방어와 회피로 일관하고 있었다. 즉, 교원위원들은 학교발전기금을 조성하는 것은 필요하지만 나무고등학교의 학교운영비가 법인 차원에서 어떻게 사용되고 있는지를 밝히는 것이 선결요건이라는 입장을 견지하고 있었고, 학교장과 교감은 학교발전기금 조성과 학교운영비 사용은 별개의 사안이라는 입장이었기 때문에, 교원위원들이 학교발전기금 그 자체를 문제 삼기보다는 학교발전기금을 요구하고 있는 학교 당국의 재정운영 상태에 대해서 학운위를 통해 고발성 문제 제기를 하고 있는 것으로 판단되었다. 그러나 학교발전기금 문제에 관한 한 늘 학교장의 입장이 주로 반영되었으며, 그것은 학부모위원들과 지역위원들의 지지 덕분이었다.

(2) 학교장과 교원위원들 간의 불신과 대립

교육에 관련된 주체들의 신뢰와 이해 그리고 상호존중 속에서 개방적 학교조직 풍토가 형성되고, 그 토대 위에서 진실로 학생들을 위한 교육주체들의 정성어린 교육적 모색과 신념에 찬 실천이 가능하다. 무엇보다 교실수업을 주관하고 있는 교사들과 그 교육활동을 합리적으로 지원하는 학교행정가들이 서로 신뢰하고 협조하는 일은 성공적인 학교교육을 위한 중요한 필요조건이다.

그러나 나무고등학교 학운위가 운영되는 과정에서 나타난 특징적 양상 중의 하나는 학교장과 교원위원들 간에 형성되어 있는 상당한 불신과 대립이었다. 특히, 전교조 소속 교사들에 대한 학교장의 불신이 깊었다. 이러한 사실은 다음과 같은 학교장과 일부 학부모위원들 간의 비공식적 대화과정에서 잘 나타나고 있다.

학교장 : 전교조 출신 교사들이 학교를 고발하고, 망치고 있어요.

학부모위원A : 어떤 일로 그렇게 합니까?

학교장 : 학교 문제를 인터넷에 올리고, 전교조 일로 학생들이 등교하는 교문 앞에서 데모하고 그래요.

학부모위원C : 선생님들과 잘 이야기하시지 그러세요.

학교장 : 학교장 말을 안 들어요. 이제 학부모들이 나서야 해요. 어떤 학교는 학부모들이 문제가 있는 교사들을 출근하지 못하도록 제지하기도 했어요. 학운위에도 전교조 교사들이 있는데…… 보세요. 사사건건 물고 늘어지잖아. 안 돼요. 학부모위원들이 많이 협조해 주세요.

그러나 학교장은 교사들이 어떤 문제를 왜 대외적으로 고발하려 하고, 학운위에서 계속 문제 제기를 하는지, 학교나 법인차원에서는 어떤 조처를 취하고 있는지에 대해서는 설명하지 않은 채, 교사들에 대한 불신을 감추지 않으며 학부모들의 협조를 일방적으로 부탁하는 자세를 보여 주고 있었다.

학교장과 교원위원들 간의 불신의 양상은 학교발전기금조성안 다음으로 학운위에서 자주 다루어진 청소용역 문제를 비롯하여 학교급식 문제, 자율학습관리 문제 등에서 자주 드러났지만, 여기에서는 교원위원들의 학교장에 대한 불신을 보여 주는 학생하복 구매에 관한 사례와 학교장의 교원위원들에 대한 불신의 일면을 보여 주는 의사봉 사용에 대한 학교장의 문제 제기 사례에 관한 관찰기록을 제시하기로 한다.

[2002년 4월 16일 제2차 회의 관찰기록 일부]

위원장 : 오늘의 두 번째 안건인 학생하복 구매 문제를 상정합니다.

교원위원A : 하복의 가격과 독점이 문제입니다. 작년에 학교에서 독점계약한 가게에서 구매한 것이 문제가 되어 학생들이 인근 백화점에서 대부분 구입했습니다.

학부모위원D : 학생들이 지정 가게를 가기 싫어합니다.

부위원장 : 바느질이나 가격은 지정 가게가 좋은데, 불친절하고 후지다고 생각합니다.

교감 : 여러 업체가 참여하여 경쟁하는 것이 좋겠습니다.

교원위원A : 교감의 말은 말이 안 된다. 그 지정업체만이 팸플릿을 나누어주고 선전하고 있다…… (공동구매가 좋은지, 선택의 폭을 넓히는 것이 좋은지에 대해서 논의함).

교원위원C : 왜 꼭 그 집에서 해야 하는지 모르겠다.

[2002년 9월 11일 제6차 회의관찰기록 일부]

학교장 : 의사봉을 사용하는 것에 대해서 다시 한 번 생각해보아야 한다고 봅니다. 사립학교 운영위원회는 의결기관이 아닙니다. 의사봉을 두드린다는 것은 의결기관에서나 가능한 일입니다. 바꾸어야 합니다. 의결되면 교사들이 반드시 시행되어야 한다고 요구합니다. 골치 아파요. 자문기관이기 때문에 내가 하지 않으면 그만입니다.

위원장 : 의사봉 사용이 중요한 것이 아니라, 우리가 논의한 사안들이 학교당국이나 선생님들 사이에서 어떻게 시행되느냐가 중요한 것입니다.

교원위원A : 의사봉을 사용해야 합니다. 다들 사용하고 있는데 이제 와서 무슨 말씀입니까?

학교장 : 나는 반대예요. 다른 학교 조사해 보세요.

(3) 학생지도 방법으로 드러나는 잠재적 행정이념

학교라는 조직은 기성세대가 미래세대를 가르치는 일종의 문화적 혼재(混在)체제이다. 단순한 혼재체제가 아니라 문화의 계승과 창조적 융합 발전을 지향하는 문화공동체이다. 그러나 기성의 문화를 가치 있게 생각하고 가르치려는 기성세대와 새로운 문화적 성향으로 행동하려는 학생들 사이에는 늘 문화적 긴장이 있기 마련이다. 학교에서 이 세대 간 문화적 차이와 긴장이 가장 자주 나타나는 곳이 학생지도 문제 영역이다.

나무고등학교 학교장과 교원위원들은 학생지도 문제에 있어서 매우 다른 견해를 가지고 있었으며, 이는 제1차 회의부터 적지 않은 갈등을 유발하는 요소로 작용하고 있었다. 일반교사들의 의견을 수렴해 온 교원위원들의 문제 제기 때문이었다. 나무고등학교의 경우에는, 법인이사장의 교육관에 충실하려는 학교장과 이를 고쳐보려는 교원위원들 간의 갈등이라고 표현하는 것이 더욱 적절한 것이었다. 학생복장과 용의에 관한 다음의 회의 관찰기록에 그러한 양상이 일부 나타나고 있다.

[2002년 4월 12일 제1차 회의 관찰기록 일부]

위원장 : 다음 의제는 학생 가방과 신발 문제인데, 이 안을 상정하신 A교원위원께서 안건 상정의 배경 설명을 해주시기 바랍니다.

교원위원A : 지금 학생들은 구두와 초록색 가방, 흰색 양말로 통일되어 있습니다. 학생들이 조금은 자유롭게 선택하여 사용하는 것이 학생들의 교육에 바람직하다고 생각해 제안한 것입니다.

교원위원들 : 맞아요. 저희들도 그렇게 생각합니다.

학부모위원C : 우리 아이는 구두를 신고 다니며 발에 군살이 생겼어요. 운동화를 신게 하는 것이 좋다고 생각합니다.

위원장 : 이렇게 하는 데는 이유가 있을 것인데 교장선생님께서 좀 설명해 주세요.

교감이 대신 일어나 : 실제 체육시간이 있는 날은 운동화를 신고 있습니다. 인근 학교에는 우리처럼 검은 구두와 단정한 교복, 녹색가방을 조화 있게 착용하고 있는 학교가 없습니다. 저는 그것이 신설학교의 전통을 만들어 가는 것이라고 생각합니다. 담임선생님들에게 이야기하여 융통성 있게 처리하고 있습니다.

교원위원B, D함께 : 융통성 있게 신게 해 준다는 이야기는 듣지 못했습니다.

학교장 : 깨끗하고 질서 있고 얼마나 예뻐요? 학부모들도 돈도 적게 들어 좋다고 하는 사람도 많아요. 저의 마인드도 바뀌지 않아요. 교장인 내가 그것 하나 결정하지 못하면 되겠어요?.....(중략)

겉으론 학생지도에 관한 학교장의 완고한 통제 지향적 학생지도이념과 교원위원들의 변화 수용적인 인본주의적 학생지도이념이 대립하는 양상으로 보이지만, 회의 종료 후 '사실 이사장님이 좋아해요. 녹색가방을 메고 하얀 양말을 깨끗하게 신은 학생들이 등교하는 것을 보신 이사장님이 아주 좋아하시거든요. 나무의 딸들이라고 하세요. 그러니 저희들도 그럴 수밖에 없죠.'라는 학교장의 설명을 참고로 하면 학생복장을 비롯한 여러 학생지도 방법은 사립학교의 숨겨진 권력구조가 반영된 잠재적 행정이념이라는 판단을 하게 하였다.

(4) 비공식적인 지원세력 구축 활동

모든 조직이나 집단 속에는 성별, 사회적 성향, 직무의 특성, 작업 관계, 조직 내의 지위, 집단의 크기 등 여러 가지 요인으로 인하여 자연스럽게 비공식조직이 형성되고 그 비공식조직은 나름대로의 규범을 형성하면서 공식조직에 긍정적 혹은 부정적 영향을 준다. 뿐만 아니라 이 비공식조직은 때때로 조직 내의 세력 구축과 조직 통제권 확보를 위한 영향력을 행사하기도 한다.

나무고등학교 학운위가 끝난 후 여섯 번의 비공식 모임이 있었다. 이 중 두 번은 운영위원 전체가 참석하는 예고된 형식적인 친목모임이었지만, 네 번의 비공식 모임은 사전에 예고된 것이 아니며 주로 공식회의가 끝난 후 일부 학부모위원들을 대상으로 교원위원들이 주선한 자리였다. 예고된 비공식 모임에는 학교장과 교감, 주요 부장교사와 운영위원들이 대부분 참석하여 반주를 곁들인 저녁 식사를 같이 하며 환담하거나 때로는 공식회의석상에서 서운했던 마음을 털어놓기도 하였다. 그러나 그 모임은 다음과 같은 대화로 이어지는 의례적인 성격이 강한 것이었다.

[2002년 7월 10일 공식회의가 끝난 후의 비공식 전체모임: 장소 불고기식당]

학교장 : 한 학기 동안 학운위를 위해서 수고해 주셔서 감사합니다. 다들 바쁘실 텐데 우리 나무고등학교를 위해서 애써 주시니 얼마나 고마운지 모르겠습니다.

위원장 : 저야 뭐……. 회의시간에도 말씀드렸지만 우리 학운위가 좀 더 편안한 분위기에서 진행되었으면 좋겠습니다.

학부모위원C : 자, 교장선생님 술 한 잔 올리겠습니다. 위원장님도 한 잔 드시죠.

그러나 네 번에 걸쳐 이루어진 예고되지 않은 비공식 모임은 예고된 비공식 모임과는 그 의미가 다른 것으로 판단되었다. 우선 모임이 성립되는 과정부터 달랐다. 대개는 공식회의가 끝난 후 늘 같은 교원위원 1~2명이 귀가 중인 2~3명의 학부모위원들에게 전화로 요청하여 자리가 마련되곤 하였다. 학교에서 약간 떨어진 호프집이나 찻집에서 밤늦은 시간까지 이루어진 이 비공식 모임에서 교원위원들은 때때로 학부모위원들의 자녀들에 관한 이야기, 학교교육 일반에 관한 비판, 당일 있었던 공식회의에 관한 개인적인 의견 개진을 하곤 하였다. 많은 시간은 교사와 학부모 사이에 오갈 수 있는 수준의 대화가 오갔지만, 대화의 사안에 따라서는 때로는 교사로서의 순수한 교육적 관심이나 열정을 느끼게 하는 경우도 있었고 또 어느 때는 나무고등학교 학교법인의 문제점이나 학교행정가들의 완고함을 비난하는 사례도 있었다.

교원위원들의 이러한 비공식 모임 활동은 순수한 의미에서 보아 교사와 학부모와의 대화라고 볼 수도 있지만, 학운위에서 수적으로 불리한 자신들에게 필요한 지원세력을 비공식적으로 포섭하는 활동으로 해석할 수도 있었다. 교원위원들은 대화의 순서를 대체로 참석한 학부모들의 자녀들에 관한 이야기부터 꺼내곤 하였기 때문에, 학부모들도 이 시간에는 학운위 위원이기보다는 한 학부모로서 반응하는 경향을 보여 주고 있었다. 따라서 교사들의 학부모들에 대한 영향력을 새삼 인식하게 하는 자리가 되기도 하였던 것이다. 그러한 의미에서 이는 순수한 교사-학부모 간의 대화라기보다는 교원위원들의 비공식적 지원세력 구축이라고 보는 것이 더 타당하다고 판단되었다.

한편 학교장은 교원위원들과는 달리 특별한 지원세력 구축활동을 하지 않은 것으로 관찰되었다. 오히려 '학운위는 자문기구이기 때문에 나는 참고만 하겠다'는 태도를 견지했다. 그러나 학교장은 학부모위원들이 교원위원들 편이 되어 버렸다고 판단하는 조짐들이 나타났다. 그것은 2002년 6월 21일 제4차 회의에 학교장이 불참한 사유에 대해 교감이 비공식적으로 설명한 내용을 통해 확인된다. 당시 학교장이 회의에 불참한 사유는 친지의 급작스러운 상(喪)이었다.

교감 : 교장선생님이 그 날 왜 불참했는지 잘 생각해 보셔야 합니다.

위원장 : 상(喪)이라고 하셨는데, 다른 이유가 있나요?

교감 : 피하신 겁니다. 학운위가 하도 학교를 공격하고, 학부모위원들이 전교조 교원위원들 편이 되어 버린 것에 대해서 엄청나게 서운하게 생각하신 겁니다. 상을 핑계 삼아 오시지 않은 것입니다.

위원장 : 학부모위원들이 언제 교사들 편이 되었단 말입니까?

교감 : 학운위 끝나고 가끔 술도 같이 하는 것 다 압니다.

위원장 : 그것은 오해입니다. 또 교장선생님은 지금까지 비공식적으로 학운위 운영에 대해서 상의하신 적이 없지 않습니까?

교감 : 그래요? 저는 서로 잘 통하고 있는 것으로 알았는데요.

3) 학운위 기능중지단계의 정치적 양상

나무고등학교 학운위 학부모위원 및 지역위원들이 2003년 6월 25일 제10차 회의를 끝으로 사표를 제출하여 수리되었다. 1기 학교운영위원회가 중도에 기능이 중지된 것이다. 학부모위원들은 왜 사의를 표했는가? 가장 결정적인 원인은 학교발전기금 조성의 일부 문제점을 교내 인사가 교육청 인터넷 홈페이지를 통해 고발함으로써 교육청 감사를 받게 되었기 때문이었다. 학교 당국은 아연 긴장하게 되었고, 학부모위원들은 당혹해하지 않을 수 없게 된 것이다. 결국 본 연구기간 내내 논란이 되어 왔던 학교발전기금 조성 문제가 공개적인 비리로 고발된 것이었다.

(1) 내부 인사의 고발성 문제제기에 대한 학부모위원들의 저항

내부 인사에 의한 고발 사건은 학운위의 위상에 결정적인 상처를 주는 계기가 되었다. 무엇보다 일부 문제가 있다고 인식하지만, 장기적으로 학교발전에 도움이 될 것이라는 신념으로 기금 조성의 어려움에도 불구하고 학교발전기금 조성을 위해 노력해 온 학부모위원들에게 심한 배신감을 주는 요인으로 작용했다. 학부모위원 전원이 사퇴하기 전에 위원장과 전체 학부모위원들은 식사를 겸한 사전모임을 가진 바 있다. 다음 대화의 일부 속에 학부모들의 생각과 의지가 드러난다.

[2003년 5월 21일 학부모위원들의 비공식 모임 대화 일부 기록]

위원장 : 여러 운영위원님들께서 느끼고 계시겠지만 나무고등학교는 너무 문제가 많은 것 같아요. 무엇보다 학생들을 위해서 노력하는 모습이 약해요. 학교는 돈 문제로 너무 폐쇄적이고, 선생님들은 학운위를 통해 학교와 대립하려고만 하는 것 같아요. 발전기금 문제만 해도 그래요. 문제 제기를 하려면 학운위에 해야지, 왜 인터넷에 올립니까? 이것은 학운위에 대한 모욕이라고 생각합니다. 어떻게 하면 좋을지 말씀을 나누고 싶어서 자리를 마련했습니다.

부위원장 : 동감이에요. 참석하기가 영 괴로워요. 왜들 그러는지 모르겠어요. 위원장께서 자존심이 많이 상했겠어요.

학부모위원D : 우리 다 같이 그만둡시다. 그러는 것이 좋을 것 같아요. 위원장님 어떻게 생각하세요?

여러 위원들 : 아이고 저희들도 더는 못하겠습니다. 자기들끼리 잘하라고 하지요.

학부모위원들은 더 이상 '자식을 학교에 보낸 죄인'이 아니라, 자기주장을 서슴없이 피력하는 당당한 교육주체로서의 모습을 보여 주고 있었다. 학교 당국과 교원위원들의 계속적인 대립과 갈등에 대해 곤혹스러워 하고, 순수한 마음으로 학교발전기금 조성에 많은 노력을 했음에도 불구하고 그것이 결국 비리라는 낙인으로 돌아

온 결과에 대해서 인내하지 않겠다는 저항의지를 분명하게 나타내고 있었다. 또한 돈 문제에 대해서 경직되고 폐쇄적인 태도를 보인 학교 당국에 대해서도 더 이상 협조할 의사가 없음을 분명히 한 것으로 판단되었다.

(2) 이해관계에 따른 기능중지에 대한 반응의 차이

나무고등학교 학운위 기능 중지에 대한 학교 주체들의 반응은 이해관계에 따라 다양하게 나타났다. 그 반응이 다음 마지막 회의 관찰기록에 일부 나타나 있으며, 그 반응은 마지막 회의가 종료된 후 위원장 주최의 저녁 식사 자리에서도 이어지고 있었다.

[2003년 6월 25일 제10차 회의 관찰기록 중 마지막 부분]

위원장 : 저는 내일 자로 일전에 발전기금을 조성하는 과정에서 물의가 있었던 점을 죄송하게 생각하며 사표수리를 원합니다. 교장선생님, 그냥 제 뜻을 받아 주시기 바랍니다.

학교장 : 내년 2월 말에 현재 위원들의 임기가 만료되니 그때까지 계시면 안 되시겠는지요?

부위원장 : 위원장님이 관두시면 저희 학부모위원들도 일괄 사표를 제출할 계획입니다.

학부모위원B,D, 지역위원A : 저희 위원들도 사표 수리 바랍니다. 그리고 새 위원들을 학교에서 선출하시지요(중략......).

지역위원A : 학운위는 자문기관이지, 심의 의결기관이 아닙니다. 따라서 실권이 없기에 다음부터 출석하지 않겠습니다.

교감 : 여러 위원님들의 현명한 판단을 바랄 뿐입니다.

학운위 기능 중지에 대해서 학교장은 극구 만류하는 모습을 보여 준 반면, 교감은 긍정적인 반응이었다. 교원위원들은 침묵으로 대신하고 있었으며, 지역위원들은 동조하는 태도를 보여 주고 있었다. 학교장은 임기가 1년 남은 상황에서 재임의 기회를 위해 학교경영의 책임자로서 대과 없는 직무수행을 했다는 명분을 중시하여 매우 아쉬워한 것으로 보였다. 저녁 식사 자리에서 학교장은 '이렇게 하면 어떻게 합니까. 부위원장님만이라도 남으셔서 위원회를 유지해 주세요'라고 설득한 반면, 교감은 '수고 많으셨습니다. 그러나 1기의 추억을 잊지 않기 위해서 친목계를 조직했으면 합니다.'라는 말로 자신의 심중을 대신하고 있었다. 그러나 학부모위원들은 그러한 교감의 반응에 대해 '교장선생님의 임기가 얼마 남지 않았지만 교장이 연임할 수도 있다던데, 교감으로서는 오히려 좋은 기회가 될 수 있죠. 우리가 왜 자기와 친목계를 합니까? 우리끼리 합시다.'라는 반응을 보여 주고 있었다. 교원위원들은 전원 불참함으로써 불쾌함을 간접적으로 표현하고 있었으며, 지역위원은 '위원장님, 잘 했어요. 학교도 반성 좀 하세요'라는 격려로 동조의 태도를 견지하고 있었다.

5 요약 및 결론

본 연구는 사립 고등학교 학운위의 운영과정에서 나타나는 정치적 양상을 밝히고자 한 미시정치적 사례 연구이다. 이러한 연구목적을 달성하기 위해, 서울특별시 강북의 한 신설 사립 여자고등학교를 대상으로 하여 2002년 3월 29일부터 2003년 6월 25일까지 약 1년 3개월 동안 참여관찰을 하였다. 그 외 학교의 공식문서 자료를 보완적으로 활용하였으며, 자료분석은 학운위 구성 단계, 진행 단계 및 기능중지 단계 등 크게 세 단계로 나누어 이루어졌다. 또한 연구의 타당도를 높이기 위해 연구자 삼각검증법을 사용하였다. 연구결과, 나무고등학교 학운위는 사립 고등학교의 특유한 행정풍토와 그 속에서 이루어지는 학운위의 심층적인 작동기제를 드러내는 몇 가지 특징적 정치적 양상을 보여 주고 있었다.

구성 단계에서 나타난 정치적 특징은 자기 사람 심기 시도, 기대 차이로 인한 긴장국면 형성이었으며, 진행단계에서는 학교발전기금 문제로 인한 지속적 갈등 상황 연출, 학교장과 교원위원들 간의 불신과 대립, 학생지도 방법으로 드러나는 잠재적 행정이념, 비공식적 지원세력 구축 활동 등과 같은 정치적 양상이 나타나고 있었다. 마지막으로 기능중지 단계에서는 내부 인사의 고발성 문제 제기에 대한 학부모들의 저항, 이해관계에 따른 해산에 대한 반응 등인 것으로 밝혀졌다.

이러한 본 연구의 결과는 한 사립 고등학교를 대상으로 참여관찰한 것이고 또한 연구자의 주관성이 개입되었을 소지가 있기 때문에 연구내용을 일반화하는 데는 일정한 한계가 있다. 그럼에도 불구하고 본 연구는 학운위라는 제도적 장치가 작용되는 실재적 양상을 미시정치적으로 분석한 것이라는 점에서 학운위의 제도 개선과 학교조직의 성격 탐색에 일정한 기여를 하고 있다는 점에서 그 의의를 찾을 수 있다고 본다. 그러한 의미에서, 본 연구결과에 기초하여 제도개선과 후속 연구를 위한 제안을 한다면 다음과 같다.

첫째, 제도개선의 측면이다. 학운위는 단위학교의 교육공동체를 형성하고자 설치된 교육개혁장치이다. 그러나 본 연구에서 밝혀진 것처럼 사립학교 학운위는 일부 참여세력들의 정치세력화, 교육주체들 간의 다양한 갈등 야기, 학교발전기금 조성과정의 문제점, 심의내용의 구속성 부족 등 여러 문제를 안고 있는 것으로 판단된다. 사립학교에서 이 제도가 소기의 목적을 수행하기 위해서는 두 가지 개선방법이 가능하다고 본다.

하나는 사립학교 학운위의 기능을 강화하는 방안이다. 즉, 사립학교 학운위를 학교운영의 제반 사항에 대한 실질적인 의결기구로 강화하는 것이다. 문민정부와 국민의 정부에서 이 제도를 설치한 목적에서 볼 수 있듯이, 학운위가 교육의 주민자치 정신 구현과 단위학교의 자율성 확대를 통한 효과적인 학교공동체 형성의 중심축이 되기 위해서는 예산 및 결산, 선택교과 및 특별활동 프로그램의 선정, 학교헌장 또는 학교규칙의 제정, 방과 후 교육활동의 실시 여부와 비용, 학생복지, 교사초빙 등과 같은 학교운영의 주요 사안에 대하여 의결하고 집행될 수 있는 권한이 있어야 한다고 보기 때문이다. 아울러, 우리나라 중등 사립학교의 경우 학생거주지 중심의 할당식 신입생 배정과 국가의 재정지원적 측면에서 사학의 자율성보다는 상대적으로 공공성이 더욱 강조되어야 한다고 보기 때문이기도 하다. 특히, 민주적 토론과정을 통한 의사결정 문화가 아직 성숙되지 않은 것으로 보이는 우리의 학교행정 현실에 비추어, 사립학교 학운위를 실질적인 의결기구화하는 것은 학교구성원들의 활동의 범위와 성격을 재규정해 주는 데 도움이 될 것으로 본다.

다른 하나는 학운위의 기능을 아이들을 위한 교육과 생활복지문제로 제한하는 방안이다. 사실 학운위가 다루어야 할 학교운영의 주요 사안 중에는 학교의 예산·

결산, 학교과정 운영, 교과용 도서 및 교육자료의 선정 등과 같은 전문적인 식견과 지식을 요구하는 내용이 포함되어 있다. 그러나 여러 선행연구들에서 밝혀진 바와 같이, 학부모위원과 지역위원들 중에는 이들 사안에 대하여 심의・의결할 수 있는 전문성이 부족한 경우가 적지 않다. 따라서 고도의 전문성이 존중되어야 할 사안들은 학교에 맡기고, 학부모들과 지역인사들이 가장 관심을 갖고 참여하기에 적절한 아이들의 교육과 생활복지 문제로 제한하는 것도 하나의 방안이라고 보는 것이다.

두 번째, 학문적 측면이다. 지금까지 이루어진 한국 학교조직 현상에 대한 선행연구들은 이론적 혹은 실증적 연구가 대부분이었다. 즉, 한국 학교조직의 특성과 작동기제를 실재적으로 밝힌 연구가 극히 적은 것이 우리의 현실이다. 이러한 연구 경향은 토속적 이론 형성을 위해 바람직하지 않다고 본다. 따라서 본 연구에서 사용된 미시정치학적 접근을 비롯하여 여러 질적 연구방법이 동원된 학교조직 연구가 필요한 시점이라는 판단이다.

아울러 학교는 지금 변화와 개혁의 과정에 있다. 그러한 의미에서, 새로운 행정가치가 투영된 학교조직 구조의 재설계, 변화하는 구성원들의 욕구성향과 행정적 대응, 학교문화의 성격과 문화변혁의 전략, 교원노조 활동 등으로 인한 교내 정치적 역학관계와 정치행동 등에 관련된 연구문제를 통해 향후 학교조직의 특성을 밝히기 위한 후속연구가 요청된다 하겠다.

제 4 부

학교조직 연구의 문화 상징적 접근

제14장 문화 상징적 접근의 예비적 이해

1 문화 상징적 접근의 전개와 구성 내용

학교조직 연구에 있어서의 구조적 접근, 인간자원론적 접근 그리고 정치적 접근은 하나의 공통된 가정을 가지고 있다. 그것은 이 세상이 상대적으로 확실하다는(certain) 것이다. 즉, 조직의 목표는 행위의 방향을 제공하고, 효과성은 측정할 수 있다고 본다. 또한 욕구는 발견될 수 있는 것이며, 권력은 형성되고 이해될 수 있다고 본다. 의사결정은 최선의 대안을 선택함으로써 이루어지고, 개인이나 집단은 그들의 욕구와 이해에 따라 합리적으로 행동하려고 한다는 것이다. 간단히 말하면, 이들 세 가지 접근방법은 세상이 확실하고, 합리적이며, 선형적이라는 가정을 한다(Bolman & Deal, 1984: 148-149).

그러나 문화 상징적 접근에서는 조직을 합리적인 실체로 보는 관점을 거부하고, 그 대신 극장이나 축제로 비유하곤 한다. 조직을 목표나 정책보다는 공유된 가치와 문화에 의해서 결합되는 것으로 보는 것이다. 문화 상징적 접근은 조직이 규칙, 정책, 그리고 관리적 권한보다는 의식, 이야기, 영웅, 그리고 신화에 의해서 움직인다고 생각한다. 조직은 드라마이며, 의미(Meaning)의 문제가 중요하다.

상징적 접근의 기본 가정은 다음과 같다(Bolman & Deal, 1984: 149-150).

첫째, 어떤 사건에 있어서 가장 중요한 것은 발생한 것 그 자체가 아니라 발생한 것의 의미이다.

둘째, 사건의 의미는 단순히 발생한 것에 의해서만 결정되는 것이 아니라, 사람이 발생한 것을 해석하는 방법이다.

셋째, 조직에서 가장 의미 있는 사건이나 과정은 실제로 모호하고 불확실하다. 때로는 무엇이 발생하였는지, 왜 그 사건이 발생하였는지, 다음에 무엇이 일어날 것인지를 알기 어렵거나 불가능하다.

넷째, 모호함과 불확실성은 분석과 문제 해결, 그리고 의사결정에 대한 합리적인 접근을 저해한다.

다섯째, 불확실성과 모호함에 직면할 때, 인간은 그 모호함을 줄이기 위해서 상징(Symbols)을 사용하고, 혼란을 해결하며, 예측 가능성을 높이고, 방향을 제공한다. 사건 그 자체는 비논리적, 임의적, 유동적, 그리고 무의미하게 남아 있을 수도 있지만, 인간이 사용하는 상징은 그러한 사건을 그 반대의 상태로 만든다. 인간이 상용하는 상징의 형태는 대개 신화(Myths), 의식(Rituals), 의례(Ceremonies), 동화(Fairy tales), 유머(Humor), 놀이(Play) 등이다.

신화는 진실이 아니다. 신화는 경험적으로 검증될 의도를 가지고 만들어진 것이 아니라, 불확실성으로부터 사람들을 보호하기 위해서 나타난 것이다. 그러나 신화는 사실 매우 중요한 의미를 전달할 수 있다. 신화는 설명하고, 표현하고, 응집성을 유지하며, 무의식적인 바람과 갈등을 전한다. 충돌을 중재하기도 한다(Cohen, 1969: 4). 동화나 이야기는 미래에 대한 희망을 주고 사람을 편안하게 하며 방향감각을 준다. 그것들은 내적인 갈등이나 긴장을 밖으로 드러낸다. 따라서 동화나 이야기는 소망스러운 꿈을 충족시켜 주고, 즐거움을 주며, 안정감을 준다. 지식을 주며, 그 자체가 하나의 선전이다. 이야기는 조직의 중요한 신화와 의미를 조직 내외의 사람들에게 전하여 그들의 신뢰와 지지를 이끌어 내는 중개자이다. 조직의 전통을 만들고 그 전통을 오랫동안 지켜 나가게 한다.

또한 개인들은 불확실성과 고뇌를 줄이기 위해서 의식을 사용한다. 의식과 의례는 사회화, 안정화, 고뇌와 모호성의 감소, 외부자에게 메시지를 전하는 기능을 한다. 이러한 의식은 조직과정에서 생각했던 바대로 수행되지 않을 때 필요한 것이다 (Bolman & Deal, 1984: 155-159). 상징은 직접적으로 다루기에는 너무 복잡하거나 신비스러운 문제를 파악하는 방법을 제공해 준다. 은유는 어떤 것을 다른 것처럼 상상할 수 있도록 해 준다. 은유, 유머, 놀이는 개인과 조직에게 사실과 논리의 전횡으로부터 탈출하게 해 주고, 조직과 참여자들을 새롭고 다른 어떤 것으로 볼 수 있게 해 주며, 현존하는 선택 중에서 창조적인 대안을 발견하도록 해 준다. 유머는 조직에서 많은 중요한 기능을 수행한다. 조직에서 통합의 기능을 하며, 회의(Skepticism)의 마음을 표현하게 하며, 유연성과 적응성에 공헌하고, 현재 상태를 나타내 준다. 상징적 접근에서 함의하고 있는 내용을 모형으로 제시하면 [그림 14-1]과 같다

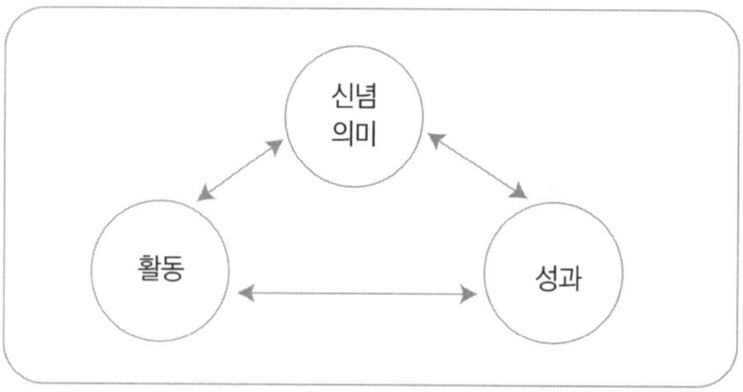

[그림 14-1] 신념과 활동 및 성과의 관계

출처: Bolman & Deal(1984). p. 188.

활동은 조직의 성과를 만들지만, 성과도 구성원의 활동을 유인하거나 선별할 수 있다. 활동은 신념을 불어넣고 신념은 성과를 드러내게 하거나 해석한다. 성과는 신념을 만들거나 강화한다. 이 모형은 복잡한 조직모형이지만 혼란을 이해할 수 있도록 해 준다.

2) 교육행정에의 적용

교육조직 연구에 있어 문화 상징적 접근이 적용되고 있는 분야는 학교조직의 성격 규명과 본질 탐색을 위한 은유(Metaphor)의 사용과 조직문화에 대한 관심이다.

학교조직은 무엇에 비유될 수 있는가? 이에 대한 관점은 조직이론의 구축과 논리 전개의 전제가 된다. Morgan(1986)은 조직 연구에 사용된 은유로서 기계, 유기체, 정보처리과정으로서의 두뇌, 문화, 정치체제, 정신병원, 유입과 변환, 지배의 도구로서의 조직 등으로 나누어 제시하고 있다. 이는 조직이론의 전개과정에 따라 활용된 다양한 접근방법을 이미지화한 것이다. 그러나 이와 같은 조직에 관한 은유는 일반 조직을 대상으로 한 것이기 때문에 교육조직에 그대로 적용하기에는 무리가 따른다. 이러한 문제의식에 따라서 교육조직, 특히 학교조직의 독자적 성격 규명을 위한 노력이 강화된바, 그 대표적으로 사용된 은유로서 Cohen, March, 그리고 Olsen이 사용한 조직화된 무정부(Organized Anarchy) 모형이다. 조직화된 무정부 모형에서는 질서정연하고 합리적인 행위로서의 조직에 대한 개념을 거부한다. 그들이 연구하는 조직은 보다 무정부적이다. 조직 내에서 일어나는 사건들은 완벽하게 계획적이지도 못하고 그럴 수도 없다. 다시 말해, 사건들은 종종 아무렇게나 발생하며 그것들의 최종적인 결과도 대개 우연히 예측된다. 그러므로 체계적인 통제방법의 확립이라는 측면에서 볼 때 조직들은 완전하게 관리될 수 없다. 조직화된 무정부라는 조직개념의 핵심은 모호성(Ambiguity)이다. 학교조직은 상충하는 목적(Contested goals), 유동적 참여(Fluid participation), 그리고 불분명한 기술(Unclear technology) 등으로 인하여 의사결정 과정이 쓰레기통과 같다고 비유되었다(박성식, 1994: 408-409).

학교 조직문화는 상황의 정의에 대한 갈등과 협상의 결과이다. 학교 언어, 은유, 신화, 의식에 대한 행정적 영향력은 교사와 학생의 의식에 의해 재생산되는 문화의 주요 결정 요소들이다. 이는 조직문화가 상징, 언어, 이념, 신념, 의식, 전통 등 조직체 개념의 총체적 원천임을 보여 주고 있다. 학교에서는 행정가와 교사 그리고 학생에 관한 영웅적 일화를 만들어 전수하기도 한다. 탁월한 업적을 남긴 행정가와 많은 학생들의 존경을 받았던 선생님에 대한 이야기 그리고 여러 가지 방면에서 뛰어난 성취를 이룬 학생에 관한 이야기는 두고두고 후배들에게 하나의 모범과 전통으로써 전수된다. 또한 학교에서는 독특한 의식을 거행함으로써 학생들에게 내면화시키려는 의도를 실현한다. 이처럼 교육조직 내에서는 앞에서 언급했던 세 가지 접근방법으로 포착할 수 없는 상징적인 활동이 이루어지고 있기 때문에 이 접근의 유용성이 확인될 수 있는 것이다.

3) 문화 상징적 접근과 관련하여 본서에 소개된 논문들

제4부는 문화 상징적 접근과 관련하여 집필된 네 편의 논문으로 구성되어 있다. 15장은 고등학생들의 문화에 관한 연구이다. 일반계 고등학교와 실업계 고등학교 학생들을 대상으로 이루어진 선행연구들을 분석하여 고등학생들의 생활과 언어 속에 담긴 문화적 의미를 해석한 글이다. 특히, 고등학생들의 문제행동에 내재된 학교와 교사들에 대한 기대와 희망 그리고 좌절을 드러내 줌으로써 고등학생들에 대한 따뜻한 교육적 시선을 갖는 데 기여하고자 한 의도에서 비롯된 논문이다. 16장은 중등 교사들의 일기를 통하여 중등교사들이 삶과 교육활동에 적용하는 문화적 원리들을 밝힌 연구이다. 17장은 실업계 교사들의 문화에 관한 질적 연구이다. 또한 이 논문에서는 한국의 교사문화에 대한 연구결과를 종합하여 우리나라 교사문화에 대한 평가 작업의 기초를 다지고자 하였다. 마지막으로 18장은 학교장의 지도성 행동과 단위학교 교사문화 간의 관계를 밝히고자 한 연구이다. 18장의 경우, 두 변수 간의 관계를 질적 연구방법을 통해 밝힘으로써 학교조직에 관한 질적 연구의 새로운 지평을 마련했다고 생각한다.

제 15 장 고등학생들의 삶과 문제행동 속에 담긴 문화적 의미

1 서 론

우리나라의 고등학생들은 그들이 사용할 수 있는 대부분의 시간을 학교교육과 직접·간접적으로 관련된 활동을 하면서 생활하고 있다. 자의에 의해서건 혹은 타의에 의해서건 학생들이 학교에 다니는 행위는 재학 관계라는 법률적 원리에 의해서 성립되는 것이기 때문에(표시열, 1996: 175), 학교의 존립과 교육활동의 정당성은 학교가 학생들을 위한 다양하고 가치 있는 경험을 제공하고 또한 학생들이 만족스럽게 학교생활을 하고 있다는 가정을 충족시켜 줄 수 있을 때 확보된다. 따라서 고등학생들의 삶의 내용과 그 특징적 양상 및 그에 수반되어 나타날 수 있는 문제행동을 확인하는 일은 고등학생들의 문화를 이해하고 나아가 고등학교 교육의 정당성을 확인하는 데 있어 중요한 연구과제가 된다. 또한 그러한 연구는 현행 고등학교의 교육적 문제를 드러내고 그 문제 해결에 기여할 수 있는 새로운 정책방향을 모색하는 기초 연구이기도 하다.

실제로 우리나라 학생들의 삶과 문화적 특징에 관한 연구가 1980년대부터 많지는 않지만 꾸준히 이루어져 오고 있으며, 본 연구자가 조사한 바에 의하면 주로 학위논문을 중심으로 하여 대략 16편 정도의 연구논문이 발표된 것으로 되어 있다.

---

* 이 논문은 충북교육학회(2000). 충북교육학연구 3권 1호에 게재된 것임.

그 내용은 크게 인문계 고등학교 학생들의 수업과 생활에 관한 연구(정선이, 1983; 임용수, 1985; 박남숙, 1986; 김영찬 · 이인효, 1990; 김소희, 1991; 이용숙, 1992; 황정규, 1992; 이기연, 1992; 이창진, 1993; 조용환, 1994, 1995), 실업계 고등학교 학생들의 삶과 문화에 관한 연구(조의숙, 1989; 김용호, 1992), 청소년들의 저항문화에 관련된 연구(임철일, 1988; 강석주, 1993; 구수경, 1997; 이건만, 1999)로 나눌 수 있다. 물론 이러한 구분은 각 연구의 대상과 주된 관심 분야에 따라 나눈 편의적인 것이어서 인문계 고등학교 학생들에 관한 연구로 구분된 것과 청소년들의 저항에 관한 연구는 내용에 따라 상호 관련이 큰 부분도 있다. 또한 연구방법 면에서 보면, 정선이(1983), 임용수(1985), 임철일(1988), 안귀덕(1990), 강석주(1993) 그리고 황정규(1992)가 실증적 조사연구를 하였고, 구수경(1997)과 조용환(1994)의 연구가 기존의 학교문화에 관한 선행연구를 활용하는 연구방법을 사용했으며, 다른 8편의 논문들은 문화 기술적 방법을 사용한 연구들이다.

그러나 지금까지 이루어진 학생들의 생활과 문화에 대한 이들 선행연구들 중 실증적 연구방법을 사용한 연구들은 연구대상의 보편적인 경향성 파악에는 성공하고 있으나 그 심층적인 분석을 결여하고 있는 한계를 갖고 있으며, 문화 기술적 연구방법을 사용한 연구들은 그 대부분이 각각의 상황이 다른 하나의 학교를 연구대상으로 하고 있기 때문에 고등학생 문화의 보편적 양상과 특징을 드러내지 못하는 경향이 있다. 또한 문화 기술적 연구방법을 사용하여 고등학생들의 삶과 문화에 대한 보다 깊이 있는 분석을 하고 있는 연구들이라고 할지라도, 그 연구들은 문화에 대한 Tylor류의 총체적 관점에서 학생문화에 대한 기술(記述)적인 접근을 시도한 것들이 대부분이기 때문에 그 문화현상의 이면에 존재하는 상징적 의미를 해석해내고자 한 연구를 찾기 어렵다.

이러한 문제의식에 기초하여, 본 연구에서는 고등학생들의 일상생활과 그들이 형성하고 있는 독특한 문화현상을 기술한 후 그 이면에 내재해 있는 문화적 의미를 밝혀보는 것을 연구의 목적으로 설정한다. 연구방법으로는 우리나라 고등학교 문화를 연구한 선행연구들의 연구 내용을 분석 · 활용하는 간접 자료분석의 방법을 취하였다.

2 고등학생들의 학교 내 일상적 삶의 내용과 특징적 양상

1) 인문계 학생들의 생활과 그 특징적 양상

인문계 학생들의 생활과 삶의 특징적 양상을 밝힌 연구들은 주로 인문계 고등학교에 다니는 학생들이 어떤 생활주기로 지내고 있으며, 그들의 삶이 드러내는 특징적 양상이 무엇인지를 밝히는 일에 집중되어 있다.

우리나라의 고등학생(이하 학생들이라 함)들은 평균 수면시간 6시간과 생활시간 2시간을 제외한 16시간 가운데 거의 12시간을 학교에서 보내며, 그 나머지 4시간의 상당 부분도 학원, 과외, 독서실 등에서 보낸다. 인문계 학생들의 전형적인 생활은 '5시 반, 짓누르는 잠에서 깨어나 새벽 별을 보고 찬 공기를 마시며 학교에 간다. 하루에 8~9시간의 수업, 하루가 너무 빨리 지나간다. 방과 후 집에 돌아오면 식사하고 도서실에 간다. 그리고 10시에 집으로 온다. 돌아와 씻고 공부를 조금 더 하고 12시경에 잠을 잔다.'로 설명될 수 있는, 그야말로 공부로 시작해서 공부로 끝나는 반복되는 생활이다(김영찬 · 이인효, 1990: 93).

학생들은 하루 일과 중의 대부분의 시간을 학교에서 보내고 있지만 학교에 가고 싶어 하는 학생들은 22% 정도 수준에 불과하며(이창진, 1992: 2), 설사 학교에 간다 하더라도 수업 시간에 스위치를 끄고 앉아 있다가 점심 먹고 방과 후에 친구들과 어울려 놀 생각을 하거나 매우 소극적으로 하루하루를 보내는 무수한 잠재적 중퇴자를 양산하는 온상이 되고 있다. 심지어 학생들은 교실을 중환자실 또는 영안실이라고까지 부르고 있을 정도이다(조혜정, 1996: 120-122). 실제 학생들의 학교생활에 대한 만족도는 40% 정도에 머무르고 있으며, 학교생활 충실도는 대체적으로 35% 수준이다(임용수, 1985: 100-101; 안귀덕, 1990: 137). 또한 학생들은 작은 사회를 이루는 학교와 학급에서 쌓는 사회적 경험과 학창시절의 낭만에 대해서도 부정적인 평가를 내리고 있다. 학급 분위기가 다분히 개인주의적일 뿐 아니라, 특별활동도, 축제도, 소풍도 최대한 생략되거나 형식적으로 치러지기 때문이다(조용환, 1994: 126-

135). 학생들의 서클 가입률도 전체적으로 매우 낮다. 고등학생의 1/4정도가 서클 활동에 관심을 가지고 있지 않으며, 인문계에 속해 있는 학생은 실업계열에 속해 있는 학생들보다 서클 활동의 참여 정도가 더 낮다. 가정배경의 수준이 낮을수록 학생들의 서클 활동 참여 정도는 높고, 학업성취 수준이 낮을수록 서클 활동에 적극적으로 참여하고 있다(안귀덕, 1990: 166-171).

농촌에 소재하고 있는 인문계 고등학교 학생들의 특성은 졸업을 기다리는 아이들과 적당히 학교 다니기로 설명할 수 있다. 이들이 고등학교를 다니고 있는 목적은 졸업장을 따는 것이다. 따라서 특별히 사고를 일으키거나 커다란 문제행동을 하지는 않지만 열심히 공부를 하지 않고 빈둥거리면서 시간을 보내는 생활을 한다. 학교의 공식적인 규정을 지키지 않아도 된다고 생각하고 있으며 교사들을 무서워하지 않는다. 또한 지각이나 조퇴 그리고 결석이 많고, 학교에 있는 것보다 일하러 가는 것을 더 좋아한다. 지각, 조퇴, 결석을 하지 않도록 강요하거나 벌로 청소를 시킨다든지 혹은 체벌을 가하면 학생들은 이에 대한 반발로 다음 날 아예 학교를 오지 않는다. 교사들은 이 학생들이 반발하지 않도록 좋은 말로 타이르고 설득하면서 학생 신분으로 있는 기간만이라도 학교를 잘 나와 주는 '성실성'을 보여 주기를 요구한다. 그저 학생들이 학교에 나와서 앉아 있기만 해도 좋다는 것이다. 교사들도 이러한 학생을 가르칠 의욕이 없으므로, 이 학생들을 통제하면서 잘 가르치려고 하기보다는 수업 시간을 적당히 보내는 경향이 있다(이기연, 1992: 56-78).

한편 고등학교(이하 학교라 함)는 학업성취 지향적인 속성을 가짐으로써, 교육학 이론에서 주장하는 것과는 달리 성공하는 소수의 학생들에게만 주요 관심을 기울이고 그들을 중심으로 운영된다(강석주, 1993: 1). 성적을 올리기 위한 교사의 강압, 시험공부를 위해서 밤샘하는 일, 시험 때 부정행위를 하면서 느끼는 양심의 갈등, 성적표 받을 때의 불안과 초조감, 방학 중에 실시하는 보충수업에 대한 불만 등이 주 소재가 되고 있음을 보면 잘 알 수 있다. 이는 경쟁적이며 개인주의적인 경향을 나타내며, 기능적이며 기계적인 인간관계를 형성한다. 학업성취문화는 학력에 높은 가치를 부여하는 한국의 사회・문화적 분위기, 학교교육을 통해 계층상승을 이루어 보려는 학생・학부모의 욕구, 국가시책에 종속되는 교육체제를 유지시키기 위한 강력한 교육행정 체제하에 있는 학교문화 등의 요소가 결합되어 형성되고 있다. 학업성취문화는 상급학교 진학을 위한 입시라는 평가체제에 기초하고 있기 때문에 극도의 개인주의적이며 경쟁적인 속성을 지니고 있다. 따라서 학생들의 지적인 욕구조차 제대로 충족시킬 수 없으며 오히려 지적인 호기심을 파괴하고 있다(박남숙, 1986: 27-37). 선생님으로부터 인정받는 학생들은 무엇보다 공부 잘하는 학생 혹은 성실하고 순종적인 학생이며(안귀덕, 1991: 166-171), 학업성적이라는 것이 학생들의 학생생활 전반에 걸쳐 물신화되어 있어 학생들의 모든 활동을 평가하는 제일의 원칙이 되고 있다. 성적에 의해 도서실 이용이나 학생회 임원 선발 혹은 수업과정에서 차별을 받으며, 학생 간의 상호작용이 다르고 학생들의 위상이 결정된다. 성적은 권력이며 우정을 나눌 수 없는 벽이다(김소희, 1990: 26-41). 따라서 대부분의 학생들이 비중 있게 고민하고 있는 문제는 장래의 진로문제와 성적문제가 되고 있다(안귀덕, 1990: 181). 즉, 인문계 학교의 문화는 철저한 대학입시로서 모든 가치를 학교성적에 두는 경향이 있으며, 시험이 교사와 학생들의 매일 매일의 학교생활을 지배할 뿐만 아니라 교사능력과 학교수준까지 결정하는 수단이 되어 버렸다(이창진, 1992: 30-31) 고 해도 과언이 아니다.

아울러 학생들은 학교에서 생활하는 가운데 나름대로 작은 문화를 형성한다. 학생들은 학업성적에 의해서 차별당하고 있으며, 학생들은 성적에 의해 '공부 잘하는 집단(학교가 요구하는 기대에 순응하고 잘 적응하는 학생들로서 학교상황에 있어서 모범학생들로 지칭되는 학생)', '들러리 집단 혹은 중간층 애들(교사들로부터 별로 인정도 못 받고 학교에서 그럭저럭 생활하고 있는 능력이 없는 자 혹은 들러리로 인식하는 자아상이 내면화되어 있는 학생)' 혹은 '노는 애들 집단 혹은 나가는 애들(대개 외모에서 파마머리, 노랗게 혹은 빨갛게 염색한 머리, 귀를 뚫고 짧게 말아 올린 교복치마를 입고 있는 학생이면서 잦은 결석, 수업의 불참여, 교사에 대한 반항, 흡연, 이상한 은어와 독특한 말씨를 사용하고 카페, 레스토랑, 노래방, 락카페, 나이트 등을 자주 출입하는 학생)'로 구분된다(김소희, 1991: 51-69; 이창진, 1992: 38-51). 교사들도 수업 시간의 학생의 행동을 공부에 속하는 행동(교사의 질문에 대답하기, 필기하기, 교과서 읽기, 질문하기 등)과 딴 짓에 속하는 행동(잠자기, 엉뚱한 소리 하기, 장난치기, 다른 책 보기, 몸단장하기, 낙서하기, 도시락 먹기 등)으로 구분하고 있다(이인효, 1990: 97-98).

학교교육 활동의 중핵을 이루는 교과지도와 생활지도를 학생집단의 유형과 연관지어 보면, 교과지도는 대학진학이 가능한 학생들을 위한 입시준비교육이고 생활지도는 대학진학이 불가능한 소위 문제아들을 통제하여 공부를 잘할 수 있는 학교를 만드는 데 주로 관련된 것임을 알 수 있다. 결국 인문계 고등학교는 대학 진학 학생들을 위하여 그 이외의 학생들의 삶이 통제되는 곳이며 그러한 역할을 잘 수행하는 교사가 성공하도록 되어 있는 것이다(김영찬 · 이인효, 1990 : 122). 학부모들도 교육적 성공의 의미를 '학교성적이 좋아야 한다'고 인식하고 그에 따라 좋은 학교는 '대학진학 성적이 좋은 학교'로 규정하고 있으며, 형식적이고 상대적인 의미에서 '뛰어나야 한다', '남 하는 만큼은 해야 한다', '우리 애가 잘 해야 한다', '돈을 들여야 한다', '자식이 상전이다'와 같은 일련의 표준과 의미체계를 형성하고 있다(김희복, 1991: 196-213).

결국, 학생들의 생활과 그들이 형성하고 있는 특징적 양상을 검토해 보면, '학력'을 위한 '교육'의 포기, '소수의 성공자를 위한 교육'(조용환, 1994: 138-142)으로 압축될 수 있다. '대학진학'이라는 인문계 고등학교의 목표로부터 일찍이 멀어진 학생들에게 있어 학교생활의 대부분을 차지하는 수업 시간은 잠을 자거나 떠들거나 다른 책을 보는 무의미한 시간들이며, 학교의 목표와 자신의 목표가 일치하는 학생들도 학교생활이 행복한 것은 아니다. 부모의 기대, 친구들과의 경쟁 속에서 압박감을 느끼며 때로는 압박감을 견디지 못하여 약을 복용하거나 가출을 기도하기도 한다. 서클활동이나 영화 감상 등의 문화활동을 통해서 압박감을 벗어나고자 하지만 그 활동들은 진학에 도움이 되지 않으므로 결코 장려되지 않는다. 학생들의 삶은 어느 경우에나 공부의 진정한 의미로부터 소외되어 있고 교사들 또한 교육다운 교육을 추구하기보다는 학교에 가해지는 압력에 부응하는 교육을 할 수밖에 없다는 무력감에 빠져 있다(김영찬 · 이인효, 1990: 123-122).

2) 실업계 학생들의 생활과 특징적 양상

여자 상업계 고등학생들의 학교생활은 크게 공부하는 일, 친구들과 친교하는 일, 교사와의 상호작용하는 일로 나눌 수 있다. 공부 이외에 친구 간의 친교가 학생들의 하루 생활에 중요한 활동이 된다. 대부분의 친구들과의 친교는 등교 시, 종례 전까지 쉬는 시간, 중식시간, 하교 시에 주로 대화를 통하여 이루어진다. 대화의 내용은 공부에 관한 것부터 친구관계, 가족관계, 선생님들, 몸단장, 남자친구, 미팅, 영화나 TV 본 이야기 등 다양하다. 교사와의 접촉은 매우 제한되어 있다. 학교가 파한 후에는 공중전화에서 남자친구나 오빠(나이가 많은 동경하는 이성)에게 전화를 걸기도 하며, 대부분은 삼삼오오 짝을 지어 귀가한다. 누구와 같이 걸어가느냐 하는 것도 여학생들의 삶에서는 중요한 결정인 듯하다. 주말에는 많은 친교활동을 하는데 친구와 카페 등에 가서 대화하는 일, 남자친구 만나러 가는 일, 디스코장 가는 일, 미팅하는 일, 쇼핑하는 일 등이 포함된다(조의숙 · 장희원, 1989: 12-14). 이들 학생들은 겉으로 드러난 특성에 따라 사람을 평가하는 명목주의 경향을 보이며, 대학을 좀 더 나은 삶과 좀 더 능력 있는 남편을 구할 수 있고 혹은 좀 더 나은 미래를 바라볼 수 있는 곳을 얻을 수 있는 곳으로 선망하면서도 그것을 얻을 수 없는 것을 운명인 양 받아들이는 태도가 역력하다(조의숙 · 장희원, 1989: 24).

학력 중심의 가치관은 실업계 고등학생의 경우에서도 예외가 아니다. 야간 여자상고에 다니는 대부분의 학생들이 어떤 이유에서 왔든지 야간에 온 것에 대해 '창피하다'는 열등감을 가지고 있다. 또한 많은 학생들이 공부하는 것을 현재의 그들의 삶에 가장 중요한 과업으로 생각한다. 공부한다는 개념은 기능급수를 따기 위해서 준비하는 것, 학과성적을 올리기 위해 시험 공부하는 것, 숙제하는 것, 취직시험과목(특히 영어, 상식)을 공부하는 것을 말한다. 이런 지식과 성적이 그들의 미래를 결정한다고 생각하기 때문이다(조의숙 · 장희원, 1989: 16-18). 또한 공고에서는 그 본래의 교육목적인 일정한 자질과 능력을 갖춘 공업기술인의 양성과는 무관한 '진학지향'의 교육의 과정이 전개되고 있다. 실습수업은 '자격증 취득' 위주의 수업으로, 일반교과 수업은 전문대 입시 위주의 극단적인 일제식 · 주입식 교육으로 진행되고 있었으며, 자격증 취득위주의 수업은 진학지향 위주의 수업과 수단-목적의 관계를 가지고 있다. 실습수업에서는 산업현장의 요구나 기대와는 거리가 먼, 즉 현실성이 결여된 지식과 기능을 주로 가르치고 있으며, 일반교과 수업에서는 '인문지향'의 입시

위주의 일제식 · 주입식 방법을 통해 교과내용을 임의적으로 '요약', '압축'하면서 '진도 나가기' 위주로 수업을 끌어가고 있다(김용호, 1992: 131-157).

3 학생들의 문제행동과 그 원인

학생들은 학교교육을 받는 과정에서 교육적으로 의도되지 않은 다양한 형태의 행동을 하고 있다. 그 행동이 내포하고 있는 성격이나 교육적 의미를 보는 관점에 따라 '저항'(엄성민, 1992; 강석주, 1993; 구수경, 1997), '반대행동'(임철일, 1988), '비동조적 행위'(안귀덕, 1990) 등과 같은 여러 가지 개념화가 가능하겠지만, 본 연구에서는 그것이 보다 바람직한 학교교육을 위해 연구되고 해결되어야 할 문제를 내포하고 있는 객관적인 행동이라는 의미에서 광의의 '문제행동'으로 지칭하기로 한다.

1) 인문계 고등학생들의 문제행동의 양상과 그 원인

(1) 문제행동의 양상

학생들이 보여 주고 있는 다양한 문제행동들은 그것을 이해하는 선행연구들의 관점에 따라 상이한 용어와 내용으로 기술되고 있다. 엄성민(1992: 35-39)은 저항이론의 관점에서 인문계 고등학생들의 학교 및 학습과정에서 보여 주는 다양한 문제행동들을 소극적인 저항(낮잠, 커닝, 잡담)과 간접적인 저항(각종 무크지 간행 또는 학보 발행), 직접적인 행위로 표출되는 저항(입시의 문제점에 대한 전반적인 의사소통 등) 및 그 내면 파악이 어려운 저항(진로에 대해서 방황, 입시로 인한 학생들 간의 불신감, 정신적 압박감에 의한 신체적 고통의 호소, 약물 복용 및 기타 당구, 돈치기, 술, 담배, 환각성 물질 흡입 등 학생 금지행위)으로 구별하여 설명하고 있다. 또한 임철일(1988: 33-41)은 남자 고등학생들의 반대행동의 표출형태로 비행성 행위(예; 약물복용, 흉기소지, 패싸움, 물건이나 돈을 훔침), 반규율적 유흥(흡연, 음주, 디스코클럽 출입, 미팅) 및 학습회피(선생님에게 말대답하기, 선생님 골탕 먹이기, 수업 시간에 떠들기, 수업준비 안 하기)

등 세 가지를 제시하고 있으나, 여자 고등학생의 경우에는 학습 회피 이외의 의미 있는 반대행동이 표출되지 않고 있다고 보고하고 있다. 또한 학생들은 대체로 '학교의 공식적 문화가 허구이다'라는 것을 발견하였을 경우에도 학교를 다니고 있으며, 졸업장을 갖기를 원하기 때문에 학교를 그만두어야 할 정도의 결정적인 처벌을 받을 만한 반항행동을 하지는 않고 자신이 통제할 수 있는 수준의 대처 방식을 취한다. 이 대처 방식이 '학습회피'라는 차원으로 나타난다고 보고 있다. 이창진(1992: 55-66)은 학생들이 보여 주는 반 학교문화의 특징으로 배타적 집단성, 놀이지향성 및 과시성을 예시하고 있다. 학생들은 배타적 집단성을 통해 '우리'라는 감정과 자신들만의 행위규칙을 형성하고 그것을 통해 집단 성원 간에 강한 영향력을 행사하고 있다. 또한 학생들의 놀이문화는 술, 담배 등과 같은 소비품과 관련하여 이루어지며, '노는 애들'은 부모나 학교가 요구하는 '학생다움'의 행동양식, 복장, 용모 등에 반대하면서 자신들의 성적·육체적 성숙함을 과시하는 가운데 자신들의 '여성다움'을 주장한다. '노는 애들'은 교복을 자신의 성숙한 몸매를 드러낼 수 있도록 꽉 끼게 고쳐 입거나 교복치마는 최대한 올려 무릎 위까지 말아 올리며, 교실에서는 교복보다 T셔츠나 남방을 주로 입는다. 머리는 노란색이나 붉은 색으로 염색한 파마 머리이거나 스프레이를 뿌리고 무스를 바르고 대개 귀를 뚫은 학생이 많다. 야한 옷을 입거나 화장을 하기도 한다.

안귀덕(1990: 174-179)은 학생들의 비동조적 행위를 학교학습과 관련된 영역(여기에는 수업준비에 관련된 행위, 수업의 참여와 관련된 행위, 시험과 관련된 행위가 포함될 수 있다.)과 수업 이외의 학교생활의 영역(학교 안에서 금지된 여러 오락, 파괴 등의 행위)으로 구분하여 설명하고 있다. 그 연구에 따르면, 필기도구와 교과서를 자주 가져오지 않는 학생은 8% 이하의 소수이지만, 4분의 3 정도의 학생들이 숙제를 늘 하지 않거나 때때로 하지 않는다. 98% 정도의 학생들이 예·복습을 거의 하지 않거나 때때로 하지 않으며, 커닝을 자주 하는 학생은 약 3%이며 때때로 하는 학생은 23%이다. 또한 선생님을 자주 욕하거나 골탕 먹이는 학생은 2~5% 정도로 소수에 불과하지만 때때로 선생님을 욕하는 학생은 56%나 되며 선생님을 골탕 먹이는 학생들도 24%나 된다. 가끔 물건을 훔치거나 부수는 행위를 하는 학생이 3~6%, 가끔 싸우는 경우도 약 26%에 달한다. 술을 자주 마시는 학생은 약 4%, 때때로 마시는 학생은 약 28%이다. 담배를 자주 피우는 학생은 7%이며 때때로 피우는 학생은 약 10% 정도이다.

(2) 문제행동의 원인

강석주(1993: 30-45)의 연구에 따르면, 교과활동 중 다른 책을 보거나 상상의 나래를 펴는 행동을 하는 이유로는 ① 선생님의 수업방식과 태도가 맘에 안 들어서(36.8%), ② 수업내용이 맘에 안 들어서(21.6%), ③ 수업내용이 어려워서(16.8%), 기타 12.9%로 나타나고 있다. 교과활동 외 저항 원인으로는 선생님에게 대들기/ 개기기에 대해서는 그런 적 없다(62.2%), 일관성 없고 순간적인 감정에 따른 태도가 싫어서(18.6%), 비인격적인 대우(14.8%), 기타 (3.3%), 오로지 공부만 강요(1.2%) 순이다. 88% 정도의 학생들이 학교당국의 각종 규제와 단속에 대해 저항해 본 적이 있다는 반응을 보이고 있으며, 그 저항 이유에 대해서는 학교당국의 명령・지시적 태도(41.8%), 규제 내용의 구 시대성(26.8%), 위반에 따른 처벌의 가혹(11.9%), 기타(5.3%) 순서로 밝혀졌다.

그러나 학생들이 보여 주는 거부의 원인은 학생들의 성적집단에 따라 다르게 나타나고, 학교수업에 흥미를 느끼는 이유와 흥미를 느끼지 못하는 이유가 대칭적이 아님을 보여 주고 있다는 점이 시사적이다. 학생들이 학교수업에 흥미를 느끼는 이유로서 그 수업이 진학에 도움을 주기 때문이라고 답한 학생이 전체의 약 58%로 가장 많으며, 흥미를 주지 못하는 것은 선생님이 재미없게 가르치는 것이라고 답한 학생이 41%로 가장 많다. 학생들이 훌륭한 선생님의 특징으로 중요하다고 가장 많이 합의하고 있는 것은 학습에 관한 것이기보다는 정서적인 것이다. 약 90% 정도의 학생들이 합의하고 있는 훌륭한 선생님의 특징은 학생들을 이해해 주는 것과 학생들을 공평하게 대해 주는 것이다. 그 다음으로 학습에 관한 특징을 중요하게 생각하고 있다. '머리에 쏙쏙 들어오게 가르친다, 유머와 위트가 있다, 머리가 좋고 아는 것이 많다' 등을 훌륭한 선생님의 특징으로 들고 있다. 그러나 외모가 깔끔하고 멋있다든지 가능한 한 체벌을 가하지 않는다라는 특성은 중요하게 생각하지 않고 있다(안귀덕, 1990: 137-143).

2) 실업계 고등학생들의 문제행동의 양상과 그 원인

실업계 학교 학생의 저항에 관한 연구(엄성민, 1992: 39-45)를 보면, 상고의 경우 자본가의 경제논리를 강요하는 교과 내용과 교사들의 비인격적인 태도(인문계 학생들과의 차별성 발언, 노골적인 무시), 일관성 없는 취업 추천, 여학생의 외모 중시 등이 학생들의 반발을 초래하는 것으로 나타난다. 공고의 경우는 학교교육의 노동문화 지향성, 선후배 간의 엄격한 통제질서, 공장 체제적 성격의 강조, 실습 시 교사와의 암묵적 갈등이 학교와 학생들 간의 대립과 갈등을 유발하는 것으로 제시되고 있다.

또한 공업계 학생들은 자신이 받는 수업의 실제에 대해 저항적인 성격의 의미를 드러내면서도, 그것을 거부하는 것이 아니라 수용하고 받아들이는 '현실 인정의 문화'를 형성해 가고 있다. 공고에서 형성되고 있는 인문 지향의 숭문문화는 우리나라 사회체제에서 실업과 인문, 육체와 정신의 이분법적 분류 속에서 인문과 정신을 우위에 두는 계층 구성의 이데올로기적 토대로 작용하는 것이며, 공고에서는 이 문화가 교사들의 수업논리를 통해 효과적으로 재생산되고 있다. 그런 점에서 공고는 기존 계층구조의 문화적 토대를 재생산하는 기능을 수행한다고 말할 수 있다는 주장(김용호, 1992 : 156-157)이 설득력이 있다.

4 고등학생들의 삶과 문제행동에 내재된 문화적 의미

1) 절반의 확실한 소외와 절반의 불확실한 만족을 주는 교육

학교는 일정한 발달단계에 이른 다양한 학생들에게 가치 있는 경험을 제공하기 위하여 제도적으로 만들어진 사회기관이지만, 우리나라의 고등학교 교육은 그러한 학교의 존립 이유에 적절하게 부응하지 못하고 있는 것으로 판단된다. 학교생활에 만족하는 학생들이 40%를 약간 상회하는 것으로 나타나고 있지만, 이는 세상을 넓고 깊게 보는 다양한 지적 안목의 형성과는 무관하게 오로지 학력을 위한 교과공부와 친구들과의 경쟁으로 인하여 정신적 어려움을 겪고 있다는 점에서 불확실한 만족지수라고 볼 수 있다. 또한 학생들 중에서 성적이 중간 정도인 일부 학생들과 성적이 낮은 학생들은 학교의 교육과정에서 비교적 분명하게 소외되고 있는 것으로 보인다. 성적이 중간 정도인 학생들은 공부를 잘할 수 있을 것이라는 희망을 가지고 생활하고 있지만 실제로는 교사들로부터 별 인정도 받지 못하고 있을 뿐만 아니라, 학교에서 큰 관심을 받지 못하는 들러리와 같은 무력한 자아상이 내면화되고 있는 것으로 나타나고 있다. 또한 성적이 낮은 학생들은 대학진학을 사실상 포기한 자신들에게 아무런 의미를 주지 못하는 교과공부로 인하여 소외되고 좌절하는 삶을 영위하고 있다. 이렇게 성적에 의해서 집단화되는 학생들은 어느 집단도 바람직하지 못한 각각의 하위문화를 형성하고 있다고 판단된다.

한편, 실업계 고등학교 교육의 경우도 성격은 다르지만 학력 위주의 교과교육에 몰두하고 있으며, 중견 기술 인력을 양성한다는 교육목적은 사실상 포기된 채 산업현장의 요구와 기대와는 거리가 먼 취직과 자격증 취득 중심의 현실성 없는 수업이 이루어지고 있다. 공부를 하지 못해서 인문계 고등학교를 가지 못했다는 깊은 열등감으로 인하여 학생들에게 또 다른 좌절을 주고 있는 것으로 밝혀지고 있다.

이와 같은 고등학생들의 삶과 문화에 관한 선행연구들의 결과에 기초한다면, 인문계 고등학생들은 새벽 별을 보며 학교에 가서 밤늦게까지 학교에 남아 소위 '공부'라는 것을 하고 있지만 사실 그것은 대학 입학시험을 위한 어쩔 수 없이 해야 하는 경쟁적 준비교육이다. 성적이 좋은 학생들은 일견 학교교육에 만족하는 것으로 보이지만 그것은 '공부'의 본질적 의미에서 벗어난 교육을 받고 있다는 의미에서 비교육적이며, 대학에 진학할 수 있는 학생들을 위해 대학에 진학하지 못하는 최소한 절반 정도의 학생들이 소외당하는 반교육적인 양상을 드러내고 있는 것이다. 이는 한국의 고등학교 교육은 인문계와 실업계 혹은 성적의 좋고 나쁨에 관계 없이 학생들의 적성과 재능을 찾고 또한 존중하여 그것들을 계발시켜 주는 교육의 본질에서 벗어난 파행적인 교육을 하고 있다는 주장을 가능하게 한다.

2) 반항문화의 형성

학교에서 나타나고 있는 문화의 특징적 양상을 드러내는 개념적 접근으로써 이창진(1992)의 '반학교문화', 박남숙(1989)의 '비판적 학생문화', 그리고 강석주(1993)와 이건만(1999)의 '저항문화' 등이 있다. 그러나 이창진(1992)의 연구에서 사용되고 있는 '반학교문화'라는 개념은 소위 '문제아 집단'의 문화를 지칭하여 학생들의 전체적 삶의 내용과 문화를 포섭하지 못하는 한계를 갖고 있다. 한편 박남숙(1989)과 강석주(1993) 및 이건만(1999)은 학교교육의 공식적 교육목표와 현실적 학교문화의 괴리 및 사회의 문화적 실재와 교육적 현실과의 간극 때문에 한국의 중·고등학교는 저항세력을 배태할 수 있는 모순이 첨예화된 여건을 조성하고 있다고 보고 저항이론에 기초하여 한국 중·고등학교의 문제현상에 접근하고 있다. 그러나 학생문화에 대한 선행 연구들의 내용을 보다 면밀히 검토해 보면, 이제 학생들이 현 교육현실에 대하여 비판적인 의식을 가지고 보다 적극적인 행위를 통해 학교의 사회적 권위를 수용하지 않으려는 증후가 여러 가지 형태로 나타나고 있음을 알 수 있지만, 그것이 대표적 저항이론가인 Apple(1982)과 Giroux(1983)가 주장하는 것처럼 지배세력에 대한 철저한 의심, 그리고 비판과 해방을 위한 도전·항거로 표현되는 저항의 속성을 가지고 있다는 증거를 발견하지 못했다는 의미에서 '저항'이라는 개념으로 설명하는 것은 적절하지 못한 것으로 보인다. 오히려 학생들이 학교의 교육적 권위에 대하여 '순종하지 않고 저항'한다는 의미에서 '반항'의 개념을 사용하는 것이 더 타당하다고 본다. 왜냐하면, 지금까지 이루어진 학교문화에 관한 연구결과에서 확인할 수 있는 사실은 많은 학생들이 심리적·행동적으로 학교를 거부하려는 움직임이 보다 강해지고 있지만, 학교교육을 전면적으로 거부하는 단계로 보기는 어렵기 때문이다. 오히려 학생으로서 취할 수 있는 최소한의 형식으로 혹은 보다 적극적인 형태의 행동을 통해 학교교육에 반항하는 것으로 보는 것이 타당하다. 이러한 학생문화는 '반항문화'이며, 이때 반항문화란 학교교육에 내재한 다양한 원인으로 인하여 출현하는 학생들의 비순종적인 행위와 그 이면에서 적용되는 상징적 의미체계를 의미한다.

3) 자신들을 배려해 달라는 강력한 메시지

교육은 인간에 대한 배려에 기초한다. 교육의 내용과 그 과정에 교육받는 사람이 원하는 것을 일방적으로 반영할 수는 없지만, 최소한 획일적인 접근으로는 다양한 학습자들을 존중하고 배려할 수 없는 것이 분명하다. 예컨대, 이미 대학진학을 포기할 수밖에 없는 인문계 고등학생들에게 있어 알아들을 수도 없고 또한 재미도 없는 그 길고 지루한 시간을 학교에서 억지로 보내야 하는 일은 진정 고통이 아닐 수 없을 것이다. 또한 성적이 좋은 학생들이 학교로부터 따뜻한 인간적인 대접을 받는 반면, 성적이 나쁜 학생들은 통제와 관리의 대상으로 인식되는 경향이 강하다. 그러한 상황에 대해서 대학진학을 포기한, 소위 성적이 나쁜 학생들이 보여 주는 반응 행위는 낮잠, 잡담, 복도에 서성대기, 흡연, 벽·책상·게시판 치기, 떠들기 등으로 나타난다. 이들 학생들도 분명히 학교에서 교육적인 조처와 배려를 받을 권리가 있음에도 불구하고, 현재의 인문계 고등학교 교육에서는 이미 교사의 관심권에서 멀어지고 교과공부에 흥미를 잃은 이와 같은 학생들을 위한 교육적 배려를 찾기 어렵다.

또한 농촌의 인문계 고등학교의 경우를 보면, 고등학교 졸업장을 따기 위해서 적당히 학교에 다니면서 졸업을 기다리는 학생들이 3분의 2가량이나 된다. 특별한 사고를 일으키거나 문제행동을 하지는 않지만 잦은 조퇴와 결석 혹은 수업 시간에 떠들기, 장난치기, 교사에게 농담 걸기, 잠자기, 자리 이탈하기 등의 행위를 하면서 빈둥거리며 시간을 보내고 있는 것이다. 이는 농촌이라는 지역사회의 조건을 고려하지 않은 획일적인 교과 운영에 대한 반항행위의 표출이라고 판단된다. 왜냐하면 학생들은 국어, 영어, 수학, 화학, 생물 등과 같은 과목은 지겨워하면서도 국사, 윤리, 사회, 체육, 목재가공, 공업제도, 건축법규, 산업미술 등과 같이 몸을 많이 움직일 수 있는 과목이거나 자신들의 생활과 밀접한 관계가 있는 교과에 대해서는 상당한 재미를 보이고 적극 참여하기 때문이다. 이것은 지역적 여건과 학교계열상의 특징을 중심으로 한 현장 중심의 교육과정 정책 수립을 요청하는데 있어 중요한 시사점을 갖는 내용이다.

인문계와 실업계 혹은 도시와 농촌의 고등학교 교육에서 생각해야 될 학생에 대한 교육적 배려의 의미가 다를 수 있지만, 교육적 배려를 받고 있지 못하고 있는 학생들은 여러 행위형식을 통해 자신들의 생각과 바람을 드러내고 있다고 보는 것이 옳을 것이다. 그 생각과 바람이 무엇인지 그리고 대안은 어떤 것들이 있을 수 있는지에 대해서는 좀 더 심층적인 연구가 필요하지만, 최소한 지금까지 이루어진 선행연구결과들 속에서 찾아볼 수 있는 학생들의 다양한 반항행위들을 자신들의 삶의 조건과 바람이 배려되지 않은 의미 없는 학교생활은 더 이상 참지 못하겠다는 메시지로 해석하는 데는 별 무리가 없어 보인다.

4) 학생 통제를 위한 새로운 패러다임의 필요성

학생들은 학교가 여러 규정과 규칙을 통해 자신들을 통제하고 괴롭히는 장소쯤으로 인식하는 경향이 많다. 학생들은 교실을 '영안실'이라고 부르고 있을 정도로 영혼이 갇혀 있는 감옥과 같은 곳으로 비유하고 있다. 학교의 규율이나 규칙은 학생들의 학교 내 행위규범이나 활동의 범주를 설정한 최소한의 표준, 즉 교육목적 달성과 공동생활을 위해 필요한 학생들의 행위 방법과 그 틀이라고 할 수 있다. 다중의 사람들이 모인 조직을 관리하는데 있어 통제는 불가피한 행위이다. 그러나 지금 학교에서 일어나고 있는 학생 통제상의 문제의 하나는 학생들이 자신들을 통제하기 위한 학교 규율이 학생들의 학업성적에 따라 불공평하게 적용되고 있다고 생각하는 점이며, 다른 하나는 학교의 통제 내용과 방법에 대한 학생들의 인식이 아주 부정적이고 나아가서는 정당하지 않다고 인식하고 있다는 점이다.

많이 움직이고 자유롭게 생각하는 연령에 있는 학생들이 일방적으로 설정된 순종과 질서의 규범을 강요하는 획일적인 통제와 관리 지향적인 학교운영에 반감을 갖는 것은 어쩌면 당연하다. 예컨대, 학생들의 문제행동으로 인식되는 것들 중에는 의복, 헤어스타일, 간단한 치장도구 등에 관련된 것이 많을 수 있는데 이에 대한 행정가와 교사의 인식이 학생들의 인식과 큰 차이가 있다. 어른들은 잘못된 것이라고 생각하지만, 많은 학생들은 유행처럼 꽉 조인 치마를 입고 다니거나 간단한 치장도구를 갖고 다닌다. 물론 이러한 설명이 학생들의 판단이나 요구가 모두 정당하기 때문에 수용하자는 것을 의미하는 것은 아니다. 다만 학생들은 학교에서 부과하는 제한과 질서를 무조건적으로 수용하지 않고 있기 때문에, 기존의 일방적 통제 중심의 학교 운영과 어른들의 경직된 사고가 학생들의 문제행동을 유발하는 요인으로 작용할 가능성이 커지고 있다는 점을 중시해야 한다는 의미이다. 선행연구들의 결과를 보면, 이제 고등학생들은 자신들을 미숙한 존재로 생각하지 않을 뿐만 아니라 학교의 요구를 무조건 수용하지도 않고 있다. 학생들은 학교의 통제 내용과 방식에 대해 기성세대가 생각하는 것보다 훨씬 대담하게 거부 의사를 보이고 있다. 학생들의 생각과 행동은 이미 저 만큼 다른 길로 가고 있는데, 학교가 여전히 구태의연한 발상과 규칙으로 학생을 관리하는 것은 역효과를 가져올 가능성이 크다.

학교에서 일방적으로 부과한 규정과 규칙을 지키지 않는 학생들이 늘어만 가는 현실을 외면하고 잘 지켜지지 않는 통제양식을 고수한다는 것은 굳은 행정이다. 따라서 학생통제에 대한 변화의 방향을 모색할 필요가 있다. 그 변화의 방향은 학생들의 안전과 질서를 우선시하는 행정적 편의를 위한 통제관에서 교사와 학생들의 협의 및 자율적 규제를 축으로 하는 학생 성장 중심의 개방적 통제관으로의 이행이다. 본 연구에서 제안하고 있는 개방적 학생통제관은 학교생활에서 학생들의 공동생활을 위한 질서와 통제의 필요성을 인정하지만, 통제의 표준이 학교행정의 법규적 요인과 교사의 교육적 안목 그리고 학생들의 견해가 존중되는 가운데 자율적으로 확립되어 시행되는 방식을 의미한다. 그것은 교사와 학교기관의 교육적 권위를 부정하거나 포기하는 것을 의미하는 것이 아니라, 오히려 그것을 실제적으로 강화하는 현실적 학생통제 방법이 될 것으로 본다.

5) 교사를 향한 말없는 경고와 버리지 않은 희망

교사들은 학교교육의 전 과정을 주관하는 전문가들이다. 학생들이 교사들에게 보여 주는 신뢰의 정도와 교사들이 학생들의 욕구와 흥미를 반영하는 교육을 하려는 진지한 노력과 자세는 교육의 성패를 좌우하는 관건이다. 그러나 선행연구결과에서 볼 수 있는 학생들의 교사들에 대한 기대는 아주 낮은 상황이며, 수업을 주관하는 능력과 기술면에서 바람직하지 못한 측면을 드러내고 있다.

한 사례에 불과하지만 안귀덕(1990: 183)의 연구를 보면, 학생들은 그들에게 고민이 생겼을 때 교사와 상의하는 학생은 0.6% 정도에 불과하다. 나아가 학생들이 수업 시간에 떠들고, 잠자고, 자리를 이탈하는 등 교사의 지시를 쉽게 이행하지 않거나 여러 가지 종류의 비행을 스스럼없이 하는 것은 학생들이 교사를 믿고 존경하는 마음을 가지고 따르고 있지 않다는 증거이자 교사들을 두려워하지 않겠다는 학생들 나름의 경고로 해석해야 한다고 본다. 또한 이용숙(1992)은 우리나라 중등학교의 문화적 특성을 7가지로 제시하고 있는데, 그중 교육내용의 질적 빈약성과 형식주의 그리고 체벌의 일상화와 같은 특성이 교사요인에 관련된 것이라는 점은 대단히 중요한 사실이다.

교사들이 교과내용과 효과적인 수업방법에 정통하지 못하다면, 학생들이 흥미를 느끼고 공부의 의미를 발견하는 그런 '재미있는 수업'을 할 수 없다. 또한 학생들과의 상호작용이 진솔한 애정과 이해의 방법으로 이루어지는 것이 아니라 학생들을 통제의 대상으로 인식하여 체벌과 같은 비인격적인 양상으로 이루어진다면, 정신적・신체적으로 이미 훌쩍 커 버린 학생들이 교사들을 존경하고 따를 리가 없다. 교육은 교사와 학생 간의 따뜻하고 지적인 수용적 상호작용에 의해서 이루어지고 그 주도권은 여전히 교사에게 있기 때문이다. 따라서 학생들은 인격적인 대우를 해 주는 교사나 수업을 '재미있게' 전개하는 교사들에 대해서 호의적인 반응을 나타내고 있다는 사실은 하나의 희망의 메시지로 보인다. 그것은 학생들이 교사들을 이유 없이 거부하거나 애정이 전혀 없지 않다는 것을 시사하는 것이며, 교사들의 역할 수행 방법에 따라서는 문제행동을 부분적으로 줄일 수 있다는 가능성을 내포하고 있다.

5 결론 및 논의

본 연구의 목적은 한국 고등학생들의 삶의 내용과 그 특징적 양상을 살펴보고, 그 현상의 이면에 담겨 있는 문화적 의미를 해석해 내고자 하는 데 있었다. 이러한 연구문제를 갖게 된 주된 동기는 1983년부터 1997년까지 이루어진 한국 고등학교 학생문화에 관한 약 16편의 선행연구들이 그 학문적 공헌에도 불구하고 각 연구에서 적용하고 있는 연구방법상의 한계로 인하여 고등학생들의 일상적 삶과 문제행동의 이면에 내재된 문화적 의미를 설명하고 있지 못하다는 문제의식에 있었다. 또한 부수적인 동기로는 최근 우리 사회 일각에서 학교교육의 문제현상을 설명하기 위하여 사용하고 있는 '교실붕괴' 혹은 '학교붕괴'와 같은 용어가 다분히 비과학적이고 심지어 선동적으로 보이기 때문에, 한국 학교교육 문제의 개선을 위한 대안의 실마리를 제시하지 못하고 있다는 비판적 생각이 있었기 때문이다.

선행연구들의 내용을 분석해 본 결과, 본 연구에서는 현재 한국의 고등학교교육이 '절반의 학생들에게는 확실한 소외를 주고 또 다른 절반의 학생들에게는 불확실한 만족을 주는 교육'이라는 결론에 도달하였다. 또한, 그러한 학교교육 과정에서 학생들이 형성하고 있는 학교이탈 혹은 학교거부의 생각과 행동들을 반항문화로 개념화하는 것이 타당하다는 주장을 제시하였다. 학생들이 형성하고 있는 반항문화 속에는 '더 이상 자신의 조건과 바람을 배려해 주지 않는 교육을 거부하겠다는 메시지'와 '학생통제를 위한 새로운 패러다임의 필요성' 그리고 '교사들에 대한 말없는 경고와 버리지 않은 희망'이 담겨 있다고 보았다. 이러한 본 연구의 내용은 몇 가지 시사하는 바가 있다. 우선, 현재 우리나라의 고등학교 교육에는 어두운 그림자가 드리워져 있지만 다시 세울 수 없을 정도로 무너진 것은 아니라는 점이다. 그러나 연구결과에서 나타난 학생들의 문제행동의 양상과 성격은 학생들이 이제 더 이상 소외와 좌절의 교육에 침묵하지 않겠다는 신호로 보이기 때문에 머지않아 수습하기 어려울 정도의 좋지 않은 상황이 도래할 수도 있다는 우려를 주기도 한다. 아울러 학생들의 반항문화의 내용과 특징은 교육정책 당국과 학교행정가 및 교사들에게 각각의 새로운 요구를 담고 있는데, 학교현장의 조건을 고려한 보다 탄력적이고 특성화된 교육과정 운영방안의 구상, 교육주체들의 자율과 협의에 의한 개방적 학생통제의 필요성 그리고 교사의 수업능력 향상을 비롯한 자질 향상 등이 그것이다.

이러한 본 연구의 결론은 학생문화에 관한 기존 선행연구들의 연구결과를 2차 자료로 활용하여 이루어진 것이기 때문에 일반화에 한계가 있을 수 있고, 주관적인 해석의 가능성을 배제할 수 없다. 또한 선행연구들 중에는 고등학생들의 '저항', '소외', '비동조행위' 등과 같은 문제행동을 대상으로 한 연구들이 여러 편 포함되어 있기 때문에, 고등학생들의 일상생활 속에서 찾을 수 있는 긍정적인 측면에 대한 기술과 그 문화적 의미 분석이 어려웠다. 고등학교 학생문화에 관한 균형 잡힌 이해를 위해 후속 연구가 필요한 부분이다. 그럼에도 불구하고, 본 연구는 우리나라의 고등학교 교육이 잉태하고 있는 여러 가지 학생문제의 양상을 종합하여 그 이면에 함축된 문화적인 의미를 밝혀 보고자 한 흔하지 않은 연구라는 점에서 그 의의가 있다고 본다.

제16장 교단일기를 통해 본 중등교사들의 삶과 문화

1 서 론

교사들에게 있어 학교는 크게 두 가지 의미를 가지는 장(場)이라고 볼 수 있다. 하나는 학생들을 위한 교육의 장이며, 다른 하나는 한 직업인으로서의 행복과 슬픔을 경험하는 역동적인 삶의 장이다. 이 두 가지 의미를 가지는 학교에서 교사들은 전문가로서의 교육적인 안목과 학교 내외의 다양한 교육주체들과의 지속적인 상호작용을 통해 교육의 장을 이끌어 나가며, 그 과정에서 세월의 흐름과 함께 교단생활에 적용되는 그들만의 고유한 일련의 행동지침이나 원리를 형성하게 된다. 또한 교사들은 삶의 장으로써 교사라는 직업이 주는 사회적 인식, 경제적 대우, 작업환경의 조건, 다양한 조직 내 인간관계 및 직업적 보람 등에 대해 긍정적 혹은 부정적인 심리적 반응기제를 가지게 된다.

본 연구에서 이러한 설명이 갖는 의미는 두 가지이다. 하나는 학교교육의 일선에서 직무를 수행하는 교사들이 자신들의 교단생활에의 열망과 직무의 조건을 해석하고 그에 따라 행동하면서 형성한 그들만의 고유한 교단현실에 대한 이해양식이 학생들의 교육에 직접・간접적으로 많은 영향을 미칠 것이라는 교육적 가정이며, 다른 하나는 다양한 교육개혁정책의 성공적인 추진을 위해서는 교육현장의 조건에 비

*이 논문은 한국교육학회(2001). 교육학연구 39권 4호에 게재된 것임.

추어 그들 나름의 시각에서 교육정책을 해석하고 적용하는 교사들의 삶의 내용을 보다 정확하게 이해하는 일이 선행되어야 한다는 정책적 관점이다. 실제로 Sachs와 Smith(1988; 432-433)는 실용적 행위규범이라는 개념을 통해 교사들은 가르치는 행위 속에 내재한 일련의 긴급한 사건들에 의해서 형성・유지되는 해석적 절차와 지식이 있을 뿐 아니라 교사들이 수행하는 직무의 내용과 관계없이 잠재적 교육논리에 의해 강한 영향을 받고 있다는 것을 강조하여 문화적 전망의 유용성을 주장한 바 있으며, Acker(1990)는 1980년대 중반 영국의 학교개혁입법이 단위학교의 문화변화에 미치는 연구를 통해 이를 검증한 바 있다. 또한 우리나라의 경우에도 1990년대 후반에 시행되고 있는 각종 교육개혁정책의 내용과 향후의 성과에 대해 일선 교사들은 냉소적이고 비관적인 견해를 보이고 있다는 연구결과(신현석, 2000)는 우리 교사문화의 변화에 대한 새로운 이해를 요구하고 있는 상황이다.

그럼에도 불구하고, 우리나라 교사들이 최근 형성・적용하고 있는 교단의 문화적 원리와 표준을 밝히려 한 연구는 많지 않다. 본 연구자가 조사한 결과에 따르면, 우리나라에서 이루어진 교사문화에 관한 연구는 초등학교를 대상으로 한 연구(황기우, 1992; 고형일 외, 1995)와 중등학교를 대상으로 한 연구(이인효, 1990; 정향진, 1991) 그리고 초・중등학교를 대상으로 한 연구(김풍삼, 1992; 박안식, 1995) 정도에 그치고 있는 것으로 보인다. 외국에서 이루어진 교사문화에 대한 대표적 연구들도 교직의 충원, 사회화 과정과 교직의 특유한 업무상황 그리고 교사들의 감정과 인간관계를 포괄적으로 분석한 Lotie(1975)의 연구, 교사문화가 교사 개인의 교수행위를 정당화시키는 선행조건들과 학교교육의 사회적 조건에 의해서 형성된다는 것을 논리적으로 설명하고 있는 Sachs와 Smith(1988)의 연구, 1987년 영국의 교육개혁입법의 도입으로 인한 초등학교 교사문화의 변화 과정을 분석한 Acker(1990)의 연구, 두 중등학교에 재직하고 있는 17명의 교사들의 인구학적 배경과 교직경력 그리고 담당교과에 따라 형성된 독특한 교사문화를 연구한 Hargreaves(1986)의 연구 등이 있는 정도이다.

또한, 우리나라에서 이루어진 선행연구들은 시기적으로 1990년대 초・중반의 것이 대부분이어서 1990년대 중반 이후 크게 변한 사회・문화적 상황 속에서 형성되고 있는 우리나라 교사문화의 변화를 파악하기가 어려운 현실이다. 교육정책이 빠르게 변화하고 있고 그에 대응하는 교사들의 문화가 달라지고 있을 것이라는 가정을 할 수 있음에도 불구하고, 이처럼 교사문화에 관한 연구가 활발하지 못했던 이유가 여러 가지 있겠지만, 이종각(1997 : 213)의 표현처럼 교사문화는 교육학자들이 언급은 많이 하지만 학술적으로는 별로 연구하지 않은 그러나 한국교육에서 핵심적인 현상 중의 하나였다는 설명이 가능하기도 하고, 다른 한편으로는 오랫동안 교육정책 주도세력이나 교육관료들이 교사집단을 교육정책의 주체적 실현자라고 보기보다는 정책의 적용대상으로 인식해 온 데 그 주된 원인이 있다고 볼 수도 있다.

한편, 교사문화에 관한 연구가 활발하지 못했다는 문제점 외에도 기존 교사문화에 대한 연구들이 설문지 등을 통해서 주로 교사들의 피상적인 의견이나 가치관을 조사하는 것에 그치고 있어서 실제로 교사들의 행위나 가치파지가 어떻게 형성되고 또 수용되고 있는가에 대한 구체적인 해답을 얻기에는 충분하지 못했다는 점(황기우, 1992 : 2)을 지적하지 않을 수 없다. 이는 교사문화에 관한 다양한 유형의 질적 연구의 필요성을 시사하는 부분이다. 본 연구에서는 교사들의 삶의 내용과 교육 문화적 원리에 대한 연구는 학문적 · 교육 정책적 · 학생에 대한 교육적 영향력과 같은 측면에서 볼 때 아주 중요한 기초연구임에도 불구하고 이에 관한 심층적 연구가 드물다는 문제의식을 갖는다. 특히 교사문화에 관한 선행연구들이 갖는 학문적 공헌에도 불구하고, 외부 관찰자 중심의 연구방법이 갖는 한계로 인하여 교사들의 주관적 입장에서 본 교단생활의 문화적 의미를 충분히 드러내지 못하고 있다는 점에 주목한다.

이와 같은 문제의식에 기초하여, 본 연구에서는 교사들의 입장에서 본 우리나라 중등교사들의 삶의 내용과 그들이 교단생활에 적용하고 있는 문화적 원리와 표준을 밝히는 것을 연구의 목적으로 설정하며, 구체적인 연구문제는 다음과 같다.

첫째, 중등교사들의 생활의 주기와 내용은 어떤 것인가?

둘째, 교육의 장으로서의 중등교사들의 교단문화의 원리는 무엇인가?

셋째, 삶의 장으로서의 중등교사들이 적용하고 있는 삶의 문화적 원리는 무엇인가?

2 선행연구 검토

우리는 흔히 교사들의 직업적 삶과 교육행위를 이끄는 가치관과 신념 그리고 행위양식과 태도 등을 담아내는 개념으로써 교사문화라는 용어를 사용하고 있다. 넓은 의미에서 문화를 인간사회에 의하여 형성되고 세대 간에 전수되는 물질적 가공물, 지식, 기술, 행위, 태도 및 신념의 유형으로 개념화하는 것이 보편적이지만, 문화는 단순한 사실과 신념들의 집합이기보다는 통합된 규범체계 혹은 인간의 행위와 신념 및 사고가 조직화되는 표준(Pai, 1990: 21-22), 즉 신념과 실천의 의미 있는 체계(Lubeck, 1985: 14)로 이해되고 있다. 따라서 교사문화를 학생, 다른 사회구성원 또는 다른 사회집단과 구별되는 교사만이 가지고 있는 독특한 생활양식(김풍삼, 1992: 68)으로 개념화하기보다는, 교사들의 일상적 삶의 형식과 수준을 넘어 그 외현적 현상의 내면에 있는 교사들만의 고유한 행위의 원리 혹은 표준들이라고 정의하는 것이 타당하다고 본다.

이와 같이 교사문화를 교사들이 교단생활에 적용하는 의미 있는 신념과 실천의 원리와 표준으로 볼 때, 한국에서 이루어진 교사문화에 관한 선행연구들은 우선 그 양에 있어 적고, 연구문제도 산발적이다. 연구결과도 교사문화의 부정적인 측면이 부각되는 경향이 강하다. 우선 초등학교를 대상으로 한 교사문화 연구들을 보면, 황기우(1992)는 서울 강남의 한 공립 초등학교를 대상으로 한 참여관찰 연구에서 교사들의 행위규범으로 상호불간섭, 동학년 통일, 일정거리 유지, 적당히 넘기기 등의 특징을 갖고 있다고 분석하고 나아가 한국 초등학교의 교사문화가 보수주의, 개인주의, 현재주의, 보신주의 등과 같은 비교적 부정적인 성격을 갖고 있는 것으로 기술하고 있다. 반면 고형일 외(1995)는 광주광역시와 전라남도에 소재한 각 2개 초등학교의 교사들을 면접하여 교원인사, 학교의 의사결정 과정, 인간관계, 교직활동 등과 같은 네 가지 영역별로 교사들의 삶과 문화적 특징을 밝힌 바 있다. 이 연구에서 도시와 농촌 초등학교 교사들에게 있어 교원인사는 교사들의 삶을 각기 다른 방식으로 규정하는 가장 핵심적인 요인이었으며, 학교의 의사결정 과정은 도시학교나 농촌학교나 다 같이 교사들을 소외시키고 있을 뿐 아니라, 교사들의 근무지역은 동료들 간의 인간관계 형식과 생활지도 관련 활동 및 상급자와의 인간관계를 각기 다른 방식으로 규정하는 요인임을 보여 주고 있다. 황기우의 연구결과는 교사문화가 가질 수 있는 긍정・부정적인 문화원리에 대한 균형 잡힌 탐색을 요구하고 있을 뿐만 아니라 그것이 중등교사들에게도 적용될 수 있는 보편적인 성격인지에 대한 후속 연구를 필요로 하고 있으며, 고형일 외의 연구는 구조화된 면접방법을 사용함으로써 자연 상태에서의 교사문화에 접근하지 못한 한계가 있다.

한편 중등학교를 대상으로 한 연구를 보면, 이인효(1990)는 서울 강북에 소재한 한 인문계 고등학교를 대상으로 한 참여관찰 연구를 통해 교사들이 학교가 처한 사회적 조건에 적응하면서 자신에게 주어지는 상황을 부단하게 정의하고 또한 해석 재해석하는 과정을 거쳐 형성한 일련의 '학력 신장식 수업', '온정적 학급관리' 및 '유능과 복종'이라는 교단의 민속적 원리를 잘 밝히고 있다. 또한 정향진(1991)은 한 중학교를 대상으로 한 5개월간의 참여관찰 연구에서 '어른'으로서의 관리자 밑에서 '시집살이' 하는 형식의 관리자와 교사들의 관계를 설명하고, 교사문화의 핵심이 학교 구성원 간(행정가와 교사, 여교사와 남교사, 주임교사와 평교사, 아줌마 교사와 처녀 교사, 담임교사와 비담임교사 간)에 형성되고 있는 위계성의 양상과 특징임을 밝히고 있다. 그러나 이인효의 연구는 학교의 관료제적 위계적 구조와 대학입학을 최우선 과제로 인식하는 인문계 고등학교의 문화적 환경 속에서 교사들 간에 형성되는 관계 양상과 그 행위 표준을 밝히고 있다는 점에서 의의가 크지만 교단생활이 교사들에게 갖는 보다 다양하고 폭넓은 의미를 담아내지 못한 아쉬움이 있고, 정향진의 연구는 교사문화의 여러 특성 중에서 학교 구성원 간의 위계성을 중심으로 분석하고 있어 교사문화의 단편적인 성격만을 드러내는 한계를 가지고 있다.

아울러 박안식(1995)은 화순 지역에 근무하는 12개 초등학교와 10개의 중등학교 교사들을 대상으로 하여 초등교사와 중등학교 교사들의 가치관과 생활규범을 조사한 결과, 초등학교 교사들은 미래지향적이고 국가 사회의 교육적 요구를 잘 수용하며 긍정적인 학생관을 가지고 있는 반면, 중등교사들은 현재 지향적이고 창의력 신장을 강조하며 학부모의 요구를 중시할 뿐만 아니라 부정적인 학생관을 가지고 있는 것으로 나타났다고 보고하고 있다. 또한 김풍삼(1992)은 교원문화 형성에 영향을 주는 요인을 분석하기 위하여 문헌연구와 함께 서울시와 경기도 초・중・고등학교의 교원・학생・학부모를 대상으로 한 조사연구를 수행하였는데 다른 질적 연구방법을 사용한 연구의 결과와 비교해 볼 필요가 있다는 점에서 언급할 필요가 있다고 본다. 이 연구는 한국의 교원문화는 제도적・법적 요인, 행정가・학생・학부모・동료교사들의 요구와 기대에 의하여 영향을 받아 형성되고 있으며, '입시 지향적 교원문화', '학업성적 지향의 교원문화'의 특성을 갖도록 요구받고 있을 뿐 아니라 '성스러운 교원문화', '전문성이 낮은 교원문화', '자조적 교원문화', '수동적・복종적 교원문화'가 형성되고 있다고 결론짓고 있다. 이들 두 교사문화에 관한 연구는 질문지에 의한 조사를 통해 한국 교사문화의 특징을 밝히고 있다는 점에서 공통되고, 질적 연구방법에 의해 이루어진 연구들이 밝혀내지 못한 초・중등학교 교사들의 비교적 보편적인 문화적 성향을 밝히고 있다는 점에 그 의의가 있다. 그러나 이들 연구들은 초・중등 교사들이 교단생활에 적용하고 있는 감추어진 문화적 원리와 표준까지를 밝힌 연구는 아니라는 점에서 교사문화 연구에 공헌할 수 있는 한계가 있다.

지금까지 교사문화에 관한 선행연구들의 연구결과를 검토하였는데, 우리나라의 교사문화에 관한 연구는 사실 아직 초보 단계에 머무르고 있고, 교사문화의 성격도 부정적으로 기술되고 있는 것들이 많다. 따라서 우리나라 교사문화의 요체를 파악하기 위해서는 좀 더 다양한 연구방법에 의한 연구가 필요할 뿐 아니라, 기존 연구들의 성과를 종합・비교하는 접근이 요청된다 하겠다.

3 연구의 방법

1) 연구대상자의 선정과 시기

본 연구에서는 현재 중・고등학교에 재직하고 있는 교사들의 일기(이하 교단일기라 함)를 분석하는 방법을 취하였는데, 그것은 교단일기가 교사들의 일상의 생활주기와 내용을 가장 진솔하게 드러낼 수 있는 한 가지 좋은 방법이라고 보았기 때문이다. 그러나 교단일기를 분석하는 방법을 통해서 교사들의 삶과 문화를 분석하는데 있어서 각별히 주의해야 할 두 가지 문제가 있다. 하나는 연구에 성실하고도 적극적으로 협조할 교사들을 선별하는 일이고, 다른 하나는 교사들이 자신들의 삶과 교육현장에 적용하는 원리나 지침을 미화하지 않도록 하는 일이다. 그러한 점을 유의하면서 본 연구를 진행하였는바, 우선 교사들이 특정의 연구를 도와주기 위하여 교단일기를 쓰는 일은 결코 쉬운 일은 아니기 때문에 연구자가 평소에 잘 알고 지내 왔던 7명의 교사들에게 1999년 9월 중순에 1차로 전화를 하여 연구의 목적을 설명하고 협조 여부를 타진하였다. 그 과정에서 개인적인 사정상 협조하기가 어렵다는 교사가 2명 있어 그들을 제외하고, 본 연구를 위해 교단일기를 쓰기로 한 교사는 최종 5명이었다. 그러나 연구에 협조할 의사를 밝힌 교사들은 교단일기를 쓴 교사들의 재직 학교와 성명은 밝히지 않을 것을 요구해 와서 그 약속을 지키기로 본 연구자와 합의하였다.

교단일기를 쓰는 방법과 형식을 통일하기 위하여 본 연구자는 1999년 9월 말에 연구에 협조할 교사들과 협의를 시도하였다. 그러나 이 시기가 학기 중이었고, 교사들이 몇 지역으로 흩어져 근무하고 있는 여건이었기 때문에 우선 사정이 허락되는 교사 3명과 1999년 10월 초순에 충남 조치원에 있는 한 음식점에서 1회의 모임을 가졌다. 이 자리에서 본 연구자는 교사들에게 왜 이 연구가 필요한지를 자세히 설명하고, 무엇보다 학교교육의 주체인 교사들의 생각과 경험 그리고 학교 내외에 대한 어떤 바람을 이 연구를 통해 밝혀 두는 것이 매우 중요한 의미가 있음을 강조하였다. 교사들의 협조 동의를 얻은 후에 교단일기를 쓰기 시작하는 시기와 형식 및 방법과 내용에 대하여 협의하였다. 그러나 교사들은 연구의 의의에 대해서는 동의하였지만 장기간 아주 꼼꼼하고 과장 없이 교단일기를 쓰는 일이 쉽지 않다는 의견을 제시해 왔다. 그러한 점을 고려한 끝에, 한 교사가 교단일기를 쓸 수 있는 전체 기간을 2개월이라는 긴 기간으로 융통성 있게 설정하되, 실제 교단일기를 쓰는 기간은 10일 정도로 하자는 제의를 하여 모두 동의하였다. 또한 교사들의 일과 중 어떤 내용을 주로 기술할 것인지를 논의한 결과, 교사들의 주요 업무(수업 측면, 학생 상담 및 생활지도 측면, 행정적 측면)의 내용, 행정가 · 동료 교사 · 학생과 교류되는 다양한 인간관계, 교사의 경제적 · 사회적 대우와 지위에 관련된 현실과 생각, 교사가 생활인으로서 겪는 또 다른 종류의 일과 애로 등을 미화하지 않고 간략하고도 솔직하게 기술하기로 하였다. 이러한 협의에 따라 1999년 10월부터 동년 12월 중 각 교사들이 생활하는 가운데 교단일기를 쓸 수 있는 여건이 허락되는 일정을 잡아 약 10일 동안 일기를 쓰기로 하였으며, 간담회에 참석하지 못한 2명의 교사들에게는 협의 결과를 전화로 설명하였다.

2) 연구에 참여한 교사들의 면모

본 연구의 결과가 교사들의 인구학적 배경과 교직경력 등에 의해 편향되게 나타나지 않도록 하기 위하여 교단일기 작성에 참여하는 교사들의 선정에 세심한 배려를 하였다. 그것은 교사들이 교직에 입문하여 초임 시절에 갖고 있었을 것으로 생각되는 교육에의 열정과 학생들에 대한 헌신 정도가 세월의 흐름과 함께 엷어지며, 그러한 현상은 교사들의 성, 연령, 교직경력과 관련이 많다는 여러 연구들의 연구결과(임종철, 1989; 손희권, 1991; Schwab & Iwanicki, 1982; Anderson & Iwanicki, 1984; Schwab Jacson & Schuler, 1986)에서 시사받은 것이다. 또한 교사들의 대학 출신 계열이 교직 직무수행에 있어 차이를 보인다는 실증적 연구결과(조남근 · 양윤종, 1998)를 의미 있게 보았기 때문이기도 하다.

연구에 협조한 교사들은 4개 학교 5명이며 각 교사들의 면모는 〈표 16-1〉과 같다. 5명의 교사 중 교육경력 1년 미만인 20대 미혼 교사가 1명, 교직경력 10년 내외에 해당하는 30대 교사가 3명이며 교직경력 20년이 넘은 40대 교사가 1명이다. 30~40대 연령의 교사들은 모두 기혼이며, 성별로는 여교사가 3명이며 남교사가 2명이다. 다만 교사들의 재직 학교 지역이 공주와 조치원 등 충남지역에 치중하고 있어 아쉬움이 있지만, 이는 본 연구의 특성상 연구자와 교사들 간의 돈독한 친분관계를 고려하지 않을 수 없었기 때문에 갖는 한계이다.

〈표 16-1〉 본 연구에 참여한 교사들의 면모

성 명	연령	성별	학 교 급 별	대학 출신계열	대학원 재학 여부	결혼 여부	교직경력	자녀 관계
A 교사	24	여	고등학교	비사범계	미 졸업	미 혼	8개월	
B 교사	35	여	중학교	사범계	미 졸업	결 혼	12년	1남 1녀
C 교사	36	남	중학교	사범계	미 졸업	결 혼	7년	2남
D 교사	36	여	중학교	사범계	미 졸업	결 혼	14년 8개월	1남 1녀
E 교사	46	남	고등학교	비사범계	재학 중	결 혼	20년	2남

3) 자료분석

본 연구에 참여한 5명의 교사들이 작성한 교단일기 분량은 1999년 10월 중순부터 동년 11월 초까지 총 47일분 A4용지 55매 분량이다. 구체적으로 A교사가 8일(1999년 10월 15일~10월 22일) 동안 A4용지 10매, B교사가 11일(1999년 10월 16~11월 3일) 동안 A4용지 12매, C교사가 9일(1999년 11월 15일~11월 24일) 동안 A4용지 9매, D교사가 10일(1999년 10월 14일~10월 25일) 동안 A4용지 8매, E교사가 9일(1999년 10월 21일~10월 30일) 동안 A4용지 11매의 교단일기를 작성하였다.

자료분석 방법에 있어, 본 연구는 중등학교 교사들이 학교라는 사회적 맥락에서 일어나는 다양한 현상에 대해 어떤 의미를 부여하고 있으며, 그에 대응하는 문화적 원리가 어떤 것인지를 파악하는 데 초점이 있기 때문에 설명 분석을 사용하였다. 설명 분석은 일상생활에서 경험한 일에 대한 개인적 기록, 편지, 일기 등이 그 대상이 되며, 분석 과정은 연구할 사회적 에피소드의 정의와 그에 대한 정보 제공자의 선정, 설명의 수집과 순수성 확인, 설명의 변형 및 연구자의 개관과 해석이 된다(서울대 교육연구소, 1998: 2534-2536).

한편, 교사문화는 학교체제 내적 요소와 외적 요소 또한 물질적 요소와 사회적 요소 등에 의하여 복합적으로 형성되는 현상이기도 하고(김풍삼, 1992: 76), 문화의 수준에 따라 분석대상이 달라지기 때문에, 구체적인 분석수준 제시가 선행되고 그에 따른 분석 대상이 설정되어야 한다고 보았다. 이러한 논리에 따라, 본 연구에서는 Hoy와 Miskel(2001: 177)이 제시한 가장 구체적인 문화의 수준인 규범과 활동 수준에 기초하여 교사문화를 분석하고자 하였다. 구체적인 분석 대상은 〈표 16-2〉에 제시된 바와 같고, 본 연구의 문화주제는 연구자가 교단일기를 반복하여 읽고 해석해서 추출한 것이다.

〈표 16-2〉 본 연구에서 설정한 교사문화 분석 대상

구 분	구성요소	활동
공 통	생활의 주기와 내용	교사들의 하루 일과, 일과의 내용
교육의 장	교사들의 주요 과업	수업, 상담, 생활지도, 행정업무, 학생들과의 상호작용
	인간관계	행정가 및 동료 교사와의 관계
생활의 장	비공식조직 활동	취미 · 여가활동, 친목모임
	교직의 사회경제적 지위	교사의 근무조건과 대우에 대한 반응

4 연구의 결과

1) 교사들의 생활의 주기와 내용

교사들의 하루 일과는 매우 바쁜 것으로 나타났으며, 그 내용에 있어서는 다분히 반복적인 성격을 갖고 있었다. 중학교의 경우에 교사들은 대개 오전 8시경, 고등학교의 경우는 오전 7시경에 출근하는 것이 일반적이었다. 출근한 후 아침 자습이나 보충수업을 1교시 하게 되는데 중학교의 경우는 학생 개개인이 조용히 하고 싶은 공부를 할 수 있도록 지도하거나 상담을 주로 하며, 고등학교는 수학능력시험 위주의 문제풀이 시간으로 활용되고 있었다. 1교시가 끝난 후 25~30분 정도에 걸쳐 진

행되는 교무회의나 학년회의에 참석하며, 교무회의는 하루의 일과를 시작하는데 있어 중요한 직무의례라고 볼 수 있는 공식적 의사소통의 장치였다. 직원조회는 시험 출제, 명예교사 임명, 건강기록부 기록, 아침자습 지도, 학생 생활교육 지도, 학습지도 방법 개선, 교직원 복무 등에 관한 안건을 중심으로 진행되고 있었다.

직원조회를 마친 후 교사들은 교실수업에 들어가고, 하루 중 4~6교시 정도의 교실수업을 담당하고 있었다. 교사들은 수업 시간에 여유가 있는 날이나 수업 중간 중간에 비는 시간에는 주로 공문 처리, 시험문제 출제, 수업교재 연구나 독서 등으로 시간을 내는 것으로 나타났다. 오후 3시부터 3시 40분 정도까지 종례와 청소지도를 하는데 이 시간에는 주로 환경미화 심사, 화장실 청소 상태, 장학지도 준비 상태, 실직자 및 경제사정 곤란자 조사 등과 같은 일을 하고 오후 4시 반에서 5시 반 정도에 공식 일과가 끝나는 것이 일반적이었다. 그러나 중학교의 경우는 CA 활동이나 밀린 업무를 마무리하는 경우가 많고, 고등학교의 경우는 야간 자율학습 등과 같은 부수적인 일과가 이어졌다. 교사들의 일과를 좀 더 구체적으로 드러내기 위하여 C 교사가 1999년 11월 22일(월)에 작성한 일기의 경우를 예로 제시하면 〈표 16-3〉과 같다.

〈표 16-3〉 1999년 11월 22일 C교사의 일과

시 간	제 목	내 용
08:00~08:50	아침 자습	•조용한 가운데 개개인이 하고 싶은 공부를 할 수 있도록 지도 •상담
08:50~09:15	직원 조회	•시험 출제, 명예교사 임명, 건강기록부 기록 •아침자습 시간 정숙 지도, 질서 지도(용의단정, 칭찬하기)
09:20~10:05	1교시 수업	•제2차세계대전
10:15~11:00	2교시	•공문 처리, 실직자 자녀, 생계 곤란 학생 조사
11:10~12:55	3교시 수업	•3학년 사막화 지역과 원인
12:05~12:50	4교시 수업	•3학년 사막화 지역과 원인

12:50~13:35	점심시간	•식사, 학급 정숙 지도 및 담임이 부여한 과제검사
13:35~14:20	5교시	•기말고사 출제
14:30~15:15	6교시 수업	•3학년 사막화 지역과 원인
~17:00	청소지도 및 평가회의	•환경미화심사(환경부장11.23~26) •화장실 청소 안 됨(주번교사), 장학지도 준비(12.2) •실직자 자녀와 생계 곤란 학생 학비 지원 조사 •교사 컴퓨터 활용능력 시험(11.28)

교사들이 늘 바쁘고 고단하게 살아가는 것은 아니지만, 전체적으로 볼 때 힘들고 때로는 지친 생활을 하고 있는 것으로 판단되었다. 일주일 동안의 교실수업 시간이 대개 20~25시간으로 나타났는데 이 교실수업 시간의 수치만으로는 중등교사들이 수행하는 근무의 경중을 평가할 수 없었다. 왜냐하면, 교사들은 교실수업의 준비를 위해 적지 않은 시간과 노력을 경주해야 하고, 수업이 없는 시간에 해야 하는 여러 일이 그들을 여유롭게 두지 않기 때문이다. 수업 준비를 위해 프린트를 만들거나 논술 주제를 구상하고 그 자료를 준비하기도 하였다. 게다가 전입, 여러 증명서, 전출 서류 결재 받는 것과 같은 학적 일도 많다. 교사들의 일기 중에는 그러한 사실을 드러내는 내용이 여러 날 있지만, 여기서는 교사의 바쁘고 힘든 일과를 가장 잘 드러내고 있다고 보이는 한 예를 제시하면 다음과 같다.

■■■ 오늘은 일주일 중 수업이 제일 많은 날이다. 0교시 특기적성교육(논술), 1, 3, 4교시 수업, 6교시 CA(연극부), 7교시 특기적성교육, 도합 6교시다. 0교시, 교실 문을 여는 순간 힘이 빠진다. 38명 중 30명 이상이 엎드려서 자고 있다. 우리 학교에서 0~2교시, 5~6교시 수업은 학생들 잠을 깨우는 것이 최대 관건이다. 기숙사 학교라 학생들은 규정상 6시간 정도의 수면을 취할 수 있다. 그러나 12시 점호 후에 연등실에서 공부하거나 침대에서 친구들과 이야기를 하느라 3~4시간 밖에 자지 못하는 학생이 많다. 학생들의 고충을 이해하나 자는 아이들을 보면 어쩔 수 없이 맥이 빠진다. 논술 수업 시간에는 보통 영화, TV시사프로그램, 다큐멘터리를 보여 주고 논제를 출제하여 쓰게 한다. 이번에 선정한 영화는 〈The crucible〉인데 아서 밀러 원작으로 '집단의 광기와 개인의 신념' 문제를 다루고 있다. 학생들이 어느 정도 호응을 보여 다행이다.

■■■ 0교시 마치고 10분 정도 앉아 휴식한 후 1교시 수업을 들어갔다. 역시 자는 아이들, 교사는 만능엔터테이너가 되어야 한다. '이생규장전'을 이야기하며 연극을 하듯 줄거리와 핵심을 전달했다. 1시간이 금방 지난다. 2교시 커피 한 잔을 하며 한숨을 돌리고 인터넷 사이트를 뒤졌다. 좋은 논술주제(다음차시)를 찾기 위해서다. 1시간이 그렇게 지나고 이어 3, 4교시 수업까지 마쳤다. 우유로 아침을 때운 터라 온몸에 힘이 없다. 식당에 가서 식단의 밥을 기계적으로 삼킨다. 아직도 우글거리는 학생들 때문에 편하게 밥이 먹히지는 않는다. 점심을 먹고 신문을 읽다가 5교시에는 다음차시 수업 프린트를 만들었다. 6교시 CA시간 서클룸에 갔다. 연극부 아이들 20여 명이 먼저 와 있었다. 학생들은 기말고사 후 워크숍 준비를 위해 4개 그룹으로 나눠 어떤 연극을 할지 토론했다. 그러나 시간을 넘겨 버렸는데 나가려고 보니 이미 학예부장이 서클 동 현관을 잠그고 간 후다. 10분 후에 수업인데 큰일이었다. 창을 열고 학생을 시켜 학예부장을 찾아오게 했다. 다행히 수업 시간에는 늦지 않았다. 7교시 다시 논술시간. CA 후라 학생들이 산만하다. 논술주제를 설명하고 논술방향과 주의사항을 제시하니 벌써 수업의 30분이 지났다. 영화를 틀어 주고 잠시 아픈 목을 가다듬었다. 5시면 모든 일과가 끝이다. 그러나 오늘도 영어연극 지도를 위해 남아야 한다. 힘이 들어 멍하니 앉았다. 6시쯤 밥을 먹고 소극장에 갔다. 연습이 9시 30분쯤 끝나고 선생님 한 분이 집까지 차로 태워다 주셨다. 엉망인 방 안, 청소 안 한 지 3일째다. 청소하고 샤워를 하니 10시 30분이 넘었다. 고된 하루가 끝나간다(A교사 10월 19일).

2) 교육의 장으로서의 교단 문화

(1) 통제되지 않는 학생들, 속수무책의 대응과 면책의식

바쁘고 고단한 삶 속에서도 교단생활을 통해 교사들이 가질 수 있는 보람 중의 하나가 학생들이 보여 주는 순수한 언행을 보면서 지낼 수 있다는 점과 자신들의 정성어린 노력으로 조금씩 바람직한 모습으로 성장해 가는 학생들의 모습일 것이다. 그러나 교사들의 일기를 통해서 나타난 안타까운 사실 중의 하나는, 교사들은 학생들이 학년이 올라갈수록 예의범절과 성실함은 사라지고, 공동생활에 필요한 작은 질서도 지키지 못할 뿐 아니라 나아가 그것을 어긴 데 대해서 조금도 반성하거나 죄책감을 느끼지 않는 아이들로 변해 간다고 개탄하고 있다는 점이었다. 기성세대에 대해서 불신하는 마음이 가득하지만, 학생 자신과 환경 그리고 사회에 대해서는 책임을 지지 않으려는 아이들이 앞을 가로막는 커다란 산처럼 답답하게 느껴진다고 술회하고 있었다. 다음은 두 교사의 학생들에 대한 실망과 안타까움이 담긴 일기의 일부분이다.

■■■ 다 그런 것은 아니지만 요즘 아이들의 특징은 잘못을 하거나 남에게 피해를 주고도 그것에 대해서 미안해하거나 그것을 인정하려고 들지 않는다는 것이다. 분명 수업시간에 떠들거나 딴 짓을 해서 지적을 했는데도 「내가 뭘~」, 「왜 나만~」이라는 반응을 보인다. 정말 몰래 카메라를 설치해서 수업태도를 보여 줘야 하려나 보다(D교사 10월 14일).

■■■ 오늘은 산행을 하는 날이다. 소풍이나 사생대회 가는 날은 몇몇 아이들의 이상한 복장 때문에 교사들은 속이 뒤집어진다. 시골 티켓 다방의 종업원을 연상시키는 복장, 배꼽티, 하이힐을 신고 머리를 노랗게 물들이고 오는 아이들, 방금 쇼 촬영을 마치고 나온 연예인들 같은 경우도 있다. 정상에 도착해서 어이없는 일이 생겼다. 옆 반 반장이 담임선생님께 드리라고 귤 한 박스를 가져왔는데 정상에 도착하여 담임선생님이 그 귤을 찾으니 이미 아이들 뱃속으로 들어간 뒤였다. 또 한 반에서는 엄마가 담임선생님 드리라고 싸 준 도시락을 산에 올라가면서 조금씩 먹어 버렸고, 점심 먹을 때가 되자 선생님께 먹다 남은 것을 내밀었다. 나를 비롯한 모든 선생님들은 기가 막혔다. 하산하느라고 아이들을 집합시켜 주변의 쓰레기를 줍게 했다. 제법 열심히 주웠는데도 쓰레기가 정말 많았다. 그런데 저쪽 여학생들이 앉아서 수다를 떠느라고 주변에 휴지와 음식물 쓰레기가 있는데도 주울 생각을 하지 않는다. 다가가서 휴지를 주우라고 했다. 그랬더니 나를 흘깃 쳐다보고는 다시 수다를 떨기 시작한다. 자기 반 수업에 들어오지 않으니 불이익당할 일은 없다고 판단했나 보다. 속이 부글부글 끓었지만 아무 말 하지 않고 내가 쓰레기를 주었다. 솔직히, 내가 교사이지만 우리나라 교육에 대해 비판적이다. 지식교육에도, 인간성 교육에도 실패한 얼치기 교육이라는 생각이 든다(D교사 10월 15일).

■■■ SBS 결식아동 돕기 운동차 모금함을 직접 들고 교실을 돌았다. '애들아, 제발 동전 좀 넣어라' 취지나 목적에 대해서 감동적으로 전달하지 못한 내 잘못인가. 아이들은 돈이 없단다. 그날 점심시간에 매점 앞은 다른 날보다 장사진을 이루고 있었다. 모금함을 들고 다니며 구걸하다시피 했던 교사로서의 자존심이, 그리고 있다고 굳게 믿고 있었던 사제지간의 믿음과 사랑이 매점 앞 땅바닥에 곤두박질치고 있었다(C교사 11월 18일).

교사들은 학생들이 보여 주는 무례하고 이기적이며 또한 자신의 책임을 인정하지 않으려는 자세 외에도 학생통제가 되지 않는 교실에 대해서 아주 난감해하는 경우가 자주 있는 것으로 나타났다. 또한 바람직하지 않은 방향으로 변해 가는 학생들을 만나 그 아이들을 가르쳐야 하는 교사들의 입장으로서도 그러한 변화에 적절하게 대응할 만한 효과적인 방안을 갖고 있지 못한 것으로 보였다. 그러나 최근의 교실에서 벌어지고 있는 크고 작은 문제현상에 대해서 교사들은 어떤 형식으로든지 책임이 있음에도 불구하고, 교사들은 그들 나름대로 최선을 다했다는 일종의 정신적 면죄부 의식 같은 것을 느끼고 있다는 판단을 하게 하였다. 물론 이론적으로 보아도 교육은 학교에서만 이루어지는 것이 아니다. 학교 내·외의 다양한 요인들이 학생들의 성장과 발달에 영향을 미치고 있기 때문에, 교육의 결과에 대한 책임을 교사라는 특정 집단에 일방적으로 묻는 것은 옳지 않다. 또한 학교교육에 있어 교사의 교육적 책임이 절대적으로 큰 것은 부인할 수 없는 사실이지만, 그렇다고 해서 학생들이 보여 주는 모든 교육적인 문제행동을 학교교육의 잘못으로만 해석하는 것은 문제가 있다. 그럼에도 불구하고, 교사들은 학교교육이 지식교육과 인성교육 양자 모두에 실패하고 있는 것으로 느끼고는 있지만, 자꾸만 잘못되어 가는 학생들의 모습을 보면서 가정과 사회의 원활하지 못한 교육적 기능을 지적하는 데 그치고 있었다. 교사들의 일기 속에는 학교교육이 잘못되어 가는 원인 중의 하나가 교사들에게 있을지도 모른다는, 두렵지만 꼭 필요한 자기반성의 몸짓은 없어 보였다. 그러한 경우는 다음 일화 속에도 잘 나타나 있다.

■■■ 1학년 입학 시 배치고사가 없어졌다. 그 이후 반 편성을 할 때 성적에 관계없이 하기 때문에 성적 편차가 10점 이상이 난다. 교장 선생님과 여러 선생님들 의견이 모두 배치고사를 다시 부활하자고 하신다. 고등학교 연합고사가 없어진 후에 학생들은 모두다 목표를 상실한 아이들처럼 의욕도 없고 노력도 하지 않는다. 거의 90%에 달하는 아이들이 인문계 고등학교 진학이 가능하기 때문에 고등학교 교실이 무너지고 있다는 얘기이다. 입시 지옥에서 해방시키겠다는 목표하에 없애 버린 연합고사 그리고 1학년 배치고사. 없애는 것만이 능사인가. 뭔가 관문을 통과해야 한다는 부담감과 긴장감이 있어야 공부하겠다는 초롱초롱한 눈빛을 볼 수 있으리란 생각이 든다. 3학년 어떤 반 모든 일기

내용 중에 수업 시작 10분도 안 되어 아이들은 모두 엎드려 자고 있고 선생님은 허공을 향해 수업을 하고 있다고 표현했다. 과장됐다 하더라도 또 그렇지 않은 선생님이라도 학생이 엎드려 잘 때 어떤 땐 두들겨 깨우지 않아 버릴까 싶을 때도 있다. 자는 녀석이 한심하기도 하지만 눈 뜨고 있어도 다른 아이들 건드려 수업 분위기만 흐려 놓기 때문이다. 하고자 하는 아이들만 데리고 할 것이지. 모두들 주목시키고 수업은 해야 하는데 시험도 없고 체벌도 없애고 교사는 개그맨 아니면 코미디언이 돼야 하나?(B교사 11월 2일)

■■■ 아이들은 선생님의 말을 듣는 것이 아니라 먹는다. 가끔 정말 아주 가끔은 교실이 조용해질 때가 있다. 떠드는 부류의 아이들이 책상 위에 엎드려 자고 있는 중이다. 이럴 때 교사로서의 신념을 버릴 것인가 지킬 것인가로 고심하게 된다. 나는 그래도 희미하게나마 남아 있을 알량한 교권을 믿는다. 많은 교사들이 아무렇게나 버린 끝을 한 교사가 시작으로만 펴 준다면, 엎드려 자고 있는 학생을 향해 걷는다. 같은 날 오후 이 교사는 다시 한 번 같은 반 학생들에게 실망하는 내용의 글을 적고 있다. '오늘은 청소당번을 도와 학급 전체 학생이 청소를 하기로 했다. 청소를 시켜 놓고 일이 있어 잠깐 교무실에 왔다가 교실로 향했다. 경험으로 볼 때 큰 기대는 하지 않았지만 교실에 도착하고서야 사태를 짐작하게 되었다. 청소당번인 아이들이 버젓이 운동장에서 공을 차는가 하면, 청소당번이 아닌 아이들은 나 몰라라 하며 놀고만 있는 것이 아닌가. 인간의 한계가 어디까지인가 테스트를 받고 있는 느낌이 들었다. 들어서는 안 될 회초리를 들고 말았다. 너무 쉽게 한계를 드러내 보인(아이들 입장에서 보면) 자신이 한없이 짜증스러웠다. 이 순간은 아이들이 너무 밉다. 내가 교육하는 사람이라는 사실을 자주 잊게 하는 아이들이. 그래서 더욱 밉게만 느껴진다.'(C교사 11월 18일).

■■■ PC방, 콜라텍이 등장하면서 아이들의 귀가 시간이 10시 심지어 01시가 넘는다고 한다. 따라서 교사들이 방과 후 생활지도를 철저히 해야 한다고 사회 일각에서뿐만 아니라 일선 학교 경영진들조차도 목소리를 높이고 있다. 교외 단속을 일일이 하라고 하는 의미도 아닐 텐데, 교사가 현실적으로 할 수 있는 방법이 고작 예방 차원에서의 이론식 지도뿐이다. 학교 내에서도 통제가 안 되는 요즘 아이들, 제 부모 말도 먹히지 않는 요즘 아이들, 담임 선생님의 말에 힘이 실릴 리가 없다. 학교 안팎에서 일어나는 아이들의 문제를 모두 학교나 담임 교사에게 책임을 지우고 있는 요즘 세상에, 가정에서 부모는 아이들을 위해 무엇을 하고 있는지 되묻고 싶다. 가정에서의 교육이 바로 설 때 휘청이는 아이들도 바로 설 수 있다(C교사 11월 20일).

(2) 성적 위주의 교육현실에 대한 순응적 자세

여러 연구들에서 이미 지적하고 있는 사실이지만, 교단일기를 통해 드러나는 분명한 사실 중의 하나도 우리의 학교교육은 여전히 교과성적과 입시 위주의 수업에서 벗어나지 못하고 있음을 잘 보여 주고 있다. 그러나 중학교 교사와 고등학교 교사의 경우를 비교해 볼 때 그 상황이 크게 다르다. 고등학교에 재직하고 있는 A교사와 E교사의 일기 속에는 입시를 위한 성적 때문에 이런저런 고민을 하고 있는 정황이 나름대로 기술되어 있다. 특히 초임 교사인 A교사는 교육에 대한 나름대로의 따뜻한 열망과 부푼 기대를 가지고 교직에 입문하였지만 학교의 입시 위주의 수업풍토로 인하여 점차 소진(消盡)되어 가고 있음을 토로하고 있으며, 경력교사인 E교사도 깊이 좌절하고 있는 모습이다. 한편, 중학교에 재직하고 있는 교사들의 일기 속에는 학생들의 성적으로 인한 고민이나 갈등을 기술하고 있는 내용이 거의 없다. 오히려 충실한 수업을 전개하는 데 있어 장애가 되는 각종 잡무나 학교행정가의 일방적 지시에 의해 형식적으로 이루어지고 있는 CA 활동 등에 대한 불만이 언급되어 있다. 그러나 이들 교사들은 모두 그러한 학교의 교육풍토에 어쩔 수 없이 적응하는 것 현실 순응적인 자세를 보여 주고 있었다. 다음은 그러한 사실을 뒷받침하는 일기의 내용들이다.

■■■ 중간고사 예상 평균이 80점도 되지 않을 것 같아 불안하다. 90점 가까이 나오게 하라는 학부모와 학교 측의 요구에 신경이 곤두선다. 도대체 무엇을 어떻게 평가하라는 것인지 답답할 뿐이다. 현실과 유리된 교육정책이 어제오늘의 일만은 아니지만, 점점 교사의 자율성과 권한은 축소되는 것 같다. 오늘 몇 반의 녀석들에게 시험의 의미와 출제 근거, 기말고사에 대해서까지 이야기를 하고, 아이들을 납득시키려고 나름대로 노력했다. 직원회의 시간에는 엄청난 스트레스를 받는다. 평균 90점을 목청 높게 강조하시던 교장선생님의 목소리가 지금도 귀에 쟁쟁하다. 200여 명의 성적 고민이 모두 나에게 밀려오는 듯하다. 그러나 어찌하랴 그런 대로 살아가야지(A교사 10월 15일).

■■■ 성적이 좋지 않은 아이와 그 성적표를 보고 가슴 아플 학부모를 생각하면 마음이 무겁다. 열심히 노력했는데도 성적이 안 나왔다고 눈물을 글썽이던 몇몇 아이들…… 그런 아이들도 밝게 살아갈 수 있는 사회였으면 좋겠다. 공부 못하는 것이 유일한 흠인 아이들. 성격 좋고 이해심 많고 밝은 아이들이 공부 못한다는 스트레스로 자신감을 잃을

까 걱정된다(D교사 10월 20일).

■■■ 목요일은 비교적 한가한 날이다. 수업 2시간 하고 CA 2시간 하면 공식적인 나의 업무는 끝이다. 수업이 없는 시간에 본문에 쓸 수업교재를 만들었다. 워드퍼즐을 만들고 아이들이 해야 할 핸드아웃을 만들고 나니 시간이 순식간에 가 버린다. 그래도 수업자료 만드는 일은 즐겁다. 머릿속에 수업장면을 그리고 아이들의 반응을 기대하면서 조금이라도 더 좋은 자료를 만들려고 노력한다. 그럼에도 아이들에게서 만족할 만한 반응을 이끌어 내기란 쉽지 않다. 쏟은 노력에 비해 결과가 보잘것없을 때는 주입식 교육이 더 경제적인 것은 아닌가 하는 생각도 들고……(D교사 10월 14일).

■■■ 오늘은 1교시와 3교시만 수업이 있는 날이다. 두 시간 모두 학생들의 놀자는 요청이 있었지만 가볍게 묵살했다. 원칙을 지키는 것이 뒤탈 없는 처세술이라는 것을 알았기 때문이다. 아무리 좋은 대화를 나누어도 그것은 교사의 불성실한 태도로 낙인 찍히기 쉽다. 야외의 시 낭송이나 하고 싶지만 어림없는 일이다. 존 키팅을 꿈꾸던 예전의 내가 어리석게 느껴진다. 아직도 한국의 학교는 입시왕국이다. 갓 부임해서 한두 달은 퀴즈 대회, 연극 등 다채로운 행사를 벌였다. 학생들의 호응은 기대 이상이었지만, 주위의 여러 선생님들께서는 걱정스러운 눈빛이셨다. 그분들의 지론은 '학교는 과거와 절대 변하지 않는다'는 것이다. 답답하다. 고등학교 다닐 때 그 감옥을 지긋지긋해하던 내가 지금 그 교사라니. 사는 것은 참 아이러니이다(A교사 10월 16일).

(3) 행정에 대한 냉소적 형식주의로의 대처

주지하는 바와 같이 학교행정은 교사들의 교육활동을 지원하고, 경우에 따라서는 학교교육의 효과성을 제고하기 위해 필요한 조정과 통제를 지속적으로 하는 체계적인 전문 활동이다. 그 행정행위는 한편으로는 학교의 공식적인 상호작용을 통해서 공개리에 이루어지기도 하고 다른 한편으로는 비공식적인 과정을 통해서 진행되기도 한다. 특히 학교행정가와 교사들이 공식적으로 만나 머리를 맞대고 학교의 크고 작은 현안을 논의·결정하는 거의 유일한 공식적 자리는 주로 아침시간에 이루어지는 교무회의 시간 외에는 거의 없기 때문에 교무회의는 학교의 현안 문제를 검토하고, 교사들의 전문적 안목을 존중한 민주적 절차에 따라 의사결정을 할 수 있는 매우 중요한 의미를 갖는 시간이다. 그러나 교단일기 속에 담긴 학교 회의문화에 대한 교사들의 인식은 참으로 냉소적인데, 그 이유는 무엇보다 교무회의를 진행하는 방법과 행정가의 태도 때문으로 판단되었다. 또한, 교무회의에서 학교의 주요 구성원들 사이에 논쟁이 될 만한 진지하고 새로운 문제가 제기되는 경우는 거의 없었다. 그러나 교무회의를 진행하는 방법은 권위주의 시대의 조회 형식에서 크게 벗어나지 못하고 있는 경우가 많은 것으로 보였다. 다음 E교사와 C교사의 학년회의에 대한 기록은 현재 학교에서 이루어지고 있는 교무회의에 대한 교사들의 부정적인 생각과 그 반응을 보여 주고 있으며, D교사의 일기는 최근에 직원회의가 개선되고 있고 또한 교사들이 원하는 회의 형식은 어떤 것인지를 일부 보여 주고 있다.

■■■ 직원회의 방식은 회의가 아닌 권위주의 시대의 조회 형식이다. 그 내용은 각 부서를 담당하는 부장교사가 교장과 교감의 지시나 요망사항을 일방적으로 전달하는 방식이고 그 내용을 교감과 교장이 차례로 다시 언급한다. 평교사들은 지겨워하면서 사무적인 태도를 취하고 교장・교감의 의중에 대하여 냉소적인 태도를 보인다. 그 이유 중 하나는 이 관리직 교사들 중에는 평교사 시절에 모범적인 교사들이었다기보다는 정치적인 성향을 보인 경우가 많기 때문이다. 예컨대, 7~8년 전에 퇴직한 교장 중 한 사람은 젊은 시절에 부동산 투자에 열을 올리는 반면 학생지도를 등한히 하고 불평불만만 일삼던 사람이었는데 관리직이 되자 다른 교사들에게 교사의 자질과 교사의 생명 등을 운운한 적이 있다. 국민의 정부에 대해 불신하듯 평교사는 관리자를 불신한다. 도덕성의 회복이 절실하다(E교사 10월 29일).

■■■ 오늘도 아침 직원회의 시간에 경영자의 많은 요구와 지적 사항이 어김없이 쏟아져 나왔다. 신입생 유치 문제, 실력 향상에 따른 문제, 학생지도 차원의 문제 등등 우리가 언제부터 이렇게 많은 문제를 안고 살았는지 알 수 없는 문제이다(C교사 11월 15일).

■■■ 직원회의 시간이다. 발령 받을 무렵만 해도 매일 하던 직원회의를 일주일에 한 번만 하게 된 것은 큰 발전이다. 필요한 전달 사항은 유인물로 대체하니까 직원회의를 자주 갖지 않아도 학교 일은 원활히 돌아간다. 지금 내가 있는 학교는 출근부가 없다. 그래도 수업이 펑크 나거나 선생님들이 직장에 늦는 것을 보지 못했다. 아직도 인근 학교에 출근부가 많이 있는 것으로 알고 있는데 한번 교사들을 믿고 과감히 없애는 것도 좋을 것 같다(D교사 10월 18일).

또한 교단일기 속에는 교무회의에 관한 내용을 제외하고는 교사들이 학교행정가들과 무슨 일을 가지고 어떤 유형의 상호작용을 하고 있는지에 대한 언급이 거의 없었다. 최소한 교단일기를 통해 나타난 교사들의 학교행정가와의 공식적 인간관계는 교무회의 시간 정도에 불과한 것으로 보이기 때문에 그들의 삶에 있어서 극히 작은 부분을 차지하고 있음을 추론해 볼 수 있었다.

(4) 닫힌 자기 성(城)에서 혼자 살기

교사들이 보다 개선된 수업을 하고, 효과적인 학생지도를 위해서는 여러 교과의 수업 방법과 그 효과 및 각양각색의 배경을 가진 학생들에 대한 다양한 정보의 공유가 필수적이다. 그러나 교사들은 혼자서 자신만의 계획을 세우고 실천하는 일에는 익숙하지만, 학교의 다른 구성원과 자신의 발전을 위해 상의하거나 지원을 요청하는 일은 없는 것으로 보였다. 또한 학교에는 교사들 간의 긴밀한 상호협조를 요하는 업무들이 많음에도 불구하고 그러한 모습을 찾아보기 어려웠다. 학교행정가는 정작 교사들이 원하는 것을 지원해 주는 것이 아니라 오히려 권위적인 지시와 형식적인 연수를 강조하여 교사들의 불만과 반발을 초래하고 있는 경우가 있었다. 교사들은 자신이 쌓은 업무의 성에서 벗어나려고 하지 않는 보수적인 자세를 보여 주며, 특히 교사들의 업무적인 상호관계는 비우호적이고 닫힌 관계로 보였는데 다음 교사들의 일기 내용은 위와 같은 사실들을 예증하고 있다.

■■■ 교과회의는 사실 제대로 해 본 기억이 없다. 안건이 없기 때문이다. 일 벌리기도 쉽지 않고, 서로 협조하는 풍토도 안 된 상황에서 아무도 의제를 꺼내지 않는다. 왜! 혼자 책임져야 하니까. 자기 교과에 대한 자존심은 모든 교사에게 공통적이다. 교과의 벽을 허물기란 쉽지 않다. 과목 간 연계수업, 팀 티칭은 현실과 동떨어진 이야기일 뿐이다(A교사 10월 17일).

■■■ 오늘은 1교시 수업 후 오전 2~4교시가 공강이다. 그러나 어제 쌓인 피로가 풀리지 않아 일이 손에 안 잡힌다. 3, 4교시는 전출 간 학생들 파일과 디스켓을 발송하느라고 시간을 다 보냈다. 꼼꼼함을 요하는 학적 일이 내게는 만만치 않다. 게다가 성적처리가 잘못되어 몇 번씩 다시 한 터라 어느 것이 최종본인지 알 수 없었다. 평가계 선생님이 챙겨야 할 부분인데 완전 나 몰라라 하신다. 부글거리는 속을 달래며 일일이 기록을 대

조했다. 1, 2학년 8명 학생의 성적을 확인하고 서무실에 넘겼다(A교사 10월 20일).

■■■ 차기 대권을 노리는 것일까, 서로 힘자랑을 하는 것일까. 연예인처럼 인기관리를 하는 것은 더더욱 아닐 텐데, 학생부장과 교무부장의 알력으로 언제부터인가 새우등이 되어 버린 교사들. 교사끼리도 자연스럽게 아군과 적군으로 패를 나누기까지 한다. '이건 교무부의 일이잖아요', '무슨 소리요, 학생부에서 할 일을.' 티격태격 매번 이렇다. 오늘은 목소리가 큰 학생부장이 이겼다. 역시 목소리는 크고 볼일이다(C교사 11월 16).

■■■ 주변 선생님들은 십자수를 하거나, 영어, 일어 공부를 하거나 컴퓨터 연수를 받으러 다니는 등 모두 자기 계발을 위해 끊임없이 노력한다. 물론 테니스 또는 바둑, 탁구를 하는 선생님들도 계시고 늦도록 업무 해결을 위해 애쓰시는 선생님도 눈에 띈다. 갑자기 연수가 많아져서 과목별로 수업을 1, 2, 3, 4교시로 올려 쉴 새 없이 하고 모두 모여 같은 학교에 가 연수를 받기도 했다. 연수 내용은 기대 이하이어서 항의도 많이 하였다. 그런 연수 기회 말고 스스로 공부하고 싶어 전공 공부를 하러 다니는 경우에는 자비를 부담하여 다니는데도 눈치 봐 가며 학교 업무를 최대한 빨리 마치고 나가야 한다. 교사 입장에서 생각할 때 전혀 도움이 안 되는 형식적인 연수에는 모두 꼭 참석하라면서 필요한 공부를 하러 다닐 때는 전혀 배려가 안 되는 경우 너무 불합리해 보인다. 10분 일찍 나오고 10분 늦게 퇴근하라는 교장 선생님 말씀에 교사들이 발끈한다. 그렇게 말씀 안 해도 필요한 사람은 10분이 아니라 몇 시간도 더 남아 있는데 뭘 강요하시나. 또, 별실 교무실에 남아 있으면 아저씨들이 전기를 내려 온통 정전이 된다. 아저씨들과 서무실 아가씨들은 교사들 위에 있고 가끔씩은 무례하기도 하다(B교사 10월 19일).

3) 생활의 장으로서의 교단문화

현대와 같은 조직사회에서 누군가가 특정 직업을 선택하는 주요 이유 중의 하나가 그 직업을 통해 생활인으로써의 삶을 유지하기 위한 것이라고 할 수 있다. 그러나 직업은 자신의 노동력을 제공하고 그 대가로 생계 유지에 필요한 일정한 양의 재화를 받는 건조하고 수단적인 사회적 교환체제일 수만은 없다. 오히려 직장은 그 구성원들이 사용할 수 있는 시간 중에서 가장 많은 시간을 보내는 가운데 여러 사람들을 만나고, 일에 대한 봉사와 헌신을 통해 인생의 기쁨과 슬픔 그리고 보람과 좌절 등을 동시에 겪는 역동적인 삶의 터전인 것이다. 그렇다면 교사들은 교단생활과정에서 주로 누구와 만나서 어떤 모양과 색깔의 인간적인 교류를 하며, 한 직장인으로서 겪는 애환은 무엇일까? 자신들이 받는 사회적 대우에 대해서 어떤 인식을 가지고 있을까? 교단일기라는 형식을 통해 본 이러한 문제에 대한 소묘는 그리 밝은 편이 못되며, 그 내용은 주로 교사들이 학교 안에서 맺고 살아가는 비공식적 인간관계와 경제적 대우 면에서 찾아진다.

(1) 교육활동 이외의 장에서 작은 행복 찾기

5명의 중등교사들이 작성한 교단일기 속에는 학교생활을 하면서 경험할 수 있는 벅차고 기쁜 일들에 대한 기술이 거의 없었다. 밝게 성장해 가는 학생들을 보고 가르치면서 가슴이 벅차오르는 감동을 느끼는 것은 차치하더라도, 교장이나 동료교사들과 일상의 아기자기한 인간적 교류를 통해 교분을 넓히고 애환을 나누는 따뜻한 삶의 단면조차 찾기 어려웠다. 신바람 나는 교단생활을 경험하는 교사만이 기술할 수 있는 그런 일기를 더욱 찾기 어려웠다. 오히려 중등교사들은 일상의 생활 속에서 가끔 마음이 맞는 교사들끼리 작은 소모임을 갖는 가운데 주로 교육활동과 직접적인 관계가 없는 일로 담소하고 즐거워하거나, 가족과 함께 하는 시간을 가짐으로써 위로를 받는 모습이 그려져 있을 뿐이었다.

■■■ 매월 1일엔 교통비 10만 원을 받는다. 우리 방 선생님 10분은 10만 원 중 5만 원으로 계를 한다. 뽑기를 하여 한 사람에게 50만 원을 주는데 처음 탄 사람은 처음 탔으므로, 두 번째 탄 사람은 마침 필요했을 때이니까, 세 번째는 또 보너스 없는 달이니까 등등으로 이유를 붙여 10,000원 정도에 해당하는 먹을 거리를 사서 턱을 낸다. 또 나머지 5,000원 중 10,000은 방비로 걷어 필요한 차나 간식거리, 휴지 등을 사서 쓰고 전교조에 가입한 선생님은 조합원 회비 15,000원을 내게 된다. 빠듯하지만 나름대로 즐거운 하루이다. 11월 11일에 여교사 모임을 하겠다고 10,000원 회비를 걷었다. 여교사 수는 너무 많고 남교사 수는 적어 남교사회는 잘 이루어지나 여교사회나 모임은 거의 유명무실. 그래서 한 나이 드신 여자 선생님이 학교 식당에서 삼겹살이라도 구워 먹자고 제안하였다. 그러나 40여 명이 넘는 여교사가 모두 한 테이블에 앉아 같은 주제로 말하긴 어려울 것이고 끼리끼리 앉아 먹고 헤어지게 되지 않을까 염려스럽다. 이렇게 많아지는 여교사 수, 남교사는 점점 줄어드는데. 남자들이 교사 되길 꺼리는 건 교사의 봉급이 너무 박하기

때문이라고, 교사의 처우를 개선하고, 교사의 지위에 대한 대우가 달라지면 당연히 남교사가 많아지리라 생각한다(B교사 11월 1일).

■■■ 퇴근 후, 전에 근무하던 학교에서 같은 부에 근무하던 선생님들과 모임을 가졌다. 전에 친하게 지냈던 사람들이 매달 한 번씩 서로 만나, 근황을 주고받고 식사도 같이 하는 즐거운 모임이다. 거기 모인 8명의 교사들이 다 같은 심정으로 정말 교사 하기 힘들다는 소리뿐이다. 아이들이 정말 많이 변했다. 교사인 나는? 변해야겠지. 그런데 어떻게 변해야 하나?(D교사 10월 21일).

■■■ 학교에서 못 다한 일거리를 한 가방 싸 가지고 집에 왔다. 두 아이의 환호성과 맛있는 저녁상에 해야 할 일도 까마득하게 잊고 두어 시간이 흘렀다. 정신을 차렸을 땐, 식곤증과 하루의 피로가 밀려오고, 집사람도 재미난 이야기꽃을 피우고 싶어 한다. 모든 유혹을 뿌리치고 서재까지 와서 책상 앞에 앉기까지 힘든 결정이 내려졌다. 하루 종일 두 아이 때문에 글 한 줄 여유 있게 읽지 못했을 집사람에게 또 아이들을 맡겨 놓는 마음이 미안하고, 진종일 큰 액자를 보면서 아빠를 불러댔다는 두 딸에게도 아빠의 자리가 부끄럽다. 새벽에 일어나서 일하기로 하고 저녁 시간을 행복하게 보내기로 결정했다(C교사 11월 16일).

(2) 낮은 경제적 대우에 대한 깊은 회의(懷疑)

교사들의 일기 속에는 교사들에 대한 사회·경제적 대우를 보는 인식의 단편들이 일부 들어 있었다. 그러나 그 대상은 주로 봉급과 출장비 등과 같은 경제적인 내용에 관한 것들이었으며, 그것은 아주 부정적인 것이었다. 교사들이 생각하는 자신들의 현재 봉급 수준은 자신들이 열심히 일하는 것에 비하면 훨씬 미흡하다는 생각이었고, 특히 대졸자의 초임에도 미치지 못하는 열악한 것으로 인식하고 있었다. 교사들은 자신들을 경제적으로 특별히 대우해 달라는 것이 아니라 최소한의 생활이 별 문제 없이 유지될 수 있도록 해 달라는 수준이다. 봉급을 받은 여교사들의 생각은 그나마 남교사들을 걱정할 정도의 여유가 있어 보이지만, 일반적으로 한 가정의 경제적 책임을 혼자 부담해야 남교사들은 몹시 괴로워하는 모습으로 묘사되고 있었다. 교사들의 경제적 대우에 대한 인식 중 특기할 만한 사실은 교직경력이 많아질수록 더욱 부정적으로 되어 간다는 사실이다. 그것은 교직경력과 비례하여 경제적 대우가 크게 나아지지 않고 있는 현실을 반영하는 것으로 보인다. 그렇다고 하여 초임 교사의 대우가 좋은 것도 아니다. 이와 같은 사실은 다음에 제시된 교사들의 봉급에 관련된 일기 내용들 속에 잘 드러나 있다.

■■■ 16일이 토요일, 17일이 일요일이므로 15일이 봉급일이다. 22호봉 10월 봉급이 1,170,000원이다. 모두들 10월이 되기 전부터 걱정하던 최악의 봉급이다. 추석 때 밀린 것까지 합해 2백만 원 정도 됐을 땐 모두들 좋아하며 '이 정도 주면 하라는 대로 말 잘 듣겠다'고 웃으며 농담도 하였는데 이번 달에는 어떻게 사나 푸념들이다. 특히 남자 선생님 혼자 벌어 쓰는 경우엔 더욱 심각하다. 교사의 여성화를 걱정하고 아이들 교육을 걱정하면서 교사의 봉급 수준은 10년 된 교사나 20년 된 교사나 거의 차이가 나지 않는다. 이런데 교사의 사회적 지위, 경제적 지위를 따져 무엇하겠느냐고. 경제적으로 가난하다는 면에서도 교사는 사회의 존경 대상에서 제외되는 건 아닐까?(C교사 10월 16일)

■■■ 월급날이 무섭다. IMF 이후 연 250만원 삭감. 결혼 5년 만에 집사람의 비명 소리를 두 번째 연이어 듣고 있다. 각종 보험료 및 적금, 할부금, 세금 등을 제하고 가져다 준 월급이 25만원!(지난달 마이너스 통장에서 45만 원 제하고). 당당해야 할 월급날의 어깨가 너무 위축되고 있다. 스스로 당당해야 한다는 말은 어디까지나 혼자일 때의 얘기다. 작은아이의 분유 값, 큰아이의 간식 값이나 계산이 될지(C교사 11월 17일).

■■■ 내일이 월급날인데 월급 명세표는 오늘 받았다. 이번 달에는 보너스도 없고 장기근속 수당이나 가계 지원비도 없어서 세금 떼고 받는 돈이 1,100,000을 약간 넘는다. 월급 받을 때마다 느끼는 거지만 내 노동력에 대한 대가가 고작 이 정도라는 사실에 분노를 느낀다. 경력 15년이 되는 교사의 월급이 겨우 이 정도라니……. 보너스가 나와야 겨우 200이 넘는 월급을 가지고, 남교사 혼자 버는 집은 어떻게 살림을 해 가는지 궁금하다. 작년 IMF로 월급이 깎였을 때는, 정말 비참했었고 올 초만 해도 4, 5월 보릿고개라는 말이 우스갯소리처럼 떠돌았다. 누군가는 '열심히 일하지 말고 받는 만큼만 일하자'고 자조적으로 말했었다. 교사를 특별대우해 달라는 것이 아니라, 대졸 사원들이 받는 정도의 대우는 해줘야 한다고 생각한다(D교사 10월 14일).

■■■ 17일이 월급날인데 일요일이라 오늘 월급이 나왔다. 사학연금, 교원공제, 대출금까지 떼고 손에 들어오는 돈은 38만 원이다. 막막했다. 그동안 90~100만 원 정도 월급을 받으면 적금 15만 원, 집에 보내는 생활비 50만 원을 제하고, 나머지 돈으로 생활을 했다. 주말마다 서울에 가는 차비, 책값, 생활비, 옷값으로는 당연히 부족한 돈이라 보너스로

충당을 했다. 그런데 이번 달은 말이 나오지 않을 정도다. 결국 이번 달 적금은 포기하고 생활비는 보충수업비 남은 것 40만 원을 보냈다. 이것저것 머리 터지는 고민과 노동의 대가로는 턱없이 부족한 돈이다. 기운이 빠진다(A교사 10월 15일).

■■■ 교사의 출장비는 5,000원. 예산이 깎였다는 이유로 학생들 인솔하고 백일장, 사생 대회를 나가도 심사비는 고사하고 점심조차 각자 해결이다. 택시라도 타는 날엔 교통비로도 모자라는 출장비 5,000원이다. 일직수당도 여전히 5,000원, 하루 종일 학교 지키고 받는 돈이 고작 5,000원이다(B교사 10월 22일).

5 결론 및 논의

교사들이 형성하고 있는 그들만의 고유한 하위문화는 직접・간접적으로 학생들의 교육적 과정에 영향을 미친다. 따라서 교사들이 어떤 생각과 행위의 표준을 통하여 교육과정을 주관하고 또한 학교 내의 여러 변화에 대응하고 있는지를 아는 일은 매우 중요한 연구문제가 된다. 그것은 거시적으로는 교사정책 수립을 위한 기초 자료가 될 것으로 생각되고, 미시적으로는 효과적인 학교경영과 교사들의 동기부여를 위한 방책을 마련하는 데 유용한 지침을 드러내기 때문이다.

그러나 학교교육에서 차지하는 교사들의 역할이 막중함에도 불구하고 최근까지 이루어진 교사문화에 대한 연구는 아주 제한되어 있고, 연구결과의 내용을 보아도 교사문화의 부정적 측면만을 드러내고 있거나 교사문화의 특정 측면만을 기술하고 있어 교사문화에 대한 균형 잡힌 기술과 이해를 요하는 것으로 보았다. 본 연구에서는 이러한 문제의식에 기초하여, 1999년 10월부터 동년 11월까지 5명의 중등교사로 하여금 각각 15일 정도의 교단일기를 작성하게 하고, 그 속에 담긴 교사들의 삶의 내용과 교육현실에 적용하는 문화적 원리를 찾아보고자 하였다.

연구결과, 우리나라 중등교사들의 삶의 내용은 비교적 바쁘고 반복적인 주기로 진행되고 있음을 알 수 있었다. 또한 교사들이 교육의 장으로써 학교 현실에 적용하는 문화적 원리들로서는 '통제되지 않는 학생들, 속수무책의 대응과 면책의식', '성적 위주의 교육현실에 대한 순응적 자세', '행정에 대한 냉소적 형식주의로의 대처', '닫힌 자기 성(城)에서 혼자 살기' 등을 찾을 수 있었고, 아울러 삶의 장으로서의 학교에 적용하는 원리는 '교육활동 이외의 장에서 작은 행복 찾기'와 '낮은 경제적 대우에 대한 깊은 회의' 등이었다.

이러한 본 연구의 결과는 충남에 위치한 4개 학교 5명의 중등교사들이 약 15일이라는 짧은 기간 동안에 작성한 교단일기를 토대로 내려진 것이기 때문에 일반화하는데 한계가 있고, 그 해석상에 주관적 요소가 개입되었을 가능성을 배제할 수 없다. 그럼에도 불구하고, 본 연구의 결과를 선행연구들의 연구결과와 비교·종합해 보면, 잠정적이기는 하지만 우리나라 교사문화의 공통적인 특징과 원리를 제시할 수 있는 내용도 있고, 좀 더 심층적인 연구가 필요한 내용도 있음을 알 수 있다. 예컨대, 교사들이 교실이라는 혼자만의 작은 성에서 상호 불간섭의 원리를 적용하는 가운데 자족적으로 생활하는 모습, 그리고 행정가와의 인간관계에서 일정한 거리를 유지하거나 복종적인 태도를 유지하면서도 일면으로는 냉소적인 문화를 가지고 있는 측면은 초·중등학교에서 공통적으로 찾을 수 있는 교사문화의 일면이다. 또한 교사문화에 관한 여러 연구들 속에서 교사문화의 밝고 긍정적인 원리와 표준을 찾기 어렵다는 점에서도 동일하다. 그러나 본 연구에서 나타난 중등교사들의 속수무책의 방임적인 학생통제와 학교 밖에서 행복 찾기 그리고 낮은 경제적 대우에 대한 회의와 같은 측면은 우리 교사문화를 이해하는 데 있어 의미 있는 내용들이라고 본다. 아울러 교사문화에 관한 선행연구들이 주로 교수-학습 활동과 학생생활지도 및 학교 내 다양한 인간관계에서 나타나는 문화적 원리와 표준을 밝히려 하고 있기 때문에 종합적인 교사문화를 이해하는 데 있어 일정한 한계를 가질 수밖에 없다는 점을 지적하지 않을 수 없다. 따라서 본 연구에서 시도한 것과 같은 교육집단으로서의 교사문화와 직업인으로서의 교사문화를 종합적으로 밝히는 연구가 다양한 유형의 학교를 대상으로 더 많이 이루어질 필요가 있다. 또한 Acker(1990)가 주장한 바와 같이, 단위학교의 교사문화는 학교규모, 교사들의 연령분포, 학생과 지역사회의 유형, 학교의 가용 가능한 물리적 시설과 자원 등에 의해서 영향을 받기 때문에 이러한 변인들을 고려한 연구들이 요청된다 하겠다.

본 연구자가 이 연구를 수행하게 된 동기는 두 가지다. 하나는 많은 사람들이 학교교육에 있어 교사의 교육적 역할이 아주 중요하다고 강조하고 있음에도 불구하고 중등교사들의 문화에 대한 연구가 아주 적다는 문제의식이고, 다른 하나는 중등교사들의 삶의 세계를 보다 정확하게 파악하고 그에 기초하여 그들이 긍정적인 문화적 원리와 표준을 만들어 나갈 수 있도록 필요한 다각적인 방안을 강구하지 않고는 흔들리고 있는 우리의 중등학교 교육을 바로 세우기가 쉽지 않을 것이라는 판단이 그것이다.

무능하고 문제가 있는 교사들을 가려 교단을 바로 잡는 개혁과 좀 더 나은 교육을 위해 노력하는 교사들이 학교 현장에서 느끼는 여러 가지 답답함을 덜어 주는 일은 분명 다른 차원의 일이다. 학생들의 순수함과 무한한 성장 가능성을 믿고, 그들이 보여 주는 작지만 따뜻한 교육적 반응에 감동하며, 정성을 쏟은 만큼 아이들의 마음이 울린다는 신념을 간직하면서 조용히 교단을 지키고 있을 것으로 생각되는 많은 중등교사들에 대한 더 활발한 연구와 정책적 관심이 요청된다.

제17장 실업계 고등학교의 교사문화에 관한 질적 연구

1 문제의 제기

교사들은 주어진 직무환경에 능동적으로 대응하며 전문적 역할을 수행하는 과정에서 다양한 직업적 발달 경험을 갖게 되며, 그 과정에서 그들만의 고유한 문화를 형성하고 그 문화적 원리들을 교사로서의 직업적 삶과 역할수행 행동에 적용한다.

교사들의 개인적 혹은 집단적 직업 발달 과정에서 형성되는 교사문화는 고유한 특성과 작동논리를 가지고 있다. 교사문화 속에는 학교교육을 향한 교사들의 열정과 헌신 그리고 냉소적 시각이 동시에 내포되어 있다. 또한, 다양한 교육정책과 사회의 기대에 대응하는 나름의 행동양식이 담겨 있다. 즉, 교사문화는 오랜 세월동안 형성된 학교교육 전반에 대한 교사들의 가치와 소망의 표출이며 행동의 표준이라고 할 수 있다. 나아가 학교의 영웅들에 대한 이야기이며, 학교 구성원들 간의 경쟁과 갈등 및 타협의 소산이기도 하다.

교사들의 직업적 발달 과정을 이러한 문화적 관점에서 이해하고자 할 때, 교사문화에 관한 연구는 특히 다음 두 가지 측면에서 중요한 의의를 가지게 된다(오영재, 2001: 208-209). 하나는 교사들이 자신들의 교단생활에의 열망과 직무의 조건을 해

* 이 논문은 한국교육행정학회(2006). 교육행정학연구 24권 1호에 게재된 것임(공동연구자 정지선).

석하고 그에 따라 행동하는 가운데 학생들의 교육에 직접·간접적으로 많은 영향을 미칠 것이라는 교육적 측면이며, 다른 하나는 교사집단은 교육정책과 학교현장을 잇는 연결통로를 지키며 다양한 방식으로 특정 교육개혁정책의 수용, 변형, 거부에 영향을 미치는 문지기에 비유될 수 있기 때문에 성공적인 교육개혁을 위해서도 교사문화에 대한 이해가 필수적이라는 정책적 측면이다.

이러한 문제의식에 따라 최근 한국 교사문화에 대한 관심이 크게 증대되고 있지만, 한국 교사문화에 관한 선행연구들은 아직 연구대상에 있어 산발적이고 그 양도 많지 않으며 연구결과들이 체계적으로 종합되어 있지도 않다. 이러한 경향은 미국 학교문화에 대한 최근의 연구들을 검토한 Firestone과 Louis(1999)의 결론에 있어서도 차이가 없다.

한편, 한국 교사문화에 관한 연구들에 있어 주목되는 점 중의 하나가 선행연구들이 주로 초등학교(황기우, 1991; 김영숙, 1995; 고형일 외, 1995; 신귀옥, 1996; 유한구 외, 1997; 박종흡·이관규, 1997; 장규일, 1998; 나재주, 1999; 이옥자 2000; 김현경, 2003; 김정희, 2004; 오영재·박주용, 2005), 중학교(김병찬, 2003; 박미옥, 2003), 일반계 고등학교(이인효, 1990; 황석도, 2002; 장하소, 2004) 및 포괄적인 의미에서 중등학교(김풍삼, 1992; 고형일·이두휴, 1997; 오영재, 2001)에 집중되어 있으며, 실업계 고등학교를 대상으로 한 연구를 찾기 어렵다는 사실이다. 학교수준별로 보았을 때, 한국 교사문화에 관한 연구들이 초등학교와 중학교 그리고 일반계 고등학교에 집중되어 있음을 보여 주고 있는 것이다.

실제, 실업계 고등학교의 문화에 직접·간접으로 관계된 주제를 다룬 연구로서 실업계 고등학교의 학생문화(김용호, 1992; 조의숙, 1989), 교사와 학생의 갈등 양상(전영국·양은주·허희옥, 2002), 의사결정(오영재, 2000), 학교운영위원회(서기천, 2000) 및 장학문화에 관한 연구(오영재, 2002)가 있지만 실업계 고등학교의 교사문화를 직접적 대상으로 한 연구들은 아니다.

학교조직은 다른 조직에 비하여 독특한 성격을 가지고 있는 조직이며, 그 특성은 학교의 수준에 따라서도 다르다. 실업계 고등학교 역시 다른 종류의 학교조직과는 다른 교육목적, 교육환경 및 직무구조를 가지고 운영되고 있다. 실업계 고등학교를

'공부 못하는 문제아들이 가는 학교' 혹은 '학교위기 현상이 가장 심각하게 나타나는 골칫덩어리 학교' 정도로 이해해서는 곤란하다. 이는 실업계 고등학교에 대한 거칠고 비과학적인 이해 방식으로 보이기 때문이다. 무엇보다 실업계 고등학교는 한국 고등학교 교육의 약 40% 정도를 차지하고 있는 중요한 교육기관이며, 모두가 관심을 가져야 할 우리의 소중한 아이들이 재학하고 있을 뿐만 아니라, 많은 교사들이 그 아이들을 가르치기 위해 그들만의 독특한 문화를 형성하고 적용하며 생활하고 있다는 사실을 잊어서는 안 된다. 실업계 고등학생들의 풋풋한 미래의 꿈, 원하지 않았던 인간적 소외와 방황, 교육적 좌절과 새로운 활로의 모색 등을 체계적으로 이해할 필요가 있으며, 그러한 아이들을 가르치고 배우는 한 직업인으로서의 실업계 고등학교 교사들의 교육자적 삶과 문화에 대한 보다 깊은 이해가 필요하다.

본 연구에서는 실업계 고등학교의 교사문화를 한국 학교문화 연구에 있어 아직 탐구되지 않은 분야 중의 하나로 보고 있다. 따라서 실업계 고등학교 교사들의 교사문화에 관한 연구가 실업계 고등학교가 작동하는 문화적 특성의 일면을 밝히고, 나아가 한국 교사문화에 대한 이해의 외연을 넓힐 수 있는 중요한 탐구주제라는 인식을 하고 있다. 또한 실업계 고등학교 교사문화에 관한 심층적인 연구는 실업계 고등학교만이 가지고 있는 교육적 문제점의 일부를 드러내 줄 수 있기 때문에 실업계 고등학교 정책 수립과 집행에 필요한 기초연구라는 생각을 하고 있다. 이러한 문제의식에 기초하여, 본 연구에서는 실업계 고등학교 교사문화에 내재된 원리를 밝히는 데 연구의 목적을 두며, 구체적인 연구문제는 다음과 같다.

첫째, 실업계 고등학교 교사들의 학생관은 어떠한가?
둘째, 실업계 고등학교 교사들은 학교교육목표를 어떻게 인식하고 있는가?
셋째, 실업계 고등학교 교사들이 교육활동에 적용하는 문화적 원리는 무엇인가
넷째, 실업계 고등학교 교사들이 인간관계에 적용하는 문화적 원리는 무엇인가?
다섯째, 실업계 고등학교 교사들이 행정활동에 적용하는 문화적 원리는 무엇인가?

2 한국 교사문화에 관한 선행연구 검토

교사문화는 학교조직의 구조, 동기, 지도성, 의사결정, 의사소통 및 변화 등과 상호 연계되어 있다(Lunenberg & Ornstein, 2004: 82-83). 따라서 교사문화의 고유한 속성에 관한 질적 연구와 교사문화와 학교조직의 다른 요인들과의 관계에 관한 양적·질적 연구가 모두 가능하다고 볼 수 있다. 그러나 문화개념 그 자체가 행동에 대한 기술, 생활세계에 대한 해석, 상징체계에 관한 이해를 주된 목적으로 하는 질적 연구방법을 동원해야 더욱 잘 포착될 수 있는 특성을 가지고 있을 뿐만 아니라 실제 교사문화에 관한 대부분의 선행연구들이 질적 연구방법을 사용하고 있기 때문에, 본 연구에서는 한국 교사문화에 관한 선행연구 중 질적 연구방법이나 질적·양적 연구방법을 혼용한 연구들에 국한하여 검토하기로 한다.

〈표 17-1〉 한국 학교문화에 관한 선행연구 개관

연구대상	연구자	연구시기	연구방법	핵심 연구결과
초등학교	황기우	1992	참여관찰, 면접, 문서자료	교사들의 행위규범, 교사문화의 특성
	김영숙	1995	참여관찰, 면담, 문서자료	교사문화의 특성
	고형일 외	1995	심층면접과 문서자료	도시학교와 농촌학교의 교사문화 차이
	신귀옥	1996	참여관찰, 면담	문화적 원리
	박종흡, 이관규	1997	참여관찰, 면접	교사들의 학교생활 적응방법
	유한구 외	1997	교사의 일기, 수첩의 메모, 서간, 교무일지, 교생일지, 학급 경영록	초등학교 교사가 된 동기, 자화상, 보람과 삶의 애환, 성장과정, 생애계획
	장규일	1997	참여관찰, 면접	교사문화의 특성
	나재주	1999	심층면접	교사문화의 하위유형

	이옥자	2000	참여관찰, 면접, 문서자료	교사문화의 특성
	류방란 · 이혜영	2001	조사연구, 관찰과 면담	교사문화의 원리와 특성
	김현경	2003	설문조사와 반구조화된 심층면접 병행	교사문화의 일반적 경향
	김정희	2004	참여관찰, 심층면담	문화적 원리
	오영재 · 박주용	2005	참여관찰, 심층면담	학교장의 지도성과 교사문화의 관계
중학교	정향진	1991	참여관찰, 문서자료 수집	교직사회의 위계성
	김병찬	2003	참여관찰, 심층면담	교사문화의 특성
	박미옥	2003	참여관찰, 면접	문화적 원리
일반계 고등학교	이인효	1990	참여관찰, 면접, 각종 문서자료	문화적 원리
	황석도	2002	참여관찰, 면접	교사문화의 특성
	장하소	2004	조사연구와 참여관찰의 병행	교사문화의 특성
중 · 고등 학교	고형일, 이두휴	1997	심층면접, 비구조화된 면담과 반 구조화된 면담	장거리 통근 교사들의 삶과 문화유형
	오영재	2001	교단일기 분석	문화적 원리
	이혜영 · 류방란 · 윤여각	2001	조사연구, 관찰, 면담	교사문화의 원리와 특성

본 연구자가 조사한 바에 의하면, 2005년 현재 한국 교사문화에 관하여 약 20여 편 정도의 질적 혹은 질적 · 양적 혼용 연구가 이루어졌으며 그 개략적인 내용이 〈표 17-1〉에 제시되어 있다. 또한, 한국 교사문화에 대한 검토는 교사문화의 수준과 여러 기준에 따라 이루어질 수 있겠지만, 본 연구에서는 연구대상 학교를 초등학교와 중등학교로 구분하고 나아가 교사문화에 대한 선행연구결과를 교사문화의 원리와 교사문화의 특성으로 구분하기로 한다. 이때, 검토 대상을 학교급별로 나눈 이유는 초등학교와 중등학교의 교육목적, 운영구조, 교육환경이 서로 달라 형성되는 문화가 다르다는 연구들(박안식, 1995; 정바울, 2000)에 유의한 까닭이다. 또한, 교사문

화의 원리와 특성을 구분한 이유는 선행연구들에서 나타난 교사들이 교직활동을 수행하는 과정에서 적용하는 구체적 수준의 행동적 규범 원리와 교사문화를 다른 집단의 문화와 구별하게 해 주는 교사문화만의 고유한 성격에 해당하는 문화적 특성을 구별하여 설명할 필요가 있었기 때문이다.

1) 초등학교 교사문화에 관한 선행연구

초등학교 교사문화에 관한 선행연구들의 결과들은 크게 교사문화의 원리, 교사문화의 특성, 교사문화의 유형 등에 관한 세 가지 내용으로 정리할 수 있다.

우선 교실수업, 인간관계, 행정업무 등 교직활동의 중핵영역을 중심으로 초등학교 교사문화에 관한 선행연구들에서 밝혀진 문화적 원리를 보면, 영역마다 비교적 유사한 원리들이 나타나고 있음을 알 수 있다. 예컨대, 교실수업에 적용되는 문화적 원리는 '획일적인 목표에 도달하기 위하여 지도하여야 한다', '시험점수가 잘 나와야 한다', '교과서 범위를 벗어나면 안 된다'(신귀옥, 1996), '상호 불간섭'(황기우, 1992), '의례화'(류방란 · 이혜영) 등으로 나타나고 있어, 초등학교 교실수업에 적용되는 문화적 원리가 주로 점수 따기와 상호 불간섭 그리고 수업의 의례화임을 알 수 있다.

인간관계 영역 중 동료 교사관계에 적용되는 문화적 원리들로서는 '동학년 통일'(황기우, 1992), '나눔과 튀지 않기'(류방란 · 이혜영, 2002), '상대방에 대한 배려와 협력', '교사 개인과 학급경영 존중', '수업자료 공유'(김정희, 2004) 등이 나타나고 있어 동료교사 간에 적용되는 주요 문화적 원리가 업무적 통일성과 배려하고 협력하여 같이 살기인 것으로 평가된다. 또한, 학교행정가와의 관계에는 '점수 따기'와 '순응적'(박종흡 · 이관규, 1997), '일정거리 유지'(황기우, 1992), '불만 속의 순응'(류방란 · 이혜영, 2002) 등의 문화적 원리가 적용되고 있어 초등학교 교사들이 학교행정가와의 관계에 적용하는 문화적 원리가 일정한 거리를 유지하며 불만스럽지만 순응하여 좋은 점수 따기 정도로 해석할 수 있을 것으로 보인다.

초등교사들이 행정업무처리를 수행함에 있어 '남 하는 만큼만 한다', '동학년 중심으로 한다', '아동이나 학부모에게 일을 분담시키지만 그 경계가 명확해야 한다', '대충 해도 될 일과 철저하게 해야 할 일을 구분한다', '보조를 맞추되 빨리 하면 손해

다', '다른 교사들을 귀찮게 하는 일은 가급적 피한다'(신귀옥, 1996), '보여 주기'(류방란 · 이혜영, 2002) 등과 같은 주로 행정업무의 보조 통일과 형식화 원리를 적용하고 있음을 알 수 있다.

한편, 초등학교 교사들의 문화적 특성을 밝힌 연구도 있다. 예컨대, 초등학교 교사문화의 특성으로 황기우(1992)는 보수주의, 개인주의, 현재주의, 보신주의 등 네 가지 특성을, 김영숙(2003)은 정체성, 독자성, 일회성 등 세 가지 특성을, 장규일(1997)은 불확실성, 정체성, 일회성, 도덕성 등 네 가지를, 이옥자(2000)는 독자성, 폐쇄성, 보수성, 불확실성, 일회성 등 다섯 가지를 제시하고 있다. 또한 류방란 · 이혜영(2002)은 초등학교 교사들의 문화적 특성이 인간관계 지향성, 경계유지 성향, 방어적 성향 등 세 가지로 나타나고 있음을 밝히고 있다. 이들 연구들의 성과에 따른다면, 우리나라 초등학교 교사문화의 비교적 분명한 특성은 인간관계를 중시하고 변화에 느리게 반응하는 정체성과 보수성 그리고 즉시적인 문제해결을 일상화하는 일회성으로 해석될 수 있는 개연성이 높다.

마지막으로 나재주(1999)는 초등교사들이 사용하는 일상 언어를 기준으로 하여 교사문화에는 승진문화(남교사), 가정 중심 문화(여교사), 저항문화(전교조 교사), 유희 문화(학교를 노는 곳으로 생각하는 교사문화) 등 네 가지 하위문화가 있음을 밝히고 있다. 또한 오영재와 박주용(2005)은 학교장의 지도성과 단위학교 교사문화 간의 관계를 밝히고자 한 사례 연구에서 초등학교 학교장이 부임 후 초기 1년 동안은 수업과 행정업무에서 지시와 통제 중심의 통제형 지도성을 많이 하는 것이 긍정적 교사문화를 형성하는 데 효과적이지만 부임 후 약 1년이 지난 후부터는 교사들의 자율과 책임을 강조하는 위임형 지도성 행동이 긍정적인 교사문화를 형성하는 데 더 효과적일 것이라는 가설을 제시하고 있다.

2) 중등학교 교사문화에 관한 선행연구

중등학교 교사문화에 대한 연구결과들 역시 크게 중등교사들의 문화적 원리에 관한 내용과 문화적 특성에 관한 결과로 나눌 수 있다. 교실수업에 적용하는 문화적 원리로는 '학력 신장식 수업'(이인효, 1990), '성적 위주의 교육현실에 대한 순응적 자세'(오영재, 2001), '학생 챙겨주기'(이혜영 · 류방란 · 윤여각, 2001), '부족하고 부담스러운 일', '가장 중요하고 노력한 만큼 효과가 있다고 생각하지만 준비시간 부족'(박미옥, 2003) 등으로 나타나고 있어 중등교사들이 교실수업에 적용하는 문화적 원리들이 학력 신장 우선 및 수업부담을 중심으로 형성되고 있음을 보여 주고 있다.

인간관계 영역에서 적용되는 문화적 원리로는 우선 동료 교사들과의 관계에서는 '닫힌 자기 성(城)에서 혼자 살기'(오영재, 2001), '친하게 지내되 간섭하지 않는다'(이혜영 · 류방란 · 윤여각, 2001), '같은 길을 가는 동반자라고 느끼면서도 갈등상황에서는 그냥 두고 지내기'(박미옥, 2003) 등과 같은 원리들이 나타나고 있다. 즉, 동료교사 간에는 상호 간섭하지 않기가 비교적 일관된 문화적 원리로 나타나고 있음을 알 수 있다. 또한, 학교행정가와의 관계에서는 '유능과 복종'(이인효, 1990), '행정에 대한 냉소적 형식주의로의 대처'(오영재, 2001), '교사를 신뢰하는 교장이 좋다'(이혜영 · 류방란 · 윤여각, 2001), '적당한 거리를 두고 지내며 순종하는 척 하기'(박미옥, 2003) 와 같은 원리들이 나타나고 있어 교사와 학교행정가 간의 관계에 적용되고 있는 주요 원리가 거리를 두고 지내며 순종하는 척하기로 해석된다. 학부모와의 관계에 있어서는 '문제를 제기할 수 있는 존재로 편하지 않다'(이혜영 · 류방란 · 윤여각, 2001), '교육의 주체로 인식하지만 적당한 선 지키기'(박미옥, 2003)로 밝혀지고 있다.

행정업무에 적용되는 문화적 원리로는 '사소하나 간과하기 어려운 일들에 신경쓰기', '보여 주어야 한다, 시간에 맞추어야 한다', '문서로라도 남겨야 한다'(이혜영 · 류방란 · 윤여각, 2001), '합리적으로 운영되기를 바라지만 소극적으로 대처하기', '수업을 방해하고 생활의 여유를 갖지 못하게 하면서도 가장 많은 시간을 투자해야 하는 일'(박미옥, 2003) 등으로 나타나 교사들의 학교행정업무에 대한 문화적 원리는 주로 보여 주기 및 형식화 원리임을 알 수 있다.

이와 같은 중등 교사문화의 원리에 관한 내용 이외에도 그 특징에 관한 내용도 있다. 예컨대, 김병찬(2003)은 중학교 교사문화의 특성으로 행정업무 중심 문화, 교사 편의 위주의 문화, 형식주의 문화, 개인주의 문화, 외부의 영향에 취약한 문화, 목적의식이 약한 문화, 여교사 중심 문화 등 일곱 가지로 제시하고 있다. 또한 이혜영 · 류방란 · 윤여각(2001)은 중등학교 교사의 문화적 특성이 인간관계 지향, 경계

유지, 방어와 보수, 무력감 혹은 체념임을 밝히고 있다. 그 외 고형일과 이두휴(1997)는 장거리 통근교사들의 문화로 카풀과 길거리 문화, 전세버스와 침대문화를 들고 있다. 초등학교의 교사문화가 인간관계를 중시하며 정체성과 보수성 그리고 일회성을 그 특징으로 하고 있다면, 중등학교 교사문화의 특징은 학교 현실에의 순응성, 닫힌 성에서 상호 불간섭하며 독자적 자율을 누리는 고립성, 변화에 대한 보수성, 업무처리의 형식성 등인 것으로 보인다.

전체적으로 보아, 한국 교사문화에 관한 연구들은 시기적으로 1990년대 중반까지는 주로 초등학교를 대상으로 간헐적으로 이루어져 오다 1990년 중반 이후에는 그 대상이 다양해지고 연구의 양도 약간 증가하는 경향을 보여 주고 있다. 연구대상을 중심으로 보면, 약 60% 정도가 초등학교를 대상으로 하고 있고 나머지 40% 정도는 중·고등학교를 대상으로 하고 있다. 또한 연구방법은 양적 연구와 질적 연구방법을 혼용한 류방란·이혜영(2002), 이혜영·류방란·윤여각(2001), 김현경(2003), 그리고 장하소(2004)의 연구를 제외한 대부분의 연구들에서 대표적인 질적 연구방법인(Marshall & Rossman, 2005: 78-86) 참여관찰과 심층면담 방법에 충실하고 있다. 이는 연구방법 면에서 연대기적 분석, 설명적 역사접근, 생애사적 연구, 평가적 역사접근, 자서전적 접근, 사례 연구, 민속지적 연구, 일화분석, 경험대화 분석 등(Murray, 2003)과 같은 보다 다양한 질적 연구방법의 활용이 필요함을 시사하고 있다.

한국 교사문화에 관한 선행연구가 아직은 많지 않고 연구의 영역과 내용 면에서 일반화될 수 있는 어떤 해석의 틀을 찾기 어려운 경향을 보이고 있다. 나아가 연구의 결과에 있어서도 교사들의 구체적인 삶과 행동특성, 교사들이 교수-학습과 학생지도 및 행정업무 수행에 적용하는 문화적 원리, 교사문화의 특성 등 교사문화 이해수준 전반에 걸쳐 폭넓게 나타나고 있다. 이러한 연구 경향은 한국 교사문화에 관한 연구결과의 상호 소통과 일반화에 제한점으로 작용하고 있어 이에 대한 체계적인 평가가 필요하다는 사실을 시사하고 있기도 하다.

3 연구의 방법

1) 연구대상 학교 기술

본 연구의 대상학교는 연구자가 재직하고 있는 광역시의 한 실업계 고등학교이다[5](이하 희망고등학교라 함). 희망고등학교가 소재한 지역은 주변에 공단이나 논밭이 많고 농업이나 상공업에 종사하는 사람들이 많아 경제적 수준이 그리 높지 않은 편이다. 또한 집값이나 지대가 싸서 타지역 전입자들이 잠시 머물다 경제적 여건이 나아지면 다른 지역으로 전출하는 경우가 많아 학교 간 학생이동이 많은 지역이다.

희망고등학교는 개교 이래 상고, 종합고, 실업고 등으로 교명을 여러 차례 변경한 바 있다. 희망고등학교 주변은 소음 공해가 심하고 재정적 지원이 충분하지 않아 학교환경이 낙후되어 있어 매년 신입생 유치에 어려움을 겪고 있다. 참고로 〈표 17-2〉에 제시한 2005학년에 희망고등학교에 지원한 중학교 졸업생들의 성적을 보면 지원자의 약 85%가 중학교 졸업 성적의 90~100% 수준임을 알 수 있다.

〈표 17-2〉 2005학년도 희망고등학교 입학 지원 학생들의 중학교 학업성취도 수준

학과 \ 학업성취도	50~60%	60~70%	70~80%	80~90%	90~100%	계(명)
A학과	2	1	5	11	102	121
B학과	2	1	3	12	17	35
C학과				3	71	74
D학과		1	2	1	67	71
계	4	3	10	27	257	301

5) 광역시 명칭을 밝히는 경우 본 연구대상 학교의 익명성이 보장받기 어렵다는 연구자들의 판단에 따라 이와 같은 방식으로 표기한다.

한편 희망고등학교 교사들은 실업계 고등학교의 특성상 크게 일반교과 교사와 전문교과 교사로 구성되어 있다. 일반교과의 경우에는 일선 교사들이 내신을 희망하는 경우가 거의 없어 대부분 신규교사나 타지 전입교사인 경우가 많고, 이로 인하여 상대적으로 보직을 맡을 기회가 많다 보니 승진점수를 얻기 위해 전보내신을 희망한 교사 혹은 수업부담이 적은 것을 의식하여 온 원로교사들이 많다. 실제, 일반교과 교사 23명 가운데 2002~2004년 신규 전입교사 중 희망고등학교가 초임근무지이거나 타 지역에서 전입한 교사가 22명에 달하고 있다. 전문교과 교사들의 경우, 동일 광역시에 소재한 소수 공립 실업계 고등학교를 번갈아 근무하고 있다. 이로 인하여 이미 친분관계가 형성되어 있는 교사들끼리 다시 만나 근무하게 되는 경우가 많고, 동일 학교 출신 간에 결집하는 경향도 있다. 희망고등학교 교직원 현황은 〈표 17-3〉과 같다.

〈표 17-3〉 희망고등학교 교직원 현황

구 분		인 원(명)	구 분	인 원(명)	
교과별	일반교과	23	연령별	20대	20
	전문교사	31		30대	15
	소계	54		40대	10
성 별	남교사	34		50대	5
	여교사	20		60대	4
	소계	54	소 계	54	

2) 연구기간 및 자료수집 방법

본 연구의 연구기간은 2004년 9월부터 2005년 8월 말까지 총 12개월간이다. 연구기간 중 희망고등학교 교사들의 문화를 해석하기 위해 다양한 배경을 가진 교사들과 심층면접을 실시하였으며, 교실수업 실태를 파악하기 위해 5회의 수업관찰을 실시하였다. 심층면접은 1차로 실업계 교사들의 학생관, 교육목표, 수업활동, 동료교사들과의 관계, 학교장과의 관계, 학부모와의 관계 및 행정업무 등과 같은 내용을 중심으로 한 반 구조화된 질문을 사용하여 연구문제에 대한 주요 제보자들의 일상 행동, 신념 및 태도 등을 파악한 다음, 교사문화의 원리가 형성되고 유지되는 학교 조직의 맥락과 현상의 배후에 있는 이유 등을 파악하기 위하여 심층면접을 이어나갔다. 심층면접은 희망고등학교 장서실을 주로 이용하였으며 심층면접 결과가 특정 배경이나 경력을 가진 교사들에게 국한되지 않도록 하기 위해, 성별, 연령, 전공, 교직경력, 보직 등을 고려하여 다양한 배경과 경력을 가진 교사들을 주 제보자로 선정하여 실시하였다. 심층면접 대상 교사들의 배경을 제시하면 〈표 17-4〉와 같다.

〈표 17-4〉 본 연구 주요 제보자들의 주요 배경

성명	성별	연령	전공교과	실업계 교직경력	기타
○○○	남	40대	전자	14년	전교조 분회 장
○○○	여	20대	세계사	2년	전교조
○○○	남	30	인터넷	8년	전교조
○○○	여	20대	영어	1.6년	교원단체 미가입
○○○	여	50대	교련	3개월	기간제
○○○	여	30대	특수교육	1년	인문독서부장
○○○	남	50대	전자	10년	학생부장
○○○	여	50대	전자	23년	전교조

심층면접 및 수업관찰 결과는 면접과 관찰 과정 혹은 종료 후 즉시 대학노트에 기록하였으며 심층면접과 관찰 결과를 기록한 분량은 A4용지 44매 정도이다. 또한 수업관찰은 관찰대상 수업 담당 교사들과 사전협의를 거쳐서 이루어졌지만, 수업공개를 극도로 꺼리는 분위기 때문에 수업관찰을 충분히 하지 못한 아쉬움이 있다.

3) 자료분석

본 연구에서 사용하고 있는 자료분석 방법은 원인연쇄분석(Casual chain analysis) 방법이며, 원인연쇄분석 방법을 사용한 이유는 특정한 상황의 원인에 대한 심층면접 이나 참여관찰 결과를 분석하는 방법으로 매우 유용하기 때문이다(이용숙 · 김영천, 1998: 152). 즉, 본 연구에서는 기존의 교사문화 연구에서 보편적으로 사용하고 있는 교육활동, 인간관계 및 행정업무 등과 같은 분석 영역과 대상을 가지고 연구를 시작하였기 때문에, 새로운 분류영역이나 성분을 발견하는 데 주력하기보다는, 참여관찰과 심층면접에서 나타난 각 영역별 문화적 원리의 원인을 보다 깊이 파악하는 것이 중요하였기 때문이다.

또한, 본 연구과정에서 수집된 심층면접 및 수업관찰 결과를 해석하는데 있어서 네 단계를 거쳤다. 첫 번째 단계에서는 공동연구자가 수집된 기초 자료를 같이 읽고 해석하는 단계이며, 두 번째 단계는 공동연구자들의 주관적 해석의 개연성을 최소화하기 위해 교육대학원 계절제에 재학 중인 현직 중등교사 5명과 수집된 자료를 윤독하고 공동연구자들이 해석한 결과의 적합성을 논의하는 1차 토론회를 가졌다. 세 번째 단계에서는 1차 토론회 결과에 대한 해석의 타당도를 높이기 위하여 2005년 7월 초에 교육학 전공 교수 2명에게 의뢰하여 본 연구결과의 타당성을 확인하여 재해석의 여지가 있는 부분을 보완하기도 한 바 있다. 마지막 네 번째 단계에서는 최종 연구결과를 본 연구에 협조해 준 희망고등학교의 주 제보 교사들에게 제시하고 희망고등학교 교사문화 해석의 타당성을 확인하였다. 또한 희망고등학교 교사들이 교육활동과 인간관계 및 행정활동에 적용하는 문화적 원리를 밝히기 위하여 그 주요 분석대상을 〈표 17-5〉와 같이 설정하였다.

우선 분석대상을 전제요인과 교육활동, 인간관계, 행정업무 등 크게 네 가지 영역으로 구분하였다. 전제요인으로는 '학생관'과 '교육 목표관'을 설정하였다. 이 두 가지 요인을 전제요인으로 본 이유는 실업계 고등학교 교사들이 교실수업, 기초생활지도, 진로지도, 교우관계 지도 등과 같이 교육목표를 달성하기 위해 필요한 학교 내의 다양한 활동을 전개할 때 의식하는 상위수준의 영향요인으로 보았기 때문이

〈표 17-5〉 본 연구에서 설정한 교사문화 분석대상

영 역	분 석 대 상
전제요인	교사들이 갖는 학생들의 가정배경과 학업성취 수준 및 미래 가능성에 대한 관점, 실업계 고교의 공식적 교육목표와 비공식적 교육목표에 대한 교사들의 시각과 현실적 적용
교육활동	학생들의 인성지도, 학업문제지도, 진로지도, 가정환경지도 등과 같은 생활지도 활동, 교실수업에 대한 관심과 준비 그리고 실제 수업행동
인간관계	동료교사와의 관계, 행정가와의 관계, 학부모와의 관계
행정업무	학교운영 기제, 기타 행정적 직무수행 행동

다. 즉, 교사들은 학생들이 가지고 있는 가정배경 상황, 학업성취 수준, 누적적인 성패 경험에 따른 학문적 자아의식, 학교생활에 대한 태도, 미래 희망 등에 대한 나름의 관점을 가지고 있으며, 또한 완성형 직업교육이라는 실업계 고등학교의 공식적 목표와 현실적이고 비공식적인 교육목표들을 고려하면서 교육활동을 전개할 것이라는 가정에서 설정한 것이다. 전제요인에 이어 교육활동과 인간관계 및 행정업무 등 세 가지 영역을 분석 대상으로 하였는바 그 이유는 이들 세 가지 영역들이 교사들의 교직활동을 이루는 중핵활동이며, 실제 교사문화에 관한 선행연구들이 보편적으로 적용하고 있는 영역들이기 때문에 한국 교사문화 원리와 특성의 일반화를 위한 기초 작업을 하는 데도 유용하다고 판단하였기 때문이다.

4 실업계 고등학교의 교사문화

교사문화의 개념은 연구자의 관점이나 조직적 맥락에 의해서 다양하게 정의될 수 있다. 김풍삼(1992: 68-71)은 교사문화를 교사들이 교직 수행과정에서 형성하는 가치, 신념체계, 지식, 관습, 언어, 규범, 제도 등과 같은 생활양식의 총체로서 정의

하고 있는가 하면, Hargreaves(1992: 217)는 교사문화를 오랜 기간 유사한 요구와 압박을 처리하는 과정에서 교사들이 공유하고 있는 신념, 가치, 습관 및 행동방식으로 정의하고 있다. 또한 Hargreaves와 유사한 관점에서 이혜영·류방란·윤여각(2001: 15), 황기우(2002: 214) 및 김병찬(2003: 6)도 교사문화를 교사들이 교직활동을 수행하면서 형성하게 되는 신념, 가치 및 의미체계 혹은 교사집단이 공통적으로 가지는 인지체계 내지는 상징과 의미의 체계라고 말하고 있다.

이렇게 볼 때, 교사문화를 교직사회에 의해서 형성·공유되고 있는 생활양식이라는 총체적 개념보다는 교직사회의 통합된 규범체계 혹은 교사들의 행위와 신념 및 사고가 조직화되는 표준(Pai, 1990: 21-22), 즉 신념과 실천의 의미 있는 체계(Lubeck, 1985: 14)로 이해하는 것이 교사문화 연구의 일반적 경향임을 알 수 있다. 따라서 본 연구에서는 교사문화를 교사들이 교단생활에 적용하는 신념과 실천의 원리 혹은 표준이라고 정의하고, 이 정의에 따라 실업계 고등학교 교사들의 문화적 원리 혹은 표준을 밝히기로 한다. 아울러 교사문화의 수준에 따라 분석대상이 달라지기 때문에, 구체적인 분석수준 제시가 선행되고 그에 따른 분석대상이 설정되어야 한다고 보고, 본 연구에서는 Hoy와 Miskel(2001: 177)이 제시한 가장 구체적인 문화의 수준인 규범과 활동수준에 기초하여 교사문화를 분석하고자 하였다.

본 연구의 결과는 본 연구에서 설정한 연구문제와 분석대상에 따라 실업계 고등학교 교사들의 학생관, 학교교육목표에 대한 인식, 교육활동에 적용하는 문화적 원리, 인간관계에 적용하는 원리, 행정업무에 적용하는 원리 등의 순서로 제시하기로 한다.

1) 전제요인

교육의 출발점으로서의 학생에 대한 관점과 교사들이 학교 교육활동에 적용하는 공식적, 비공식적 목표에 대한 이해는 단위학교 교사문화를 이해하는데 있어 우선적으로 고려해야 할 매우 중요한 요인이다. 그러한 의미에서 실업계 고등학교 교사들이 갖고 있는 학생관은 어떠하며, 교육목표를 어떻게 해석하고 있는지를 보면 다음과 같다.

(1) 학생관: 가정환경이 어렵고 학업성적이 낮지만 재능을 키워 주고 사회적으로 배려해야 할 아이들

교사들이 학생을 보는 관점은 교사들이 전개하는 교육활동과 그들이 영위하는 학교에서의 직업적 삶을 해석하는데 있어 중요한 시사점을 준다. 교사들이 인식하는 학생들의 가정환경과 다양한 성취 경험 수준, 학교생활에 대한 기대와 태도, 미래 희망 등은 교사들이 설정하는 교육활동의 우선순위, 교사와 학생들 간에 이루어지는 상호작용의 빈도와 내용, 교사들이 인식하는 직업인으로서의 노동 강도, 그로 인한 직업적 삶의 내용과 애환 등에 영향을 주기 때문이다. 다음은 희망고등학교 교사들이 가지고 있는 학생관을 드러내 주는 일부 사례들이다.

■■■ 우리 아이들은 대부분 중학교에서 소위 꼴등만 하다가 온 아이들입니다. 항상 선생님한테 야단맞고 기를 못 피다가 고등학교까지 오게 된 아이들이죠. 실패 경험이 있어서인지 패배의식이 너무 강하고 모든 분야에 무기력합니다. 이렇게 나가다가는 항상 사회에서 낙오자일 수밖에 없을 것 같다는 느낌이 들 정도죠. 처음에는 답답하고 이해가 안 되었는데, 지금은 자신에 대한 책임감이나 주체성이 얼마나 중요한지를 누누이 강조하려고 노력합니다(20대 여교사).

■■■ 상대적으로 학업성취도가 낮은 아이들이 오는 곳이 바로 실업계 학교이죠. 지적 수준이 떨어지는 아이들을 가르치기 어려운 것은 절대 아닙니다. 문제는 아이들의 지적 수준보다 의욕상실에 있어요. 이것만 극복하면 교육수준이 어느 정도 높아질 수 있다고 봅니다. 중학교 성적은 훨씬 안 좋은 아이들이 실습시간에 전자회로 캐드를 만들거나 납땜하는 것을 보면 놀라울 정도로 잘하는 경우가 있고 선생님보다 나은 경우도 있습니다. 이런 재능을 못 키워 준다는 것은 문제가 있다는 것이죠. 실업계 아이들은 공부만 못하는 것이 아닙니다. 대부분 결손가정 아이들이죠. 이것은 사실 사회적 책임이기도 하지요. 그 아이들이 겪는 상처는 우리가 생각하는 것보다 훨씬 크죠. 가정에서 못 받은 사랑을 학교에서 베풀어 주고 이 아이들을 위한 사회적 지원이 필요하다고 봅니다(30대 남교사).

위 사례에서 본 희망고등학교 교사들의 학생관은 집안이 어렵고 학업성적이 낮아 패배의식이 강하고 무기력한 경향이 많은 아이들이지만 아이들이 가지고 있는 재능을 키워 주어야 한다는 인식과 아이들에 대한 애정을 공통되게 가지고 있는 것으로 나타났다. 예컨대, 2005학년도 신입생 가정실태자료를 보면, 전체 신입생 232명 중 약 38% 정도의 아이들에게 부모의 이혼, 별거, 편부, 계모, 조부모나 친척 보호 등과 같은 가정의 구조적 결손이 있는 것으로 되어 있다. 부모의 학력은 대부분 고졸 이하이며 학생들이 인식하는 자기 가정의 경제적 수준을 대부분 하 수준으로 인식하고 있었다. 교사들은 학생들의 가정의 구조적 결손뿐 아니라 가족 간의 상호작용의 과정적 결손도 많다고 인식하고 있었다.

교사들은 현재 실업계 고등학교 학생들의 잠재적 재능과 학업적 패배감, 부정적 자아의식 등과 같은 문제행동의 개선 가능성에 대해서는 희망을 가지고 있지만, 그 희망을 실현하는데 있어 장애요인으로 작용하고 있는 가정의 구조적 측면이 학생 개인이나 가정적 차원에서 개선될 가능성이 낮은 것으로 인식하고 있었다. 즉, 교사들은 이러한 어려운 가정환경과 낮은 학업성취에도 불구하고 이 아이들이 가지고 있는 다양한 기술적 재능들을 키워 그 재능을 활용할 수 있는 직업을 가지고 건강한 사회구성원으로서 맡은 바 역할을 다 할 수 있는 아이들로 키워 내야 한다는 생각을 가지고 있는 것으로 나타났다. 특히, 교사들은 학생들이 보여 주는 여러 유형의 문제행동들이 학생 개인의 문제에서 비롯되었다기보다는 가정과 사회의 구조적 원인에 의해서 출현하고 있다는 인식하에 학생들에 대한 사회적 지원을 더욱 강화해야 할 필요가 있다고 인식하고 있었다. 이는 교사들이 교육자로서의 아이들에 대한 희망과 학생들에게 필요하다고 생각되는 도움을 충분히 주지 못하는 데 따른 현실적 안타까움을 동시에 갖고 있는 것으로 해석된다.

(2) 교육목표: 기술교육과 대학준비 교육 사이에서의 정체성 혼란

실업계 고등학교는 직업 기술 함양 위주의 완성교육과 대학 진학을 위한 계속교육 사이의 혼란을 거듭해 온 역사를 가지고 있다. 실업교육에 대한 국가정책 방향과 국민들의 대학교육 수요의 증가에 따른 현상이다. 그러한 실업계 고등학교 교육목표에 대한 정체성의 혼란은 지금도 마찬가지인 것으로 보인다.

희망고등학교 교사들은 실업계 고등학교 본연의 기술교육을 강화해야 한다는 인식, 사회의 대학교육 수요에 따라 교육목표와 교육과정을 개편해야 한다는 인식, 극단적인 경우에는 실업계 고등학교 교육의 본령에서 벗어난 작금의 실업계 고등학교를 폐지하고 획기적 제도 전환이 필요하다는 등 다양한 인식을 하고 있었다. 이는 실업계 고등학교 교육목표에 대한 정체성의 혼란을 드러내 보이는 현상이라고 판단된다. 다음은 그러한 경우 해당하는 면담내용들이다.

■■■ 제 생각에는 실업계 학과나 교육과정이 너무 거창하다고 봅니다. 공대에서 배울 내용을 가르치는 것 같기도 하고 진짜 이해해서 나중에 써먹을 지식은 거의 없습니다. 컴퓨터요? 요즘 컴퓨터 잘 하는 사람이 얼마나 많은데 공고에서 매일 게임만 하다가 온 아이들을 뽑아 줍니까? 오히려 기능을 가르쳐야 합니다. 필요하다면 외부에서 사람도 데려오고 학과도 개편해서 단순하면서도 특기가 될 수 있는 기능을 가르쳐야죠. 어중간하게 전기, 전자이론 가르치고 컴퓨터 프로그래밍 가르치는 것보다 전기배선이나 납땜하는 것 제대로 가르쳐야죠. 그건 공대 나온 애들보다 더 잘할 수 있도록 말이죠(50대 남교사).

■■■ 저는 전공이 전자과이다 보니 실업계에서만 23년 정도 근무를 했습니다. 그동안 실업계 고등학교도 참 많이 변했어요. 예전에는 참 좋은 애들도 많았고 착실하게 배워서 취직 잘 하는 애들이 많았는데 요즈음은 다들 대학에 가려고 하니까 실업계 자체에서의 교육은 큰 의미를 갖지 못하는 것 같습니다. 인문계를 나오나 실업계를 나오나 대학에 가는 것은 마찬가지니까요. 요즈음은 내신을 잘 받기 위해서 일부러 실업계에 오는 경우도 있다고 하니까 실업계 고유의 목적이 상실된 거죠. 제가 맡은 3학년 반은 올해 35명 중 25명 정도가 대학에 합격했습니다. 나머지도 불합격해서 안 가는 것이 아니고 집안형편 때문에 취업을 한 것이지요. 이제 대학교육이 그만큼 보편화되었다고 볼 수 있습니다. 저는 실업계 학교가 이 아이들이 대학에서 배울 내용을 남들보다 빨리 전문적으로 배워서 비슷한 계열 학과에 진학하는 데 도움을 주어야 한다고 생각합니다(50대 여교사).

2) 교육활동

학교교육을 이루는 두 가지 중핵활동이 있다면 생활지도와 교과를 가르치는 교실수업이라고 할 수 있다. 생활지도가 학생들의 인성교육, 진로지도, 교우관계지도, 학업지도, 가정환경 지도 및 미래 시민교육 등으로서의 의미를 가지고 있다면, 교실수업은 학생들에게 특정 교과의 구조와 원리 및 이론들을 체계적으로 가르치는 활동이다. 그런데 대체로 교사들은 학교 교육활동에서 이 두 가지 활동은 서로 밀접한 관련이 있다고 보는 것이 일반적이다. 실업계 고등학교 교사들은 이 생활지도와 교실수업을 어떻게 생각하고, 어떤 문화적 원리에 의해서 수행해 나가는지를 제시하면 다음과 같다.

(1) 생활지도: 학생통제와 인간적 감화의 병행

희망고등학교 교사들은 공통되게 교육활동에 있어 생활지도를 최우선으로 인식하고 있었으며, 생활지도에 적용하는 문화적 원리는 학생통제와 인간적 감화의 병행인 것으로 나타났다. 이때 주목해야 할 부분은 희망고등학교 교사들은 학생통제를 수업을 위한 필요조건이라고 인식하기보다는 학생들이 가정에서 질서의식과 예절 등과 같은 적절한 기본교육을 받지 못한 문제, 누적된 학업적 패배 경험에 따른 무기력, 고등학교 교육에 대한 흥미 부족과 의욕 부재 등으로 인하여 지각, 조퇴, 무단결석 등이 빈발하고 설사 학교에 온다 하더라도 흡연, 침 뱉기, 교실에서의 소란, 수업 시간에 잠자기, 수업이탈 등과 같은 문제 상황을 통제하는 것이 급하다고 인식하고 있다는 점이다. 교실수업은 학생통제보다 다음 문제라는 인식이 지배적이었다. 다음은 이와 같은 희망고등학교 교사들의 학생통제에 대한 인식을 잘 보여주고 있는 사례들이다.

■■■ 여기 선생님들은 학생 출결이나 중도탈락 학생에 많이 치중하는 것 같습니다. 학교에 안 나오는 아이들도 많고 10시가 넘어야 학교에 오는 지각생도 많아서 담임 선생님들이 신경을 많이 쓰시는 것 같았습니다. 그리고 중간에 퇴학을 당하거나 자퇴하는 아이들도 많더라고요. 제가 2~3개월 학교에 있는 동안에도 자퇴하는 학생들을 상당히 많이 본 것 같습니다(50대 여교사).

■■■ 저는 2년째 생활부장을 하고 있습니다. 가끔은 내가 교사인지 형사인지 헷갈릴 때가 있습니다(웃음). 툭 하면 경찰서에서 전화 오고, 동네 주민들한테 학생들이 담배 피우고 가게에서 물건 훔쳤다고 전화 오고, 시간마다 애들끼리 때려서 학생부 와서 무릎 꿇고 있고, 학생부 선생님들은 쉬는 시간이면 화장실 가서 담배 피우는 애들 잡아 오고 그럽니다. 실업계 학교에서는 생활지도가 가장 우선시되는 것이 특징입니다. 교과교육도 생활지도가 되어야 가능하거든요. 제가 학생부장 하기 전에 성품 좋으신 여선생님께서 학생부장을 하셨는데요. 그때 우리 학교는 학교도 아니었습니다. 아침에 책가방 가지고

오는 애들이 하나도 없었어요. 복도에서 담배를 피우다가 걸려도 마땅히 처벌할 사람이 없고 수업 시간에 선생님한테 대들어도 젊은 여선생님들은 속수무책이었습니다. 입학할 때 흡연자 수가 소수였다가 1학년 4, 5월이 되면 반에 절반 이상이 담배 피웁니다. 생활지도가 첫 번째입니다. 그게 되어야 다른 모든 학교업무가 가능해지거든요(50대, 학생부장).

그렇다고 하여 희망고등학교 교사들이 생활지도를 함에 있어서 학생통제 원리만을 일방적으로 적용하는 것은 아니다. 아이들에 대한 인간적 감화를 병행하여 생활지도를 하는 노력도 적지 않으며, 오히려 이러한 노력들이 희망고등학교 교사들의 교직에서의 기쁨과 보람에 직결되는 경우가 많은 것으로 나타났다. 다음은 그러한 사실을 확인시켜 주는 면담내용들이다.

■■■ 저희 학교에 1학년만 세 번째 다니던 학생이 스무 살에 2학년이 되었습니다. 매년 중도 탈락을 했었고 선생님들도 왜 그 학생을 우리 학교에서 또 받아 주는지 모르겠다고 수업 시간마다 불만이 많았습니다. 부모님 없이 혼자 자취하는 아이였어요. 저는 3년째 그 아이를 보다 보니까 안타깝기도 하고 해서 어느 날은 아침은 먹고 다니느냐고 물었습니다. 그런데 그 아이 하는 말이 아침마다 담임선생님이 먹을 것을 사다 주신다는 거예요. 김밥이나 빵 같은 것을 주시거나 때때로 선생님도 아침 못 먹었다고 하시면서 식당에 데려 가신답니다. 처음 한참 만에 학교에 돌아왔을 때는 담임선생님이 드라이브를 시켜 주면서 마음을 터놓고 대화를 많이 나누었다고 하더군요. 같은 교사이면서 큰 감동을 받았습니다. 그 아이는 지금 2학년에 올라갔고 여전히 작년 담임선생님을 가장 따르면서 쉽진 않지만 학교에 적응하려고 애쓰고 있습니다(20대, 여교사).

■■■ 담임을 하다 보면 정말 뜻하지 않은 일을 많이 경험하게 됩니다. 젊은 여교사들의 경우, 대부분 평범한 가정에서 모범적으로 학창시절을 보낸 사람들이 많기 때문에 실제로 이 곳 아이들의 가정사 문제는 이해하기도 어렵고 접근하기 불가능한 영역도 많아서 처음에는 좌충우돌하게 됩니다. 처음 가정방문을 갔을 때, 사는 집의 외형적인 면에 놀란 것도 있지만 가정의 내부 불화나 복잡한 가정 문제에 놀라게 됩니다. 실제로 요즘 같은 시대에 형편이 어려워서 급식비나 수학여행비를 못 내는 아이들도 많고요. 담임이 그런 사정을 알면서 모른 체하기는 사실 인간적으로도 힘듭니다. 그러다 보면 자연히 급식비나 수련회비, 교과서 대금 같은 것은 모르게 내 주는 경우도 생기고 그런 선생님들

이 실제로 꽤 계십니다. 가끔 쌀이나 김치를 가져다 주는 분도 있고요. 아직은 그렇게 각박한 인심이 아닌 것 같습니다.(웃음)" (40대, 여교사)

(2) 교실수업: 소홀한 교실수업 경향에 대한 비판의식 그러나 순응적으로 동조하기

학교 교육활동에 있어 학생통제를 최우선으로 하고 있는 희망고등학교 교사들의 교실수업 실태를 보면, 희망고등학교 교사들의 교실수업 준비는 미흡한 경우가 많았으며 실제 수업장면에서도 소홀한 수업을 전개하는 경우가 적지 않은 것으로 나타났다. 다음은 희망고등학교 교사들의 교실수업에 대한 인식과 적용원리를 드러내 보이는 면담 및 수업관찰 사례들이다.

■■■ 다른 선생님들 수업에 관한 것은 제가 다 들여다볼 수 없으니까 뭐라고 단적으로 말할 수는 없지만, 실제로 교사들이 학생 수준만 탓하고 어떻게 무엇을 가르쳐야 하는가에 관한 고민이 부족한 것은 사실입니다. 선생님들 가운데는 지식 전달을 위해 학생들이 듣든지 말든지 그 날의 학습을 진행시키는 경우도 있습니다(40대 남교사).

■■■ 제가 여기 선생님들을 보면서 느낀 점은 수업에 좀 소홀하지 않나 하는 점입니다. 선생님들이 수업 한 시간 정도 안 들어가고 아이들 게임 같은 것을 시키는 경우도 많고 학생들 수준이 낮다고 말하면서도 실제 수업준비하는 모습도 거의 못 본 것 같아요. 학생수준에 맞게 재구성해서 가르치는 것이 교사의 역할이지 않습니까?(30대 여교사).

물론 희망고등학교 교사들 중에는 정성을 다해 수업준비를 하고, 학생들의 수준에 맞게 교재를 재구성해서 학생들과 활발하게 상호작용하며 성공적인 수업을 전개하는 교사들도 있었다. 또한 학생들의 학업수준이 떨어지고 수업에 흥미를 갖지 못하고 있는 점을 고려해 강압적 혹은 일방적인 방법이나마 수업을 잘하고자 노력하는 교사들도 적지 않은 것으로 나타났다.

그러나 희망교사들의 교실수업에 대한 일반적 인식에 관한 면담내용이나 실제 수업행동을 관찰한 사실에 기초해 보면, 대체로 희망고등학교 교사들의 수업준비가 그다지 충실하지 못하고 실제 수업을 소홀히 하는 경향이 있는 것으로 나타났다. 희망고등학교 교사들의 교실수업에 대한 관찰 중 특히 중요한 것으로 보이는 문화적 측면은, 적지 않은 희망고등학교 교사들이 이러한 교실수업 실태에 대해 비판적인 인식을 하고 있음에도 불구하고 자신의 수업활동을 개선하기 위해 새로운 시도를 하거나 더 나은 수업을 위해 학교 차원의 노력을 촉구하기보다는 소홀한 수업분위기에 동화되어 가는 경향이다. 하나의 사례이기는 하지만, 교실수업이 제대로 이루어지지 않는 문제 상황을 좀 더 생생히 보여 주기 위하여 한 수업장면을 제시하기로 한다.

시간: 2004년 10월 15일(금) 2교시
담당교사: OOO (40대 남교사)
해당학급: 2-1

10:10 관찰자가 복도를 지나가다가 실습실이 매우 시끄러운 것을 보고 들어감. 학생들이 과자를 먹으면서 게임에 열중하고 있음

관찰자 : "다른 반 다 수업하는데 너희들 왜 이렇게 떠들고 있어? 조용히 하고, 과자 먹던 거 다 집어넣어. "

학생들 : (모르는 선생님에 대한 무반응)

관찰자 : "무슨 시간이야? 반장, 선생님 안 오셨어?"

반장 : "OO 시간이요. 선생님 안 오시는 날인데.."

관찰자 : "뭐라고?"

반장 : "저희들 격주 수업 받잖아요. OOO 선생님은 들어오시고 OOO 선생님은 안 들어오시는데..."

관찰자 : "실습실 열쇠는 어디서 났어? 문단속 누가 할 건데?"

반장 : "OOO 선생님이 주셨어요. 열쇠 담당 있어요."

교사들이 교실수업을 상대적으로 소홀히 하는 경향에 대한 정당화 논리는, 전문교과 교육과정 수준은 상당히 높은 데 비해 실업계 고등학교에 입학한 아이들의 학업성취도와 수업에 대한 흥미, 집중도는 낮기 때문에 50분 교실수업을 교과내용 전달에만 집중하는 것보다 아이들 입장에서 좀 더 수월하게 수업을 하는 것이 아이들에게 적합하다는 것이었다. 이러한 교사들의 교실수업에 대한 정당화 논리가 교육전문가로서의 교사들의 수업적인 안목을 반영하고 있는 측면이 없지 않지만, 그러

한 아이들일수록 아이들의 수업흥미와 참여・성취도를 높이기 위해 교사들이 수업 준비를 더욱 철저히 하고 다양한 수업전략을 구사해야 한다는 점에서 교사들의 교실수업에 적용되는 문화적 원리는 비판의식이 있지만 소홀한 수업에 대한 순응이 더 가깝다는 해석이 가능하다.

3) 인간관계

학교조직은 어떤 조직보다 사람들과의 관계가 중요한 곳이다. 사람과 관계를 맺으며 사람을 가르쳐 다면적으로 성숙한 사람을 길러 내는 문화조직이기 때문이다. 그러나 무릇 사람들과의 관계는 때로는 보람과 즐거움을 주기도 하지만, 또 어느 때는 피곤함과 갈등을 주기도 하는 복합적인 성격을 갖기 마련이다. 그러한 의미에서 실업계 고등학교 교사들은 학교생활 과정에서 만나는 학생, 동료교사, 학교행정가, 학부모들과 어떤 관계를 맺으며 생활하고 있는지, 또한 그 과정에 적용하는 문화적 원리가 무엇인지에 대해 설명하면 다음과 같다.

(1) 동료교사들과의 관계: 강한 친목적인 유대를 중시하며 편하게 지내기

희망고등학교 교사들의 동료관계는 서로 편하고 동료적 유대관계가 강하지만 그 성격으로 보아 친목적인 성격이 강한 문화로 해석되었다. 수업부담이 적은 관계로 남는 시간을 운동이나 친목도모를 위한 활동에 많이 활용하는 경향이 많았다. 이러한 현상이 나타나는 이유는 광역시마다 소수의 실업계 고등학교가 있고, 같은 대학 출신 교사들이 많으며, 이들 교사들이 동일 지역에서 순환근무를 하다 보면 교사들 간에 상호 인지도가 높아 경우에 따라서는 교사들 간에 호형호제하는 관계도 많기 때문이다. 교사들은 이러한 교사들 간의 친목적인 유대관계를 인화가 잘되는 편안한 분위기로 인식하고 있었으며, 다음은 그에 해당하는 면담내용들이다.

■■■ 우선 인화가 매우 잘되는 것 같습니다. 공식적인 모임, 비공식적인 모임 등등 함께할 자리도 많고 같이 운동도 하고 식사도 하는 등 자연스러운 모임이 굉장히 많은 학교입니다. 가족 같은 분위기인 것 같아요. 전문교과 선생님들 중에 직장생활을 몇 년씩 하다가 오신 분들도 많아서 요령 있게 모임을 주도하시는 것 같습니다. 요즈음 대부분의

학교가 여교사들이 절대적으로 많은데 남녀 교사 비율이 거의 대등하고 여교사들이 대부분 미혼인 것도 이유라고 생각되고요. 사실 결혼한 여교사들이 많으면 학교 밖에서의 사적인 모임자리는 거의 생기질 않거든요. 교사들이 느끼기에 근무하기 즐겁고 편한 곳이라는 생각이 듭니다(30대 여교사).

■■■ 선배후배 관계가 돈독한 편이고 나쁜 쪽으로 작용하면 같은 대학 출신끼리만 모이는 경우도 있습니다. 그리고 남자 교사가 많아서 여교사들은 이득을 많이 보는 편입니다. 사실 공고에 근무하는 여교사가 승진 같은 것을 염두에 두고 근무를 하는 경우는 거의 없습니다. 여교사들이 소수이다 보니 남교사들이 많이 배려를 해 줍니다(50대 여교사).

또한 희망고등학교 교사들이 서로 편하게 지내고 시간이 날 때 친목활동을 활발하게 함으로써 매우 친교적인 동료교사 관계를 맺고 있는 것으로 나타난 반면 그 동료교사 관계가 학생생활지도 능력의 제고, 수업연구 모임 활성화 및 기타 교사들의 전문성 향상을 위한 자기 계발 노력과 연계되고 있지는 못하고 있는 것으로 나타났다.

(2) 학교행정가와의 관계: 일정한 거리 유지하다 업무상 필요할 때 찾기

희망고등학교 교사들은 학교행정가와 평소에 일정한 거리를 유지하다 업무상 필요할 때 찾는 그런 느슨한 관계를 유지하고 있었다. 학교행정가와는 특별한 일이 없으면 일정하게 거리를 유지하는 것이 편하지만, 주요 업무상의 의사결정이 필요할 때 찾는 그러한 관계이었다. 학교장과의 관계에 있어 이러한 문화적 원리가 나타나는 이유는 무엇보다 실업계 고등학교의 업무구조와 관련이 있다. 실업계 고등학교는 일반계 고등학교와 같이 여러 부서가 있지만, 기본적으로 시간표 짜기, 예산배정 등과 같은 주요 사안에 관한 의사결정은 실업교육부장을 축으로 한 전문교과 교사들이 중심이 되어 이루어지기 때문이다. 학교행정가를 정점으로 하여 교무부장이나 연구부장을 중심으로 직무수행상의 강한 결합관계에 의하여 운영되는 일반계 고등학교와 비교하여 완연히 다른 직무운영 구조인 것이다. 즉, 학교가 학과 중심 특히 전문교과 교사들을 중심으로 운영될 수밖에 없는 운영구조를 가지고 있기 때문에, 교사들은 학교행정가를 찾는 일이 드물고 자신들의 업무수행 과정에서 꼭 필요한 경우에 잠시 만나 문제를 해결하는 느슨하고 필요에 의한 관계구조를 이루고 있는 것이다. 학교장이나 교감이 전문교과 출신인지 혹은 일반교과 출신인지에 따라 영향을 받기는 하지만, 기본적으로 그 대상이 학교장이든 교감이든 전문교과 출신 학교행정가가 강한 영향력을 발휘하는 운영구조이다. 학교행정가는 대체로 교실수업에 관련된 요구나 지시 감독을 거의 하지 않는 경향이 많고, 교사들은 학교행정가들이 예산문제 등과 같은 사안에 주로 관심을 보이고 있다는 인식을 하고 있었다. 다음은 위와 같은 내용에 관련된 면담내용들이다.

■■■ 저희 학교를 제외하고는 실업계 학교 대부분이 규모가 매우 큰 편입니다. 특히 중소도시일수록 70년대 한두 학교를 집중적으로 육성한 곳이 많기 때문에 건물 규모나 실습실이나 기자재가 잘 되어 있습니다. 실습 위주의 이런 학교운영은 학교 건물 구조에도 영향을 끼치게 되어 있죠. 교사들이 기거하는 실습실은 대부분 중앙 교무실과 멀리 떨어져 있는 경우가 많습니다. 독립적인 공간 구조이죠. 당연히 교사들은 관리자와 자주 접촉할 일이 없게 됩니다. 게다가 일부 전공의 경우 그 지역 한두 학교에만 남아 있는 경우가 있어서 30년 가까이 한 학교에만 근무를 하게 되는 경우도 생깁니다. 상대적으로 관리자는 발령을 받아 와서 2~3년 근무를 하다 옮기기 때문에 그런 교사들을 관리하기란 쉽지 않습니다. 소위 학교의 터줏대감들이 많은 거죠. 교사들의 독립성이 매우 강한 편입니다(30대 남교사).

■■■ 관리자와의 관계는 실업계만의 특징은 아니라고 봅니다. 대부분의 교사들은 교장과 적당한 거리를 유지하고 싶어 합니다. 관리자라는 위치는 교사들에게 소위 잔소리를 많이 하게 되는 자리이고 교사들이 그러한 내용을 좋아할 리는 없습니다. 교장의 입장에서는 평소에 자신의 말을 잘 따라 주는 교사들에게 때때로 정해진 업무 이외의 일거리를 주기도 하기 때문에 귀찮을 때도 있습니다. 그렇다고 지시사항을 잘 따르지 않거나 지나치게 멀리 하는 것도 어느 정도 불이익을 줄 수 있기 때문에, 가장 좋은 방법은 적당한 위치를 지켜 주는 것이라는 인식이 강한 편이죠(40대 남교사).

(3) 학부모와의 관계: 만나서 좋을 것이 없어 일정한 거리 유지하기

교사들이 학생들을 대상으로 효과적인 교육활동을 수행하기 위해서는 학교와 가정 간의 지속적이고 협력적인 정보교류가 요구됨은 주지의 사실이다. 아이들의 바람직한 행동을 더욱 강화하고, 다른 한편으로는 교육적 문제행동에 내재될 수 있는 다양한 원인 파악과 그에 대한 효과적인 대처방안을 수립하는 데 필수적이기 때문이다. 그러나 희망고등학교 교사들은 우선 학부모들을 만나기가 어렵고, 설사 만난다 하더라도 아이들에게 무관심하거나 사회 · 경제적 지위가 낮은 경우가 많은 학부모형들이 학생지도에 큰 도움이 되지 않기 때문에 서로 만나서 좋을 것이 없다는 생각을 많이 하는 것으로 나타났다. 다음은 그러한 내용에 해당되는 면담내용들이다.

> ■■■ 여기 학부형들의 사회 · 경제적 수준이 별로 높지 않은 것으로 알고 있습니다. 그런데 교사들도 학부형을 약간 무시하는 측면이 없지 않은 것 같습니다. 옆에서 보면 그저 '그 학생 부모와는 말이 통하지 않는다.' 정도로 취급해 버리는 경우가 있는 것 같고요. 학생문제로 면담할 때도 대부분 아이가 말썽을 피운 경우이니까 교사들은 더욱 당당해지고 학부형들은 항상 미안해하기를 은연중에 바라는 건지도 모르겠습니다. 학부형들이 자식문제에 무관심한 것도 있지만 교사들도 그 학부형이 판검사, 의사이거나 교사만 되더라도 그렇게 말하지 못할 수도 있습니다(50대 여교사).
>
> ■■■ 교사하고 학부형은 가깝지 않은 것이 상책입니다. 학생문제를 가지고 너무 많은 이야기가 오가면 오해가 생길 수도 있고 모든 일을 선생님한테만 떠넘기고 의존하기도 하고 자기 아이만을 미워한다고 생각하는 경우가 생깁니다. 저는 대부분의 일을 학생 본인과 처리하고 학부형하고는 많이 상대하지 않는 편입니다(50대 여교사).

3) 행정업무: 전문교과업무 우선하며, 기타 행정업무 형식적으로 하기

실업계 고등학교의 행정업무는 전문교과에 관련된 사안들을 우선으로 하여 진행되며, 소위 일반계 고등학교에서 행정업무의 중심이 되고 있는 교무, 연구 등의 업무는 상대적으로 소홀히 취급하는 경향이 많았다. 전문교과 관련 업무는 전문교과 담당 교사들이 수행하며, 기타 행정업무는 주로 전문교과 출신 교사들이 부장을 맡고 일반교과 출신 교사들이 실무 담당자로 되어 있다. 실업계 고등학교에서 가장 중요하게 다루어지는 행정업무는 실험실습 기자재 구입 및 관리에 관한 업무와 재정 관련 업무이다. 반면 일반계 고등학교에서 주요 사안들로 다루어지는 상급학교 진학, 성적 평가, 어학교육, 도서관 운영 등에 관한 업무는 부수적인 업무로 다루어지고 있었다.

이러한 상황에 따라 희망고등학교 행정업무도 전문교과 관련 업무를 우선 처리하는 것이 자연스럽다는 인식이 강하며, 그 외의 기타 행정업무는 감독 교육청의 요구에 최소한의 수준에서 부응하는 형식화된 경향을 보이고 있었다.

■■■ 제 생각에는 학교가 너무 전문교과 위주로 운영되는 것 같습니다. 관리자들이 예산을 운영할 때는 공정해야 하잖아요. 실습 기자재나 실습 재료비는 턱없이 많아도 다 결재해 주고 융통성 있게 운영합니다. 그런데 저희 학교는 도서실이나 어학실, 과학실, 음악실, 미술실 등이 아무리 낙후되어도 어느 누가 나서서 개선하려고 하지 않습니다. 우리 아이들한테는 불필요하다는 인식도 강하죠. 물론 문제는 인문교과 교사 중에 학교에서 발언권 있는 경력 교사가 없다는 점입니다. 그러다 보면 자연히 전문교과 교사들이 학교 의사 결정권을 가지게 되고 학교에서 중요시하는 문제나 관심거리도 그렇게 되죠(30대 여교사).

■■■ 학교가 너무 전문교과 위주로 간다는 겁니다. 기획회의에 들어가 보면 일반교과 선생님은 저하고 연구부장 선생님뿐이고 나머지 모든 보직 교사가 실과 교사들입니다. 그럴 필요가 없는 부서까지도 말이죠. 원래 교사 정원의 차이도 있겠지만 회의내용도 대부분 전문교과에 관련된 것들뿐입니다(30대 여교사).

5 요약 및 결론

본 연구의 목적은 실업계 고등학교의 교사문화의 특성을 밝히는 데 있었다. 연구대상은 광역시에 소재한 한 실업계 고등학교이며, 연구기간은 2004년 9월부터 2005년 8월까지 총 12개월간이었다. 주된 연구방법은 심층면접과 참여관찰이었다. 심층면접은 교사들의 학생관, 교육목표, 교육활동, 인간관계, 행정업무 등에 관한 문화적 원리를 찾아내기 위하여 실시하였으며, 참여관찰은 교실수업 실태를 파악하기 위하여 이루어졌다. 또한 연구결과의 타당도를 제고하기 위하여 현직 중등교사 5명, 교육학 교수 2명, 본 연구대상 학교에 재직하고 있는 교사들에게 단계적으로 의뢰하여 연구결과 해석의 타당도를 제고시키고자 노력하였다.

연구결과, 실업계 고등학교 교사들의 문화는 '가정환경이 어렵고 학업성적이 낮지만 재능을 키워 주고 사회적으로 배려해야 할 아이들(학생관)', '기술교육과 대학 준비 교육 사이의 정체성 혼란(교육목표)', '학생통제와 인간적 감화의 병행(생활지도)', '소홀한 교실수업 경향에 대한 비판의식 그러나 순응적으로 동조하기(교실수업)', '강한 친목적 유대를 중시하며 편하게 지내기(동료교사관계)', '일정한 거리 유지하다 필요할 때 찾기(학교행정가와의 관계)', '만나서 좋을 것이 별로 없어 일정한 거리 유지하기(학부모와의 관계)', '전문교과업무 우선하며, 기타 행정업무 형식적으로 하기(행정업무)' 등으로 밝혀졌다.

해석하는 관점에 따라 약간의 차이가 있을 수도 있겠지만, 본 연구결과를 기초로 실업계 고등학교 교사문화를 정리하면, 결손가정이 많고 학업수준이 낮은 아이들을 가르치는 과정에서 대학진학의 계속교육과 기술교육의 완성교육 사이에서 혼란을 겪는 한편, 생활지도를 우선하고 수업에 소홀한 경향을 보이면서, 친목적이고 편의에 따른 인간관계를 형성하며 상대적으로 편하게 지내는 문화라고 할 수 있을 것으로 보인다.

한편, 본 연구결과와 한국 교사문화에 관한 선행연구결과들을 비교해 보면, 한국 교사문화에 공통적인 특성으로 제시할 수 있는 것도 있고 다른 학교급별과는 구별되는 연구결과도 있다. 예컨대, 의례화된 수업, 온정적 학생지도 원리, 학생통제의 중요성, 업무처리의 즉시성, 학교행정에 대한 느슨하고 형식적이며 순응적인 태도, 동료교사와 친하게 지내지만 상호 간섭하지 않기, 학부모와의 적당한 거리 유지하기 등과 같은 문화적 원리는 학교의 종류나 학교급별에 관계없이 비교적 공통적인 것으로 보인다. 그러나 가정환경이 어렵고 학업성적이 낮지만 재능을 키워 주고 사회적으로 배려해야 할 아이들에 대한 관점, 완성 기술교육과 대학진학의 계속교육 사이에서 비롯되는 교육 정체성의 혼란, 수업보다 학생생활지도 우선, 학생통제와 인간적 감화를 병행하는 생활지도 원리, 동료교사와 강한 친목적 유대 형성하며 편하게 지내기, 전문교과 업무 우선하며 기타 행정업무 형식적으로 하기 등은 다른 유형의 학교 교사들과 구별되는 실업계 고등학교만의 독특한 문화적 원리로 판단된다. 이러한 한국 교사문화에 관한 선행연구들의 결과와 본 연구결과와의 공통적인 점과 차이점에 대한 이해는 한국 교사문화의 평가와 바람직한 변화방향의 모색에 기여할 수 있는 작지만 의미 있는 학문적 기여라고 생각된다.

이 연구를 수행하게 된 일차적인 목적은 한국 교사문화 연구의 측면에서 학문적으로 일정한 기여를 하고자 하는 것이었지만, 다른 한편으로는 실업계 고등학교 교육현실에 대한 보다 검증된 사실을 밝혀 실업계 고등학교의 제도적 변화를 위한 정책을 촉구하고 싶은 의도도 있었다. 사실 한 때 우리 사회의 경제발전에 필요한 기능인력 양성을 위한 완성교육기관으로서 적지 않은 기여를 했다고 평가받았던 실업계 고등학교가 그 불확실한 교육적 기능과 그로 인해 파생되는 다양한 문제, 나아가 임기응변식 정책적 대응으로 인하여 제자리를 잡지 못하고 있다는 판단을 하게 한다.

실업계 고등학교 교육은 변화해야 하고 실제 특성화된 교육을 향해 변화하고 있다. 또한 실업계 고등학교 교육의 변화를 위해서는 정치・경제・사회적 요구뿐만 아니라 실업계 고등학교 교육현상에 대한 과학적 연구에서 비롯된 교육주체들의 변화에 대한 공감대 형성도 매우 중요하다. 교육의 장에는 자율적 작동논리와 외부의 압력과 요구에 대한 독특한 대응전략이 있기 때문이다. 그러한 의미에서, 본 연구의 결과에 기초하여 실업계 고등학교 교육의 내실화 혹은 변화를 위해 필요하다고 판단되는 정책 제언을 한다면 다음과 같다.

첫째, 실업계 고등학교 교육목표에 대한 사회적 합의 도출과 그에 따른 국가차원의 기능인력 양성체제의 재구조화 방안 마련이 시급한 것으로 판단된다. 실업계 고등학교 교육목표에 대한 정체성의 혼란은 전영국・양은주・허희옥(2002)의 연구결과에서도 확인된 바 있는 내용이다. 실업계 고등학교의 현재의 대학진학률과 학생들의 흥미 및 국가 수준의 기능인력 양성 필요성 등을 종합하면, 현 수준과 같은 단순 기능인력 양성 기능을 타 교육기관에 이관하고, 실업계 고등학교를 실업계열 대학 진학 준비기관으로서의 직업예비학교와 첨단 기술교육을 위한 특성화 직업 고등학교로의 이원적 개편을 촉진하는 방안이 가능할 것으로 생각된다.

둘째, 실업계 고등학교의 거시적 변화 모색과 별개로, 교실수업 내실화를 위한 정책적 관심과 노력이 요구된다. 실업계 고등학교 교사들 간의 특유한 강한 유대관계를 단위학교 차원의 수업연구회로 활용하는 접근과 필요한 재정적 지원이 가능할 것으로 보이고, 이를 위해 학교장은 부장 교사들과 협의체를 구성하여 운영하는 수업지도력을 발휘할 수도 있을 것으로 본다.

셋째, 현직교사들의 통제와 인간적 감화를 통한 생활지도에는 한계가 있기 때문에, 가정형편이 어렵고 부모의 정서적 배려와 경제적 지원을 충분히 받지 못하는 실업계 고등학교 학생들을 집중적으로 보살피고 그 지원에만 전담하는 가칭 전문상담복지교사와 같은 전문 인력의 양성과 배치를 검토할 필요가 있다고 본다.

제18장 학교장의 지도성 행동과 단위학교 교사문화 간의 관계에 관한 사례 연구

1 문제의 제기

전통적으로 학교장은 단위학교의 운영과 학생들의 성취에 큰 영향을 미치는 중요한 요인 중의 하나로 인식되어 왔으며, 실제로 수많은 연구들이 학교장이 학교장과 교사들의 관계, 교사 개발, 학생성취 등을 비롯한 단위학교의 다양한 측면에 긍정적인 영향을 미치고 있음을 확인시켜 주고 있다(Hallinger & Heck, 1996: 37; Blase & Blase, 2002: 671-72; Young & King, 2002: 643-44). '학교운영은 학교장에 달렸다', '학교장에 따라 학교가 변화한다' 등과 같은 표현들은 바로 이러한 학교장의 강력한 영향력을 일컫는 다양한 인식의 소산일 것이다.

이러한 인식에 따라 우리나라에서도 오랫동안 학교장의 지도성 행동을 독립변수로 설정하고 학교조직 풍토, 교사들의 직무 만족도, 사기, 조직 헌신도, 학교 내 갈등, 학생성취 등을 종속변수로 하여 두 변수 간의 관계를 밝히고자 많은 연구들이 이루어져 왔다. 연구결과에 있어서도 학교장이 발휘하는 지도성의 영향력을 긍정하는 내용이 주류를 이루고 있기도 하다.

그러나 연구 논리와 연구방법 면에서 한계가 없는 것은 아니다. 우선 연구 논리 면에서, 선행연구들은 주로 특정 시점에서 발휘되는 학교장의 지도성 행동이 연구

* 이 논문은 한국교육학회(2005). 교육학연구 43권 2호에 게재된 것임(공동연구자 박주용).

자들의 관심범위에 의해 선택된 종속변인에 미치는 영향력을 환원론적이고 선형적인 연구 논리에 의해 검증해 왔다. 나아가 종속변수에 영향을 미치는 조직구성원들의 인적 구성과 그 특성, 과업의 성격과 구조, 작업 기술, 조직의 전통 등과 같은 매개변수를 고려하여 좀 더 정교하게 설계된 연구들도 이 기본적인 연구 논리에서 자유롭지 못하다. 이러한 연구 논리는 경험 과학적 지식의 생산에 큰 기여를 한 것이 사실이지만, 매우 복잡하고 역동적인 학교조직 현상에 작용하는 수많은 변수들을 모두 고려할 수 없는 한계를 가질 수밖에 없다.

또한 연구방법 면에서, 실증적 연구방법을 주로 사용한 학교장의 지도성 행동에 관한 선행연구들은 시간적으로 정지된 상태에서 학교장의 영향력을 과학적으로 포착하는 데는 어느 정도 성공하고 있지만, 학교조직 작동과정의 역동성을 담아내지 못하고 있다. 논리실증주의에 기초한 연구방법을 사용한 학교조직 연구에는 현상의 역동성과 시간의 흐름 개념이 거의 없기 때문이다.

한편, 1990년대 이후 한국 교사문화에 관한 질적 연구가 비교적 활발해지고 있는바, 한 가지 주목할 만한 연구 경향이 있다. 그것은 교사문화에 관한 주요 선행연구들(이인효, 1990; 황기우, 1991; 정향진, 1991; 김영숙, 1995; 이관규, 1996; 유한구 외, 1997; 장규일, 1998; 나재주, 1999; 이옥자 2000; 오영재, 2001; 김병찬, 2003; 박미옥, 2003; 최용성, 2003)의 연구문제가 주로 교사들의 삶과 행위에 적용되는 내재적 문화적 원리를 밝히는 데 있다는 것이다. 이러한 교사문화 연구 동향이 갖는 시사점은, 선행연구들이 다양한 질적 연구방법을 활용하여 단위학교가 어떤 교사문화 원리에 의해서 작동하는지를 밝히는 데는 어느 정도 성공하고 있지만, 그 교사문화 원리가 형성되는 영향요인이나 교사문화가 학생들의 학업성취 등과 같은 교육결과와 어떤 관련성을 갖는지에 대해서는 유용한 정보를 거의 제공하고 있지 못하다는 사실에 있다. 물론 이는 교사문화의 속성과 원리를 밝히려는 질적 연구 논리에 충실했기 때문에 나타난 당연한 현상이지만, 토착이론의 생성을 위한 토대 구축을 위해 이제 새로운 접근이 필요하다고 본다.

본 연구에서는 변수 간의 관계를 질적 접근방법으로 밝혀 보는 새로운 연구를 시도하기 위한 변수로 학교장의 지도성 행동과 단위학교의 교사문화를 선정하였다.

이들을 본 연구의 핵심변수로 한 이유는, 학교운영과정과 그 효과성에 미치는 학교장의 지도성 행동의 영향력에 대한 기존의 긍정적 인식과 연구 성과를 존중한다면, 학교장의 지도성 행동과 1990년대 이후 한국 교육학계에서 비교적 활발하게 연구되고 있는 대표적인 질적 연구문제 중의 하나인 단위학교 교사문화가 밀접한 관계를 가질 것이라는 흥미로운 연구가정을 할 수 있기 때문이다. 물론, 한국의 선행연구들 중에는 학교장의 지도성 행동과 학교조직문화와의 관계(안계상, 1990; 이석열, 1997; 주삼환 · 신현석 · 윤인숙, 1999)를 검증한 연구들이 있다. 그러나 이들 연구들은 교사문화보다는 광의의 학교조직문화 개념을 적용하고 있을 뿐 아니라 모두 양적 접근을 하고 있어 질적 접근을 통해 학교장의 지도성 행동이 단위학교의 교사문화에 미치는 영향을 밝히고자 하는 본 연구와 차별화된다.

이러한 문제의식에 기초하여, 본 연구에서는 질적 연구방법을 사용하여 학교장의 지도성 행동과 단위학교의 교사문화의 관계를 밝히는 데 연구의 목적을 두며 구체적인 연구문제는 다음과 같다.

첫째, 학교장의 수업지도성 행동과 교사들의 수업문화는 어떤 관계가 있는가?
둘째, 학교장의 관리지도성 행동과 교사들의 행정문화는 어떤 관계가 있는가?

2 학교장의 지도성 행동과 교사문화의 관계 검토

학교장의 지도성 행동과 교사문화 간의 관계를 밝힌 연구를 찾기가 쉽지 않다. 이들 두 변수 간의 관계를 체계적으로 논구한 연구도 드물다. 다만, 학교장의 지도성 행동과 학교조직문화와의 관계에 대하여 간헐적으로 이루어지고 있는 선행연구들을 통해서 학교장의 지도성 행동과 교사문화의 관계를 간접적인 방법으로 검토할 수는 있을 것으로 보인다. 학교조직문화는 학생문화, 교사문화, 학교행정가문화, 학부모문화 등 다양한 하위개념이 포함되는 하나의 구인이기 때문에 본 연구에서 설정한 교사문화보다는 넓은 의미를 가지고 있지만, 학교조직문화의 중핵문화는 교사문화라고 볼 수 있기 때문이다.

지금까지 이루어진 학교장의 지도성 행동과 학교조직문화와의 관계에 대한 선행연구들을 검토해 보면, 학교장의 지도성 행동과 교사문화 간의 관계를 논리적으로 추정해 낼 수 있는 연구, 학교장의 지도성 행동과 교사문화의 간접적인 관계를 엿볼 수 있게 해 주는 질적 연구 및 학교장의 지도성 행동과 교사문화 변수가 포함된 연구 설계로 인하여 두 변수 간의 관계를 양적으로 파악할 수 있도록 해 주는 실증적 연구 등 세 가지 유형으로 나눌 수 있다.

1) 학교장의 지도성 행동과 교사문화의 논리적 관계 추정 가능 연구

학교장의 지도성 행동과 교사문화의 관계를 논리적으로 추정해 낼 수 있는 연구들을 보면, 학교장의 지도성 행동의 성공 여부가 학교문화와 구성원들의 특성 등과 같은 맥락변인들에 의해서 결정된다는 주장(Kowalski, 2005: 119)이나, 조직의 지도자가 조직의 규범과 가치를 형성하고 또한 그 형성된 조직문화에 의해서 영향을 받는다는 신념이 받아들여지고 있다는 주장(Duke, 1998: 172) 등이 그에 해당된다. 좀 더 구체적으로, Kardos 등(2001: 257)은 많은 연구들은 학교장이 교직원들 사이에 공동의 목표의식과 책임감, 전문가 공동체를 형성하고, 협동심을 촉진할 뿐만 아니라, 단위학교의 문화를 형성하고 강화하며 또한 변화시키는 데 있어 중심적 역할을 수행한다는 사실을 확인하여 주고 있다고 하고 있다. 즉, 학교장의 지도성 행동과 학교조직문화에 관련된 선행연구들을 검토한 여러 연구들은 건강한 교사문화를 형성하고 촉진하는 데 있어 학교장이 발휘하는 지도성이 중요한 역할을 한다는 데 큰 이의가 없다는 주장을 하고 있는 것이다.

이때 유의할 점은 학교장의 지도성 행동이 학교조직문화에 일방적으로 영향을 미치는 것이 아니라 학교조직의 발전과정에서 이들 두 변수 간의 영향 관계가 변화할 수도 있다는 사실이다(Duke, 1998: 173-174). 그와 같은 현상은, 미국 서부의 작은 도시에 설립된 Sagebrush 고등학교의 첫 학교장을 맡은 Thompson이 기존의 학교운영 체제와 문화에 익숙한 학부모와 교사들의 회의와 반대를 무릅쓰고 전통적인 관리중심의 지도성을 대신하여 학생을 위한 인간적 교육환경 창조, 응집력 있는 비전 제시, 협동적 의사결정, 통합 중핵교육과정 운영과 그에 상응하는 교무실의 재배치, 개별 학생들에 대한 지도교사제, 다양한 학년제 등을 중심으로 한 혁신적 지도성을 통하여 새로운 학교조직문화를 구축하는 데 성공하였을 뿐 아니라, Thompson 교장이 Sagebrush 고등학교를 떠난 5년 후에 새로운 지도성을 발휘하는 학교장의 부임과 학생들의 가시적인 학업성취를 강조하는 교육장의 부임에도 불구하고 Thompson 교장 재임 시절에 형성된 학교조직문화가 오히려 새로운 학교장의 지도성 행동에 영향을 주고 있는 것으로 확인된 Brouillette(1997)의 연구 사례에서 잘 나타나고 있다.

2) 학교장의 지도성 행동과 교사문화의 간접적 관계를 엿볼 수 있게 하는 질적 연구

다음으로 학교장의 지도성 행동과 교사문화의 관계를 간접적으로 엿볼 수 있게 해 주는 질적 연구들이 있다. 예컨대, 단위학교 학교운영위원회 운영을 질적 연구 방법으로 분석한 박은실(2002)과 오영재(2004a)의 연구를 보면, 학교장의 지도성 행동이 단위학교의 운영과 그 문화 형성에 중요한 영향을 미치는 요소로 작용하고 있음을 보여 주고 있어 간접적이나마 학교장의 지도성 행동과 교사문화의 관계의 한 측면을 읽을 수 있게 해 준다. 더 나아가 학교장의 수업지도성에 대한 미시정치적 분석을 시도한 이낙종의 연구(2004)와 학교장의 학교 경영방식에 대한 교사들의 반응을 분석한 정우영(2001)의 연구는 이러한 사실을 좀 더 분명하게 확인시켜 주고 있다.

이낙종의 연구(2004)를 보면, 교사들에게 자율과 권한을 부여하며 교사들과 친밀한 관계를 형성하고 있는 학교장이 교사들의 수용, 신뢰, 만족, 헌신, 존경, 높은 직무만족과 사기 등과 같은 긍정적이고 건강한 교사문화를 형성하는 데 영향을 준 반면 독선적이고 인간적 배려가 부족하며 교사들을 차별하는 학교장은 교사들의 불신, 분노, 좌절, 무관심, 단순한 복종 등과 같은 부정적 교사문화를 형성하게 하는 것으로 밝혀지고 있기 때문이다. 정우영(2001)의 연구에서는 지시·명령적인 일방적 의사결정을 하는 학교장의 지도성 행동에 대해 교사들은 집단적 담합, 업무 포기, 버티기, 수용, 태만, 공개적 항의 등과 같은 방법으로 반응하고 있으며 학교장이 수행하는 교내장학, 교내순시나 솔선수범, 교내연수나 친목활동에 대해 교사들은 기피, 무관심, 순응, 불참 등의 부정적 반응을 나타내고 있는 것으로 밝혀지고 있다. 또한 교사들이 전직 시에 학교장의 지도성 스타일과 학교의 분위기를 아주 중요한 조건으로 고려하고 있다는 사실(오영재, 2004b)에서 현장 교사들은 학교장의 지도성과 단위학교 교사문화의 관련성을 직무수행 체험 과정에서 잘 파악하고 있다는 점을 시사한다고 볼 수 있다.

3) 학교장의 지도성 행동과 교사문화 간의 관계에 대한 실증적 연구

마지막으로, 소수이기는 하지만 학교장의 지도성 행동과 교사문화와의 관계를 실증적으로 파악할 수 있도록 해 주는 연구들이 있으며, 그 대표적인 것들이 Leithwood 등(1998)의 연구, 이석렬(1997)의 연구, 주삼환 · 신현석 · 윤인숙(1999)의 연구 등이다. 예컨대, 조직학습을 촉진하는 학교 내 · 외적 변수를 밝힌 Leithwood 등(1998: 257-262)의 연구에서, 학교장의 지도성 행동과 학교조직문화가 학교의 조직학습 과정에 각각 11.4%와 8.3% 정도의 영향력을 미치는 것으로 나타나고 있다. 이는 학교의 조직학습에 영향을 미치는 비전, 문화, 구조, 전략, 정책과 자원 등과 같은 학교 내 변수 중 학교장의 지도성 행동과 학교조직문화 요소가 가장 큰 비중을 차지하고 있음을 보여 주는 것이었다. 특히, 교사들 사이의 상호지원의 규범, 동료의 아이디어 존중, 새로운 실천을 시도하는 데 따르는 위험을 기꺼이 감수하려는 의지, 진솔하고 개방적인 의사소통 등과 같은 교사문화가 중요한 영향을 미치고 있다. 또한, 이러한 학교의 교사들은 교사들을 존중하고 교사들을 전문가로 대우해 주며, 한 가족과 같이 되려는 학교장을 높게 평가하고 있었다는 점에(Leithwood et al., 1998: 262-267) 주목할 필요가 있다.

또한 주삼환 · 신현석 · 윤인숙의 연구결과(1999: 278-81)를 보면, 학교장의 직접적인 수업지도성(수업활동 개선, 수업평가활동)과 간접적인 지도성(학교비전 제시, 수업지원 활동)은 단위학교의 위계문화를 제외한 혁신문화, 합리문화, 집단문화 등과 r = .21 - r = .64 정도의 상관관계를 보이고 있음을 알 수 있다. 특히 교사들 상호 간의 팀워크와 협동이 강조되는 집단문화는 다른 어떤 문화보다도 수업지도성과의 상관이 높은 것으로 나타났으며, 이러한 관계는 중학교와 고등학교에서 모두 유의미한 결과를 보이고 있었다. 그러나 도주완(1999)의 연구결과를 보면, 학교장의 카리스마, 결속 촉진, 솔선수범, 높은 성과 기대, 지적 자극, 개별적 관심 등과 같은 하위요인들로 이루어진 학교장의 변화 지향적 지도성과 교사들의 상징적 문화(규범, 의례의식, 행동양식) 및 실천적 문화(감정과 태도, 경영전략, 조직구조, 경영과정, 경영방침) 사이에 모두 부적 상관관계를 보이고 있다. 이는 학교장의 변화 지향적 행동이 강화될수록 교사들의 규범행동, 학교행사 참여, 우호적 관계와 긍정적 분위기, 근무만족, 소속감, 의사결정 과정의 소통 정도 및 업무 추진의 계획성과 후생복지 향상 노력들이 낮아진다는 사실을 보여 주는 것으로 해석될 수 있다.

흥미로운 점은, 도주완(1999)의 연구결과와 학교장과 교사문화 관계에 대한 실증적 연구(주삼환·신현석·윤인숙, 1999) 및 질적 연구들의 연구결과(정우영, 2001; 이낙종, 2004)들이 서로 다른 관계양상을 보이고 있다는 점이다. 즉, 주삼환·신현석·윤인숙의 연구(1999), 정우영(2001), 이낙종(2004)의 연구에서는 학교장의 긍정적 지도성 행동이 건강한 교사문화 형성과 정적 관계를 보이고 있지만, 도주완(1999)의 연구에서는 학교장의 변화 지향적인 긍정적 지도성 행동과 교사문화가 부적 관계를 보이고 있다는 사실이 그것이다. 좀 더 정교한 후속연구를 통해 밝혀져야 할 내용이라고 판단된다.

3 연구의 방법

1) 연구대상 학교 기술

본 연구의 대상학교는 대전광역시에 소재한 한 공립 초등학교(이하 은비초등학교라 함)이다. 은비초등학교는 1990년대 중반에 개교하여 2004년 8월 현재 39학급에

985명이 재학하고 있다. 또한 은비초등학교는 아파트 촌과 국가 공공기관으로 둘러싸여 있고 대도시의 변두리에 위치해 있지만 공기가 매우 깨끗하다. 정문 앞은 4차선 도로이지만 등하교 시간에 차량은 많지 않은 편이다. 정문 주위는 매우 한적하고 깨끗하다. 후문도 4차선 도로에 면해 있지만 차량 통행이 적고 가게도 없다.

학부모들의 교육수준은 높은 편이다. 아버지들은 100% 가까이 대졸이거나 대학원 재학 중이며, 대부분 국가 공공기관에 근무한다. 어머니들의 교육수준도 높고 전업주부가 많다. 전출・전입생이 많아서 교사들이 행정 처리에 시간을 많이 소요하긴 하지만 아이들의 가정교육이 잘 되어 있어 생활 태도가 반듯하므로 교육활동에 어려움을 겪는다고 보기는 어렵다. 학부모들은 학력 못지않게 잦은 전・출입에 따르는 적응 문제에 관심이 많다. 주변의 다른 학교 학부모들에 비해 아이들에게 과외활동을 적게 시키는 편이고 학교 교육에 압력을 가하는 경우는 드물다.

또한 은비초등학교에는 2004년 3월 1일 현재 34명의 학급 담임 교사, 4명의 교과 전담 교사, 1명의 보건 교사가 있다. 교과 전담 교사들은 영어 담당 2명, 체육 담당 2명이다. 은비초등학교의 교직원 현황은 〈표 18-1〉과 같다. 〈표 18-1〉에서 보는 바와 같이, 은비초등학교는 남교사가 6명인데 반해 여교사는 35명으로 여교사가 85% 정도를 차지하고 있다. 교원 평균 교직 경력은 13.5년이며 교육경력이 3년 이하인 초임교사도 11명이나 된다. 40대와 20대 교사가 많고 평균 연령은 37세로 비교적 젊은 연령 분포를 나타내고 있다.

〈표 18-1〉 2004학년도 현재 은비초등학교 교직원 현황

구분	교원							일반직					기타						총계
직위	교장	교감	부장교사	교사	교담교사	보건교사	계	행정직	사무원	영양사	조무원	계	전산보조원	교무보조원	행정보조원	공익요원	조리종사원	계	
남	1	1	3	1	·	·	6	1	·	·	2	3	1	·	·	2	·	3	11
여	·	·	3	28	3	1	35	1	1	1	·	3	·	1	1	·	7	9	48
계	1	1	6	29	3	1	41	2	1	1	2	6	1	1	1	2	7	12	59

2) 학교장

본 연구자들은 은비초등학교 학교장이 정년 일정 등을 고려할 때 연구 개시 1년여가 지나면 교체될 것을 알고 연구를 시작한 바 있다(이하 두 학교장을 A학교장과 B학교장이라고 하기로 한다). 두 학교장의 지도성 행동을 좀 더 잘 이해하기 위해 두 학교장에 대한 자세한 설명을 하면 다음과 같다.

A학교장은 D초등학교에서 학교장으로 근무하다가 2002년 9월 1일자로 은비초등학교에 부임하여 1년 6개월간 재직하다가 2004년 2월에 정년퇴임했다. 2003년 3월 현재 만 62세로 교육청 장학사 출신이다. 키가 작은 편이지만 단단해 보이는 체격으로 품위 있는 인상이다. 혈색이 좋고 눈매가 날카로우며 목소리는 힘이 있으면서도 굵고 대화할 때 표정이 부드럽다. 학교 시설 관리에 관심이 많아 '생명의 숲 가꾸기 국민운동본부'의 '학교 숲 가꾸기 계획'에 응모하여 2003년부터 2007년까지 5개년 간 매년 1,000만 원씩의 숲 조성 자금을 지원받기도 하였다.

근무시간 중 가장 많은 시간을 '학교 숲 가꾸기'에 투자한다. 종종 밀짚모자를 쓰고 농기구를 들고 학교 정원이나 학교 마당을 가꾼다. 교직원들이 학교 가꾸기에 관심을 가지고 자발적으로 돕기를 원한다. 대외관계가 원만하여 학교 숲 조성 공사에 필요한 각종 중장비나 자재들을 지원 받았다. 학부모 관리에 신경을 써서 학부모 연수를 연 6회가량 실시했다. 2003학년도부터 2004학년도까지 2년 동안 학급 담임 배정 및 업무분장을 하면서 교내 인사 자문 위원회의 의견을 대폭 수용하여 교사들의 호응을 이끌어 내기도 하는 등 매우 허용적인 것 같으나 본인이 마음먹은 일은 끝까지 관철한다는 평을 듣는다.

교사들은 '우리 교장 선생님이 학교 가꾸기나 대외 협력에만 관심이 있어서 근무하기에 편하다'고 말한다. 전임 교장 재직 시에 학교가 매우 깨끗했으나 A교장 부임 후에는 실내청소가 제대로 되지 않고 운동장이나 교문 주변에도 쓰레기가 많아서 보기에도 좋지 않다. 가끔 청소 임장 지도를 하라고 지시하지만 특별히 강조하거나 잘못된 곳을 지적하여 교사를 질책하는 일은 거의 없다.

B학교장은 2004년 3월 1일자로 은비초등학교에 부임했다. 나이는 60세이며, 평교사 경력 33년 6개월이고 전임지인 S초등학교에서 교감으로 4년 6개월을 재직하다가

승진 임용되어 본교에 부임했다. 2007년 2월에 정년퇴임할 예정이다. 키가 작고 마른 체격에 혈색은 좋은 편이라고 하기 어렵다. 그러나 목소리에 힘이 있고 눈빛도 강한 편이다. 교육학 석사학위 소지자이며 교육이론에 해박하다. 매일 아침 8시 10분경에 학교에 도착하여 교무실에서 약 15분 정도 교감과 부장 교사들, 그리고 고경력 교사들과 차를 마시며 학교 일이나 신문기사, 교육계 소식, 개인사 등에 대해 이야기를 나눈다. 아침자습 시간, 수업 시간에 교내순시를 거의 매일 하고 학생들의 수상 실적을 자랑하고 강조하며 수업에도 관심이 많다. 교직원회의 시간을 이용해 교원들을 대상으로 수업연수를 직접 하기도 한다.

부임 초기에는 강력한 카리스마, 수업지도성, 탁월한 대외 입상 실적, 교직원 체육 연수 강화 등으로 교직원들에게 좋은 반응을 얻었다. 그러나 수상 실적을 지나치게 강조하고 독선적으로 일을 처리하기도 해서 2004년 6월 말부터는 불만을 말하는 교사들이 생겨났고 동년 7월에는 교장에게 직접 불만을 말하거나 학교장의 지시를 이행하지 않는 일까지 나타났다. 결재할 때 문서 내용이 마음에 들지 않거나 업무에서 자기가 지시한 일이 잘 이행되지 않으면 해당 교직원을 큰 소리로 질책하기도 하고 표정이 무섭다는 이야기를 듣는다.

3) 자료수집 방법

본 연구의 주요 자료수집 방법은 심층면담과 참여관찰이며, 연구기간은 2003년 2월부터 2004년 10월까지 약 20개월이다. 주요 심층면담 장소는 학년 연구실이다. 학년 연구실에서는 거의 매일 동학년 협의회가 열리고 휴식 시간에도 수시로 만나기 때문에 교사들의 이야기를 가장 많이 들을 수 있는 장소이다. 이 외에도 교무실, 복도, 운동장, 회식 장소 등에서 관찰이 이루어졌다. 또한, 면담과 관찰 후 가능하면 빠르게 컴퓨터와 면담 노트에 기록하고 주 제보자들의 부담을 줄이기 위해 녹음은 하지 않았다. 그 외에도 은비초등학교의 공식적인 문서인 학교 교육과정 운영계획, 교과협의회 회의록, 교내연수 계획과 연수자료, 학교 교육과정 평가회 회의록, 교내 인사자문위원회 회의록, 학교운영위원회 회의록, 학교일지, 포상대장, 학교요람 등과 같은 문서자료를 사용하였다. 본 연구에 참여한 주 제보자들의 면모는 〈표 18-

2>와 같다.

〈표 18-2〉 본 연구에 참여한 주 제보자들의 배경변인

성명	성별	연령	직위	경력	비 고
OOO	여	54	평교사	34	나이에 비해 열정적이고 무엇이든 열심히 하여 후배들의 모범이 되려고 노력한다.
OOO	남	51	부장교사	31	교무부장으로 기획력이 탁월하고 성격이 원만하며 감성이 풍부하다. 후배들이 하는 일이 마음에 들지 않으면 부드럽게 말하여 고치도록 한다.
OOO	여	51	부장교사	28	대인 관계가 원만하다. 담임반 아이들에게 정성껏 가르친다.
OOO	여	36	평교사	6	평소에 수업준비를 열심히 하고 학급경영도 잘한다는 평을 듣는다.
OOO	여	35	부장교사	12	업무처리 능력은 우수하지만 비사교적이고 차갑다는 평을 받는다.
OOO	남	29	평교사	3	업무처리 능력이 우수하고 학습자료를 다양하게 사용한다. 아이들을 귀여워한다. 유머 감각이 풍부하고 의리가 있다는 평가를 받는다.
OOO	남	29	부장교사	3	정보화 능력이 탁월하고 성격이 온화하며 매우 성실하다.

4) 자료분석과 타당화 과정

학교장의 지도성 행동이 단위학교 교사문화에 미치는 영향을 체계적으로 규명하기 위해서는 연구의 분석 틀이 필요하다. 연구의 분석 틀을 구축하기 위해서는 우선 학교장의 지도성 행동과 교사문화의 기술에 적용되는 공통의 하위 요인을 규정하고 두 변수 간의 관계를 가정할 필요가 있다. 본 연구에서는 학교장의 지도성 행동과 단위학교 교사문화 기술에 공통으로 적용될 수 있는 하위요인으로 수업과 행정업무 두 가지를 설정하기로 한다. 학교조직의 중핵활동은 수업과 행정업무이기 때문이며, 학교장의 지도성 행동은 그러한 학교조직의 중핵활동 수행과정에서 나타나는 학교장의 지속적인 영향력 행사과정이라고 볼 수 있기 때문이다.

이에 본 연구에서는 수업과 관련된 학교장의 지도성을 수업지도성 행동으로, 행정업무와 관련된 학교장의 지도성을 관리지도성 행동으로 지칭하기로 한다. 학교장의 수업지도성 행동은 학교에서 제공하는 수업의 질을 향상 개선시키기 위하여 학교장이 수행하고 있는 일련의 활동을 의미하며, 수업지도성 행동의 하위요인으로는 학교교육의 목적 정의, 학습풍토의 개선, 교과과정 및 수업관리, 교사의 감독과 평가 등이 포함될 수 있다(오영재, 1992 : 35-36). 또한 학교장의 관리지도성 행동은 전통적인 지도성 연구에서 많이 활용되어 온 관리적 능력과 인간적 온정 요인을 말한다(Thompson, 1974). 따라서 학교장의 관리지도성 행동의 하위요인으로는 학교의 사무관리, 인사관리, 재정 및 시설관리 등 학교장이 행하는 일반적 조직유지활동과 학교조직 내·외의 구성원들과 조화롭고 원만한 인간관계를 조성하기 위하여 수행하는 활동을 말한다(오영재, 1992 : 28-29).

이때 학교장의 수업행동 영역에는 교실수업, 교육과정 운영 및 생활지도를 포함하고, 행정활동 영역에는 인적자원 관리, 물적자원 관리, 지역사회 관리 그리고 공문서 관리 등을 포함하였다. 이러한 내용을 중심으로 하여 본 연구의 분석 틀을 도식화하면 [그림 18-1]과 같다.

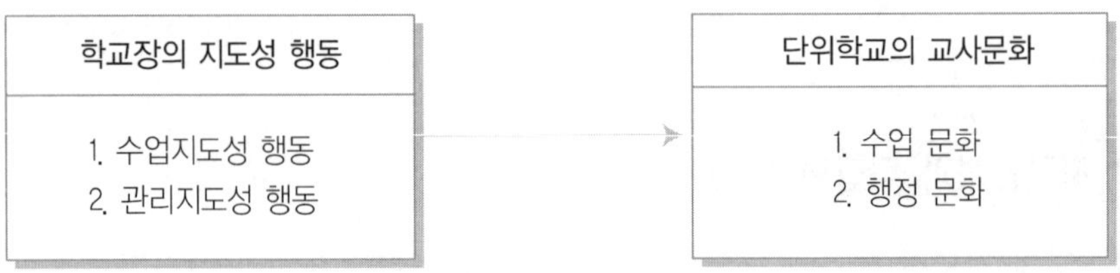

[그림 18-1] 본 연구의 분석 틀

한편, 내부 연구자의 해석의 주관성 개입 가능성을 최소화하기 위하여 연구자가 해석한 결과 중에서 논란의 여지가 많은 영역에 대해서는 본 연구의 주 제보자 역할을 한 은비초등학교 교사 6인과 심층 면담을 하여 해석의 타당성을 확인하고 보완하였다. 또한, 해석결과를 교육행정학 전공 교수 2인에게 의뢰하여 분석 결과의 타당성을 재확인하기도 하였다.

4 연구의 결과

1) 학교장의 수업지도성 행동과 교사들의 수업문화와의 관계

A교장과 B교장의 수업지도성 행동이 매우 다르게 나타났다. A교장이 수업 계획 수립까지는 관여하지만 실천 단계에서는 교사의 자율을 존중하는 신뢰·위임적 행동을, B교장은 계획에서 실행 및 평가까지 치밀하게 관여하는 지시·통제적 행동을 많이 하였다. 이들 두 학교장의 상반된 수업지도성 행동과 교사들의 수업문화가 어떤 관계를 보이고 있는지를 좀 더 구체적으로 설명하기 위해 수업활동을 수업 시간 지키기, 수업과정안 작성 및 수업 과정, 아침자습 시간의 운영, 수업 분위기, 교육과정 시간 운영계획과 실행 등 다섯 가지로 나누어 제시하면 다음과 같다.

(1) 수업 시간 지키기

A교장은 수업 시종 시각을 학교 교육과정 운영계획과 교직원회의, 부장회의 등을 통해 분명하게 제시하지만 수업 시간은 교사들이 알아서 지키도록 교사의 자율을 존중하는 신뢰·위임적 행동을 많이 했다. 수업 시종 방송을 블록 타임으로 운영하면 수업에 방해가 된다는 교사들의 의견을 수용해 방송하지 않도록 했다. 반면, B교장은 직접 교내순시를 통해 수업 시간이 제대로 지켜지는지 확인하는 지시·통제적 행동을 많이 했다. 부임하자마자 수업 시간을 정확하게 지키도록 교사들에게 요구하고 수업 시종 방송에 매우 신경을 써서 여러 종류의 차임벨 중에서 한 가지를 직접 선택해서 방송하도록 했다. 다음은 이에 해당하는 내용이다.

■■■ 10시 40분부터 3교시 수업 시작인데 4분이 지나도록 교내가 소란하다. 5분 정도가 지나자 소란이 가라앉는다. 은비초등학교에서는 수업 시종을 알리는 방송을 하지 않는다. 다른 학교에서는 대개 수업 시종을 알리기 위해 방송을 한다. 은비초등학교에서 수업 시종 방송을 하지 않는 이유는 블록 타임 수업을 할 때 방송 소리가 수업 흐름을 깨뜨려서 지장이 있다는 교사들의 건의가 있었기 때문이다. 또, 수업이 약간 늦게 끝날 수도 있으니까 교사가 자율적으로 알아서 하라는 A교장의 배려도 있었다. 그런데 요즘

들어 수업 시간을 제대로 지키지 않는 경우가 종종 있다. 특히 2교시 수업이 끝나고 교사들이 학년 협의회 겸 커피 타임을 하고 나서 3교시 수업을 늦게 시작하는 경우가 있다. 학교장은 학년 협의회를 점심시간이나 오후에 하라고 지시하였는데 교사들이 지키지 않는 때가 많다(A교장 : 2003. 6. 9).

■■■ 내가 여기 오자마자 시계를 붙였어요. 수업 종을 안 치더라구요. 그래서 요즘 수업 종을 치게 하잖아요. 수업 시간을 잘 지킵시다. 누가 그러더라구요. 한 시간에 5분씩 까먹으면 1년이면 얼마냐구. 선생님들께서 잘 하시면 내가 이런 말 안 하지요. 그런데 와 보니까 엉터리야. 놀 때는 놀고 쉴 때 쉬고 강약을 가해서 합시다. 공부할 때는 제대로 해야지, 아이들 오래 붙잡고 있다고 공부 잘하는 거 아니잖아요. 효과적으로 강약을 가해서 지킬 건 지켜서 합시다(B교장 : 2004. 3. 29).

A교장은 교사가 자율적으로 수업 시종을 지키도록 하고 수업 시간에 교내 순시를 하는 경우도 매우 드물었다. 교직원 회의에서 '아이들이 수업 시간에 9시 넘었는데 돌아다니데요.'라고 몇 차례 언급하여 교사들로 하여금 수업 시간을 지키도록 우회적으로 요구한 반면, B교장은 수업 시종을 방송으로 알려주고 교내순시를 하며 수업 시간을 지키는지 직접 확인하였다.

교사들은 A교장 시기에는 시종 시각을 종종 지키지 않는 경우가 있었다. 그러나 B교장이 수업 시간을 정확하게 지키도록 자주 지시를 하고 수시로 교내 순시를 하자 교사들은 심적으로 부담을 느끼면서 수업 시간을 잘 지키기 시작했다. 학년 협의회나 커피 타임을 하는 도중에도 수업 시간이 되면 하던 일을 멈추고 수업에 들어갈 만큼 긴장을 했다. 수업이 제 시간에 시작되니까 수업 분위기도 전년도에 비해 차분해졌다. 특히 흐트러지기 쉬운 학기말까지 이런 분위기가 지속되었다.

(2) 수업과정안 작성과 수업과정

성공적인 수업의 시작은 수준 높은 수업계획으로부터 시작된다. 수업계획의 결과물은 수업과정안이다. 일선 학교에서는 통상 수업과정안이 중요하기 때문에 연구수업을 할 때는 대개 수업과정안을 수업일 1주일 전까지 결재 받도록 한다. 그런데 A교장은 학교 교육과정 운영계획 수립 단계까지는 아주 세심하게 점검하지만 수업에 대해서는 교사의 자율에 맡겨 거의 관여하지 않았다. '수업계획 단계인 교과와 단원 선정부터 학교장과 교사가 상의하면서 함께 하자'는 제안을 여러 번 했으나 이에 호응하는 교사는 거의 없었다. 동료 교사와도 수업에 대한 고민을 제대로 공유하지 않는데 상대하기 어려운 교장을 찾아가 수업에 대해 상의한다는 것은 매우 생소한 일이기 때문이었다. A교장 역시 제안은 했으나 수업교사를 따로 불러 수업에 대해 상의하지는 않았다. 수업과정안 결재 단계에서도 거의 원안대로 결재하였다.

B교장도 직접 수업교사와 함께 수업을 계획하지는 않았지만 수업과정안을 세안으로 작성하는 것을 장려하여 수업과정안 양식 자체가 바뀌었다. 또한 수업과정안에서 수업 모형이나 활동 계획까지 수정하지는 않았지만 수업과정안을 꼼꼼하게 읽어 오자나 탈자를 교정해 주고 문단의 편집 상태를 수정하도록 했다. 수업에 대한 학교장의 관심이 감지되자 교사들은 수업의 질을 높이기 위해 한층 노력을 기울였다. 다음은 이에 해당하는 면담내용이다.

■■■ OOO 교사가 2학년 국어과 신규 교사 공개수업을 했다. 학습 형태는 극화 학습 모형이다. 과정안 형식은 OOO 교사와 비슷한 준 세안이다. 교사가 항상 미소 짓고 있어서 아이들을 편안하게 해 준다. 신규교사답지 않게 여유 있게 수업을 진행한다. 정리 단계에서 역할 놀이에 대한 느낌을 나누는 시간을 더 주었더라면 다양한 의견이 많이 나왔을 것이다. 아이들은 매우 즐겁게 수업에 참여했다(A교장 : 2003. 6. 19).

■■■ OOO 교사가 수학과 연구수업을 했다. 작년에는 국어과 연구수업을 안 했는데 올해의 수업은 수업과정안부터 많이 달라졌다. 먼저 수업의 방향에서 수학 교과의 교육 철학을 기술하였고 이것을 바탕으로 수업의 방향을 제시하였다. 작년에 없었던 학습의 계열, 교재 연구 등을 넣었고 평가 계획도 차시평가는 물론 단원평가 계획까지 세웠다. 작년의 준세안에서 세안으로 변화되었다. 가장 크게 변화된 부분은 학생의 실태 분석 및 지도 대책이었다. 단원 진단평가 결과를 분석하고 지도 대책을 구체적으로 기술하였다. 수업은 잘 하였다. 학생들의 학습 수준도 매우 높다. 교육 기자재도 작년보다 풍부하게 투입했다. 다만 아쉬운 점은 개별화 교육이 약간 미흡하다는 점이다(B교장 : 2004. 9. 17).

B교장이 부임한 이후인 2004학년도의 연구수업이나 신규 교사 공개수업은 A교장이 재임하던 2003학년도와 많은 점에서 달라졌다. 우선 수업 준비 과정에서 동

료 장학을 활발히 했다는 점이 달랐다. 2003학년도까지는 연구수업을 해도 동료들과 협의해 가며 수업을 준비하기보다는 자기가 알아서 하는 경우가 많았다. 그런데 2004학년도에는 동학년 교사는 물론 또래 교사, 선배들에게 조언을 구하고 협의하고 자료를 같이 만드는 등 동료 장학을 매우 활발하게 하는 모습이 종종 눈에 띄었다.

두 번째로 수업과정안이 세안으로 변화되었다. 2003학년도까지는 교내 수업공개의 경우 준세안으로 작성했다. 그런데 2004년도에는 단원 진단평가, 교육철학을 바탕으로 한 교과 및 단원의 지도 방향 제시, 다양한 평가 방법 등이 나타났다. 신규교사가 단원 진단평가를 해서 선수학습이 부족한 부분을 개별화 지도하고 출발점을 맞추도록 노력한 점은 특기할 점이었다. 수업과정에서도 변화가 나타났다. 기자재가 풍부하게 투입되고 다양한 형성평가 방식이 선보였으며 수업 기술이 향상되고 학생의 수업 참여도 높아졌다.

이처럼 수업에서 큰 변화가 나타난 원인으로는 교사들의 노력도 크지만 학교장이 수업을 강조한 점이 주요 원인이라고 할 수 있다. B교장이 공・사석에서 교사는 수업을 잘해야 한다고 여러 차례 강조하고 수업과정안을 세안으로 작성하도록 장려하였으며 거의 매일 수업 시간에 교내를 순시하여 교사들이 수업에 관심을 기울이는 분위기를 조성하는 데 영향을 주었다고 볼 수 있다.

(3) 아침 자습시간의 운영

오전 8시 30분부터 9시까지 하도록 정해진 아침 자습은 정규 수업 시간에 포함되지 않는다. 그러나 은비초등학교에서는 재량활동이나 특별활동 중에서 한 시간을 선택해 아침 자습시간에 매일 10분씩 주 5회에 분산 운영하도록 하고 있었다.

A교장은 아침 자습시간에 매일 10분씩 재량활동이나 특별활동을 분산 운영한다는 방침은 명확하게 제시했지만 실제 운영은 전적으로 교사가 알아서 하도록 했다. 반면, B교장은 아침 자습시간을 정확히 지켜서 분산 운영하는 재량활동과 특별활동을 하고 남은 시간에는 학급목표 관리제와 연관된 활동을 하도록 구체적으로 요구했다. 이 두 학교장의 상반된 지도성 행동에 대한 교사들의 반응은 다음과 같다.

■■■ 12월 2일에 학업성취도 평가가 실시된다. 그런데 아침 자습시간에 실내가 시끄럽다. 학년말이라 흐트러지기 쉬운 영향도 있겠지만 8시 40분 가까이 되어서까지 운동장에서 축구를 하는 아이들도 있다(A교장 : 2003. 11. 22).

■■■ 복도가 고요하다. 7월 5일이 시험인 영향도 있겠지만 공부하는 아침 자습 분위기가 완전히 정착되었다. 작년에는 시험일 아침까지도 소란하고 복도에 돌아다니는 아이들이 많았는데 지금은 아침 자습시간에 돌아다니는 학생이 극히 드물다. 학급마다 학습지를 풀도록 하거나 보충학습을 시키거나 학급경영목표 관리제와 관계된 활동 또는 재량활동, 특별활동을 한다(B교장 : 2004. 6. 30).

A교장 재임시기에는 아침 자습시간에 실내가 소란스러운 경우가 종종 있었다. 자습 내용은 재량활동이나 특별활동을 주로 하고 나머지 시간에는 한자 공부, 독서, 학습지 풀기, 수학익힘책 풀기, 자유 학습 등을 했다.

반면 B교장 재임시기에는 아침 자습시간에 실내가 매우 조용해졌다. 자습 내용은 창의적 재량 활동 교재 하기, 특별 활동, 학급목표 관리제와 관련된 학습, 한자 공부, 독서 등이었다. 이것은 B교장이 부임하면서 거의 매일 아침 자습시간에 교내 순시를 했고 교직원회의나 직원연수 시간에 아이들을 일찍 등교시켜서 아침 자습을 시키라고 강조했기 때문이라고 생각된다. 특히 아침 자습 목표를 뚜렷하고 구체적으로 세워 꾸준히 실천할 것을 강조하면서 학급목표 관리제와 관련된 학습을 시키는 학급이 눈에 띄게 늘어났다.

(4) 수업 분위기

경력이 많은 교사들끼리 하는 이야기 중에 '복도만 지나가도 그 반의 분위기를 알 수 있다.'는 말이 있다. 물론 수업을 통해 의문과 사고와 내면화가 제대로 이루어지는가 하는 부분은 직접 수업 관찰을 해야 판단할 수 있지만 진지하게 교수-학습 활동에 몰입한다면 그런 수업 분위기가 향기처럼 퍼져 교실 밖에서도 느껴진다는 뜻이다. 다음은 B교장 부임 이후 달라진 수업 분위기를 알 수 있게 해 주는 장학지도 과정의 대화 내용이다.

■■■ 요청장학이 있었다. K장학사는 "교실 환경, 수업 지도 등이 눈부시게 향상되었

다. 몇 년은 업그레이드된 것 같다. 교육청에 가서 교육장님께 그대로 보고 드리겠다."라고 평을 했다(B교장 : 2004. 5. 13).

■■■ 지역 자율장학 협의회를 한다. 인근에 있는 8개 초등학교의 학교장들이 모였다. 학교장들은 시청각실에서 학교 현황에 대한 브리핑을 받고 학교도 둘러보았다. 연구자는 장학지도차 방문한 R교장과 이야기를 나누었는데 수업분위기가 아주 좋다고 칭찬한다. 의례적인 칭찬이 아니다(B교장 : 2004. 6. 29).

장학사와 R교장의 말에서 나타나듯이 B교장의 부임 이후 은비초등학교의 학습 분위기는 많이 바뀌었다. 수업 시종과 함께 복도에는 책 읽는 소리, 아이들이 발표하는 소리, 교사의 발문, 전자 오르간 소리, 컴퓨터 소리 등 수업과 관련된 소리만이 들릴 정도로 차분해졌다. 예전에는 학교 행사가 있으면 당일에는 물론 행사가 끝난 후에도 2~3일 동안 분위기가 들떠서 교사들이 수업 지도에 어려움을 겪었는데 이제는 행사 당일에도 차분한 분위기에서 수업이 진행되고 있었다. 연구수업에서도 관찰해 보면 학생들의 학습 참여도가 매우 높아졌다.

(5) 교육과정 시간 운영계획과 실행(교육과정 시간 운영계획과 실행)

7차 교육과정에서는 교육과정의 시간 운영을 단위 학교에서 자율적으로 수립하도록 되어 있다. 은비초등학교에서는 연간 3주 정도 오전 수업만 하도록 시간 운영계획을 수립했지만 법률상의 연간 수업시수를 충분히 이수하고 있었다. 7월, 12월, 2월은 학교생활이 매우 바쁘고 날씨 관계로 학습 능률도 떨어져서 고학년 교사들은 수업을 하기에 매우 어려움을 겪는다. 이에 교육과정 시간 운영계획을 편성할 때 학기 중간에는 시간을 더 편성하고 학기말에는 오후 수업 시간을 배정하지 않고 있다. A교장은 교육과정 시간 운영계획을 결재할 때는 법률에 맞게 시간 배당이 되었는지 섬세하게 점검했지만 실제 운영은 교사들이 알아서 하도록 했다. 그래서 교사들은 오전 수업만 실시할 때가 되어도 학교장에게 별도로 보고하는 경우가 드물었고 보고하더라도 A교장은 선생님들이 계획대로 알아서 하시라고 응답을 하여 마음에 부담이 없이 교육과정의 시간 운영계획대로 실행했다.

그러나 B교장은 교과서를 다 배우고 교육과정 이수를 했어도 보충·심화학습을 하라고 지시하면서 교사들을 신뢰하지 않는 태도를 보여 주었다. 그날 바로 지시한 내용을 수정했지만 이 과정에서 학교장이 교사들을 불신한다는 인상을 주었고 일부 교사들은 불쾌감을 토로했다.

지금까지 설명한 학교장의 수업지도성 행동과 교사들의 수업문화와의 관계를 종합하여 제시하면 〈표 18-3〉과 같다.

〈표 18-3〉 학교장의 수업지도성 행동과 교사들의 수업문화의 관계 종합

구분	A교장		B교장	
	수업지도성 행동	교사 반응	수업지도성 행동	교사 반응
수업 시간 지키기	교사들의 요구를 받아들여 시종 시각을 방송하지 않는 대신 규정된 시간을 교사가 자율적으로 지키도록 함	수업 시간을 제대로 지키지 않음	수업 시간을 정확하게 지킬 것을 요구하고 수업 시종 시각을 방송하며 교내 순시를 통해 확인함	수업 시간을 잘 지킴
수업 과정안 작성 및 수업 과정	연구수업에서 준 세안을 작성하도록 하고 교사가 자율적으로 수업을 준비하도록 함	교재 연구와 교수법 향상에 대한 노력이 부족함	연구수업을 할 때 수업과정안을 세안으로 작성하도록 요구하고 수업과정안을 꼼꼼하게 결재함	교재 연구와 교수법 향상을 위해 노력함
아침자습 운영	각 담임이 자율적으로 운영하도록 함	아침 자습 분위기가 소란스러워도 방치하고 교실을 비우는 경우가 종종 있음	아침 자습 시간을 정확하게 지켜 줄 것을 요구하고 학급목표 관리제와 관련된 내용을 학습시킬 것을 요구함	아침 자습 시간에 거의 교실에서 학생들을 지도하고 학급목표 관리제와 관련된 자습을 많이 시킴
수업 분위기	수업 분위기에 대한 언급을 거의 하지 않는 편으로 교사들이 알아서 하도록 함	수업 분위기가 약간 어수선함	학생들이 수업 시간에 바른 자세로 정신을 집중하여 활발하게 수업에 참여하도록 지도할 것을 요구함	수업 시간에 학생들을 집중시켜 수업의 질을 높이려고 노력함

교육과정 시간운영 계획과 실행	교육과정 시간 운영계획을 결재할 때는 국가 수준 초등학교 교육과정, 시 교육청의 교육과정 편성 지침, 지역 교육청의 장학 자료에 맞게 시간 배당이 되었는지 섬세하게 점검하지만 결재 후 실제 운영은 교사들이 알아서 하게 함	교사들이 마음에 부담이 없이 교육과정의 시간운영을 계획대로 실행함	교육과정 시간 운영계획을 결재할 때는 별 관심을 기울이지 않았다가 실행 단계에서 교사들의 행동을 제재함. 또한 교육과정을 다 이수했어도 보충·심화 학습을 하라고 지시하면서 교사들을 신뢰하지 않는 태도를 보여 주는 '교사 불신형'	B교장이 오전수업만 계획되어 있는 주간에도 오후 수업을 실시하라고 지시했다가 바로 지시 내용을 수정했지만 일부 교사들은 학교장이 교사들을 불신하는 것 같다고 불쾌감을 토로함

2) 학교장의 관리지도성 행동과 교사들의 행정문화와의 관계

본 연구모형에서는 학교장의 관리지도성 행동의 하위 영역으로 인적 자원 관리, 물적 자원 관리, 지역사회 관리, 공문서 관리 등 네 가지로 나누었다. 그러나 연구결과, 물적 관리 영역과 지역사회 관리 영역 그리고 공문서 관리 영역에서 두 학교장의 관리지도성 행동이 약간씩 다르게 나타났지만 그 지도성 행동들과 교사문화는 특기할 정도의 관계가 없는 것으로 해석되었다. 즉, 두 학교장이 학교환경 관리, 학부모와의 관계 활동, 지역사회 관계 활동 및 공문서 관리 등에 있어 서로 다르게 행동하고 있었지만 이러한 두 학교장의 관리지도성 행동에 대하여 교사들은 거의 관심이 없는 것으로 판단되었다. 따라서 여기에서는 학교장의 관리지도성 행동 중 교사문화와 관계가 있는 영역으로 나타난 인적 관리 영역을 중심으로 설명하고자 한다.

(1) 근무기강

학교를 경영하는 데 필요한 자원에는 여러 가지가 있겠지만 핵심 자원은 인적 자원, 특히 교사자원이 중요하다. 교사를 관리하는 인사경영유형으로 구분한다면, A교장은 자율형 행동을 많이 하고 B교장은 통제형 행동을 주로 하였다.

우선 근무기강을 보면, A교장이 교사들의 근무기강에 대해 특별한 언급이 드물었던 반면 B교장은 근무기강을 매우 강조했다. 본 연구자가 연구기간 중 무작위로 3일씩 관찰한 결과, 출근시간은 동일했지만 A교장 시기에 교직원 57명(조리종사원 제외) 중에 교직원의 28%인 약 16명 정도가 지각했다. 그러나 B교장 시기에는 교직원 52명(조리종사원 제외) 중 약 6%인 3명 정도가 지각했다. A교장의 재임 초기에는 지각하는 교직원이 거의 없었고 혹시 지각하게 되면 학년부장이나 교감에게 연락했다. 그러나 한 학기가 지나자 교사들의 태도가 변화되었다. 지각해도 교장이 크게 뭐라고 하지 않을 거라는 생각으로 어떤 날에는 교직원의 3분의 1이 지각할 만큼 지각하는 교직원이 늘어났다. 반면 B교장은 회의 시간에 정시출근을 매우 강조했다. 그리고 아침 자습시간에 교내순시를 하고 8시 10분부터 8시 30분까지 교무실에서 티타임을 가져서 교사들의 출근 상황을 알고 있으며 출근 시간에 현관에 서 있기도 하기 때문에 교사들은 지각하지 않으려고 노력했다. 또한 B교장은 복명도 강조하여 교사들은 출장을 다녀오면 학교장에게 구두나 서면으로 보고했다.

(2) 교사들의 전보 내신

매 학기말에 정기적으로 실시되는 전보 내신은 교사들에게 매우 중요하다. 대개 한 학교에서 3년 이상 근무하기 때문에 전보 내신의 성공 여부는 향후 몇 년 동안의 근무 조건을 좌우하기 때문이다. '학교장이 교사의 전보 내신을 어떻게 관리할 것인가?'의 문제에 대해 A교장은 교사 개인이 알아서 관리하도록 한 반면 B교장은 학교장의 직무 행위의 하나로 생각하고 있었다. 또한 B교장은 교사들의 전보 내신 관리를 교사들에 대한 보상수단 혹은 통제수단으로 활용하는 경향을 보이고 있었으며, 그러한 B교장의 지도성 행동에 대한 긍정적인 반응이 많았다.

■■■ 작년에 내신 전보 낸 거 보니까 희망대로 못 간 사람이 많더라구요. 어지간하면 희망지로 가야지. 왜 그런가 봤더니 여기가 지역 점수는 높아요. 근평은 갈 때 되면 거의 줘요. 그런데 학예 지도 실적이 없어. 그러니까 학예 지도를 해서 점수 관리를 해야 해요. 또 표창 받은 거 조사해 봤더니 갈 때 되었는데 표창이 없는 사람이 있어. 그래서 내가 오 선생은 업무를 바꿔서 하게 했잖아. 표창을 주려고 해도 뭐 근거가 있어야 하지 않겠어요. 본인도 좋아하잖아. 보건 교사도 표창을 신청했어요(B교장 : 2004).

A교장 임기 말에 실시된 교사들의 정기 전보에서 여러 교사들이 희망한 학교로 가지 못했다. 이렇게 된 이유는 근본적으로 본인이 전보 내신에 필요한 점수를 관리하지 않았기 때문이었다. 하지만 희망한 학교로 배정받지 못한 교사들이 신규 교사들임을 감안하면 상급자인 교감과 A교장이 평소에 교사들의 전보 내신에 관심을 기울여 지도 조언을 해 주지 않은 점도 실패의 원인이라 볼 수 있었다. 반면, B교장은 '학예 지도를 해서 점수 관리를 해야 해요', '내가 오 선생은 업무를 바꿔서 하게 했잖아. 표창을 주려고 해도 뭐 근거가 있어야 하지 않겠어요. 본인도 좋아하잖아', '보건 교사도 표창을 신청했어요. 아마 나올 거야.'라는 말에서 드러나듯이 교사들이 전보 내신 점수를 관리하도록 돕고 있었다. 이에 대해 어떤 교사들은 학예 지도 점수를 취득하기 위해 열심히 아이들을 지도하기도 하고 표창 상신 대상 교사들은 학교장에게 고마워하고 있었다.

(3) 학교장과 교사들과의 인간관계

한편 교사들과의 인간관계 측면에서, A교장이 교사들의 개인사정을 자상하게 살피고 정중하게 예우하는 배려지향적 행동을 많이 한다면 B교장은 교사들을 합리적이고 엄격하게 관리하면서 체육연수를 통해 조직의 응집력을 높이려는 관리지향적 행동을 많이 하였다. 다음은 그에 해당한 사례들이다.

■■■ "어머니께서는 안녕하신가요?"
"네. 잘 지내세요."
"요즘 선생님이 무리해서 병이 날까봐 걱정이에요. 건강은 어떠세요?"
"괜찮습니다. 걱정해 주셔서 고맙습니다."
"힘들면 언제라도 말씀하세요."(A교장 : 2003. 10. 15).

수업협의회의 교장의 지도조언 순서에서 먼저 수업 교사에게 칭찬의 말을 하고 나중에 협의 주제와 수업이 거리가 있다는 말씀을 빙 둘러서 매우 조심스럽게 하셨다. 협의회 후에 A교장은 따로 두 명의 교사에게 물었다.

■■■ 아까 내가 한 말이 이해하기 어려웠나? 혹시 OOO 선생에게 기분 나쁘게 들리지 않았을까? 비난하는 것처럼 들리지는 않았나? (A교장 : 2003. 11. 4).

■■■ 교내순시하는 거에 대해서 뭐라 할 수도 있는데, 어떤 교장은 그런 거 안 해요. 그런 거 하면 인기도 없고. 그렇지만 제대로 되는지 확인하고 학교경영에 참고하려면 소신대로 해야 해요. 뭐, 나도 얼마 안 남았는데 적당히 할 수도 있어요. 내가 신규 교장인데, 햇병아리지. 그래도 할 건 제대로 해야 하지 않겠어요? (B교장 : 2004. 6).

A교장은 '수업 교사에게 칭찬의 말을 하고 나중에 협의 주제와 수업이 약간 거리가 있다는 말씀을 빙 둘러서 매우 조심스럽게 하셨다', '아까 내가 한 말이 이해하기 어려웠나? 혹시 OOO 선생에게 기분 나쁘게 들리지 않았을까? 비난하는 것처럼 들리지는 않았나?'에서 나타나듯이 교사들을 정중하게 예우하면서 혹시 잘못되거나 개선해야 할 점이 있더라도 해당 교사의 기분을 상하지 않도록 정중하게 말하려고 노력했다.

교사들은 A교장에 대해 '신사적이다', '교사에게 정중하게 대해서 좋다', '우리를 편하게 해 준다', '자상하다', '우리 교장처럼 괜찮은 이도 드물다' 등으로 평가하면서도 일부 교사가 학교장에 대한 예우를 제대로 하지 않는 점에 대해 못마땅하게 생각하곤 하였다. B교장의 관리지향적 인간관계 행동에 대해 교사들은 처음에 호의를 가지고 '되도록이면 잘 맞춰서 지내려고 노력했지만 시간이 흐르면서 교장선생님이 좀 독선적이라는 생각이 들어서 불만을 토로하기도 하고 5·6학년 선생님들한테 고학년 맡아서 수고 많으시다는 의례적인 치하조차 없다'며 섭섭한 마음을 드러내곤 하였다. B교장의 합리적인 경영 방식을 인정하고 지시사항을 성실하게 이행하면서도 인간관계에서는 부드럽고 정다운 배려를 원하는 것으로 해석되었다. 이와 같은 학교장의 관리지도성 행동과 교사들의 행정문화와의 관계를 종합하면 〈표 18-4〉와 같다.

〈표 18-4〉 학교장의 관리지도성 행동과 교사들의 행정문화와의 관계 종합

구분	A교장		B교장	
	관리지도성 행동	교사 반응	관리지도성 행동	교사 반응
근무 기강	출퇴근 시간은 교사들이 스스로 지키도록 함	지각을 많이 함	정시 출근을 매우 강조하고 교사들의 출근 시간을 파악하고 있으며 출장 후 복명을 강조함	거의 제 시간에 출근하고 출장을 다녀오면 교장에게 그 결과를 구두나 서면으로 복명함
교사들의 전보내신	교사 개인이 알아서 전보 내신에 필요한 점수를 취득하도록 함	학교장이 교사들의 전보 내신에 관심을 기울여 지도 조언을 해 주기를 원함	학교장의 직무 행위의 하나로 생각하고 학예 지도 실적과 표창 상신을 관리함	어떤 교사들은 학예 지도 점수를 취득하기 위해 열심히 아이들을 지도하기도 하고 표창 대상자로 추천된 교사들은 학교장에게 고마워함
교사와의 인간 관계	교사들의 개인 사정을 자상하게 살피고 정중하게 예우함	학교장의 정중함을 높이 평가하면서도 교사들은 학교장에 대한 예우를 제대로 갖추지 않는 경우가 있음	교사들을 합리적이고 엄격하게 관리하면서 체육연수를 통해 조직의 응집력을 높이려 함	처음에 호의를 가졌다가 시간이 흐르면서 학교장의 독선에 대해 불만을 토로하기도 하고 부드럽고 정다운 배려를 아쉬워함

5 결론 및 논의

본 연구의 목적은 학교장의 지도성 행동과 교사문화의 관계를 밝히는 데 있었다. 연구대상 학교는 대전광역시 소재한 공립 초등학교이며, 자료수집 방법은 참여관찰과 심층면담이었다. 연구기간은 2003년 2월부터 2004년 10월까지 약 20개월이었다. 또한, 연구결과 해석의 타당도를 제고하기 위하여 본 연구의 주 제보자들 및 교육행

정학 전공 교수 2인에게 연구결과를 제시하여 해석의 정확성 및 타당성을 확인하고 필요한 내용을 보완하였다. 주요 연구결과는 다음과 같다.

A교장의 경우처럼 '느긋함 안에서 자율'을 추구하는 신뢰·위임적 행동이 주가 되는 수업지도성을 발휘한 결과, 초등교사들은 수업 협의회에 지각하고 교재 연구와 교수법 향상을 소홀히 하며 수업 시간을 제대로 지키지 않은 것으로 나타났다. 또한 교실의 수업분위기도 좋지 않은 등 부정적인 교사문화가 형성되는 경향이 나타났다. 반면, B교장의 경우와 같이 '질서 안에서 효율'을 중시하는 지시·통제적 행동이 주가 되는 수업지도성을 발휘한 결과, 초등교사들은 학교장의 강력한 수업지도성에 호응하여 교재 연구와 교수법 향상에 노력하였고 학교장의 지시사항을 성실하게 이행하였으며 교실의 수업분위기도 좋은 등 긍정적인 교사문화가 형성되는 것으로 밝혀졌다.

한편 행정영역 중 인적 자원 관리 영역을 보면, A교장의 경우와 같이 항상 교사들을 정중하게 예우하고 의견을 경청하며 법적으로 허용하는 한도 내에서 최대한 교사들에게 권한을 위임한 권한 위임형 행동이 주가 되는 관리지도성을 발휘하자 초등교사들은 학교의 주요의사 결정이 민주적으로 이루어지는 데 매우 만족하면서도 지각을 자주 하는 등 근무기강이 흐트러져 부정적인 교사문화가 형성되는 경향이 나타났다. 반면, B교장의 경우처럼 세밀한 부분까지 직접 지시하고 확인하며 교사들을 효율적이고 엄격하게 관리하는 통제형 행동이 주가 되는 관리지도성을 발휘하자 한편으로는 초등교사들의 근무기강이 확립되고 학교장의 지도성 행동에 성실하게 따르는 긍정적인 교사문화가 형성되면서도 다른 한편으로는 일정한 시간이 흐르며 의사 전달이 제대로 되지 않는 것에 갑갑해하고 독선적인 학교운영에 불만을 토로하기도 하였다. 마지막으로 학교장과 교사들 간의 인간관계 면에서, 학교장의 배려 지향적 행동이 긍정적인 교사문화에 기여하는 것으로 나타났다.

이러한 본 연구의 결과에 따른다면, 초등학교에서 수업과 행정영역에서 교사들에게 자율성과 책무성을 부여하는 신뢰·위임적인 지도성 행동보다 교사들을 지시하고 감독하는 지시·통제적인 지도성 행동이 더 긍정적인 교사문화를 형성하는 것으로 해석할 수 있다. 이는 학교장이 교사들을 한 가족처럼 대하고 전문가로 존중해 주며 권한을 위임하고 친밀한 관계를 유지하는 지도성을 발휘하는 경우 긍정적인 교사문화가 형성되는 것으로 보고한 Leithwood 외(1998), 주삼환 · 신현석 · 윤인숙(1999), 정우영(2001) 및 이낙종(2004)의 연구결과와 사뭇 상반되는 것이다. 그러나 이러한 결론을 내리기에는 좀 더 장기적인 연구가 필요하다고 판단된다. 왜냐하면 두 학교장의 지도성 행동에 대한 관찰과 면담이 종료되는 시점, 즉 서로 다른 두 학교장의 지도성 행동이 발휘되기 시작하여 1년이 경과한 시점에서 통제적이고 감독적인 학교장의 지도성 행동에 대한 불만이 나오기 시작하고 교사들 스스로 자신들의 자율과 책임에 대한 반성적 분위기가 형성되는 조짐이 나타났기 때문이다. 또한 3~5년의 주기적 순환근무제도가 짧은 시간 내에 가시적인 교육성과를 보여 주도록 하는 학교행정문화를 형성하게 하였을 가능성을 배제하기 어려울 것 같기 때문이기도 하다.

이러한 사실을 통해, 본 연구에서는 학교장의 지도성 행동과 교사문화의 관계에 있어 다른 요인이 동일하다면, 공립 초등학교 학교장이 부임한 초기 1년 동안은 수업과 행정업무에 있어 지시와 감독 중심의 통제형 지도성 행동을 많이 하는 것이 긍정적 교사문화를 형성하는 데 효과적이지만 부임 후 약 1년이 지난 후부터는 교사들의 자율과 책임을 강조하는 위임형 지도성 행동이 긍정적 교사문화를 형성하는 데 더 효과적일 것이라는 하나의 새로운 가설을 제시할 수 있다고 본다. 또한 이 새로운 가설은 공립 초등학교장의 보편적 재임기간인 3년 정도에 걸친 후속 사례 연구를 통해 검증될 수 있을 것으로 기대한다.

본 연구는 대전광역시에 있는 한 초등학교를 대상으로 하여 이루어진 하나의 사례 연구다. 그러나 두 학교장의 지도성 행동을 장기적으로 비교하기에는 시간이 충분하지 않았을 뿐 아니라 그 해석과정에 있어 연구자들의 주관성이 개입되었을 가능성을 배제할 수 없다. 이는 본 연구의 한계다. 그럼에도 불구하고, 본 연구는 학교조직 연구에서 오랜 기간 주로 양적 변수로 다루어온 학교장의 지도성 행동과 1990년대 이후 질적 연구방법을 통해 활발하게 연구되고 있는 교사문화와의 관계를 질적 연구방법을 통해 가설형성 수준의 연구결과를 도출하고 있다는 점에서 그 학술적 의의가 적지 않다고 판단된다.

단위학교 교사문화는 학교장 요인뿐 아니라 학교의 소재 지역과 학교규모, 학교 공간의 배치구조 등과도 관계가 있을 것으로 생각된다. 또한 단위학교에서 형성되어 유지되는 교사문화는 학생문화, 학생의 자아의식과 미래 포부 수준, 다양한 교육적 성취 수준, 학교에 대한 태도 등에 일정한 영향을 줄 것으로 예상된다. 따라서 이러한 요인들을 고려한 후속연구들이 더욱 활발하게 이루어지기를 기대해 본다.

마무리글 융합적인 접근의 필요성과 당면 연구과제

지금까지 학교조직 연구의 구조적 접근, 인간자원론적 접근, 정치적 접근 및 문화 상징적 접근에 관한 예비적 논의와 그 접근방법들이 교육행정에 적용되어 온 내용, 마지막으로 네 가지 접근을 준용하여 이루어진 한국 학교조직 연구에 관한 필자의 연구들을 제시하였다.

이들 각각의 접근들은 조직 내의 다양한 현상을 보는 독특한 눈을 제공하여 복합적이고 역동적인 조직현상을 이해하는 폭과 깊이를 더해 주고 있다. 또한 학교조직은 매우 복잡하고 고유한 작동논리를 가지고 있는 역동적 사회체제이다. 따라서 한 가지 접근이 조직 현상을 설명하는 유일한 방법이라는 논리는 수용되기 어렵다. 각각의 접근은 조직구조, 인간, 정치 그리고 문화라는 학교조직의 핵심 요인이나 현상을 동원하여 그것을 통하여 학교조직 현상의 대표적 양상을 드러내는 흥미로운 탐구의 렌즈이자 논리라고 볼 수 있는 것이다. 각 접근의 토대가 되는 지적 배경이 다르기 때문에, 각 접근을 통해 학교조직을 탐구하는 논리도 다르다. 구조적 접근이 구조 기능주의적인 사회학적 지식을 기초로 한 실증주의적인 탐구논리를 따라왔다면, 인간자원론적 접근은 심리학이나 사회심리학적 지식 배경을 가지고 실험적인 연구방법을 중시해 온 전통을 가지고 있다. 정치적 접근은 행동과학적 지식적 배경을 가지고 있으며, 문화 상징적 접근은 사회학과 인류학 및 해석학적인 지적 토대를 가지고 있다. 특히 문화 상징적 접근은 참여관찰과 심층면접과 같은 다양한 질적 연구방법을 중시함으로써, 사회현상에 대한 환원론 접근과 계량화를 기저로 한 전통적인 논리실증주의에 대한 대안적 탐구논리로 성장해 가고 있다.

각각의 접근방법이 상호 배타적인 입장을 견지하고 있는 것은 아니며, 각 접근방법이 갖는 조직현상에 대한 독특한 설명력의 힘과 한계를 인식하는 것이 중요하다. 실제 학교조직 연구에 사용되고 있는 네 가지 주요 접근들은 개념적으로 또한 경험적 증거에 의해서 최소한 부분적으로나마 지지되고 있다. 그러나 상이한 접근 간의 대화와 소통은 쉽지 않다. 조직의 문제는 복잡하고 어렵기 때문에 몇 개의 타당한 접근들이 있을 수 있다. 각 접근은 흥미롭고 의미 있는 것이지만, 각 접근은 오로지 부분적인 진실만을 포착할 수 있을 뿐이다. 특히, 미시/거시적 이분법은 조직연구의 다원주의를 지나치게 단순화시키는 문제를 야기한다.

이 책에서 소개한 열네 편의 논문들의 예로 활용하여 설명한다면, 학교행정공간의 기능과 구조 혹은 농촌의 작은 중학교나 대학조직의 행정구조를 개선하는 문제에 관한 논문은 학교행정조직이 형성되고 운용되는 행동의 통로나 도면의 특성을 밝히거나 그것을 보다 효율적이고 교육적인 방향으로 바꾸는 도전적인 과업에 관한 글이다. 이 글들 속에는 학교조직에서 생활하는 사람들의 다양한 바람, 욕구, 세력 간의 연합과 다툼 그리고 협력, 가치관과 같은 중요한 현상들보다는 조직구조에 초점을 맞춤으로써 학교조직의 성격과 특성을 드러내고자 한다. 또한, 학교구성원들의 문화를 연구한 논문들은 그 구성원들이 공유하고 있는 규범, 가치, 인간관 등을 중시함으로써 조직구조와 같은 거시적이고 객관적인 현상이나 조직구성원들의 개별적이고 미시적인 사회심리적 요인이 잘 드러나지 않는다.

이 책에서는 학교조직 연구에서 활용되고 있는 네 접근을 합쳐 하나로 만드는 통합적 접근보다 두 가지 이상의 접근을 결합하여 하나의 접근으로 활용하는 의미의 융합적 접근의 필요성을 제기하고자 한다. 이론적으로는 네 접근의 통합적 접근이 가능하고 또한 필요하다고 주장할 수는 있겠지만, 실제 연구를 수행하는 실현 가능한 측면에서 생각해 보면 거시적 접근과 미시적 접근의 융합이나 객관적인 접근과 주관적인 접근의 융합을 기저로 한둘 이상의 접근의 융합이 가능해 보이기 때문이다. 이 또한 전통적인 거시/미시 혹은 객관/주관의 이분법을 넘어가려는 어려운 시도가 될 것이라는 점은 명백하다. 거시와 미시 혹은 객관과 주관이 합쳐 하나로 되거나 상호 소통하는 융합적인 접근을 연구에 적용하기는 쉽지 않기 때문이며, 실제로 하나 이상의 접근을 사용한 선행연구는 극히 적은 것이 현실이다.

둘 이상의 접근 간의 융합적인 접근이 어떻게 가능할까? 예컨대, 구조적 접근과 인간자원론적 접근의 융합을 들 수 있다. 학교의 관료적 그리고 전문적 조직구조가 배합된 양상과 교사들의 욕구위계와의 관계를 생각할 수 있다. 또한 정치적 접근과 문화적 접근의 융합의 예로서, 학교조직의 권력구조가 학교에 어떤 문화를 형성하게 하는지, 혹은 학교의 문화적 특성이 학교조직의 권력구조 형성에 어떤 영향을 주는지에 관한 연구를 들 수 있다. 이 두 가지 경우에 객관적 접근과 주관적 접근의 융합을 고려한다면, 학교조직 구조와 정치적 권력구조의 양상과 수준을 측정하는 계량적 방법과 교사들의 욕구위계와 문화의 성격을 심층적으로 해석하는 주관적 방법을 혼용할 수 있을 것으로 판단된다. 또 다른 예로서 구조적 접근과 정치적 접근과의 융합을 들 수 있다. 이와 같은 두 접근 간의 융합의 양상을 그림으로 나타내면 다음과 같다. 이때 구조적 접근을 선행요인으로 본 것은 조직구조를 인간, 정치, 문화 요인보다 더 기초적인 요인으로 보기 때문이다.

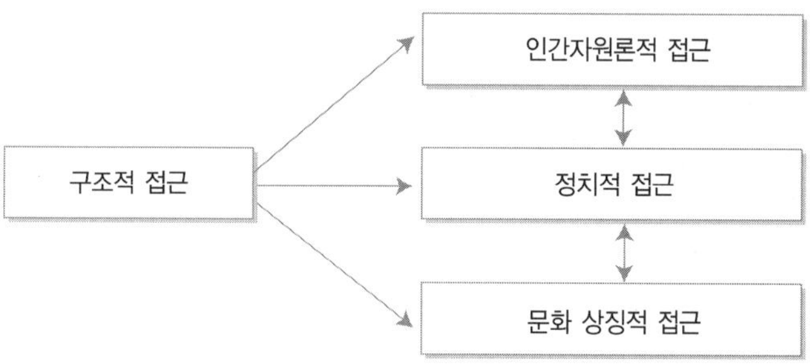

좀 더 진전된 융합의 형태는 세 접근을 융합하는 것이라 할 수 있겠지만, 실제 이러한 연구는 아직 없는 것으로 보인다. 가능한 예를 든다면, 구조적 접근, 인간자원론적 접근, 정치 혹은 문화 상징적 접근이 될 것으로 보인다. 이 경우는 조직구조가 선행요인으로 작용하고 정치와 문화 상징은 결과요인이 되며, 인간자원은 매개요인으로 설정할 수 있을 것이다. 이러한 형태의 융합은 유형화된 행동의 규칙 틀 속에서 생활하는 학교조직의 사람들이 희소한 자원과 기회를 위해 갈등하고 권력을 지향하는 가운데 학교문화가 형성되는 관점을 생각한 것이다. 이러한 융합의 형태는 다음과 같이 도식화할 수 있다.

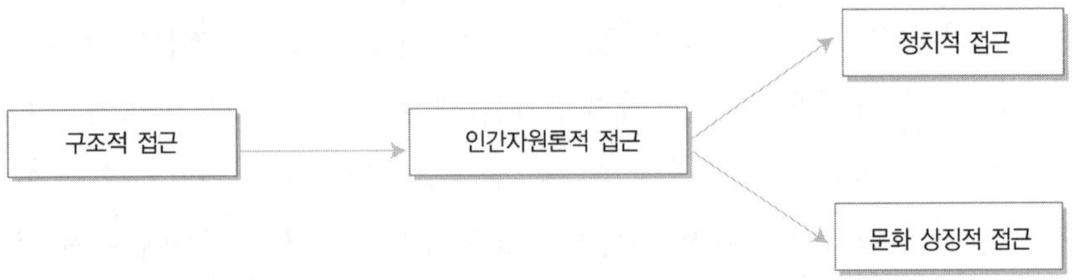

한편, 융합적인 접근도 필요하지만 한국 학교조직 연구의 발전을 위해 우선 각 접근 중 상대적으로 아직 연구가 미흡한 분야에 대한 연구가 활성화될 필요가 있다. 각 접근에 충실한 연구는 융합적인 접근의 학문적 필요성을 촉진시킬 것이며, 이는 종국적으로 학교조직의 특성과 작동기제를 보다 진실에 가까운 설명체계로 완성해 나가는 데 기여할 것이기 때문이다.

우선 학교조직 구조에 관한 연구는 학교조직이 가지고 있는 구조적 특성을 밝히는 설명적 연구와 학교조직의 특성에 적합한 구조를 설계하는 처방적 연구로 대별해 볼 수 있다. 20세기의 학교조직 구조 연구가 설명적 연구에 치중해 왔다면, 21세기에는 처방적 연구가 더 많아질 것으로 예상된다. 상대적으로 정태적인 조직관을 중심으로 형성된 20세기의 경직된 조직구조 이해방식으로는 새롭게 출현하는 학교 운영 모형들, 개혁과 변화 지향적 지도성, 다양한 교육적 수요 등을 충족하기 어려울 것으로 판단되기 때문이다. 그러한 의미에서 보다 유연하고 가변적인 학교조직 구조에 대한 처방적 연구가 요청된다.

인간자원론적 접근에서 주요한 탐구대상은 교사집단이다. 전통적인 관리이론에서 교사들은 위계화된 조직 구조상 관리되어야 하는 하위집단으로 인식되는 경향이 강했다. 학자들과 학교행정가들은 교사들을 향해 여러 기대와 요구를 할 뿐 교사들을 한 개인으로서 혹은 전문가로서 존중하고 그 심리와 행동의 기저를 파악하는 데 소홀하였다. 그러나 학교조직 성격상 교사들은 교육의 주체이며, 다양한 입직 동기와 학교생활을 통해서 충족시키고자 하는 욕구를 가지고 있다. 신념을 가진 자아실현인이며, 교직에서의 삶에 고유한 목표를 가지고 있다. 그럼에도 불구하고, 우리나라 교육조직 연구들은 교사들의 욕구, 동기, 신념, 목표 등에 관하여 알려주는 바가 별로 없다. 이에 관련된 외국 이론을 검증하는 연구도 필요하지만, 우리나라 교사들의 독특한 직업심리구조를 설명할 수 있는 토착적 연구가 절실하다.

다음으로 우리나라에서 정치적 접근을 활용한 연구가 아주 희소하다는 점을 적시할 필요가 있다. 이는 학교조직의 비정치성에 대한 일종의 신화적 신념이 작용한 결과다. 교직의 규범적 성격이나 교육자의 도덕성에 대한 강한 인식이 학교조직을 정치적인 시각에서 보고 해석하는 연구를 촉진시키지 못하게 한 원인으로 판단된다. 그러나 크게 드러나지 않을 뿐이지 학교조직은 정치적인 성격을 적지 않게 가지고 있으며, 특히 작금의 우리 학교조직은 상당히 정치적인 조직으로 급속하게 변화하고 있는 것이 사실이다. 교육민주화 운동과 그를 위한 세력화의 진행은 학교조직의 정치화를 가속화시키고 있다. 학교가 민주화된다는 의미는 학교조직이 정치화된다는 의미로 해석되기도 한다. 학교조직의 정치화 현상을 어떤 가치의 잣대를 가지고 판단하기 이전에 학교조직의 정치화를 과학적 탐구방법에 의해 이론화 하는 노력이 필요한 것이다.

마지막으로 우리나라 학교문화에 관한 연구는 최근 상대적으로 활발해지고 있는 추세다. 교사문화에 관한 연구와 학생문화에 관한 연구가 많은 반면, 학부모문화와 학교행정문화에 관한 연구는 아직 미개척 분야와 다를 바 없다. 그러나 교사문화에 관한 연구도 좀 더 활성화되고 또한 체계화되어야 한다. 학교급별, 학교규모, 학교 소재 지역 등과 같은 변수를 고려한다면 교사문화 연구도 아직 부족하다. 동일 학교의 문화 변화에 대한 종단적 연구는 거의 전무하다. 아울러 대중매체의 교육논조와 시민사회집단의 학교문화도 학교조직에 영향을 미치는 환경문화로서 흥미로운 연구문제가 될 수 있다고 판단된다.

참고문헌

강무섭 외(1995). 학교운영위원회 구성 및 운영방안에 관한 연구. 연구보고 RR 95-1. 한국교육개발원.

강석주(1993). 고등학생의 저항지각 및 그 원인 분석. 석사학위논문. 한국교원대학교.

고려대학교 교육문제연구소(1998). 학교운영위원회의 정착을 위한 연구.

고려대학교 기업경영연구소(1996). 고려대학교 행정인력에 대한 직무분석 연구결과 보고서.

고려대학교 직원노동조합(1999). 1999년 단체협약.

고려대학교 직원노동조합(1999). 투쟁백서.

고려대학교(1998). **고려대학교연보**.

고형일 외(1995). 도시지역과 농촌지역 교사의 교직문화의 비교연구. **교육사회학연구**, 5(1), 1-38.

고형일 외(1997). 장거리 통근교사의 교직문화에 관한 연구. **교육사회학연구**, 7(2), 23-53.

교육인적자원부(2001a). 교육통계연보.

교육인적자원부(2001b). 교육통계편람.

교육인적자원부 · 한국교육개발원(2004). 2004 교육통계분석자료 Ⅱ.

구수경(1997). 청소년 저항문화에 관한 연구. 석사학위논문. 한국교원대학교.

김경순(2000). 여교사의 기 · 미혼 여부가 직무수행에 미치는 영향에 관한 연구. 석사학위논문. 세명대학교.

김명철(1999). 초등교사의 발달 과정에 관한 연구. 석사학위논문. 인하대학교.

김민조(1997). 학교운영위원회 구성집단의 인식에 관한 연구. 석사학위논문. 서울대학교.

김병수(1999). 대학조직 혁신의 방향과 과제. **대학교육 통권 100호**.

김병찬(2003). 중학교 교사들의 교직문화에 대한 질적 사례 연구. **교육행정학연구**, 21(1), 1-27.

김선희(1993). 교사의 직능발달 과정에 관한 연구. 석사학위논문. 동국대학교.

김성열(1995). 학교운영위원회의 설치와 단위학교 의사결정체계의 재구성. **교육행정학연구**, 13(4), 193-206.

김성열(2000). 성공적인 학교운영위원회의 특성에 관한 사례 연구. **교육행정학연구**, 18(3), 243-269.

김소희(1991). 인문계 고등학교 학생의 생활과 성적의 의미. 석사학위논문. 서울대학교.

김수인 · 이정희 · 최상훈(1996). 초등학교 시설공간의 재활용에 관한 연구. **교육시설**, 3(2), 25-35.

김영숙(1995). 초등학교 교사문화에 대한 해석적 접근. 석사학위논문. 경상대학교.

김영찬 · 이인효(1990). 고등학생의 생활과 문화(Ⅰ): 문화기술 연구. 정신문화연구원. 학교의 사회 문화적 특성과 기능, 65-124.

김용일(1996). 교육행정개혁과 학교운영위원회에 관한 연구. **교육문제연구**, 8집, 259-284.

김용호(1992). 공업계 고등학교 수업의 의미에 관한 문화기술적 연구. 박사학위논문. 한양대학교.

김재범(1984). 대학교육행정의 효율화. 한국대학교육협의회. **대학행정관리의 이론과 실제**.

김정희(2004). 초등학교 동 학년 교사문화에 관한 연구. 석사학위논문. 인제대학교.

김진균 · 전근식 편저(1997). **근대주체와 식민지 규율권력**. 서울: 문화과학사.

김풍삼(1992). 한국 교원문화의 형성요인에 관한 연구. 박사학위논문. 단국대학교.

김현경(2003). 교직활동을 통해 형성되는 초등학교 교사문화에 관한 연구. 석사학위논문. 경인교육대학교.

김희복(1991). 학부모 문화 연구-부산지역 중산층의 교육열. 박사학위논문. 부산대학교.

나재주(1999). 교사의 생활세계와 교사문화에 관한 연구. 석사학위논문. 한국교원대학교.

노종희(1992). **교육행정학: 이론과 연구**. 서울: 문음사.

노종희 · 송광용 · 신현석(2003). 단위학교의 행정실태 및 개선방안에 대한 인식: 교육개혁 업무를 중심으로. **교육행정학연구**, 21(1), 193-220.

도주완(1999). 학교장의 변화 지향적 지도성과 학교조직풍토 및 조직문화와의 관계. 석사학위논문. 대구교육대학교.

두산동아(1987). **동아 새국어사전**.

류방란 · 이혜영(2002). 초등학교 교사의 생활과 문화. 연구보고 RR 2002-5. 한국교육개발원.

류호섭(1997). 초등학교의 공간종류 및 면적 구성에 관한 연구: 각 학교의 평면 분석을 중심으로. **교육시설**, 4(4), 5-15.

문화관광부(2003). **청소년백서**.

민무숙(2000). **여교사의 교단진입 증가에 따른 학교현장 실태분석**. 한국여성개발원.

박남기(2004). 초등학교 교사평가 논란 재분석. **한국교육학회 춘계학술대회 논문집**, 27-67.

박남숙(1986). 중 · 고등학생의 비판적 학생문화 형성가능성에 관한 일 연구. 석사학위논문. 연세대학교.

박미옥(2003). 중등학교 여교사들의 삶과 문화에 대한 연구. 석사학위논문. 한서대학교.

박성식(1994). **교육조직이론**. 서울: 양서원.

박아청(1994). 초, 중등학교에서의 여교사 증가현상에 따른 교육심리학적 영향에 관한 조사연구. **교육학논총**, 13, 23-48.

박안식(1995). 교사문화에 대한 초등교사와 중등교사의 지각 차이. 석사학위논문. 전남대학교.
박영숙(2003). 교직 활성화를 위한 교직문화 변화전략 개발 연구. 연구보고 RR 2003-9. 한국교육개발원.
박윤금 · 조성기(1998). 초등학교 공간 재구조화를 위한 기초적 연구(1). 교육시설, 5(2), 515.
박은실(2002). 효율적 단위학교 운영을 위한 학교 조직문화에 대한 질적 탐색. 박사학위논문. 이화여자대학교.
박은혜 · 김희진 · 이지현(2002). 레지오 에밀리아 접근법에서의 시간과 공간의 의미. 교육학연구, 40(1), 311-328.
박재윤(1994). 미래학교 시설계획에 관한 연구. 교육시설, 1(2), 85-87.
박종흡 · 이관규(1997). 초등학교 교사들의 교직문화에 관한 연구. 지방교육경영, 제2호, 229-255.
박준형(1998). 미셀푸코의 근대적 주체비판을 통해 본 교육조직. 석사학위논문. 고려대학교.
박중현(1988). 학교조직내의 갈등에 관한 연구. 석사학위논문. 동국대학교.
박찬주 · 심춘자(2002). 초 · 중등 교사발달 과정에 관한 사례 연구. 교육학연구, 40(1), 197-218.
박채동(2000). 초등학교 학교운영위원회 발전방안 연구. 석사학위논문. 울산대학교.
배종달(2000). 초등학교 교사들의 교직문화에 대한 지각. 석사학위논문. 창원대학교.
백승관(2003). 교사의 발달 과정에 관한 탐색모형. 교육행정학연구, 21(1), 29-50.
서기천(2000). 학교운영위원회의 의사결정 과정에 관한 사례분석 연구. 석사학위논문. 한서대학교.
서승미(2004). 여교사의 교육행정직 · 전문직 진출 활성화 방안. 석사학위논문. 군산대학교.
서울대학교 교육연구소(1998). 교육학 대백과사전(3). 서울: 하우동설.
성병창(1994). 학교조직구조론. 서울: 양서원.
손준종(1998). 대학의 재구조화 전략에 관한 연구. 고등교육연구, 10(1), 143-167.
손준종(2001). 교육사회학. 서울: 문음사.
손희권(1991). 교사의 소진경험과 학교구조 지각과의 관계. 석사학위논문. 고려대학교.
신갑선(1998). 초등학교 여교사의 교육행정직 지향욕구에 관한 연구. 석사학위논문. 경상대학교.
신경우(1995). 농촌지역 교사의 교직문화의 연구. 석사학위논문. 전남대학교.
신귀옥(1996). 국민학교 교사의 업무문화에 대한 연구. 석사학위논문. 경북대학교.
신상명(2000). 학교단위책임경영을 위한 학교운영위원회의 발전과제 탐색. 교육행정학연구, 18(1), 31-67.
신유근(1991). 조직론. 서울: 다산출판사.

신현석(1999). 학교행정 업무의 개선을 위한 정책 방향과 과제. 안암교육학연구, 5(1 · 2), 47-70.

신현석(2000). 한국의 교육개혁정책. 서울: 학지사.

심순아 · 정옥분(2004). 중등 기혼여교사의 결혼만족도와 직무수행과의 관계. 한국가정과교육학회지, 16(4), 141-156.

안계상(1990). 국민학교장의 지도성 행동이 학교조직문화에 미치는 영향에 관한 연구. 석사학위논문. 충남대학교.

안창모(1995). 교육공간의 질 향상을 위한 시론. 교육시설, 2(2), 65-71.

양병한 · 박환식(1999). 경남지역 초등교사들의 고민 요인에 관한 연구. 한국교사교육, 16(1), 202-222.

여태전(1994). 교직사회화 과정의 문화기술적 연구. 석사학위논문. 경상대학교.

오석홍(1984). 조직이론. 서울: 박영사.

오영재(1992). 학교장의 지도성행위 · 교사의 소진 · 학교효과성의 관계. 박사학위논문. 고려대학교.

오영재(1997). 학교조직 효과성 측정모형의 이론적 설계. 교육문제연구, 제9집, 117-136.

오영재(1999). 신설대학 교수들의 소진의 원인과 그 대응양상에 관한 문화기술적 연구. 교육학연구, 37(2), 89-109.

오영재(2000). 실업계 고등학교 내 의사결정 행위의 양상과 그 성격. 교육행정학연구, 18(2), 329-346.

오영재(2001). 고려대학교 행정구조조정 과정에 관한 사례 연구. 교육행정학연구, 19(2), 387-417.

오영재(2001). 교단일기를 통해 본 중등교사들의 삶과 문화. 교육학연구, 39(4), 207-230.

오영재(2002). 고등학생들의 삶과 문제행동 속에 담긴 문화적 의미. 충북교육학연구, 3(1), 51-66.

오영재(2002). 실업계 고등학교의 장학문화에 관한 탐색적 연구. 안암교육학연구, 8(1), 115-138.

오영재(2002). 학교행정공간의 기능과 구조에 관한 해석적 연구. 교육학연구, 40(5), 229-254.

오영재(2003). 초등학교 학교운영위원회 운영 평가 사례 연구. 한국교육학연구, 9(2), 193-217.

오영재(2004). 사립 고등학교의 학교운영위원회 운영과정에 관한 미시정치적 사례 연구. 교육학연구, 42(1), 339-367.

오영재(2004). 초등교사들이 선호하는 학교의 조건과 그 이유. 교육학연구, 42(3), 349-374.

오영재(2006). 중등 중견교사들의 교직발달유형 변화 양상에 관한 사례 연구. 교육학연구, 44(1), 143-169.

오영재 · 박주용(2005). 학교장의 지도성 행동과 단위학교 교사문화 간의 관계에 관한 사례 연구. **교육학연구**, 43(2), 259-287.

오영재 · 박행모(2005). 농촌 소규모 중학교의 행정인력 운용구조 개선에 관한 연구. **한국교육학연구**, 11(1), 99-119.

오영재 · 정지선(2006). 실업계 고등학교의 교사문화에 관한 질적 연구. **교육행정학연구**, 24(1), 69-96.

오영재 · 진명구(2001). 농 · 공업고등학교 내 갈등의 양상과 그 특징에 관한 연구. **충북교육학연구**, 4(1), 71-91.

오희진 · 고효정(2003). 중 · 고등학교 여교사들의 직장 내 성희롱에 대한 인식 및 경험. **한국보건간호학회지**, 17(2), 238-254.

옥장흠(1995). 교육조직에서 갈등요인들 간의 관계분석. **교육행정학연구**, 13(4), 125-154.

왕기항 외(2000). **교육조직론탐구**. 서울: 학지사.

왕기항(1986). **교육조직론**. 서울: 집문당.

왕기항(1990). 학교조직과 행정의 새로운 시각 탐색. **교육학연구**, 28(2), 91-103.

우은복(1999). 초등학교 성역할 교직문화 연구. **교육사회학연구**, 9(1), 75-101.

유관숙(1997). 초등교사의 교직사회화 과정에 관한 문화기술적 연구. 석사학위논문. 한국교원대학교.

유남순(1999). 기혼여성의 역할갈등에 관한 분석적 연구. 석사학위논문. 동국대학교.

유평수(1996). 의사결정에서 교사의 참여에 관한 탐색적 고찰. **교육행정학연구**, 14(1), 161-187.

유한구 외(1997). 초등학교 교직문화 연구(Ⅰ). **초등교육연구**, 11권, 277-297.

유현숙 외(1996). 학교운영위원회 시범운영 평가연구. 연구보고 RR 96-8. 한국교육개발원.

윤병용(2001). 소규모 초등학교 교사문화 연구. 석사학위논문. 춘천교육대학교.

윤성식(1996). 대학 행정 효율화를 위한 대학 행정 개혁. **대학교육, 통권 79호**.

윤숙자(1990). 학교조직에서의 의사결정에 관한 이론 연구. 석사학위논문. 전북대학교.

윤실근(1986). 학교조직에서 교사들의 갈등실태에 관한 연구. 석사학위논문. 부산대학교.

윤형원(1994). 국가적 대학정책의 변신. **교육학연구**, 32(2), 107-120.

윤형원(1999). 대학개혁과 조직혁신의 좌표. **대학교육, 통권 100호**.

윤홍주(1996). 교사발달 단계 및 직능발달 요인에 관한 연구. 석사학위논문. 서울대학교.

이건만(1999). 학교교육과 청소년 저항문화에 관한 연구: 청주지역의 고등학생을 중심으로. **교육학연구**, 37(2), 29-61.

이건만 · 오희진(1999). **닫힌 학교 열린 꿈**. 서울: 양서원.

이관규(1996). 초등학교 교사들의 교직문화에 관한 연구. 석사학위논문. 창원대학교.

이기문(1997). **새국어사전**. 서울: 두산동아.

이기연(1992). 농촌 고교 교육의 사회적 기능-두륜 고등학교 교육에 관한 문화기술적 분석. 석사학위논문. 서울대학교.

이낙종(2002). 학교장의 지도성 행동과 교사들의 반응에 대한 미시정치적 분석. **교육행정학연구**, 20(3), 117-137.

이낙종(2004). 학교장의 수업지도성 행동에 대한 미시정치적 분석. 박사학위논문. 고려대학교.

이난숙(1992). 교사의 직능발달에 관한 연구. 박사학위논문. 한국교원대학교.

이두휴(2004). 농어촌지역 학교의 교직문화 연구. **교육사회학연구**, 14(1), 69-99.

이명숙(1988). 학교조직에서 교사들이 지각하는 갈등내용에 관한 분석연구. 석사학위논문. 중앙대학교.

이석열(1997). 학교조직문화 · 교장의 수업지도성·교사의 전문적 수용권의 관계. 박사학위논문. 충남대학교.

이석재(2000). 학교운영위원회 활성화 방안 연구. 석사학위논문. 성균관대학교.

이성은(1995). 교사들이 경험하는 갈등에 관한 현상학적 접근. **교육행정학연구**, 13(1), 183-207.

이수미(2002). 초등학교 학교운영위원회 운영에 관한 참여관찰 연구. 석사학위논문. 고려대학교.

이연숙 외(1995). 시간적 틀 관점에서 본 청소년의 공간형태. **연세논총**, 31, 104-140.

이옥자(2000). 초등학교 교사문화에 관한 사례 연구. 석사학위논문. 대진대학교.

이용숙(1992). 한국 중등학교 문화의 특성. **한국청소년연구**, 3(2), 15-33.

이용숙 · 김영천 편(1998). **교육에서의 질적 연구**. 서울: 교육과학사.

이윤식(1991). 우리나라 중등교사들의 발달 과정에 관한 예비적 기술. **한국교육**, 18(1), 5-40.

이인효(1990). 인문계 고등학교 교직문화연구. 박사학위논문. 서울대학교.

이종각(1997). **교육인류학의 탐색**. 서울: 도서출판 하우.

이종국(1984). 여교사의 법적 지위와 그 실제에 관한 연구. **교육연구**, 5집, 75-103.

이진경(1997). **근대적 시 · 공간의 탄생**. 서울: 푸른숲.

이창진(1993). 고교생의 반학교 문화에 관한 문화기술적 연구: 인문계 여자고등학교를 대상으로. 석사학위논문. 성균관대학교.

이해성(1995). 학교운영위원회의 한계와 가능성. 한국교육사회학연구회. **교육개혁의 사회학적 진단**.

이향란(1997). 여교사의 직무생활 발전방향에 관한 연구. 석사학위논문. 경원대학교.

이형열(1989). 학교조직 내 갈등실태 분석. 석사학위논문. 한국외국어대학교.

이혜영 · 류방란 · 윤여각(2001). 중등학교 교사의 생활과 문화. 연구보고 RR 2001-4. 한국교육개발원.

임석재(1991). 의사결정에 관한 이론적 고찰. **관동대 논문집**, 제19집.

임승빈(1986). **환경심리 행태론**. 서울: 보성문화사.

임연기(2003). 교육행정직 인적자원관리 정책방향과 과제. **교육행정학연구**, 21(4), 279-298.

임연기(2004). 충청남도 교육행정체제의 진단과 혁신. 지방교육행정체제 혁신 방향 탐색 공청회.

임용수(1985). 중·고등학생들의 학교생활에 대한 태도 분석. 석사학위논문. 서울대학교.

임종철(1989). 교사 배경 및 학교상황 변인과 소진간의 관계. 박사학위논문. 동국대학교.

임철일(1988). 고등학생의 반대행동의 표출행태와 결정요인에 관한 연구. 석사학위논문. 서울대학교.

자체평가 연구위원회(1991). 고려대학교 자체평가 연구보고서.

장규일(1998). 초등학교 교사문화에 관한 사례 연구. 석사학위논문. 강원대학교.

장문희(2003). 여교사의 직무수행에 대한 남녀 교사의 인식 차이. 석사학위논문. 여수대학교.

장수명(2003). 학교규모의 교육재정·경제적 분석. 연구보고 RR 2003-7. 한국교육개발원.

장하소(2004). 교사문화와 교사 직무만족과의 관계 분석 연구. 박사학위논문. 충북대학교.

전영국·양은주·허희옥(2002). 실업계 고등학교에서 나타나는 교사와 학생의 갈등 양상에 관한 질적 연구. **교육학연구**, 40(5), 297-320.

정명채·진동섭(2002). 농어촌교육 종합발전을 위한 기본방향. 농어촌교육발전방안 검토를 위한 공청회. 1-12. 5월 24일. 서울: 교원징계재심청구위원회 대강당.

정바울(2000). 초등학교 장학문화 연구: 중등학교와 비교하여. **교육행정학연구**, 18(1), 127-153.

정선이(1983). 학생소외문화 형성요인에 관한 일 연구. 석사학위논문. 연세대학교.

정순영(1997). 초등교사의 직능발달에 관한 연구. 석사학위논문. 인천대학교.

정영수(1996). 새로운 대학 행정조직의 모형. **대학교육, 통권 79호**.

정우영(2001). 초등 학교장의 경영방식에 대한 교사의 반응 연구. 석사학위논문. 인천교육대학교.

정우현(1990). **교육사회학연구**. 서울: 교육과학사.

정주리(2002). 여교사의 자기개발 평생학습 참여에 관한 문화기술적 연구. 석사학위논문. 아주대학교.

정찬영(1988). 지도성과 참여의사 결정. **한국교육**, 15(1). 한국교육개발원.

정태범 외(1998). 지방교육행정조직 개편방안. **정책연구 제96집**. 한국교원단체총연합회.

정향진(1991). 교사집단 내 위계성의 재생산 기제에 관한 연구. 석사학위논문. 서울대학교.

정현실(2001). 기혼여교사의 역할갈등과 직무만족도와의 관계. 석사학위논문. 숭실대학교.

정형식(1995). 학교조직 내 교사의 갈등과 그 영향요인에 관한 연구. 석사학위논문. 고려대학교.

조남근(1998). 교원양성배경 · 교직선택동기와 직무수행의 관계에 관한 연구. 안암교육학연구, 4(2), 1-16.

조남두(1992). 학교조직의 환경 · 문화 · 효과성간의 관계연구. 박사학위논문. 고려대학교.

조용환(1994). 고등학교 학생문화의 종합적 이해와 비판. 정신문화연구, 17(4), 117-149.

조용환(1995). 학교구성원의 삶과 문화: 교사와 학생, 그들은 행복한가?. 교육학연구, 33(4), 77-91.

조의숙(1989). 야간고등학교(여자상업) 학생들의 청소년문화에 대한 문화인류학적 현장연구. 숭실대학교논문집, 제19집, 11-36.

조혜정(1997). 학교를 거부하는 아이 아이를 거부하는 사회. 서울: 도서출판 또 하나의 문화.

주삼환 · 신현석 · 윤인숙(1999). 학교문화, 수업지도성 및 학업성취도간의 관계 분석에 따른 학교정책에의 적용가능성 탐색. 교육행정학연구, 17(4), 167-193.

진기남 외(2002). 기혼 여교사의 다중역할과 스트레스. 가족과 문화, 창간호, 83-102.

최상근(1992). 한국 초 · 중등 교사의 교직사회화 과정 연구. 박사학위논문. 한국교원대학교.

최용성(2003). 여수지역 일반계 고등학교의 교직문화 연구. 석사학위논문. 여수대학교.

충청남도 도교육청(2001). 학교운영위원회 운영의 길잡이.

통계청(2002). 시 · 군 · 구 100대 지표.

통계청a(2004a). 2003년 시 · 군 · 구 주요 통계.

통계청b(2004b). 2003년 인구이동통계연보(주민등록에 의한 집계).

표시열(1996). 학교의 민주화와 학생 · 학부모의 교육권. 교육법학연구, 8, 171-194.

한국교육개발원(2003). 2002 교육통계 분석 자료집.

한국교육행정학회(1995). 교육시설행정론. 서울: 도서출판 하우.

한국교육행정학회(1996). 교육행정 연구법. 서울: 도서출판 하우.

한국교육행정학회(2003). 교장론. 서울: 도서출판 하우.

한규복(1990). 학교조직 내 교사들의 갈등에 관한 연구. 석사학위논문. 고려대학교.

한성신(2004). 여교사의 학교행정직 진출 영향요인에 관한 문화기술적 연구. 석사학위논문. 고려대학교.

한은숙(1997). 교직의 여성화 경향과 그 문제점. 경기대논문집, 7, 19-149.

현실문화연구(1995). 공간의 문화정치. 서울: 현실문화연구 연구실.

홍성희(2000). 소규모 고등학교 교감의 직무행위에 관한 문화기술적 연구. 석사학위논문. 한서대학교.

황기우(1991). 한국 초등학교의 교사문화에 관한 해석적 분석. 박사학위논문. 고려대학교.

황석도(2002). 교육활동을 통해 본 고등학교 교사들의 교사문화에 대한 질적 연구. 석사학위논문. 경상대학교.

황정규(1992). 한국 청소년 문화의 개념과 특성의 계량적 분석. 청소년문화의 변천과정. 한국정신문화연구원, 1-88.

Acker, S. (1990). Teacher culture in an English primary school: continuity and change. *British Journal of Sociology of Education, 11*(3).

Anderson, M. G., & Iwanicki, E. F. (1984). Teacher motivation and its relationship to burnout. *Educational Administration Quarterly, 20*(2), 109-132.

Apple, M. W. (1982). Education and Power. 최원영(역). 교육과 권력. 서울: 한길사.

Bacharach, S. B., & Mundell, B. L. (1993). Organizational politics in school: micro, macro, and logics of action. *Educational Administration Quarterly, 29*(4), 423-452.

Bacharach, S. B., Bamberger, P. B., & Bauer, S. (1990). The dimensionality of decision participation in educational organizations: the value of a multi-domain evaluative approach. *Educational Administration Quarterly, 26*(2), 126-167.

Ball, S. J. (1987). *The Micro-politics of the school.* New York: Methuen.

Beasley, C. R., & others. (1983). On-the-job stress and burnout: contributing factors and environmental alternatives in educational settings. *Paper presented at the annual meeting of american educational research association.* Montreal.

Beck, E. M., & Betz, M. (1975). A comparative analysis of organizational conflict in schools. *Sociology of Education, 8,* 59-74.

Benjamin, R., & Carroll, S. (1996). Impediments and imperatives in restructuring higher education. *Educational Administration Quarterly, 32*(5), 705-719.

Berliner, D. C. (1988). Implications of studies of expertise in pedagogy for teacher education and evaluation. In new directions for teacher assessment. Proceedings of the 1988 Educational Testing Service Invitational Conference. Princeton, NJ: Educational Testing Service.

Blase, J. (1989). The micropolitics of school: the everyday political orientation of teachers toward open school principals. *Educational Administration Quarterly, 25*(4), 377-407.

Blase, J. (1993). The micropolitics of effective school-based leadership: teacher perspectives. *Educational Administration Quarterly, 29*(2), 142-163.

Blase, J., & Blase, J. (2002). The dark side of leadership: Teacher perspectives of principal mistreatment. *Educational Administration Quarterly, 38*(5), 671-727.

Blase, J., & Blase, J. (2002). The micropolitics of instructional leadership: a call for research. *Educational Administration Quarterly, 38*(1), 6-44.

Bolman, L. G., & Deal, T. E. (1984). *Modern approaches to understanding and management organizations.* San Francisco: Jossey-Bass Publishers.

Brissie, J. S., & Bassler, O. C. (1988). Individual, situation contributors to teacher burnout. *Journal of Educational Research, 82*(2), 106-112.

Brooks, K. W., Conrad, M. C., & Griffith, W. (1980). *From program to educational facilities.* Center for Professional Development, College of Education University of Kentucky.

Brouillette, L. (1997). Revisiting an innovative high school: what happens when the principal leaves?. *Educational Administration Quarterly, 33*(5), 546-575.

Burden, P. R. (1980). Teachers perceptions of the characteristics and influences on their personal and professional development. (ERIC Services No. 198087).

Burke, P. J., Christensen, Judith C., & Fessler, Ralph. (1984). Teacher career stages: implications for staff development(Fastback No. 214), Bloomington, IN: Phi Delta Kappa Education Foundation.

Burrell, G., & Morgan, G. (1979). *Sociological paradigms and organizational analysis.* London: Heinemann Educational Books Ltd.

Callahan, R. (1962). *Education and the cult of efficiency.* Chicago: The university of chicago press.

Campbell, R. F. et al. (1987). *A history of thought and practice in educational administration.* New York and London, Teachers College, Columbia University.

Castaldi, B. (1987). *Educational Facilities: planning, modernizing, and management.* (2nd ed). London: Allyn and Bacon, Inc.

Conley, S. C., Schmidle, T., & Schedd, J. B.(1988). Teacher participation in the management of school systems. *Teachers College Record, 90*(2), 259-280.

Corwin, R. G. (1969). Patterns of organizational conflict. *Administrative Science Quarterly, 14*(4), 507-519.

Dewar, R., & Wervel, J. (1979). Universalistic and contingency prediction of employee satisfaction and conflict. *Administrative Science Quarterly, 24,* 426-446.

Duke, D. L. (1998). The normative context of organizational leadership. *Educational Administration Quarterly, 34*(2), 165-195.

Duncan, W. J. (1978). *Organizational behavior*, Boston: Houghton, Mifflin Company.

Ferrell, M. Z. (1979). *Dimentions of organization: environment, context, structure, process & performance.* Goodyear publishing com, Inc.

Everhart, R. B. (1991). Unraveling micropolitical mystiques. *Education and Urban Society, 23*(4), 455-464.

Farber, B. A. (1984). Stress and burnout in suburban teachers. *Journal of Educational Research, 77*(6), 325-331.

Farber, B. A., & Miller, J. (1981). Teacher burnout: A psychoeducational perspective. *Teachers College Record, 83*(2), 235-243.

Fay, B. (1987). *Critical social science—liberation and its limits.* Oxford: Polity Press.

Fine, G. A., & Ross, N. L. (1984). 'Symbolic meaning and cultural organizations. In Bacharach, S. B. (ed.), *Research in the sociology of organizations.* Vol. 3. London, JAI Press Inc.

Firestone, W. A., & Louis, K. L. (1999). School as Culture. In Murphy, J. and Louis, K.S.(Eds.), *Handbook on Research of Educational Administration.* San Francisco: Jossey-Bass.

Flint, L. (1982). A model for understanding, preventing and controlling burnout. *Paper presented at the annual meeting of america association of colleges for teacher education.* Houston, TX.

Foster, W. (1986). A critical perspective on administration and organization in education. In Sirotnic, K. A. and Oakes, J. (1984) *Critical perspective on the organization and improvement of schooling.* Boston: Kluwer. Nijhoff publishing.

French, J. P., & Raven, B. (1968). The base of social power. In Cartwrigt, D. and Zander, A. (eds.), *Organizational Dynamics.* (3rd ed.). New York: Harper and Row.

Friesen, D., Porkop, C. M., & Sarros, J. C. (1988). Why teachers burnout. *Educational Research Quarterly, 12*(3), 9-19.

Fuller, F. F., & Bown, O. H. (1975). Becoming a teacher. In Kevin Ryan(ed.), *Teacher education*(Seventy-fourth year-book of National Society for the Study of Education, Part 2). Chicago: Uni. of Chicago Press.

Giroux, H. A. (1983). *Theory & Resistance in Education.* Massachusetts: Bergin & Garvey Publishers, Inc.

Goldman, P., Dunlap, D. M., & Conley, D. (1993). Facilitative power and nonstandardized solutions to school site restructuring. *Educational Administration Quarterly, 29*(1), 69-92.

Hallinger, P., & Heck, R. H. (1996). Reassessing the principal's role in school effectiveness: A review of empirical research, 1980-1995. *Educational Administration Quarterly, 32*(1), 5-44.

Hannay, L. M., & Ross, J. (1997). Initiating secondary school reform: The dynamic relationship between restructuring, reculturing, and retiming. *Educational Administration Quarterly, 33*(5), 576-603.

Hanson, E. M. (1991). *Educational administration and organizational behavior*(3rd). Boston: Allyn and Bacon.

Hargreaves, A. (1986). *Two culture of schooling: The case of middle school*. London: The palmer press.

Hargreaves, A. (1992). Cultures of teaching: A focus for change. In A. Hargreaves and M. G. Fullan(eds.), *Understanding Teacher Development*. Cassell Villers House.

Howard, J. M., & Miller, L. M. (1994). *Team management: Creating systems and skills for team－based organization*. Atlanta, Georgia: Miller Howard consulting Group, Inc. 박성식(1998). 교육행정관리론. 서울: 학지사, pp. 215-218 재인용.

Hoy, W. K. (1994). Foundations of educational administration: Traditional and emerging perspective. *Educational Administration Quarterly, 30*(2), 178-198.

Hoy, W. K., & Miskel, C. G. (1991). *Educational administration: Theory · research · practice*(4ed.). New York: McGraw-Hill, Inc.

Hoy, W. K., & Miskel, C. G. (2001). *Educational administration: Theory, Research, and Practice*(6th ed.). Boston: McGraw-Hill.

Hoy, W. K., & Miskel, C. G. (2005). *Educational administration: Theory, Research, and Practice*(7th ed.). Boston: McGraw-Hill.

Huberman, M. (1992). Teacher development and instructional mastery. In Hargreaves and Fullan(ed.), *Understanding teacher development*. New York: Teachers College Press. Teachers College, Columbia University.

Iannaconne, L. (1991). Micropolitics of education: What and why. *Education and Urban Society, 23*(4), 465-471.

Kardos, S. M. et al. (2001). Counting on colleagues: New teachers encounter the professional cultures of their schools. *Educational Administration Quarterly, 37*(2), 250-290.

Keith, N. Z. (1996). A critical perspective on teacher participation in urban schools. *Educational Administration Quarterly, 32*(1), 45-79.

Kowalski, T. J. (2005). *Case Studies on Educational Administration*(4th ed.). Pearson Education, Inc.: Boston.

Leithwood, K. et al. (1998). Conditions fostering organizational learning in school. *Educational Administration Quarterly, 34*(2), 243-276.

Leithwood, K. (1994). Leadership for school restructuring. *Educational Administration Quarterly, 30*(4), 498-518.

Levin, B. B. (2003). *Case studies of teacher development: A in−depth look at how thinking about pedagogy develops overtime.* NJ: Lawrence Erlbaum Association, Inc., Publishers.

Litterer, J. A. (1966). Conflict in organization: A re−examination. *Academy of Management Journal, 9*(3), 178−186.

Lortie, D. G. (1975). School teacher: A sociological study. The University of Chicago Press. 진동섭 역(1993). 교직사회: 교직과 교사의 삶. 서울: 양서원.

Lubeck, S. (1985). *Sadndbox society.* Lewes, Falmer Press.

Lunenberg, F. C., & Ornstein, A. C. (2004). *Educational Administration: Concepts and Practices*(4th ed.). Australia: Thomson Wadsworth.

MaGuire, J. B. (1984). Strategies of school district conflict. *Sociology of Education, 57,* 31−42.

Marshall, C., & Mitchell, B. A. (1991). The assumptive worlds of fledgling administrators. *Education and Urban Society, 23*(4), 396−415.

Marshall, C., & Rossman, G. B. (1995). *Designing qualitative research*(2ed.). London: SAGE Publications.

Mitchell, D. E., & Beach S. A. (1993). School restructuring: The superintendent's view. *Educational Administration Quarterly, 29*(2), 249−274.

Mohrman, A. M., Cooke, R. A., & Mohrman, S. A. (1978). Participation in decision making: a multidimentional perspective. *Educational Administration Quarterly, 14*(1), 13−29.

Monitor Company (1999). 고려대학교 행정 조직 개편 프로젝트 최종 안.

Morgan, G. (1986). *Images of organization.* London: Sage Publications, Inc..

Murray, T. R. (2003). *Blending qualitative & quantitative research methods in thesis and dissertation.* California: Corwin Press, Inc..

Nespor, J. (1997). *Tangled up in school: Politics, space, Bodies, and signs in the educational process.* Lawrence Erlbaum Associates Publishers. Mahwah, New Jersey. London.

Owens, R. G. (1981). *Organizational behavior in education* (2nd.). New Jersey: Pentice−Hall, Inc..

Pai, Y. (1990). *Cultural foundations of education.* Maxwell Macmillan International Publishing Group: New York.

Pondy, L. R. (1966). A system theory of organizational conflict. *Academy of Management Journal, 9*(3), 246−256.

Raquepaw, J., & Dehaas, P. A. (1984). Factors influencing teacher burnout. Paper presented at *the annual meeting of the midwestern psychological association*. Chicago.

Robbins, S. P. (1983). *Organization theory: The structure and design of organization*. New Jersey: Prencice-Hall. Inc.

Rogers, R. E. (1975). *Organizational theory*. Boston: Allyn and Bacon.

Root, K. S. (2001). Entering the professional phase of teaching: Factors which impede or propel teacher development. Unpublished doctoral dissertation. Arizona State University.

Sachs, J., & Smith, R. (1988). Constructing teacher culture. *British Journal of Sociology of Education, 9*(4).

Scaros, B. C. (1981). 'Sight on site: An approach to coping with teacher stress-preventing burn-out' New York city Teacher centers consortium. New York.

Schwab, R. L., & Iwanicki, E. F. (1982). Perceived role conflict, role ambiguity, and teacher burnout. *Educational Administration Quarterly, 18*(1), 60-74.

Schwab, R. L., Jackson, S. E., & Schuler, R. S. (1986). Educator burnout: Sources and consequence. *Educational Research Quarterly, 10*(3), 14-30.

Scott, W. R. (1992). *Organizations: Rational, natural, and open systems*. Englewood Cliffs, NJ: Prentice Hall.

Seidman, S. A., & Zager, J. (1986-87). The teacher burnout scale. *Educational Research Journal, 11*(1), 26-33.

Shilling, C. (1991). Social space, gender inequalities and educational differentiation. *British Journal of Sociology of Education, 12,* 23-44.

Shlechty, P. C. (2001). *Shaking up the school house: How to support and sustain educational innovation*. New York: Jossey-Bass.

Shouse, R. (1998). Restructuring's impact on student achievement: Contrasts by school urbanicity. *Educational Administration Quarterly, 34*(5), 677-699.

Simon, H. A. (1993). Decision making: Rational, nonrational, and irrational. *Educational Administration Quarterly, 29*(3), 392-411.

Sprinthall, N. A., Reiman, A. J., & Sprinyhall, L. (1996). Teacher professional development. In Sikula, J, Buttery, T. J., Guyton, E., *Handbook of research on teacher education*. (2nd ed.). New York: Macmillan Library Reference USA.

Steffy, B., Wolfe, M., Pasch, M., & Enz, B. (2000). *Life cycle of the career teacher*. Thousand Oaks, CA: Corwin Press, Inc.

Stewart, J. (1982). Changing structure and social compositions of occupations in organizations. In Bacharach, S. B. (ed.), *Research in the sociology of organizations*. Vol. 1. London, JAI Press Inc.

Taylor, F. W. (1911). *The principles of scientific management*. W. W. Norton & Company Inc.

Thompson, B. (1974). *Refinement of the Administrator Professional Leadership Scale*. Texas Need Assessment System. University of Houston.

Tyack, D. (1990). 'Restructuring' in historical perspective: tinkering toward Utopia. *Teachers College Record, 92*(2), 170-191.

Waltin, R. E., & Dutton, J. M. (1969). The management of interdepartmental conflict: a model and review. *Administrative Science Quarterly, 14*(1), 73-84.

Weiss, C. H., Cambone, J., & Wyeth, A. (1992). Trouble in paradise: teacher conflict in shared decision making. *Educational Administration Quarterly, 28*(3), 350-367.

Willower, D. J. (1991). Micropolitics and the sociology of school organization. *Education and Urban Society, 23*(4), 442-454.

Young, P., & King, M. B. (2002). Principal leadership for professional development to build school capacity. *Educational Administration Quarterly, 38 (5),* 643-670.

찾아보기

인 명

내 용

저자 소개

■ 오영재

고려대학교를 졸업하고 고려대학교 대학원에서 교육행정 전공으로 교육학 박사 학위를 취득한 후 현재 고려대학교 인문대학 교직 교수로 재직 중이다. 한국청소년복지학회 회장을 역임하였으며 지금은 안암교육학회, 충북교육학회 및 한국인력개발학회 이사 그리고 한국교육학회, 한국교육행정학회 등의 회원으로 활동하고 있다.

[주요 논문과 저서]

중등 중견교사들의 교직발달유형 변화 양상에 관한 사례 연구(2006)
대학간 학생 이동의 영향 요인에 관한 실증적 연구(2006)
교육행정론(2006, 공저)
교육조직론탐구(2000, 공저)

한국 학교조직 질적 연구

2006년 9월 22일 1판 1쇄 발행
2007년 9월 20일 1판 2쇄 발행

지은이 • 오 영 재
펴낸이 • 김 진 환
펴낸곳 • **학지사**

121-837 서울시 마포구 서교동 352-29 마인드월드빌딩 5층
전 화 • 326-1500(대) / 팩스 324-2345
등 록 • 1992년 2월 19일 제2-1329호

http://www.hakjisa.co.kr

ISBN 978-89-5891-349-8 93370

정가 18,000원

파본은 구입처에서 교환하여 드립니다.